CONFUCIUS SINARUM PHILOSOPHUS
SIVE SCIENTIA SINENSIS LATINE EXPOSITA

中国哲学家孔夫子

第二卷　大学　中庸

［比］柏应理　等著
罗莹　连杰　等译

中原出版传媒集团
中原传媒股份公司
大象出版社
·郑州·

图书在版编目(CIP)数据

中国哲学家孔夫子. 第二卷,大学 中庸/梅谦立等主编;(比)柏应理等著;罗莹等译. — 郑州：大象出版社,2021.1
(国际汉学经典译丛)
ISBN 978-7-5711-0730-7

Ⅰ.①中… Ⅱ.①梅… ②柏… ③罗… Ⅲ.①儒家 Ⅳ.①B222

中国版本图书馆 CIP 数据核字(2020)第 189826 号

中国哲学家孔夫子

ZHONGGUO ZHEXUEJIA KONGFUZI

第二卷 大学 中庸
[比]柏应理 等著
罗莹 连杰 等译

出 版 人	汪林中
策 划 人	张前进 李光洁
项目统筹	李光洁
责任编辑	贠晓娜 陈 灼
责任校对	张迎娟 毛 路 李婧慧
装帧设计	王莉娟

出版发行	大象出版社(郑州市郑东新区祥盛街 27 号　邮政编码 450016)
	发行科 0371-63863551　总编室 0371-65597936
网　　址	www.daxiang.cn
印　　刷	洛阳和众印刷有限公司
经　　销	各地新华书店经销
开　　本	720 mm×1020 mm　1/16
印　　张	23.75
字　　数	347 千字
版　　次	2021 年 1 月第 1 版　2021 年 1 月第 1 次印刷
定　　价	980.00 元(全四卷)

若发现印、装质量问题,影响阅读,请与承印厂联系调换。
印厂地址　洛阳市高新区丰华路三号
邮政编码　471003　　　电话　0379-64606268

国家社科基金青年项目
康熙朝来华传教士拉丁文儒学译述整理与研究
（项目编号：15CZJ012）

梅谦立 张西平 主编
罗莹 汪聂才 副主编
[意]殷铎泽 [奥]恩理格 [比]柏应理 [比]鲁日满 著
罗莹 连杰 等译
梅谦立 审校

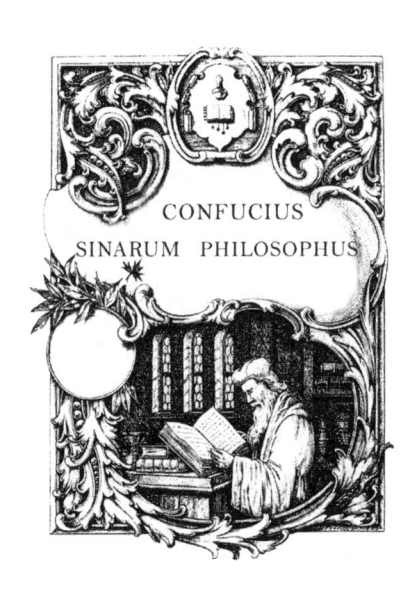

CONFUCIUS
SINARUM PHILOSOPHUS

CONFUCIUS
SINARUM
PHILOSOPHUS,
SIVE
SCIENTIA SINENSIS
LATINE EXPOSITA.

Studio & Opera { PROSPERI INTORCETTA, CHRISTIANI HERDTRICH, FRANCISCI ROUGEMONT, PHILIPPI COUPLET, } Patrum Societatis JESU.

JUSSU
LUDOVICI MAGNI

Eximio Missionum Orientalium & Literariæ Reipublicæ bono
E BIBLIOTHECA REGIA IN LUCEM PRODIT.
ADJECTA EST TABULA CHRONOLOGICA SINICÆ MONARCHIÆ
AB HUJUS EXORDIO AD HÆC USQUE TEMPORA.

PARISIIS,
Apud DANIELEM HORTHEMELS, viâ Jacobæâ,
sub Mæcenate.

M. DC. LXXXVII.
CUM PRIVILEGIO REGIS.

目　录

中国学问第一部:《大学》………………………………………… 1
中国学问第二部:《中庸》………………………………………… 137

Scientiae Sinicae Liber Primus

中国学问第一部:《大学》

Liber hic, Authore *Confucio*, Commentatore *çem-çu* ejusdem secundo discipulo, publicam lucem videre coepit. Estque incipientium tum ad sapientiae, tum virtutis adyta quoddam quasi ostium ac primum limen. Ejus Argumentum triplex est; sui ipsius primùm, deinde aliorum recta institutio ac regimen; tum denique in summo bono quies, atque, ut ita dicam, consistentia. Caeterum quia Author triplicem hanc doctrinam Principibus Viris, ac Magnatibus, qui subjectos sibi populos ac Regna moderantur, commendatam in primis voluit, hinc *Tá-Hiŏ*, Magnae Scientiae nomen accepit.

此书乃孔夫子所著,由他的第二大弟子曾子[①],也即注释者,公之于世[②]。如同殿堂之门一般,此书是智慧的开端与德性的大门。[③]这一论述包含三个部分:首先是对自己的约束,其次是对他人的正确教化与管理,最后是安于至善,或者也可以说是一种对于至善的坚持。因此作者首先想将这三重教导推荐给那些统治自己人民与帝国的君主

[①] 一般认为,孔夫子的第一大弟子是颜回。

[②] 《中国哲学家孔夫子》依从朱熹确立的传统观点,将全篇的第一部分,亦即典要部分,归为孔夫子所作,而注释部分,则归为其弟子曾子所作。

[③] 这句话见于朱熹的注,却未见于张居正的注。事实上,朱熹此句得自程颐的"大学,孔氏之遗书,而初学入德之门也"(朱熹:《四书章句集注》,北京:中华书局,2003年,第3页。以下凡引朱熹的解释,皆出自这部著作,不再单独注明出处,仅注明页码)。

和"大人",因此将之命名为"大学"*,亦即"伟大的学问"①。

*Nota. Latinam hujus operis versionem esse ad litteram, quaeque numeris suis distincta, phrasi, et textui Sinico, necnon characteri (qui seorsim imprimetur) ordinique ad amússim respondet. In reliquis verò est explanatio interpretum, et praecipuè Cham Colai atque Magistri Regii.*②

这一拉丁文著作是一个字面的译本,以其数字作区分,精确对应了中文的句子、文本及行文次序。(但不含汉字部分,该部分将另行出版)剩下的部分,实际上是注释者的解说,特别是身为帝师的阁老张居正的注释。

---

* 拉丁文原著中,耶稣会士的译文有正体、斜体之分。 正体文段一般是对中国古籍原文的翻译,斜体则是耶稣会士为方便西方读者理解而添加的个人主观阐释,以及相关的中国历史文化知识。 本书遵循拉丁文原著的设计,但在部分拉丁文斜体文段中,耶稣会士译者有时会征引其他典籍文献。 例如明代张甫《新刻张侗初先生永思斋四书演》对"四书"的注解,来解释原文中某些晦涩的文段,此时,会出现正体、斜体交织使用的情况——直译征引的汉语文献原文时用正体,耶稣会士译者对其所做的个人增译则用斜体。 这些文段在现汉回译时不再做细节上的区分。

① 《大学》《中庸》原文乃汉语译者为方便读者查对所加。

② 对于"大"的描述表明了这一教导是面向"大人物",亦即"处高位之人"或"帝王之家"。《中国哲学家孔夫子》此说依据张居正,采取了一种传统的观点。 而朱熹将"大人"解读为"已长成之人",亦即"成人"。

1. 《¹大²学》之³道，⁴在⁵明⁶明⁷德，⁸在⁹亲¹⁰民，¹¹在¹²止于¹³至¹⁴善。

　　f.1.p.1.§.1. ¹Magnum adeóque virorum Principum *, ²sciendi ³institutum ⁴consistit in ⁵expoliendo, seu excolendo ⁶rationalem ⁷naturam à coelo inditam; ut scilicet haec, ceu limpidissimum speculum, abstersis pravorum appetituum maculis, ad pristinam claritatem suam redire possit. ⁸Constitit deinde in ⁹renovando seu reparando ¹⁰populum, suo ipsius scilicet exemplo & adhortatione. ¹¹Constitit demùm in ¹²sistendo firmiter, seu perseverando in ¹³summo ¹⁴bono; per quod hîc Interpretes intelligi volunt summam actionum omnium cum rectâ ratione conformitatem. Atque haec tria sunt, ad quae reliqua hujus libri reducuntur.

　　"君子①应当学习的伟大准则②在于完善并发挥自上天而来③的理

---

　　* 在拉丁语中，因名词有变格（即同一个名词，词干不变，用不同的有规律的词尾变化来表达不同的语法功能），正文语句中可能是六种变格中的某一种，在作注时统一恢复为主格的形式，这也是国外学界的统一做法。 ——译者注。

　　本段开头的符号是耶稣会译者为使译文与《大学》原文逐段对应，自行添加的段落说明：f.1 指"第一叶"，p.1 指"该叶的正面"（若反面，则写作 p.2），§.1 指"段落 1"。 拉丁文译词左上角的数字标号，是耶稣会译者为与《大学》原文逐字对译自行添加的。

　　① 拉丁文用 princeps 来翻译《大学》一书中的"君子"，该拉丁文词用得极为恰当，因为它有双重含义，同中文一样，既可以表示政治上的君主，又可以表示道德修为高的人。

　　② 此处《大学》之"道"的译文，为来华耶稣会士于 1662 年在当时江西建昌府出版的第一个《大学》全译本。《中国智慧》(Sapientia Sinica) 的译法略有不同，该书对此的翻译是："大人们应当学习的准则（magnorum virorum sciendi institutum）。"

　　③ "自上天而来"(a coelo indita) 的说法既非出于《大学》的原始文本，亦不见于张居正的注释中，只出现在朱熹的注本里："明德者，人之所得乎天。"（第 3 页）

性①",以抹去邪恶欲望的污垢,恢复其如至明之镜②般本真的明澈。"接着,就要持守并以自身为典范和劝诫,'进行针对人民的革新与复兴'。'最终能够稳固地止于至善,或者说坚守于至善③。'"注释者们④想借此让我们明白一切行为都要完全服从于理性。书的余下部分,皆可被归结为这三样事。⑤

In nullo Sinarum Vocabulario litteram hanc [9] *Sin dici, aut novitatem*

---

① "明德"被译为"理性的本性"(rationalis natura)。在耶稣会传教士的译文中,"明"字借由光的清晰与其象征性丰富意蕴,基本上被理性而抽象的翻译用词所掩盖。这一处理方式普遍存在于清朝来华耶稣会士的多部《大学》译作中。例如,在《中国智慧》一书中,"明德"被翻译为"精神的潜力"(spiritualis potentia)或"道德上的美德"(virtus),这是一个比"理"更为宽泛的概念。卫方济(François Noël, 1651—1729)遵从《中国哲学家孔夫子》中的理性主义的解释方式,将"明德"翻译为"理性的本性"。与此相反,钱德明(Jean-Joseph-Marie Amiot, 1719—1793)则采用一种更为宽泛的概念 "esprit et coeur"(心智),既包含理智,又包含起作用的区域(Amiot, *Ta-hio ou La Grande Science*, in Mémoires concernant l'histoire, les sciences, les arts, les moeurs, les usages, etc. des Chinois par les Missionnaires de Pékin, p.432)。西方有关理性最著名的论述出自亚里士多德。他认为人的理性能识别是非和善恶,如果人们能借助理性的这种能力加以践行的话,就会获得幸福。此后,托马斯·阿奎那将"理性"引入了西方神学,认为人类具有能够认识外在事物的理性,还格外强调理性的"先天性"特质,即它是人类身上与生俱来的一种能力。但是比起亚里士多德,他更强调理性对于人所具有的绝对自由的盲目意志的指导作用,即理性引导意志,它是托马斯·阿奎那伦理学的前提(参见邬昆如:《西洋哲学史话》,台北:三民书局,2004年,第315、329页)。以殷铎泽、柏应理为代表的耶稣会士译者,明显受到了托马斯·阿奎那思想的影响,用西方的"理性"去解读儒家的"德性"。

② 此处"镜"(speculum)的比喻不见于朱熹的注,仅见于张居正的注,这一比喻不禁令人想到宗教文学中"灵魂之镜"的譬喻。

③ "至善"被译为 summum bonum,该拉丁文术语在经院哲学中意为"至高的善",用来对译儒家的"至善"十分恰当。

④ "注释者们"指的是朱熹及其后学,这一段来自朱熹注:"盖必其有以尽夫天理之极。"不过,耶稣会士特意对"天理的服从"所作的注释使人联想到托马斯·阿奎那哲学中理智与事物(adaequatio intellectus et rei)之间的一致。

⑤ 这来自朱熹的注:"三者,大学之纲领也。"张居正的注中也有相似的内容,"这一章是孔子的经文,这一节是经文中的纲领"(陈生玺主编:《张居正讲评〈大学·中庸〉皇家读本》,上海:上海辞书出版社,2007年,第3页。以下凡引张居正的解释,皆出于这部著作,不再单独注明出处,仅注明页码)。

中国学问第一部：《大学》

significare invenies; *adeóque sola Interpretum auctoritas ac beneplacitum hoc ei nomen et significatum indidit. Nam proprie* çin *dicitur, amare parentes, propinquos, significat; quo sensu, si et hoc loco eam accipias, Authoris textum adeo non vitiabis, ut contra maxime Christianum effecturus sis.*

你将发现，没有中文字典把这个上标为9的字"亲"念作"Sin"，并表示"新"的意思，仅仅只有权威的注释者认可这一读音和意义。因此更恰当地说应读作"çin"，表示对父母与邻人的爱；如果在这里如此理解它，你就不会破坏作者的文意，另外，也就最大限度地使其基督教化。①

¹知²止³而⁴后⁵有⁶定，⁷定⁸而⁹后¹⁰能¹¹静，¹²静¹³而¹⁴后¹⁵能¹⁶安，¹⁷安¹⁸而¹⁹后²⁰能²¹虑，²²虑²³而²⁴后²⁵能²⁶得。

p.2.§.1.　¹Cognito semel fine, seu in ²quo ultimo sistere oporteat, ³tum ⁴deinde ⁵habebis ⁶determinationem seu stabilieris, & tecum ipse statues eumdem persequi. ⁷Determinatus & stabilitus ubi fueris, ⁸tum ⁹deinde ¹⁰poteris ¹¹acquiescere illi determinationi. Huic ubi ¹²acquieveris, ¹³tum ¹⁴deinde ¹⁵poteris firmare-¹⁶animum, seu in quieta hac mentis statione ita firmus consistere, ut nihil vel prosperi vel adversi dejicere inde te valeat. ¹⁷Firmato sic animo, ¹⁸tum ¹⁹deinde ²⁰poteris meditando ²¹discurrere, ac dispicere clare res omnes & negotia

---

①　与朱熹和张居正一样，耶稣会士也遵循了程颐的解释："亲，当作新。"耶稣会士认为传统上将其解释为"对人之爱"更能与基督教的"爱的信息"相协调，确立这点以使其能与中国文化相通，从而有利于促进基督教的发展。方济各会来华传教士利安当（Antonio de Santa Maria Caballero，1602—1669）在其《天儒印》一书中，同样持此观点，认为"在亲民"的"亲之一字，甚切于天学爱人如己之旨也"。事实上，《中国哲学家孔夫子》译文中的这种"基督教化"解读模式可以在中国传统文化内部找到支持。在朱熹之前它就已被广泛接受，其后不少优秀的学者也拥护这一解读模式，例如明朝的王阳明和现代的钱穆。参见钱穆：《四书释义》，台北：台湾学生书局，1978年，第330页。

quae sese offerent, sanumque de illis judicium ferre, suis singula ponderibus librando. Ubi usus hoc ^{22}discursu perspecta penitus habueris omnia quae occurrerint, ^{23}tum ^{24}deinde tuo potitus desiderio ^{25}poteris ^{26}assequi eum in quo sistas finem, nimirum summam actionum tuarum omnium cum rationis dictamine conformitatem.

"一旦知道了终点，或者应达到的最终境界，你便会拥有决心"，变得坚定，并将在自身构建起你所信从的东西。"当你拥有了决心，便能在这决心之中得到宁静。获得这一宁静，你便能坚定自己的心灵"①，固守内心安宁之境，那么无论是顺境还是逆境②，都无法使你动摇。"若内心坚定，你便能够以慎思来纵观"③，明辨呈现于眼前的万事万物，从而对它们做出正确的判断，并掂量其中每一事物的轻重。"当你彻底拥有运用纵观的方式在内心洞悉所遇到的一切的能力时，你就能够在到达的终点处，抑制自己心中的欲望"，这就是你在所有行动上都能够与理性的指令高度一致。④

^{1}物^{2}有^{3}本^{4}末，^{5}事^{6}有^{7}终^{8}始，^{9}知^{10}所^{11}先^{12}后，^{13}则^{14}近^{15}道矣。

§.2. Hic paragraphus continet superiores duos, & quis ordo in supra dictis

---

① 朱熹和张居正都将"静"理解为"心不妄动"，耶稣会士译者据此译为"坚定自己的心灵"（firmare animum），即用 animus 来对译"心"。 在拉丁文中，animus 有很多不同的意思，这里应被理解为一个广义上的概念，指灵魂或精神。

② 无论顺境还是逆境（vel prosperi vel adversi）的内容，既不见于朱熹的注，亦不见于张居正的注，这一"无论顺境还是逆境（贫穷）都保持镇定"的理念使人联想到古希腊四大哲学学派之一的斯多葛主义，在翻译此书的时代，它在耶稣会的基督教德行与灵性思想中占有重要地位。

③ 拉丁译文来自张居正的注："仔细思量。"（第 4 页）

④ "你在所有行动上都能够与理性的指令高度一致"（summam actionum tuarum omnium cum rationis dictamine conformitatem），这一注解既不见于朱熹的注，亦不见于张居正的注。 耶稣会士似乎增加了"与理性相一致"的观念，并将之作为最高律令，而朱熹只是将其看作个体认知和修为进程中的一部分。

tenendus ostendit, cum ait:¹ res (expolire scilicet suam ipsius naturam rationalem, ac renovare populum)² habent magis-³ principale, ut arbor radicem, & minus-⁴principale, ut arbor ramos. Postquam enim sua ipsius natura rationalis, seu animus bene expolitus & excultus fuerit, tum deinde recte institui regique poterit etiam populus: quemadmodum in arbore, postquam ipsa radix succo plena fuerit, tum deinde eumdem etiam in ramos diffundet. ⁵Actiones itidem illae quae sunt cognoscere ubi sistendum, assequi finem; in hoc sistere, &c. ⁶Habent ⁷finem suum & ⁸principium; seu primum, à quo ordiri, & ultimum, in quo terminare oportet. Postquam enim investigavero, adeoque cognovero eum, in quo sistendum est, finem, tum deinde potero hunc assequi, & hîc sistere. Assequi igitur, finis est, cognoscere, principium. Itaque si hunc rationi consentaneum rerum & actionum ordinem recte ⁹noveris, ¹⁰ quae scilicet ¹¹praeponenda, quae ¹²postponenda; tum ¹³enimverò teipsum & populum optime instities regesque, probe item scies, & seipsum assequêris, in quo tandem sistas, summum bonum, adeoque quam-¹⁴-proxime-accedes ad magnum illud Virorum Principum sciendi-¹⁵-institutum.

这一段对上面两段进行总结,并指出上文所言诸事的顺序:"这些事——完善自己的理性本性与革新民众①有主要的原则,如同大树之根;还有次要的原则,如同大树之枝叶。"②事实上,只有当一个人的理性与其灵魂得到很好的完善和提升之后③,他才能正确地教化和统领民众。譬如大树,

---

① 这是对张居正"这一节是总结上面两节的意思。物,指明德、新民而言"一句的直接翻译。(第5页)

② 朱熹与张居正将"本"解为"根本","末"解为"末梢"。《中国哲学家孔夫子》则用经院哲学的术语将这两个概念翻译为"magis principale"(主要原则)与"minus principale"(次要原则)。

③ 此处耶稣会士的译文表明:他们将"个人的理性本性,或者说精神"(natura rationalis, seu animus)视为"本"。animus这一重要的概念在此作为理性本性,或者说理性的心灵再次被提出。上文在朱熹和张居正关于"静而后能安"的阐释中曾提到过"静,谓心不妄动",耶稣会士译者也用animus来译此处的"心"。

如果根部满含汁液,它会将其扩散到枝叶中去。① "同样地,那些认识到该止于何处才到达其终点并止步于此的诸多事务②,也有其终点与开端。"或者说是它们开始的起点与它们应当完结的终极所在。③ 只有当我求索、体悟其当止之终点,我才能达到并固守于此。"因此,'达到'是终点,'认识'是开端④。如果你能正确地了解那些符合理性的事情与行为的顺序,即什么该置于前,什么该置于后",那么你定能极好地教化与统领你自己和民众;同样地,"你也将很好地理解、达到并固守至善,并能趋近君子应当学习的准则"。

¹古之²欲³明⁴明⁵德⁶于⁷天⁸下者,⁹先¹⁰治¹¹其¹²国。

§.3.　In praesenti paragrapho Author ab enumeratione partium docet quaenam sint illa magis minusque principalia, quid prius sit, quid posterius; quid radix, quid rami, &c. ¹Prisci ²volentes ³expolire ⁴naturam ⁵rationalem ⁶in ⁷⁻⁸imperio, seu volentes ut totius Imperii populus haberet, quo naturam suam rationalem expoliret; ipsi prototypon futuri, ⁹prius recte-¹⁰-administrabant suum ¹¹ipsorum privatum ¹²Regnum; exemplo suo procurantes ut & subditi sui naturam rationalem bene expolirent atque excolerent; gradum hac ratione facientes à propiori, id est, Regno suo privato, ad remotius, id est, ad totum Imperium, privati quippe Regni institutio, radicis instar est, ex qua felix Imperii administratio

---

① 在张居正的注中明确提到了树的根和末梢的比喻,耶稣会士又添加了关于汁液的说明。

② "事"被译为 actiones(事务),因为《大学》一书教导的范围不只限于自然界,还包括人类事务与行为所在的道德界。 关注人事的理念颇受耶稣会指导精神的推崇。

③ 耶稣会士将中文"始"与"终"的概念译作 principium et finis(开端与终点),做出了一种亚里士多德因果论模式的解释,"作为基础而始,作为必然而终"。

④ 耶稣会士在此遵从了朱熹的注,这个注几乎原封不动地被张居正接受:"知止为始,能得为终。本始所先,末终所后。"(《四书章句集注》,第 3 页;《张居正讲评〈大学·中庸〉皇家读本》,第 5 页)

succrescat.

在这一段中,作者通过部分的举例来教导人们哪个原则是主要的,哪个原则是次要的;哪个在前,哪个在后;哪个是根,哪个是枝;等等。"古人们想在帝国中完善理性",或者说他们想使整个帝国的百姓都能拥有借此得以完善他们自己理性的东西。① 对那些未来的典范来说②,"首先他们会正确地治理自己的王国",并以自己为榜样使其治下的人民也能够很好地培养及完善自身的理性。基于这个道理,他们由近及远地从自己的王国走向整个帝国。③ 个人王国的教化就像是大树之根,帝国的成功治理由之逐渐开始。④

Hîc adverte, Sinas binis his litteris tian hiá, id est, quod sub coelo est, passim notare Imperium suum Sinense; quasi eo uno hic terrarum orbis terminaretur, adeò scilicet, praeter minora aliquot Barbarorum, ut vocant, Regna terris suis adjacentia, terrarum praettereà nihil ipsi hactenus noverant, aut si fortè noverant, in censum cum hoc suo Imperio non posse existimabant.

这里,中国人总是用两个字"天下",即在天之下的东西,来表示中华帝国,就像世界在此终结。除了那几个野蛮——如他们所言——而且比较小的邻国,他们至今还不知道更远的地方。更确切地说,如果他们偶然得知

---

① 《中国哲学家孔夫子》在此翻译了一句张居正引自朱熹的话:"天下之人皆有以明其明德也。"(《四书章句集注》,第3页;《张居正讲评〈大学·中庸〉皇家读本》,第6页)

② 此处"未来的典范"(prototypon futuri)这一概念,是从基督宗教的"预言"(typology,或者allegory)而来。 基督宗教将《旧约》中的人物或事情视为耶稣基督所说或所行的预言。 在中文评注中未见把古代圣人看作"未来的典范"的观念。

③ 为区分"治国平天下"中的"国"和"天下",耶稣会士分别使用regnum(可理解为诸侯国)和imperium(可理解为整个帝国)予以对应,这两个词在拉丁文中均可指国家。

④ 从这里我们可以看见植物生长的意象。 然而,耶稣会士认为这一生长由修身、齐家、治国等"有机的元素"组成,这些元素结合在一起向着同一个目的发展,即达到至善。

了,他们也会认为那些地方在人口方面无法和自己的帝国相提并论。①

¹³欲¹⁴治¹⁵其¹⁶国者, ¹⁷先¹⁸齐¹⁹其²⁰家; ²¹欲²²齐²³其²⁴家者, ²⁵先²⁶修²⁷其²⁸身; ²⁹欲³⁰修³¹其³²身者, ³³先³⁴正³⁵其³⁶心; ³⁷欲³⁸正³⁹其⁴⁰心者, ⁴¹先⁴²诚⁴³其⁴⁴意; ⁴⁵欲⁴⁶诚⁴⁷其⁴⁸意者, ⁴⁹先⁵⁰致⁵¹其⁵²知, ⁵³致⁵⁴知⁵⁵在⁵⁶格⁵⁷物。

^{13}Volentes autem recte-^{14}administrare ^{15}suum ^{16}Regnum seu bene instituere privati Regni sui populum; ^{17}prius item recte-^{18}instituebant ^{19}suam ^{20}familiam domesticam, ut sicilicet ideam haberent, juxta quam deinde bene instituerent regerentque totius Regni populum: Regni enim recte administrandi radix, magisque principale, est familia domestica recte instituta. De hujus itaque institutione prius laborandum est Principi. Rursùm ^{21}volentes recte ^{22}instituere ^{23}suam^{24}familiam domesticam ^{25}prius recte-^{26}componebant, seu excolebant suum-^{27}ipsorum ^{28}corpus (quo nomine personam intellige) tanquam normam atque exemplum, ad quod bene deinde instituerent domesticos suos. Nam rectè instituendae familiae radix, magisque principale, est propria persona rectè composita probisque moribus exculta. Jam verò ^{29}volentes recte-^{30}componere ^{31}suum ^{32}corpus, seu externum totius personae habitum, ^{33}prius ^{34}rectificabant ^{35}suum ^{36}animum, perdomando scilicet, recteque moderando ejus affectiones & appetitus, utpote quae animum à genuinâ suâ rectitudine avertere, ad quaevis vitia inclinare ac deprimere solent; rectae enim compositionis exterioris, sive corporis

---

① 此处耶稣会士的注解证明,他们将"天下"理解为"imperium"(帝国),实际上,他们也有意强调当时中国对于宇宙实际维度知识的缺乏。 然而从中文字面意思来说,"天下"囊括了所有在天以下的事物。

rectè compositi radix, magisque principale, & quod prius procurandum, est affectionum animi & appetituum recta moderatio. Hanc igitur priùs cordi habeat quisquis externam personae suae compositionem cordi habet. [37]Volentes autem [38]rectificare [39]suum [40]animum, [41]prius [42]verificabant, seu veram, sinceram, ac ab omni fallaciâ fictioneque immunem reddebant [43]suam [44]intentionem, sive voluntatem, id est, eò usque moderabantur & perpurgabant voluntatem suam & intentionem, quoad ab omni fuco aliena, reverà nihil vellet, nisi quod verè honestum simul ac utile esset, reverà nihil nollet, nisi quod turpe esset ac perniciosum. Adeoque rectificandi animi radix, magisque principale, & quod priore loco curandum est haec intentionis nostrae veritas. Ideò auctor dicit, eumqui velit rectificare animum suum, prius in veritate solidare debere intentionem suam. Porrò [45]volentes [46]verificare [47]suam [48]intentionem, [49]priùs [50]perficiebant, & ad summum quem poterant apicem perducebant [51]suum [52]intellectum, seu potentiam intellectivam, ita ut nihil haec non haberet perspectum. Adeóque consummata ejusmodi intellectûs perspicacia radix est, & magis principale verificandae intentionis nostrae, ac voluntatis in veritate solidandae. Et hoc est, quod vult Author cum dicit, eum qui vult verificare intentionem ac voluntatem suam, priùs debere perficere intellectum suum; nihil enim volitum quin praecognitum. Ad extremum hac ratione [53]perficere, seu ad summum apicem perducere vim- [54]-intellectivam, [55]consistit in [56]penetrando, sive exhauriendo [57]res omnes, seu rerum omnium rationes. Cùm autem pro rerum entiumque diversitate, diversae item sint rationes cognoscendi, quas Philosophi cognoscibilitates appellant; & modus cognoscendi secundùm eosdem sequatur modum essendi: utique tum demùm ad scientiae seu cognitionis apicem pervenisse vis intellectiva censebitur, quando rerum omnium rationes ac essentias secundùm omnem cognoscibilitatem suam (quantum vires humanae ferent) exhauserit. Atque hoc est quod Auctor dicit, perficere, seu ad apicem perducere vim intellectivam, consistere in comprehendendo, & quodammodo exhauriendo rerum omnium rationes.

"然而想要正确地治理王国",或者说为了很好地教化自己国中的人民,"前提就是要正确地组建好自己的家庭",接着要考虑组织和管理好整个王国的人民。事实上,正确治理王国的根基和主要原则就在于正确地组建家庭①。因此君主应该首先从事这项教化工作。而"想要正确地管理自己的家庭,首先就要正确地构建或完善自身",以此为标准和范例,最终就可以很好地教化自己的家人。因为家庭被正确教化的根基和主要原则是借助善良的品性和道德,正确地构建和完善自身人格。

"若真的想要正确地构建或完善自身人格",或整个人的外部行为方式②,"首先要矫正自己的心灵"③,征服或克制自身的喜好和欲望。这些喜好和欲望使心灵偏离自身与生俱来的正直,以致屈服、沉沦于各种各样的罪恶中。或者说正确构建自身人格的根基和主要原则,就是要适度节制心中的爱与欲。因此任何关心构建自身外部行为方式的人都应该首先关心这一点。

"然而想要端正自己的心灵,首先就要证实他们自己的意图或者意志是

---

① 对于张居正来说,"本"和"末"的根本区别不仅仅适用于此"三纲"(明明德、亲民、止于至善),也适用于"八目"。 据此,任何行为都依据原则来判定它的重要程度。

② 在耶稣会士看来,"修身"(excolere componere suum corpus)的教化不仅仅只是关于身体,而是关于整个人格及道德,包括人们对其他人的态度和行为。 教化涉及"善良和道德",这些评注与儒家整体的教育计划完全一致。

③ "正心"这一重要概念被译为"矫正自己的内心"(rectificare suum animum)。 在前文第三段,耶稣会士给出了"心"的局限意义,即理性的本性或者心灵(natura rationalis, seu animus),此处 animus 注解中也有明显的"爱和欲"的指向。 耶稣会士并没有把对"心"的理解完全局限于理性,而是认为在"心"中有情感服从于理智的等级序列。 来华耶稣会士在其早期译本《中国智慧》中,对"正心"这一概念的翻译是"正确地安置自己的内心"(recte componere suum cor)。

真实挚诚的"①,这意味着,他们克制并且净化了他们的意志和意图,除了那些真的是真诚和有用的东西,他们不想要什么虚伪、羞耻和有害的东西。矫正心灵的根基和主要原则,首要的就是注意自我意图的真实。因此,作者说,谁要想端正自己的心灵,谁就要使自己的意图植根于真实之上。"谁要想进而证实自己意图的真实,就要完善并使自己的智力或者理解力达到所能企及的最高点"②,以看穿万事万物。这种高超的洞察力是让我们的意图和意志真实的根基。而这就是作者所说的,想要证实自己的意图和意志的真实,首先自己要完善自己的智力。因为没有什么会被欲求,除非它首先被认识。③ 由此,"完善这种理解力以达到极点,或引领智力④达到最高点,在于看透或穷尽所有事物",或者说这是认知一切事物的道理的前提⑤。然而由于事物的存在是多种多样的,认知结构——哲学家们称之为认知能力⑥——

---

① 儒学中的重要概念"诚意",被译为"证实自己的意图真实"(verificare intentionem),这个层面的教化和内在的良心有关。《中国智慧》中对这一概念的翻译是"坚定自己的意图"(solidare suam intentionem)。

② "致知"这一重要概念被译为"非凡的智力"(perficere intellectum)。 此注解来自张居正:"推及吾心之知。 见得道理无不明白。"(第6页)朱熹也有一个非常相似的解释:"推极吾之知识,欲其所知无不尽也。"(第4页)《中国智慧》对"致知"的翻译是:拓展自己的认识(extendere propriam notitiam)。

③ 根据经院哲学,人的自由意志并不是从零开始,而是早在先天理解结构中就已形成。 阿奎那也同样认为人的意志并不会直接认识善,但仍可跟随理智所指引的善。 此文本中"nihil enim volitum quin praecognitum"可见于苏阿雷(Francisco Suàrez),*Disputationes Metaphysicae*(1597),XIX,Sectio Prima。

④ 此处耶稣会士利用托马斯·阿奎那哲学的概念——vis intellectiva(智力)翻译"知"。 阿奎那认为人类有认识的能力,并称之为智力。

⑤ "格物"这一重要概念被译为"认知一切事物的道理"(penetrare rerum omnium rationes)。 受过经院哲学训练的耶稣会士,很容易认可朱熹关于个体具备理解心外之物的原则的能力。

⑥ 此处,认知能力(cognoscibilitates)这一概念可追溯到托马斯·阿奎那《反异教大全》(*Summa Contra Gentiles*,I.71)。 这个术语也曾被苏阿雷所使用。

也是各种各样的。而且，在他们看来，因为认知的方式追随其存在的方式①，所以只有凭借自己的认知能力才能够认清所有事物的道理和本质。此时，智力才能被认为到达了知识和认知的最高点。这就是作者所说的：要想完善并引领智力到达最高点，在于理解并总结出所有事物的道理。②

Ex his octo suprà enumeratis, quinque postrema, nimirùm, penetrare intimè res omnes, ad apicem perducere vim intellectivam, verificare intentionem, rectificare cor, rectè componere propriam personam, sunt id, in quo consistit ille naturae rationalis cultus et expolitio quae unicuique quoad seipsum in primis curae esse debet. Recte autem instituere familiam, recte administrare Regnum, expolire naturam rationalem subditorum in toto Imperio, sunt id, in quo populi renovatio consistit. Quae, qui debito et non praepostero ordine praestiterit, is demùm naturam rationalem in semetipso expolitam, et in populo renovatam, adeoque summum bonum, in quo tandem sistat et conquiescat, ex magnae hujus scientiae praescripto assecutum se esse experietur.

以上八个条目，最后五个是洞察所有事物、引领智力到达顶点、证实意图、端正内心③、正确地建构个人人格，这些毫无疑问是每个人应该首先关心的，理性的培养与完善都取决于此。正确地管理家庭、正确地治理王国、在

---

① "认知的方式追随其存在的方式"（modus cognoscendi secundum sequetur modum essendi）这一表述源于经院哲学。经院哲学认为 modus essendi（存在的方式）和 modus cognoscendi（认知的方式）之间有差别。思想借助现实经验拥有统摄其认知对象的能力，并在经验中统摄对象的特殊本质。

② 所有事物的道理（rerum omnium rationes）使用"道理"（ratio）一词的复数形式（rationes），充分反映了"格物"不是仅仅针对单一的知识，而是涉及事物中不同的"理"的知识。拉丁文译本是对张居正的注"若要推及其知，在于穷究事物之理，直到那至极之去处，然后所知无有不尽"（第6页），以及朱熹的注"穷至事物之理，欲其极处无不到也"（第4页）的间接翻译。

③ 此处对"正心"的"心"的翻译，耶稣会士用 cor 取代了 animus。根据耶稣会士的看法，"正心"包括引导人们情感的智力。

中国学问第一部:《大学》　17

整个帝国完善人民的理性,这些决定了人民的革新①。践行这一应尽的、有条不紊的秩序的人,通过遵循这一伟大学问的准则,其自身理性将获得完善,人民得到革新,他最终也会止于、安于至善。

¹物²格³而⁴后⁵知⁶至,⁷知⁸至⁹而¹⁰后¹¹意¹²诚;¹³意¹⁴诚¹⁵而¹⁶后¹⁷心¹⁸正,¹⁹心²⁰正²¹而²²后²³身²⁴修;²⁵身²⁶修²⁷而²⁸后²⁹家³⁰齐,³¹家³²齐³³而³⁴后³⁵国³⁶治,³⁷国³⁸治³⁹而⁴⁰后⁴¹⁻⁴²天下⁴³平。

f.2.p.1. Nunc Author, quò altiùs inculcet doctrinam suam ab infima omnium radice exorsus, uti modò gradatim quodammodo descenderat, ita vicissim per suos rursum gradus hîc ascendens, ¹rebus (inquit) omnibus intimè ²penetratis, seu exhaustis, ³ tum⁴ deinde vis-⁵-intellectiva ⁶consummata erit & perfecta: vi-⁷-intellectivâ ⁸consummatâ & perfectâ, ⁹ tum ¹⁰ deinde ¹¹intentio ac voluntas ¹² verificabitur, id est, non errabit vel appetendo quod malum sit, vel fugiendo quod bonum: ¹³ intentione ¹⁴verificatâ, ¹⁵ tùm ¹⁶deinde ¹⁷animus ¹⁸rectificabitur, nullo pravo affectu à suâ rectitudine desciscens; ¹⁹ animo ²⁰rectificato, ²¹ tum ²² deinde etiam ²³ corpus bene-²⁴compositum erit, nihilque aget à decoro & morum probitate alienum. Propriâ-²⁵personâ-seu-²⁵ corpore bene-²⁶composito, ²⁷tum ²⁸deinde ²⁹familia-domestica illius exemplo bene-³⁰instituta erit: familiâ-³¹domesticâ rectè-³²institutâ, ³³tum ³⁴deinde privatum ³⁵regnum rectè-³⁶administrabitur: privato ³⁷regno sic bene-³⁸instituto, ³⁹tum ⁴⁰deinde totum etiam ⁴¹⁻⁴²Imperium optimè institutum pace-⁴³perfruetur. Ubi verificaveris intentionem, rectificaveris cor, rectè composueris propriam personam, jam expolitio naturae rationalis obtinuerit finem suum in quo tandem sistat. Ubi denique rectè institueris

---

① 此处用"人民的革新"(populi renovatio)来翻译"新民"。

domesticam familiam, Regnum tuum privatum, ac demum universum Imperium; jam renovatio populi etiam obtinuerit finem suum in quo tandem sistat. Quae omnia Author binâ illâ gradatione repetere datâ operâ voluit, ut scilicet eos, qui Magnam hanc Scientiam addiscere statuissent, doceret, certum in his omnibus ordinem tenendum esse, quem invertere aut contrahere non liceret.

　　如同作者之前一步步从上往下所推导的，他现在通过同样的步骤上溯，从最深层的根源向上阐明自己的教导。（他说）"当所有事物被洞察，或者被竭尽之后，智力会得到完善。当智力被完善之后，意图和意志的真实就会被证实，就是说不会因为追求那些恶的事物或者逃避善的事物①而犯错。当意图被证实之后，心灵便会端正，没有任何邪恶能让它脱离正直②。当心灵端正后，身体便会安定，它不会去做任何有悖礼制和道德正直的行为③。当一个人自身的人格或身体获得很好的调整后，他的家庭将会以他为范例得到很好的教化。家庭获得正确的教化后，他的王国就会被正确地治理。王国得到很好地治理后，整个天下就将得到很好地教化，并将安享太平。④"当你证实意图，端正内心，正确地建构自己的人格，理性的完善就将到达终点，并在那里稳固立足。当你最终正确地教化家庭、王国乃至天下时⑤，人民的革新终将到达终点，并最终在那里稳固立足。作者想通过这一双向过程来重复自己所描述的行动，教导那些决定学习这一"伟大学问"的人应该保持特

---

　　① "不去追求那些恶的事物或者逃避善的事物"（vel appetando quod malum sit, vel fugiendo quod bonum）指明人的天性是趋善避恶的，但人类会偏离正道，作恶和避善。　此处充分体现了儒家所教导的保持人类内心的善。　然而，这一想法和基督宗教所认为的人性因罪而堕落，需要上帝的恩典才能恢复原本的善有很大差异。

　　② 如上所说，原本的意图是纯洁和正确的，道德修养是为了恢复原来的正直。

　　③ 译文的解释来自张居正，"检束其身以就规矩"（第 7 页）。

　　④ 拉丁文翻译暗含了对家庭和国家的道德劝告，在张居正的注解中，道德劝告变成了一种凌驾于其他人之上的力量。

　　⑤ 拉丁译文中"王国"和"天下"两处的动词 institueris（你将能教化）都被省略。

定的顺序,这一顺序是不容改变和减化的。①

^{1}自^{2}天^{3}子^{4}以^{5}至^{6}于^{7}庶^{8}人,^{9}壹^{10}是^{11}皆^{12}以^{13}修^{14}身^{15}为^{16}本。

p.2.§.1. ^{1}A ^{2}Coeli ^{3}filio seu Imperatore, $^{4-5}$usque ^{6}ad ^{7}plebeios ^{8}homines, $^{9-10}$una ^{11}omnes ^{12}in rectâ-^{13}compositione suae ipsius ^{14}personae ^{15}constituant oportet suum ^{16}principale. Quasi dicat: tametsi diversae sint conditiones ac status hominum; quorum alii scilicet ad sceptrum, alii ad stivam nati sunt; commune tamen omnibus, tam summis quam infimis, debet esse studium excolendae virtutibus propriae personae; nam penetrare res omnes, perficere vim intellectivam, verificare intentionem, rectificare cor; omnes hae actiones sunt propriae personae rectè componendae; ad quas deinde alia illa, nimirum familiae domesticae, privati Regni, ac totius demùm Imperii recta administratio consequetur: hoc posterius non omnibus commune, adeoque minus principale; primum illud omnibus omnino, ab ipso scilicet Imperatore ad infimam usque plebem commune sit oportet, magisque principale.

"从天子或称之为帝王,到平民百姓,所有人都应该把自己的首要原则放在自身人格的正确构建上。"正如他所说的:尽管每个人的条件和地位各

---

① 文本提到的两个方向,从"天下"到"格物",从"格物"到"天下",理学家更强调后者,从里到外更重要。 张居正语:"圣经反复言之。 一以见其次第不可紊乱。 一以见其工夫不可缺略。"(第7页)

不相同，有些人一出生即有王位，有些人生下来是为扶铁犁①，但是对于所有人来说，无论身处最高位还是在最底层，都应该热衷于借助美德来完善自身人格。因为，洞察所有事物、发展智力、证实意图、端正内心，所有这些行为都是为了正确地构建人格。通过这些行为，其他涉及家庭、王国乃至整个天下的正确治理，毫无疑问都会接踵而至。这后三者并不是对所有人都适用，它们是次要原则。前面的原则对于从皇帝到底层平民的所有人都适用，它们是主要原则。②

Nota. *Sinas binis hisce litteris* tien çu, *quae Coeli Filium significant, Imperatorem suum denotare*: *credunt enim etiam Sinae Regna et Imperia coelitùs conferri necnon auferri*, *ut patet ex variis Priscorum monumentis. Unde Imperatorem, asserunt*, *à Coelo esse dicique* tien çu, *id est*, Coeli Filium; *quia est* tian hoe, *id est*, à Coelo seu Coelitùs obtentus, *peculiari scilicet privilegio.*

注意，中国人用"天子"这两个字指代他们的皇帝。他们甚至相信王国以及天下都是上天给予的，也会被上天带走，正如古代的各种记载中所示。他们声称皇帝来自上天，应称作"天子"，即上天的儿子。"天获"即是通过上

---

① "出生即有王位或扶铁犁的人"的形象并没有出现在朱熹或张居正的评注中。然而，《孟子》区分了劳心和劳力。在西方，我们可以找到一个非常相似的表达，出自英国哲学家约翰·凯斯（John Case）的政治学著述《国家天球》（*Sphaera Civitatis*，Oxford，1588），liber Ⅱ，caput Ⅷ："所有美好的事物中并不存在一样的逻辑。因为所有人的状况都是不同的，一些生而即有王位，一些生来是为扶铁犁。"（Non est par ratio omnium bonorum，quia similis non est conditio omnium hominum: nam alii ad sceptrum, alii ad rastrum nati sunt.）

② 张居正认为，每个人，无论他的社会地位如何，都应该把自身的修养当作根基。虽然并不是每个人都有责任平定天下，但每个人都有责任去教化自身。从这种意义来说，每个人都不需要具体地承担家庭或国家的责任，就能在自身达到道德觉醒的最高点。拉丁文本表达了同样的意思，只是用一种更概念化的方式：自我修养，作为主要原则是实现"至善之道"的基础，这一点对于所有人都是一样的。

中国学问第一部：《大学》　　21

天或从上天处获得的特殊的权力。①

^{1}其^{2}本^{3}乱^{4}而^{5}末^{6}治者，^{7}否矣。^{8}其^{9}所^{10}厚者^{11}薄，^{12}而^{13}其^{14}所^{15}薄者^{16}厚，^{17}未之^{18}有也！

§.2. ^{1}Suo ^{2}principali(id est, propriâ personâ)^{3}perturbato seu neglecto, ut ^{4}tamen ^{5}secundarium, seu minus principale, id est, Familia, Regnum & Imperium rectè-^{6}gubernetur, ^{7}nequaquam fieri potest; id est, quandoquidem propria persona sit, Familia, Regni & Imperii fundamentum ac radix; utique haec prius rectè componenda erit; nisi fortè velis aridâ jam radice adhuc arborem in frondes ac folia virescere. ^{8}Id ^{9}quod majoris-^{10}momenti est, minoris-^{11}facere; ^{12}ac ^{13}id ^{14}quod minoris-^{15}momenti, majoris-^{16}facere ^{17}non ^{18}est è rectâ ratione. Sensus est, tametsi viro Principi cordi & curae esse debent subditi omninò omnes; debet tamen regiae suae Domui & priùs & impensiùs vacare; quosque adeò vel familiae vel sanguinis ratio propiùs ei conjunxit, haud quaquam potest iis, quos conditio sua remotiores fecit, posthabere.

"当一个人的主要原则（即其自身的人格）被扰乱或忽视，那么无论如何他不能把握次要原则，即正确地治理家庭、王国和天下。"也就是说，人格是家庭、王国和天下的基础和根本。除非你认为大树能从干枯的根上长出枝

---

① "自天授权"可在西方"承蒙上帝的恩典成为王"的概念中找到共鸣。 藏于法国国家图书馆的该书手稿，保留了此段注释中用拉丁字母拼写注音的汉字原文。 手稿原文在"王国与天下都是上天给予的"之后，有一段引用《大学》译文中有关"天命"的举例说明（et praesertim hîc paulò infrà ex textu fol. 3.p.2. §.3. ubi Author de vên-vâm Rege imperium consecuto loquens, utitur literâ 命 mím, quam Interpretes explicant his aliis duabus 天 tiēn 命 mím, idest à coelo mandatum, seu coelitùs collatum），出版前被柏应理删去。 同样略去的，还有手稿中该段末尾"因其（指中国人）称帝王为天子，遂亦称上天为父"（et quia imperatorem coeli filium nominant, ideo et coelum patrem appellant）。 参见手稿第9叶。

叶①，否则你就应该首先正确地构建好人格。"将重要的事情变得次要，将次要的事情变得更加重要，这样做有违正理。"尽管君主应该关心和关怀子民，但他必须首先关注皇室的管理。他不能把那些跟自己有家族关系或者说血缘关系的人，放到那些与自己关系疏远的人后面。②

Atque haec est ipsiusmet *Confucii* Sinarum Oraculi doctrina, Principum maximè Virorum institutioni accommodata; quae in sui primùm, ac deinde in aliorum recto regimine, seu gemino cardine vertitur. In sequentibus çem-çu ejusdem discipulus singula illa ex Magistri sui mente persequitur, priscorum Principum auctoritatibus & exemplis firmando ac illustrando.

这便是孔夫子，这位中国圣贤的教导，这些教导尤其适用于培养君主。它涉及两个要点：首先是正确管理自身，其次是正确管理他人。接下来他的弟子曾子继续跟随自己老师的思路，借助古代君王的权威并以之为范例来进行证明和解说。③

---

① 这个比喻可见于张居正的评注："就如那树根既枯了，却要他枝叶茂盛。"（第9页）

② 一位皇帝要对天下负责的同时，他也是一个儿子、一个兄弟，他必须履行家庭责任，这种责任和他紧密相连。 这一解释是从张居正的评注中直接翻译来的："家国天下之人，虽都是当爱的，然家亲而国与天下疏。 亲的在所厚，疏的在所薄。"（第9页）

③ 该段内容并非源于张居正的评注，而是基于朱熹注："右经一章，盖孔子之言，而曾子述之。凡二百五字。 其传十章，则曾子之意而门人记之也。"（第4页）

2. 《¹康²诰》³曰：" ⁴克⁵明⁶德。"

f.3.p.1.§.1.　Prima authoritas, qua, çem-çu utitur ad declarandam Magistri sui superiorem doctrinam de sui, aliorumque recto regimine, petitur ex vetusto libro à *vù-vâm* Filio Regis *vên-vâm* composito; in quo is patris virtutes celebrat; & *cam-xo* fratri suo exhibet. Itaque liber ille, ¹cam ²caó dictus (qui & pars est Chronicorum Imperii *cheu*) ³ait: ⁴potuit ille, scilicet *vên-vâm*, ⁵expolire suam naturam ⁶rationalem.

曾子提出的第一条证据用以证明自己老师的教育更加高明，其教育涉及自身和他人的正确管理。他是从一本古老的书中找到这一证据的。那本古书由文王的儿子武王所写①。在书中，武王赞美了他父亲的美德，并向自己的弟弟康叔展现父亲的德性。这本书就叫作《康诰》（这是周朝年鉴的一部分②），书中写道："文王当然有能力去完善自己的理性本性。"③

《¹太²甲》³曰："⁴顾⁵是⁶天之⁷明⁸命。"

§.2.　Altera authoritas ex vetustiore etiam libro, *tái-kia* dicto, petitur, quem scripsit famosus ille *y-yn* Gubernator Imperii *xam*; hic enim cum videret *tái-kia* Nepotem Imperatoris *chim-tam* (conditor hic erat familiae *xam*) degenerare ab

---

① 拉丁文译本指出武王自己"写作"了那本书。在下文谈到伊尹的时候，也做出了同样的推断。张居正认为这些书是武王或者伊尹写的。（"武王作书告康叔……伊尹作书告太甲"，第12页）然而，朱熹提到这些书时，只是把它们作为"周书"或者"商书"（第4页）。

② 这是《尚书》中的一章。

③ "德"被翻译成"理性的本性"，因西方经院哲学将"理性"视为每个人与生俱来所具有的认识事物的能力，此处耶稣会士的译文把孔夫子全方位的修身规划转换成一个先天理智的问题。

avitis institutis, eum in sepulchrali hortò avi sui jussit ad triennium commorari. Caeterum hoc libello adhortatus eum est ad sectandas avi sui virtutes. Et verò resipuit, & ab hoc eodem *y-yn* reductus deinde ad Imperium fuit; quod diu ac feliciter, tanto usus Magistro & adjutore, administravit. Itaque liber hic ¹*tái* ²*kia* dictus ³ait: semper-⁴ intentos-⁴ habebat-⁴ mentis-⁴ suae-⁴ oculos (Rex scilicet *tam*) ⁵huic à-⁶coelo-⁶datae ⁷ naturae ⁸rationali excolendae.

第二条证据来自古书《太甲》，该书相传是由著名的伊尹所作①，他曾是代为掌管商朝的人。当伊尹见到太甲——皇帝成汤（商朝的建立者）的孙子时，伊尹一改祖先的传统，命太甲留在他祖父的陵墓守孝三年。另外，伊尹还通过这本古书来规劝太甲，让他效仿其祖父的美德。之后，太甲真的悔改了，他被伊尹带回并掌控政权。因其重用一位如此贤明的老师②及辅助者，太甲在相当长的一段时间内用恰当的方式统治着国家。这本叫做《太甲》的书写道："（商汤）思想的眼睛时常在关注如何提升上天赋予的理性本性。"③

《¹帝²典》³曰："⁴克⁵明⁶峻⁷德。"

§.3. Tertia demum authoritas ex longè vetustissimo libro Regis *yaô* ¹*tí*-²*tièn* dicto, petitur, qui liber cum duobus modo citatis insertus est libro *xu-kim*.

---

① 帝王太甲和他老师伊尹之间的关系，在某种程度上是明万历皇帝和张居正关系的重现。 在张居正死后，万历皇帝得知张居正被其追随者称为伊尹。 这种推定让万历皇帝非常愤怒。 参见黄仁宇（Ray Huang）：《1587，毫无意义的一年》（*1587, A year of no significance*，New Heaven：Yale University），p.38。

② 耶稣会士将之译为 magister（老师）。 在张居正的评注中，伊尹被尊称为圣君（第 10 页）。

③ 拉丁文译本把"明命"和"明德"都翻译成"理性的本性"，并未强调"命令"这方面的意思，这使得译文中的"明命"极易被理解为某些纯粹外部的东西。 事实上，"明命"作为源自上天的律令，对于个体而言并非纯粹外部的，而应该是灌输在一个人道德天性中的。 朱熹清晰地解释："天之明命，即天之所以与我，而我之所以为德者也。 常目在之，则无时不明矣。"（第 4 页）

Porrò sic ³ait:⁴potuit ille(Rex scilicet *yaô*)⁵expolire seu excolere magnum hoc & ⁶sublime ⁷donum, vel ⁶sublimem ⁷virtutem, id est, naturam rationalem.

最后,第三条证据来自一本最为久远古老的书,这本由尧所作的书叫《帝典》。与先前的两个引证一样,这本书也收录在《尚书》中。这本书说:"那人(即尧帝)当然有能力完善或者发挥这种伟大并且崇高的天赋,或者说是一种崇高的美德,它就是理性本性。"①

¹皆²自³明也。

§.4. ¹Omnes per-²se-ipsi ³expoliverunt naturam suam rationalem. Quasi diceret; tametsi omnibus hominibus à coelo immissum ac inditum sit grande hoc & sublime naturae rationalis donum ac lumen; plerique tamen mortalium inordinatis appetitibus suis ac vitiis illud obnubilarunt, & imminuerunt, nonnulli etiam propemodùm extinxerunt: at verò dicti Reges *yaô*, *chim-tam* & *vên-vâm* labore suo & constantiâ potuerunt illud usque eò expolire ac illustrare, ut non modò jacturam illius numquam deinde fecerint; sed è contrario amplissimo ejusdem splendore ac luce per universum Sinicae Gentis orbem longè latéque radiarint.

所有人都是靠自己去完善他们的理性本性。正如之前所说的那样,尽管所有人都被上天赋予了这一伟大崇高的理性本性的禀赋和光辉,然而在大部分的普通人身上,混沌的欲望和恶习削弱了这样的禀赋和光辉,使其变得暗淡。只有少数人很好地压制住了他们身上的欲望和恶习:据说尧、成汤

---

① 朱熹和张居正的评注明确地指出那三处引用均是指向"明德"。朱熹:"右传之首章。释明明德。"(第4页)张居正:"这三书所言,虽是不同,然曰德,曰明命,曰峻德,即是经文所谓明德也。"(第10页)虽然拉丁文译本给出"德"的直接含义是"美德",但又立即为其加上"理性本性"的诠释。参照中国注家的观点,为了使自己的诠释保持一致,耶稣会士将三处引文中的"明德""明命""峻德"都统一译作"理性本性"。

和文王通过自身的努力和坚持不懈,使其理性本性得以完善且更加明亮,不仅从未将其遗失,而且借其壮阔的光彩和光芒,使之长久而广泛地照耀着整个中华民族。①

---

① 耶稣会士的诠释依照张居正的评注,认为个体凭借与生俱来的善德和后天的努力修为,具备达到道德完善的可能性,但是认为只有一小部分品德高尚的统治者才能正确地意识到这点。"人皆有德,但为气禀物欲所蔽,以致昏昧不明。 惟文王能明之无一毫之昏昧……人皆有此明命,而志心放逸,忽忘者多。 惟成汤能心上时时存着……人皆有这大德,被私欲狭小了。 惟尧能明之,至于光四表而格上下。"(第10页)

3. ¹汤之²盘³铭⁴曰："⁵苟⁶日⁷新，⁸日⁹日¹⁰新，¹¹又¹²日¹³新。"

p.2.§.1. ¹*Tam* Regis ²pelvi, in quâ lavare corpus solebat insculptae-³litterae ⁴aiebant: ⁵toto ⁶die, id est, assiduè, te lava & ⁷renova; imo ⁸⁻⁹quotidie te ¹⁰renova; ¹¹iterumque in ¹²dies te ¹³renova; Quasi dicat: Princeps qui alios gubernat, nullo non tempore in eo totus sit oportet, ut pravorum appetituum vitiorumque sordes, quas fortè contraxerat, sollicitè abluat & abstergat; sicque ad pristinam munditiem ac puritatem revertatur. Atque haec est illa sui ipsius renovatio, quam *çem-çu* hoc loco praemittere voluit, ceu radicem ac fundamentum renovationis populi.

在商汤的浴盆中——他习惯在里面洗濯身体——雕刻着一些文字："在一天当中要洗濯和革新你自己；更确切地说，每一天都要革新你自己；天天不断地革新自身。"这就像是在说：统治他人的君主要一直关注这一点①，小心地清洗、去除那些自己偶然间沾染上的肮脏，它们是由邪恶的欲望和恶习带来的②；进而他就能回归到原初的洁净和纯粹。这些就是所谓自身的革新，亦即曾子希望在此率先传递的：自身的革新是人民革新的根源和基础。

Caeterùm observatu dignus sanè est antiquus illorum temporum mos, quo in vasis domesticis similique supellectili(qualis haec erat tam *Regis pelvis)pulcherrima quaeque virtutum documenta insculpi, aut appingi, et in intimâ quidem vasis ipsius facie, solebat; ut ea tum quoque cum vel corpus lavarent, vel cibum sumerent, semper ante oculos haberent. A priscis igitur derivatus est hodieque viget usus ille in Sinis;*

---

① 朱熹和张居正都表述过"坚持不懈的努力"的意思，并使用相似的术语"功夫却不可间断了"。（参见《四书章句集注》，第5页；《张居正讲评〈大学·中庸〉皇家读本》，第11页）

② 参见朱熹："以涤其旧染之污。"（第5页）

verumtamen cum hoc discrimine, ut quas olim interiùs, modò exteriùs plerumque vel appingant, vel insculpant litteras utpote mero hodie fuco, et exteriori quadam virtutis specie contenti.

这里非常值得关注的还有那时候的古老习俗。按照习俗，在家用的碟子或类似的器皿、家具上（就像是在汤的浴盆上），雕刻或喷涂着有关德性十分美好的警句，经常刻在家用盘子的表面上，使得人们在洗濯身体或者进食的时候，都可以看到那些关于美德的警句。这种习俗来源于祖先，现今这种习俗在中国依然很普遍。不过，有一点不同：这些警句以前是描画或雕刻在容器的内侧，而如今大部分却是在外侧；以前这些文字是不加颜色的，而今则是用彩色的，人们越来越满足于德性的外表。

《[1]康[2]诰》[3]曰：" [4]作[5]新[6]民。"

§.2. Supradictus Rex *vù-vâm* in eodem illo suo libro [1]*cam* [2]*caó* [3]ait: [4]excita seu provoca, ut sese [5]renovet [6]populum. Quasi diceret; tametsi fortè populus malè hactenùs vixerit; si tamen in posterum rectè agere velit, Princeps ei norma sit, suoque exemplo subditos ad novam melioris vitae normam studiosè provocet; haec enim vera est renovandi populi methodus.

上文提到过的武王，在他的《康诰》里面说："唤醒人民，使人民革新自己。"这就是说：尽管直到现在人民也许都过得不好[1]，但假如人民愿意在接下来的日子里正确行事，统治者便应成为人民的典范，以身作则、热情高涨地引领他的臣民遵循新的、更好的生活规范。这就是革新人民的方法。

---

[1] 在君王清洗掉自己的污垢之后，人民的道德形势就更加严峻，因为他们大多过着品行不端的生活。这种对人民道德现状的指责，在朱熹的注解那里并不明显。耶稣会士根据张居正的评注，强调人民道德的衰败："百姓每旧日虽为不善，而今若能从新为善，为人君者，就当设法去鼓舞振作他。"（第11页）

《¹诗》²曰:"³周⁴虽⁵旧⁶邦,⁷其⁸命⁹惟¹⁰新。"

§.3. ¹Oda ²ait: familiae ³Cheu ⁴tametsi ⁵antiquissimum fuerit Regulorum ⁶Regnum, ⁷ei tamen à coelo collatum deinde ⁸Imperium ⁹merè ¹⁰novum erat; quatenus scilicet merè debebatur renovationi tum Regis, tum subditorum. Nam Regnum familiae *Cheu* per multa saecula (numerando scilicet ab *Héu-çie* Regulo, per mille & amplius annos) Regulorum ditio dumtaxat fuit, & quidem limitata; quoad postremus omnium *vêm-vâm* Regno finem, & Imperio initium dedit, per sui nimirum, suorumque renovationem.

《诗经》中有:"尽管周朝在各个诸侯国中是最古老的,但它的统治权是从上天得到的,是全新的,也完全依仗于君王和臣民的不断自新而存在。另外,虽然周朝的王权延续了多个世纪(若从后稷开始算起,它延续了一千多年①),却也不外乎是诸侯的权力,始终是受限的。直到最后,文王通过他自身及其人民的革新,结束了诸侯国时期,开启了帝国时代。"②

¹是²故,³君⁴子⁵无⁶所⁷不⁸用⁹其¹⁰极。

§.4. Atque haec ¹est ²ratio, ait *çem-çu*, quare absolutae-³virtutis ⁴Princeps ⁵⁻⁶nihil ⁷non ⁸agat in ordine ad ⁹suum ¹⁰apicem; id est, absolutae virtutis Princeps

---

① 这个评述解释了文本中的一个显而易见的矛盾:尽管周朝是一个刚刚建立的王朝,它同样可以被认为是古老的。 参见张居正:"周自后稷以来,千有余年,皆为诸侯之国。"(第11页)

② 文王和他的臣民都进行了革新。 仅仅君王革新自身,对于整个国家的革新而言是不够的,要把革新推广到人民之中。 朱熹和张居正都说过能新其德以及于民(参见《四书章句集注》,第5页;《张居正讲评〈大学·中庸〉皇家读本》,第11页)。 耶稣会士把周朝看作一个帝国,这与他们对商朝的看法相一致,而在今天我们只把它们描述为诸侯国。

qualicunque sui ac populi renovationi non acquiescit, sed ad apicem summi boni, (de quo egimus initio hujus libri) in quo tandem sistat, contendit.

"并且这就是原因,"曾子说,"拥有完善美德的统治者①行事绝对会做到极致。"这就是说,拥有完善美德的统治者,在任何情况下都不会停止对他自身及其人民的革新,而是致力于达到至善的终极(关于这点,我们在这本书的开头提过),最终止于至善。②

---

① "君子"被翻译成"拥有完善美德的统治者"(absolutae-virtutis Princeps)。 在这里,统治者指的是在所有高尚的道德上都能成为楷模的人。

② 这个评述强调了文化教化的动态过程。 朱熹在这里有评述:"自新新民,皆欲止于至善也。"(第5页)张居正对此作了进一步的补充:"新自家的德与新民的德都要到那至善的去处而后已也。"(第12页)耶稣会士对文本的诠释沿着一条暗线,这条线索不见于朱熹和张居正的评注中,而是把"止于至善"与"明明德"和"亲民"分别开来。

中国学问第一部：《大学》　　31

4.　《¹诗》²云：" ³邦⁴畿⁵千⁶里，⁷维⁸民⁹所¹⁰止。"

f.4. p.1. §.1.　　Declaratâ hactenus sui ipsius aliorumque renovatione, seu rectâ institutione; transit modò çem-çu ad declarandam tertiam partem doctrinae Magnae hujus Scientiae, nimirùm consistentiam in summo bono. ¹Oda itaque ²ait: Regulorum ³Regia ⁴districtum habens ⁵mille ⁶stadiorum (hoc est, centum circiter leucarum) ⁷sola est ⁸populus ⁹ubi ¹⁰sistat. Quasi dicat; tametsi populus per totius Regni fines latissimè dispersus habitet, eorum tamen animi & oculi semper Regiam ceu centrum suum respiciunt; utpote, in qua omnis opum ac fortunarum suarum cardo vertitur. Ita scilicet res omnes habent ubi tandem singula quiescant.

到这里为止所说的是对人自身和对其他人的革新，或者说是正确的教化。曾子转向第三个部分，即关于"伟大的学问"的教导，这毫无疑问在于持守至善。《诗经》中说："诸侯的都城有一千斯塔德①（大约100里格②）那么大，这是百姓唯一可以止息的地方。"这就是说，尽管人民广泛地散居在国内各地，但是他们的内心和双眼总是关注着作为他们核心的皇宫，正如他们所有的财富和命运都围绕着这个轴心一样。因此，一切事物都拥有最终能够让它们各自止息的地方。③

《¹诗》²云：" ³缗⁴蛮⁵黄⁶鸟，⁷止⁸于⁹丘¹⁰隅。"¹¹子¹²曰："¹³于¹⁴止，¹⁵知¹⁶其¹⁷所¹⁸止，¹⁹可²⁰以²¹人²²而²³不²⁴如²⁵鸟乎！"

§.2.　¹Oda ²ait: ³miên ⁴mân ⁵crocea ⁶avis (à cantu suo sic dicta) ⁷sistit ⁸in

---

① 斯塔德（stadium），古希腊长度单位，约合607英尺长。
② 里格（leucarum）是中古时期欧洲用于陆上及海上测量的长度单位，约为3英里或3海里。
③ 参见张居正："以见凡物各有所当止之处也。"（第12页）

montis-⁹arboribus-⁹consiti ¹⁰cacumine, ceu quieti suae accommodo tutoque loco. ¹¹*Confucius* usus hoc simili ¹²ait: Crocea avis res equidem est exigua, & rationis expers; ¹³in ¹⁴sistendo tamen ostendit se ¹⁵nosse ¹⁷ubi ¹⁸sistere ¹⁶sibi conveniat; & fieri-¹⁹ne-¹⁹ potest ²⁰ut ²¹homo rerum sublunarium Princeps & caput cum sit, ²²tamen ²³non ²⁴ut ²⁵avis sit? id est, ut ab ave superari quodammodo se patiatur? quippe qui mente adeò caecutiat, ut ignoret summum bonum, ubi sistendum sibi sit; cùm tamen nec avicula ramusculum suum, in quo sistat, ignoret.

《诗经》中说:"那黄色的缗蛮鸟(因其歌声而得名),停歇在种满树的山顶上,山顶就是它静谧安逸的居所。"孔夫子运用这个比喻,说道:"黄鸟确实是个小东西,还缺少理性。① 然而,它要休息时,它知道哪里适合它去休息。对于人类这一月亮之下②万物的统治者和首领③来说,却不能像那鸟一样做到,这可能吗?"也就是说,难道人还不如一只鸟吗? 显而易见的是,他被思想所蒙蔽,使得他忽视了自己应止息的至善所在。④ 然而,小鸟却不会忽视那根它应该在上面休息的树枝。⑤

---

① 关于黄鸟体型微小的注释在张居正的评注中可以找到:"黄鸟是个微物。"(第12页)然而,耶稣会士在这里加了一条:"那鸟是没有理性的(crocea avis res equidem est exigua, & rationis expers)。"

② 拉丁译文使用"月下的"(sublunaris,-e)一词来表示"天下"之意。

③ 参见张居正:"人为万物之灵。"(第13页)拉丁译文用 princeps & caput(统治者和首领)来指称原文中的"人",暗示人在自然世界中运用一种统治权,这里明显暗示了《创世纪》的内容。

④ 参见张居正:"岂可反昧其所止,而禽鸟之不如乎?"(第13页)此处"被思想所蒙蔽"其拉丁文原文直译应为"在思想上盲目"(qui mente adeò caecutiat),似乎指出思想具有一种双重属性,或能让人分辨澄清事理,或会使人遭受蒙蔽陷入晦暗。

⑤ 人类和鸟类之间的差异是巨大的。 鸟类没有理性,但依然可以凭借直觉实现它们的天性,但是如果人类丧失了他们思想上的明净,那么他们所能成就的甚至还不如一只小鸟。

《¹诗》²云:"³穆⁴穆⁵文⁶王,⁷于⁸缉⁹熙¹⁰敬¹¹止!"¹²为¹³人¹⁴君,¹⁵止¹⁶于¹⁷仁;¹⁸为¹⁹人²⁰臣,²¹止²²于²³敬;²⁴为²⁵人²⁶子,²⁷止²⁸于²⁹孝;³⁰为³¹人³²父,³³止³⁴于³⁵慈;³⁶与³⁷国³⁸人³⁹交,⁴⁰止⁴¹于⁴²信。

§. 3. Postquàm superiùs § 1. & 2. çem-çu ex Magistri sui doctrinâ ostendit, debere quemlibet scire apicem boni in quo sistat; docet hoc paragrapho quomodo practicè oporteat ad hunc boni apicem contendere, in eoque sistere, allatis veterum Principum exemplis, qui virtutis famâ celebriores fuere. Itaque ¹Oda ²ait: ô quàm ³profundae ⁴reconditaeque virtutis erat, Rex ⁵vên-⁶vâm! ô ⁷quàm feliciter ⁸conjunxit perpetuum illum virtutis suae ⁹splendorem cum omnibus suis actionibus! Nihil non diligentissimè ¹⁰observans, ut ad destinatum animo perfectionis apicem, in-¹¹quo-¹¹sisteret, perveniret. Cùm enim (exponit çem-çu) ad regendos feliciter subditos communis quaedam ergà omnes charitas praecipuam vim habeat; ven-vam ¹²agens ¹³⁻¹⁴Regem ¹⁵sistebat & sese perficiebat ¹⁶in hac ¹⁷charitate. Rursùs cùm praecipua subditi virtus sit honor & observantia ergà Regem, vên-vâm-¹⁸ agens ¹⁹⁻²⁰subditum ²¹sistebat ²²in ²³observantiâ; hujus partes omnes fidi promptique animi constanter explens. Cum item prima & praecipua filiorum virtus ac laus consistat in obedientiâ, vên-vâm- ²⁴agens ²⁵⁻²⁶filium ²⁷sistebat ²⁸in ²⁹obedientiâ; cujus partes omnes insigni quadam pietate, & exactissimis amantis filii obsequiis indefessus explebat. Cùm verò Patris vicissim praecipua virtus sit amor ergà filios ex piis visceribus profluens; vên-vâm ³⁰agens ³¹⁻³²patrem, ³³sistebat ³⁴in hoc filiorum ³⁵amore; quem prodebat identidem non indulgentiâ quadam vitiosâ, sed assiduâ ad omnem virtutem institutione; quae adeò ad nepotes, horumque deinde filios feliciter propagata sit. Denique cùm promiscuae hominum inter se consuetudinis & societatis prima laus sit fides, vên-vâm ³⁶cum

³⁷Regni sui ³⁸hominibus ³⁹agens ⁴⁰sistebat ⁴¹in ⁴²fide;quam in verbis suis factisque inviolatam servabat.

上文曾子提出了他老师所教导的第一章和第二章的内容,任何人由此都应该了解到自己应止息的至善所在。在这一段,他以那些因其美德名望而享有声誉的古代君王为例,教导人们如何在实践中努力达到止于至善。《诗经》中说:"噢,文王的美德是多么的深厚啊! 噢,他是如此乐于把他美德的无尽光辉同他所有的行为相契合!"① 他如此勤勉地关注②万物以求达到内心所渴求的能够止息③的完善境界。"(曾子解释说)由于对万物的仁爱使其拥有一种能成功地治理臣民的特殊力量,"作为君王,文王做到了仁爱④,并

---

① 译文中 cum omnibus suis actionibus(与他所有的行为)在中文评注中并没有对应的内容。 这里可能是受到天主教耶稣会《神操》的影响:"向神,我们的主,寻求恩典,使我的所有意图、行为和活动可以被纯粹地命令去服侍和赞美神圣的陛下。"源自依纳爵·罗耀拉(Ignatius Loyola):《神操》(*The Spiritual Exercises*, St Louis: Institute of Jesuit Sources, 1992), p.40。

② 这一段落介绍了人际关系中五种基础性的美德:臣民对君主之敬,君主对臣民之仁,儿子对父亲之孝,父亲对儿子之慈,友人相互之信。《中国哲学家孔夫子》在这里把"敬"翻译为"内心的专注或关注(observans)",而不是直译为"对上位者的尊敬"。 这种解释体现了朱熹的影响,他将其解释为一种在所有行为上的内部精神的专注状态("敬止,言其无不敬而安所止也")。 对于朱熹来说,"格物"不是一种自发的能力,而是需要时间、反复以及需要专注的整个学习过程。 张居正也表达了相同的意思。 因此,对于每种美德的实践,应该要发挥到它的完满的极限为止。

③ "于缉熙敬止"一句纯粹从语法上来看,句末的"止"字是没有实义的,类似于拉丁文中表完结的小品词。 但是,从朱熹开始,这个词被解释成"到达、止息","敬止,言其无不敬而安所止也",这也体现在张居正的评注中。 耶稣会士在这里沿用了朱熹的解释,将其译为 in quo sisteret(他能止息之处)。

④ 此处"为人君,止于仁"中的"仁",意指包含一切美德的总德,被翻译为 charitas(神的爱),以表达君王对臣民的照顾。 这个词在这里并非一定是在暗示神的爱,就像它在基督教中时常表达的那样。 在 17 世纪的西方,charitas 还表达一种总体上的、包含一切德性的美德,就像孔夫子所说的"仁"一样。 钱德明(Amiot)把它翻译为"幸福":"提供给自己人民的幸福。"(procurer le bonheur de ses peuples; Amiot, *Ta-hio ou La Grande Science*, in Mémoires concernant l'histoire, les sciences, les arts, les mœurs, les usages, etc. des Chinois par les Missionnaires de Pékin, p.441)《中国智慧》中则用"虔诚"(pietas)来翻译该词。

借由这一美德完善自身",反过来说,由于臣民的特定美德是崇敬和遵从君主,"作为臣民,文王做到了对于君主统治的服从,他不断履行那忠诚热切的内心所肩负的一切责任"。同样地,由于身为子女首要的、特有的美德和赞颂在于孝顺①,"作为儿子,文王做到了孝顺",他心怀责任感、竭尽自己的关爱,孜孜不倦地履行自己的孝顺。另外,由于父亲特有的美德是从他心底流露出来的对子女真挚的疼爱②,作为父亲,文王做到了这种对子女们的爱,他一遍遍地显露出这种疼爱,这并非由于某种罪恶的放纵,而是在始终如一地践行着一切美德。这种践行延续到孙子们的身上,此后又成功地延续到孙子们的儿子身上。最后,在人与人的交往和人类社会中,信任是最受推崇的美德,文王在对待他的国民时做到了信任,他在言语和行动中都确保这样的信任不受玷污。

Cùm adeò celebris sit inter Sinas Regis vên-vâm memoria, juvat hic obiter de eodem aliquid attingere. Huic ven-vâm pater fuit vâm-kí; mater tái-çin; quam memorant eâ fuisse verecundiâ, ut nihil inhonesti videre vel audire sustineret; eâ modestiâ ut nihil arrogantiae, nec in verbis quidem, notaretur. Piae matris pius filius vên-vâm, cùm anno vigesimo imperantis cheù tyranni alio nomine xeù-sin, lethaliter aegrotaret, et terra quintum jam diem prodigiosis motibus concuteretur, tantam calamitatem coelique iram suis unius peccatis adscribebat; et tamen vir fuit tantorum virtutum, et tam illustri apud exteras nationes famâ, ut quatuor suprà quadraginta Regna eidem sese ultrò subjecerint. Caeterùm nihil aequè in hoc Principe enituit ac singularis ergà omnes animi pietas; cujus unum è multis exemplum hic adduxisse sufficiat. Referunt Sinensium Annales, et liber, Lie-que-

---

① "为人子,止于孝"中的"孝",被译为 obedentia(孝顺)。
② "为人父,止于慈"中的"慈"被译为 amor(疼爱),而在比此更早的《大学》拉丁文全译本《中国智慧》中,"慈"被翻译为 affectus ac benevolentià(喜爱和仁慈)。

chí-chuen, *quod cùm fortè offendisset in campo ossa insepulta ignoti hominis, protinùs ea humari jusserit; cumque esset è circumstantibs qui diceret, ignorari defuncti Dominum, adeòque non esse illius habendam rationem: at enim, inquit Rex, qui tenet Imperium, Imperii Dominus est; qui Regnum, Regni Dominus; ego igitur et hominis hujus sum Dominus; quorsum hoc ultimae pietatis officium illi negem? quae dicens regali se veste exuit, eâque involvi jubet ossa ac de more tumulari. Attoniti tantae virtutis exemplo proceres, si, inquiunt, tanta est Principis nostri erga arida ossa pietas, quanta erit ergà reliquos homines! Et certè tanta fuit ejusdem Principis erga Senes, Viduas, ac Pauperes charitas, ut eos veluti filios singulari curâ tueretur ac sustentaret. Hujus praecipuè exemplo restituta creditur pia illa primorum Imperatorum consuetudo et lex; quae hodieque viget in toto Sinensi Imperio; ut in singulis urbibus, civitatibus ac oppidis centum circiter pauperes senes expensis publicis sustententur. Morti proximus piissimus hic Princeps tria filio vù-vâm reliquit monita duodecim verbis seu litteris ea complexus; nimirum, cùm [1] videris quid ex [2] virtute factum, vide [3] ne sis [4] deses in ejus imitatione: Cùm [5] tempus et occasio [6] adest rei agendae, illâ uti [7] ne [8] dubites: à [9] tollendis et extirpandis [10] vitiis [11] ne unquam [12] desistas; Tribus his monitis meis tota probae rectaeque vitae ratio continetur. Quae postrema patris sui monita vù-vâm filius venerabundus excepit. Obiit* vên-vâm *anno aetatis 97. postquam novem annis partem Imperii administrasset non tamen cum titulo Imperatoris, ut qui de tribus duas duntaxat Imperii partes obtineret. A morte suâ Rex à Sinensibus inter divos numerari coepit, hodieque numeratur, ut suo loco dicetur.*

  由于在中华民族中有关君王文王的回忆是非常深入人心的，在此顺便提及文王的相关事迹亦有裨益。文王的父亲是季，母亲是太任，据说她是一个有羞耻心的人,这使她不能忍受听到或者看到可耻之事①;她也是一个谦虚的人,相关记载中,在她的身上乃至言谈中都没有一丝傲慢。在暴君纣辛②统治的第二十年,文王——这位忠诚母亲的恭顺儿子——病得快要死了,大地剧烈地震动了五日之久。文王把这强烈的破坏和上天的愤怒归咎于自己的恶习。他就是这样一位有着如此高尚美德的男人,他的名望在其他诸侯国那里也极为显赫,以至于有四十四个诸侯国臣服于他。在这个伟大的领导者身上,没有什么像他内心对万物的责任感那般引人注目。在他诸多事迹中,仅仅谈论其中的一个就足够了。③ 中国的编年史和《列国志传》都记述了此事。当文王在荒野中碰巧冒犯了未被埋葬的无名尸骨时,他就立刻下令将之埋葬。文王的随从中有一个人说,既然并不知晓死尸的主人,就没有理由这么做。文王说道:"君主,代表着统治权,是帝国的主人;代表着王权,是国家的主人。因此,我就是这个人的主人。我怎么可以拒绝履行这最后的虔诚的责任呢?"文王一边说着,一边脱下自己的王袍,命令将尸骨包起来,按照习俗去埋葬它。贵族们为如此高尚的德行所震惊,他们说:"倘若我们的统治者连对待干枯的尸骨都如此虔敬,那么他对待其他的民众该有多么伟大!"毫无疑问,这位统治者的伟大仁爱将惠及老人、寡妇以及穷

---

① 参见《诗经·大明》:"乃及王季,维德之行,大任有身,生此文王。"
② 殷帝辛名受,天下谓之纣,即纣王。
③ 以下给出的事例都是《中国哲学家孔夫子》的耶稣会士译者所挑选的,以阐明在五种美德之中,仁爱居于其他四种之上。耶稣会士译者也许已经深刻感受到中国的仁爱观念。正如原始文本中所详细论述的,随着仁爱之心的深入,它可以向有需要的陌生人或者外国人给予帮助,此处关于仁爱的描述可以和《福音书》里的要求相比较。《中国哲学家孔夫子》书中讲述文王用自己的衣服去埋葬一具不知名的尸骨的故事,这在基督教的圣徒传记中可以找到对应的版本:图尔斯的圣马丁剪下自己衣服的一半,来给予一个穷人。

人,他会用一种特别的关爱去保护和支持他们,就像他们是他自己的子女一样。① 人们相信,正是这个特别的事例,先王虔敬的习俗和律法才得以重建,它们现今在整个中华帝国依旧有着影响力,在国中各诸侯国的都城、县城和村镇中,都有大约百名穷困老人享有国家保障。面对迫近的死亡,这位极其尽职的统治者或许是口述,又或许是笔录,留给儿子武王三条十二个字的建议,其意为"毫无疑问,当你看到源于美德的行径时,不要在效仿这一行径上有所怠惰;当时间和机会都趋向于做某件事时,不要怀疑,利用时机做好这件事;一定不要停止根除罪恶。以上我的这三条建议中包含了正直、正确的生活中的全部规则"②。武王带着虔诚和敬畏之心听从了他父亲最后的建议。文王在他生命的第九十七个年头去世了。③ 他在最后九年中仅统治了帝国的一部分,并没有"帝王"的称号,因为他只得到了不多于三分之二的帝国。④ 在文王死后,他被中国人奉为众神之一⑤,直到今天仍是如此,正如文中谈到的那样。

---

① 此处《中国哲学家孔夫子》援引余邵鱼所作《列国志传》中的记载。 这个故事参见《诗经·小弁》:"行有死人,尚或墐之。 君子秉心,维其忍之。 心之忧矣,涕既陨之。"这个故事也被记载在《后汉书·皇甫张段列传》中:"朽骨无益于人,而文王葬之。"另可参见西汉刘向所作的《新序·杂事第五》:"周文王作灵台及为池沼,掘地得死人之骨,吏以闻于文王。 文王曰:'更葬之。'吏曰:'此无主矣。'文王曰:'有天下者,天下之主也;有一国者,一国之主也。 寡人固其主,又安求主?'遂令吏以衣棺更葬之。 天下闻之,皆曰:'文王贤矣,泽及枯骨,又况于人乎?'或得宝以危国,文王得朽骨,以喻其意,而天下归心焉。"

② 原始手稿中,这十二字被转写为 "kien xen ue tai xi chi ue nhi kiu fi ue chu",即 "见善勿怠,行义勿疑,去非勿处" 的拼音。 有趣的是,这句话并不见于先秦文献中,似乎是从明代小说《封神演义》中所抽取。 如果确实这样,就可以证明耶稣会传教士对明朝文学有一些直接或间接的接触。

③ 参见《礼记·文王世子》:"文王九十七乃终,武王九十三而终。"

④ 参见《论语·泰伯》:"武王曰:'予有乱臣十人。'孔子曰:'才难,不其然乎? 唐虞之际,于斯为盛,有妇人焉,九人而已。 三分天下有其二,以服事殷。 周之德,其可谓至德也已矣。'"

⑤ 此处耶稣会士称文王为 inter divos(中国人的"众神之一")。 在罗马,神圣化是由国家所承认的、给予逝世的帝王或者政治家的最高荣耀。 在《中国哲学家孔夫子》书中,这个死后获得的头衔并没有宗教方面的含义,只是纯粹的敬称。

中国学问第一部:《大学》　　39

《¹诗》² 云：" ³瞻⁴彼⁵淇⁶澳，⁷绿⁸竹⁹猗¹⁰猗。¹¹有¹²斐¹³君¹⁴子，¹⁵如¹⁶切¹⁷如¹⁸磋，¹⁹如²⁰琢²¹如²²磨。²³瑟兮²⁴僩兮，²⁵赫兮²⁶喧兮。²⁷有²⁸斐²⁹君³⁰子，³¹终³²不³³可³⁴谖兮！"³⁵如³⁶切³⁷如³⁸磋者，³⁹道⁴⁰学也；⁴¹如⁴²琢⁴³如⁴⁴磨者，⁴⁵自⁴⁶修也；⁴⁷瑟兮⁴⁸僩兮者，⁴⁹恂⁵⁰栗也；⁵¹赫兮⁵²喧兮者，⁵³威⁵⁴仪也；⁵⁵有⁵⁶斐⁵⁷君⁵⁸子，⁵⁹终⁶⁰不⁶¹可⁶²谖兮者，⁶³道⁶⁴盛⁶⁵德⁶⁶至⁶⁷善，⁶⁸民之⁶⁹不⁷⁰能⁷¹忘也。

p.2.§.1. Regis *vên-vâm* exemplo subjungit *çem-çu* alterius item Principis exemplum è libro carminum, ubi ¹oda ²ait: ³aspice ⁴illius aquae, ⁵*kî* dictae ⁶Sinum: ⁷viridantia ejus ⁸arundineta ô quam ⁹amoenum ¹⁰luxuriant! sic ¹¹est ¹²ornatus virtutibus ¹³⁻¹⁴Princeps noster (scilicet *vù-cum* Princeps Regni *guéi*, cui populus hoc carmine applaudebat) ¹⁵ceu ¹⁶caedens, ¹⁷ceu limans- ¹⁸ossa, ¹⁹ceu ²⁰scalpens, ²¹ceu ²²poliens lapillos. O quam ²³sublimis & ²³arcanus! O quam ²⁴fortis ac ²⁴serius! quàm ²⁵famosus! quàm ²⁶spectabilis! ²⁷habemus ²⁸ornatum virtutibus ²⁹⁻³⁰Principem; cujus in ³¹finem ³¹usque ³²non ³³possumus ³⁴oblivisci. Haec declarans *çem-çu* ait: quod in odâ dicitur, ³⁵ceu ³⁶caedens, ³⁷ceu ³⁸limans; ³⁹denotat ⁴⁰doctrinam ac sapientiam Principis *vu-cum*, ut qui non contentus veterum monimenta resque praeclarè gestas ipse domi suae privato studio recoluisse, ea etiam foris ac in publico cum aliis identidem conferre & communicare solitus erat, nec ante desistere aut acquiescere quàm consummatus omnium imitator evasisset; haud absimilis artifici, qui è cornu vel ossibus figuram statuam-ve quam mente concepit efformaturus primùm quidem rudiori opere incîdit illa; tum deinde etiam ad limam vocat radit, scabit, ac laevigat. Quare hanc Principis sui doctrinam studiumque extollens populus, illis usus est verbis, *ceu* *caedens*, *ceu limans ac laevigans ossa*. Quae autem sequuntur nimirùm, [41]*ceu* [42]*scalpens*, [43]*ceu* [44]*poliens*, significant [45]sui ipsius actionumque suarum rectam- [46]compositionem, à qua idem populus hunc suum Principem laudabat, ut qui semetipsum jugiter ad virtutis regulam efformans, severus suimet Censor & Judex, rejectis superfluis, & cupiditatibus edomitis consummatam perfectamque ab omni labe & naevo puritatem vitae sectaretur: Gemmario similis, qui postquam pretiosum lapidem quem sub manu habet jam excidit, formavit & scalpsit, mundissimè eumdem extergit expolitque. Et ideò oda ait; *ceu scalpens*, *ceu poliens*. Illae verò acclamantis populi voces ô quàm [47]sublimis & [47]arcanus! O quam [48]fortis ac [48]serius! Significant Principem *vù cum* ea quae suo illo studio è majorum monimentis & exemplis hauserat, assiduâ curâ, [49]circumspectione, & [50]cautelâ ita conservasse, ut semper attentus vigilaret, ne fortè vel torpore deficeret, vel praesidentiâ exorbitaret. Reliquae duae illae exclamationes, quam [51]famosus! quàm [52]spectabilis! Significant ejusdem *vù cum* [53]authoritatem & [54]exemplum, quibus populum ad venerationem & imitationem sui excitaverat. Nam quia illa interior vigilantia, circumspectio, & observantia non ita latere poterant, quin exteriùs sese proderent; hinc eam viro reverentiam authoritatemque apud omnes conciliarunt, ut nemo non eum revereretur ac suspiceret, nemo non observaret & imitaretur. Illis denique verbis, [55]habemus ornatum [56]virtutibus [57-58]Principem, cujus in [59]finem usque [60]non [61]poterimus [62]oblivisci; [63]denotatur ejusdem Principis [64]consummata [65]virtus, [66]summeque [67]perfecta, & talis ut à [68]populo [69]nunquam [70]possit oblivioni-[71]dari.

除了文王的例子，曾子又引了《诗经》提到的另一位君主的例子。《诗经》里说："看那淇河弯曲的地方，那里翠绿的竹木生长得多么美丽而茂盛啊！我们的君主（就是人们在这首诗歌中所赞颂的卫国君主武公）修行美德,就如同在切割、磋磨骨器,就如同在雕琢、打磨宝石。① 他是多么崇高、神秘啊! 他是多么坚定、严肃啊! 他是多么煊赫啊! 他是多么卓越啊! 我们有这样一位修行美德的君主,我们将永不忘记。"曾子接着说道:"诗中提到的'切割和磋磨',指的是在这首诗中人们所赞颂的卫国君主武公的学问和智慧。"他并不满足于私下里努力温习古代的石刻文献以及自己家族的事迹,还习惯于与他人公开讨论这些内容,他不曾懈怠或者停止以使自己成为一名完美的效仿者。这就像一位工匠,要用犀角或者象骨制作出雕像,首先要在心中进行构思。因而这些钻挖、刮擦、磨平的动作被称为"磋磨"。人们赞颂他们君王的学问和努力,说这就像是在切割、磋磨和打磨骨器。接下来的"雕琢和打磨"指的是这位君王的行径及其为人的正直,这就是他被人们赞颂的原因。作为自己严格的监察官和审判官,他一直以美德为规范来塑造自己。他拒绝任何骄傲自满,控制各种欲望,追求没有错误、堕落的纯净生活。② 他就好像一位玉石匠,在切割珍贵的宝石后,雕琢打磨它,又洁净完善它。于是诗中提到"雕琢和打磨"。正如人们大加赞扬的那样——"他是多么崇高、神秘啊! 他是多么坚定、严肃啊!"这里的意思是:武公在持续的忧虑、关注和谨慎中恪守着他从祖先的文献中所学到的,可以之为榜样的东西。他时刻注意保持清醒,不让自己陷入麻木涣散抑或偏离职守的状态中。

---

① 《诗经》(I.55)中的诗句在《论语》(1.15)中也能找到。 在朱熹的注释中,他把第一个过程与切割、打磨象骨(兽骨)对应,把第二个过程与雕琢、抛光翡翠玉石的过程对应,"治骨角者,既切而复磋之;治玉石者,既琢而复磨之"(第5页)。 耶稣会士在此几乎是逐字翻译张居正的评注:"切磋,是治骨角的事,治骨角者,既用刀锯切了,又用鑢锡磋它,是已精而益求其精也。 君子用功之精,与那治骨角的一般。 琢磨,是治玉石的事,治玉石者,既用椎凿琢了,又用沙石磨它,是已密而益求其密也。"(第15页)

② 切割和打磨象骨(兽骨)的类比是用在武公抄录、编辑和传播那些记录下来的祖先的言语和功绩一事上。 张居正对此评论道:"他将古人的书籍与古人的行事,既自家探讨,又与人辩论。"(第15页)儒家认为用于道德教化的书是具有调节功能的。 然而,mente concipere(在心中进行构思)的表达让人联想到柏拉图的理念论。

下面的两句感叹道:"他是多么煊赫啊! 他是多么卓越啊!"这里表现的是武公的权威和榜样,他以此来激励人民崇敬和效仿他。当然,这些内在的警觉、谨慎和关注不可能单纯地隐藏于内而没有外在的表现。于是这些让人崇敬的美德对所有人都成为一种权威,没有人能够抗拒,只能尊敬和仰慕,遵从和效仿。① 最后的那些话说道:"我们有这样一位人们永不忘记的修行美德的君主,亦即这位君主的美德是完满的,他是如此高尚以至于人们绝不会把他遗忘。"②

Fuit hic vù-cum *Regulus Regni* guéi, *quod hodie est Provincia* hônân. *Princeps pius admodum ac prudens, et Priscorum Regum tam egregius imitator, ut quam illi olim, hanc et ipse apud populum posterosque suos virtutum famam sit commeritus. Hic cùm nonagenario jam major esset, publico edicto suos hortatus est, ut haudquaquam desinerent ob aetatis suae quamvis grandaevae, et canorum reverentiam accedere ad eum identidem ad quaelibet negotia pertractanda. Quâ tam paternâ curâ populum adeò sibi devinxerat, ut quotquot censeret subditos, totidem haberet virtutum optimique regiminis sui praecones. Obiit ferè centenarius anno decimo tertio imperantis* pîm vâm *ex tertiâ familiâ* cheu *Imperatoris decimi tertii. Reliquit haeredem filium* chuam cum *dictum.*

武公当时是卫国的国君,卫国在今天的河南省。这位君主非常忠实谨慎,他是古代贤主明君的杰出效仿者③,他因自己的美德在民众及其后代中赢得了荣誉。在他九十多岁时,他设立法令鼓励公众,不要因顾及他的高龄

---

① 参见张居正的评注:"卫武公有敬德在心,其见于外者,自然有威严,人都畏惧他;有仪容,人都效法他。"(第15页)

② Ray Huang,1587,*A year of no significance*,p.12.

③ 此处耶稣会士用 imitator(效仿者)一词极为恰当,因为武公不仅在书面上"复制"他的祖先留下来的文字,更是把它在生活中重现了。

和花白的头发而不再告之各种需要处理的事情。① 他那父亲般的关爱使得人民紧紧地团结在他周围,他的所有臣民都成为他的美德和卓越治理的使者。武公在将近一百岁时逝世,那是在第三个王朝——周朝的第十三位天子周平王在位的第十三年,留下他的儿子庄公②作为继承人。

《¹诗》² 云:"³於⁴戏! ⁵前⁶王⁷不⁸忘! ⁹君¹⁰子¹¹贤¹²其¹³贤¹⁴而¹⁵亲¹⁶其¹⁷亲,¹⁸小¹⁹人²⁰乐²¹其²²乐²³而²⁴利²⁵其²⁶利,²⁷此²⁸以²⁹没³⁰世³¹不³²忘也。

f.5.p.2. Post recensita dictorum Principum exempla, nunc communi quodam velut corollario omnes complexus, ex eodem carminum libro, immortalem eos apud posteros memoriam inde consecutos esse ostendit. ¹Oda ²ait; ³ô ⁴quàm ⁵priores ⁶Reges (ut *vên-vâm* & *vù-vâm*) non-⁷ sunt in-⁸oblivione: nam ut çem-çu ait, in ⁹⁻¹⁰Regibus posteris etiamnum ¹¹resplendebat ¹²illorum (Priscorum Regum) ¹³virtus ac probitas, ¹⁴& ¹⁵perseverabat etiamnum ¹⁶illorum ¹⁷amor ergà stirpem suam, & cura in conservando penes eamdem Imperio. Sed & ¹⁸⁻¹⁹populi item posteri, quamvis multa post saecula, etiamnum ²⁰gaudebant ²¹illorum ²²laetitiâ, seu beneficio & exemplo, conservatâ altissimâ pace; ²³& ²⁴fruebantur ²⁵illorum Providentiâ & ²⁶commodis, ob agrorum divisionem singulari cùm aequitate; & insigni Reipublicae emolumento, Priscorum curâ perfectam: ²⁷hac de ²⁸causâ elapsis ²⁹à morte ²⁹ipsorum etiam ³⁰saeculis omnibus ³¹nulla eorumdem

---

① 参见《国语·楚语上》:"昔卫武公年数九十有五矣,犹箴儆于国,曰:'自卿以下至于师长士,苟在朝者,无谓我老耋而舍我,必恭恪于朝,朝夕以交戒我;闻一二之言,必诵志而纳之,以训导我。'"

② 参见《史记·卫康叔世家》:"武公即位,修康叔之政,百姓和集。 四十二年,犬戎杀周幽王,武公将兵往佐周平戎,甚有功,周平王命武公为公。 五十五年,卒,子庄公扬立。"

erit ^{32}oblivio.

在回顾了那些作为榜样的君主言行之后，此处以一种综合性推论来总结上述所有内容①，通过《诗经》的一个选段来表现这些君主在其后人的记忆中不可磨灭的形象。诗中写道："啊！过去的君主（指周文王和周武王）不会被遗忘！"如曾子所说："古代贤君明主的美德和正直现在仍然照耀着后代的君王②，他们到现在仍保持着对自己家族的热爱。"他们保持着对维护国家统治（同一个家族的政权）的关注。"其后不管过了多少代人，直到今天民众仍过着极为安稳的生活，他们因古代贤君们的福祉、恩惠和榜样而欣喜。③ 他们受益于古代贤君们的远见，以及公平分配土地所带来的好处，还有在先贤们手中臻于完善的出色的国事管理带来的益处。④ 正因如此，这些君主死后不管过了多少代人，他们始终不会被世人遗忘。"

Ex his duobus paragraphis intelligi vult, quo pacto & expolienti naturam suam rationalem, & ad hujus ideam renovanti deinde populum suum, sua mox constet

---

① 耶稣会士在这里借 corollarium（推论）一词加入了事件前后相继的逻辑演绎，他们希望表现出中文文本遵循着一种内在逻辑。

② 朱熹把"君子贤其贤而亲其亲"中的"君子"理解成"谓其后贤后王"（第6页）。 对朱熹来说，道德成就并不局限于统治者，也关系到杰出人物（贤人），我们甚至能发现朱熹把贤人放到统治者的前面。 张居正也采用同样的解释，"君子指后贤后王"（第16页）。 然而拉丁文译本中只提到了统治者。

③ 耶稣会士对"小人乐其乐而利其利"这句话采用了正面的解释。 然而中文原意应是"下等平民为他的快乐而快乐，在机会来临的时候获利"，朱熹用"后人"来代替"下等平民"，用"从恩赐中获益"代替"获取他们的利益"："小人，谓后民也。 此言前王所以新民者止于至善，能使天下后世无一物不得其所，所以既没世而人思慕之，愈久而不忘也。"（第6页）高贵的人和下等的人的区别在于与那些古代君王的道德联系，古代的君王们树立了道德规范，用以鼓励人们安于充满感激和纯洁快乐的社会关系。

④ 此处耶稣会士用 providentia（天命）一词来指代古代贤君的远见。 在这里并非必然意味着神圣的天意，而是先王们为了眷顾后人的高瞻远瞩和明智安排。 国家的成功要归功于农村的分地政策的观点（agrorum divisio singulari cùm aequitate），朱熹和张居正均未曾提及。 然而在朱熹的其他著作，也包括很多其他的理学家著述里，都试图重现在《孟子》中被简单描述过的井田制。

boni consecutio, & in ipso bono consistentis quies.

文章希望这两段能使读者明白如何构建和完善一个人的理性本性,接下来如何朝着其理想去革新人民,继而达到至善,并在其中得到安宁。

5. ^{1}子^{2}曰："^{3}听^{4}讼，^{5}吾^{6}犹^{7}人也，^{8}必也^{9}使^{10}无^{11}讼乎！"^{12}无^{13}情者^{14}不^{15}得^{16}尽^{17}其^{18}辞。^{19}大^{20}畏^{21}民^{22}志，^{23}此^{24}谓^{25}知^{26}本。

p.2.§.1. Explicatâ hactenus hujus Scientiae triplici illâ Doctrinâ, de sui, aliorumque renovatione, & quiete in summo bono, transit modò çem-çu ad declarandum quod *Confucius* libri hujus initio dixerat; nimirùm, res habere magis minusque principale. Allegans itaque ipsiusmet Magistri sui verba ait: ^{1}*Confucius* ^{2}dicebat; ^{3}audire & decidere ^{4}lites ^{5}ego possum perinde ^{6}ac alius quilibet ^{7}homo: verùm quod foret ^{8}necessarium, esset ^{9}efficere ut populus, caeterique homines mutuo sese honore & amore prosequentes ^{10}abstinerent à ^{11}litibus: quod utique majoris faciendum. Quae Magistri sui verba prosequens çem-çu sic ait: homines quamvis $^{12\text{-}13}$excordes ac subdolos Vir sanctus virtute suâ tam potenter cohibet, ut ^{14}non ^{15}possint, vel saltem non ausint pertexere cogitatas fraudes, atque ad-^{16}exitum-^{16}perducere suas-^{17}illas ^{18}contentiones & jurgia (vel, ut alii explicant, homines subdoli non possunt finem facere suis contentionibus) adeòque citrà omnem suppliciorum comminationem, sola illa quae in Viro sancto elucet virtutis Majestas maximoperè ^{19}valet ad-^{20}subjiciendas sibi ^{21}populi ^{22}voluntates, & abrumpendas lites ac simultates. Atque haec voluntatum in populo unio sublatis simultatibus, est illa, quae hic tantoperè commendatur, populi renovatio: Id autem quo avertuntur ac tolluntur ejusmodi lites ac simultates, est suae ipsius naturae rationalis expolitio; quam quisquis adeptus fuerit, in avertendis aut componendis aliorum litibus non laborabit. Itaque expolitio propriae naturae rationalis est prius quid ac magis principale; Ideò subdit çem-çu, ^{23}hoc illud esse quod ^{24}dicitur-^{25}scire ^{26}principale.

至此,关于三个方面的"学问"的教导——自我和他人的革新,以及止于至善——都已做了阐释。① 现在,曾子返回去引用了孔夫子在本书的开头所说的话,毫无疑问,事情总有个主要原则和次要原则。于是,曾子引述老师的原话:"孔夫子说:'和其他任何人一样,我自己可以听取和审裁诉讼。但事实上,必须避免诉讼。'因为所有人都追求彼此的尊敬和友爱。"②在老师的话之后,曾子这样说:圣人③凭他的美德去有力地制约"愚蠢的人"④和不诚实的人,"使他们不应该",或者至少他们不敢故意去欺骗,并"使他们的争论和争执获得解决"(或者像其他人所解释的,不诚实的人无法借由强词夺理来达到目的)。在不以任何惩罚相威胁的情况下⑤,闪耀于圣人身上的美德之庄严是"如此强大,可以使民意顺从于他"并瓦解争执和敌对。克服敌

---

① 传闻第四章在朱熹的编排里是有问题的,因为它与"三纲"或"八目"中的任何一项都不相符。所以,朱熹把这一段解释的焦点定为"本末":"右传之四章,释本末。"(第6页)

② 朱熹在此批注:"引夫子之言,而言圣人能使无实之人不敢尽其虚诞之辞。盖我之明德既明,自然有以畏服民之心志,故讼不待听而自无也。"(第7页)在《大学》原文中,似乎是百姓整体的意志使他们止于谎言,对于朱熹来说,这是圣人设下的道德标准使人们不断接受检验,这也使圣人的形象得到强化。德性不是发源于社会中,它最初应表现在个体身上,比如统治者、老师、父母,继而才在百姓中得到有效、广泛的传播。同样,张居正做过一个类似的解释,在下文可见,不过,他更强调圣人的道德模范作用是使百姓相敬相爱:"必是使那百姓每相敬相爱。"(第17页)有趣的是,张居正所说的"相敬相爱"的话得见于拉丁文译本,可能是因为它与基督教提倡的互相关爱的美德相呼应。

③ 圣人(vir sanctus):这个词在《大学》原文中并不存在。然而,在对此段原文的评注中,朱熹把孔夫子视为圣人,张居正的评注中也有同样的提法。

④ 朱熹和张居正都把"无情"解释为在法庭上无凭无据。耶稣会士译者把"无情者"解读成愚蠢的人(excordes),这与他们对整本书进行的理性主义的解释相对应。

⑤ 这源于张居正的话"岂是刑法以制之哉。盖由圣人盛德在上,大能畏服民之心志"(第17页)。

对使人们万众一心①，这就实现了备受推崇的民众的革新。个人自身理性本性的完善，会避免争执和敌对。无论谁做到这点，都可以避免并轻松解决争讼的事情。个人自身理性本性的完善是最首要的，这是主要原则。② 因此，曾子说道："这就是所谓的知道根本。"

Tam longè ab hac aureâ Magistri sui doctrinâ hodie absunt Sinenses, ut meritò inclamare possim Tullianum illud, ô tempora! ô mores! infinitus enim litium et litigantium in Chinâ hodie est numerus; tantùmque jam invaluit horum temporum perditus mos, ut plurimos ubique locorum invenias, qui scribendarum aut figendarum litium mercatu vivant. Unde mille passim fallendi fingendi ve artes quibus Tribunalia omnia plena sunt. Porrò ut videat Lector quanta olim in Sinensibus Tribunalibus cautela, quantus-ve in audiendis litibus rigor fuerit, en quinque Regulas Judicibus constitutas ad dignoscendum ex ipsâ exteriori specie, an lis quam actor intendebat, syncera et vera; an malitiosa atque subreptitia esset. Prima igitur observari jubebat verborum compositionem ac loquendi modum in actore movente litem, et dicebatur, çû-tím, id est, verborum observatio. Secunda oris totiusque vultûs compositionem, et dicebatur, se-tím, id est, vultûs observatio. Tertia modum respirandi dum litem actor proponeret, et dicebatur ki-tím, id est, respirationis observatio. Quarta expeditas actoris aures; an scilicet actor à Judice interrogatus perplexè perturbatéque, vel aliena, vel ambigua responderet, et

---

① 耶稣会士在这里增译了"人们万众一心"（haec voluntatum in populo unio sublatis simultatibus, 直译为人们意志的团结），因为张居正的评注只涉及消除人们彼此间的诉讼："以虚词相争的，所以讼不待听而自无也。 夫无讼，是民德之新，所以使民无讼。"（第17页）"意志的团结"这个观念存在于中世纪经院哲学中，托马斯·阿奎那用"和谐"来定义它："concordia est quaedam unio voluntatum"，意为"和谐是意志的团结"（"论平安"，《神学大全》第二集第二部第1节，台北：联合出版社，2008年，第124~126页）。 在16、17世纪欧洲政治哲学的语境中，它可能与联邦或共和国的概念有关。

② 此处是对张居正的评注"是己德之明，必己德明了，然后可使民无讼，则明德为本"（第17页）的改写。

dicebatur, ûlh-tím, *id est*, aurium observatio. *Quinta denique incertos oculorum conjectus nictúsque, si quid in his scilicet subdoli minus-ve synceri appareret, et dicebatur* mó-tím, *id est*, oculorum observatio. *Ex tot nimirùm indiciis prisca illa Sinarum Areopagus, quamvis occultos, animorum sensus solerter explorabat; sed haec hodie aut ignorantur, aut negliguntur.*

今天的中国人已经远离了孔夫子的金律，以至于我理应痛斥这一堕落：哦，时代啊！哦，道德啊！① 事实上，争论和诉讼在当今的中国数不胜数。德性丧失在这个时代已是司空见惯，你可以在任何地方发现有人以撰写诉状或伪造诉讼为生。上千种欺骗和造假的手段无处不在，充斥着整个法庭。但是读者应当知道，过去在中国法庭上曾是那么谨慎，听取诉讼是多么严肃的事情。那时候有五个审判准则，为的是从外在直观地辨别原告发起的诉讼到底是诚恳和真实的，还是恶意和虚假的。第一条准则规定要观察原告陈述状子时词句的写作和演说方式，叫"辞听"，即观察文辞。第二条是观察原告的面部表情和外貌，叫"色听"，即观察外貌。第三条是观察原告在陈述案件时的呼吸方式，叫"气听"，即观察呼吸。第四条是听取被告对法官做出的回答，观察他的回答是否有犹豫不安或者反常、模棱两可的词语，这叫"耳听"，即注意聆听。第五条是看看眼睛是否有不安的眨动和闪烁，是否表现出不诚实或不够真诚，这叫"目听"，即观察眼睛。② 想必，通过这些迹象，古代中国的亚略巴古③能巧妙地探知原、被告隐藏在心中的想法。但在今天，这些准则不是被无视就是被忽略。

---

① 此处"堕落"是对拉丁文 tullianum（古罗马的一座监狱）的意译。"哦，时代啊！ 哦，道德啊！"（"O tempora! O mores!"）是西塞罗的著名演讲《反喀提林》(*In Catilinam*) 中的句子。 耶稣会士一方面赞扬中国的文化，另一方面也抱怨它的堕落。

② "五听"在《秋官司寇》中有描述，分别为"辞听""色听""气听""耳听""目听"。

③ 亚略巴古（areopagus）本指雅典的最高法院。

6. ¹此²谓³知⁴本。

§.2. ¹Hoc ²dicitur ³scire magis ⁴principale. Videtur haec repetitio (ut Interpretes notant) otiosa ac per errorem irrepsisse, utpote jàm proximè allata.

"这就是所谓的知道主要原则。"如解释者所注,这次重复是多余的,它的出现是个错误,因为它在上文已经提到过了。①

¹此²谓³知之⁴至也。

§.3. ¹Hoc ²dicitur ³Scientiae ⁴apex. Paragraphus hic mutilus est; nam ut Colaus Interpres arguit, Epiphonematis, aut conclusionis est instar, & praemissam aliquam, quae jam desideratur, supponit.

"这就是所谓学问的顶点。"这个段落是残缺的,正如作为解释者的阁老张居正所认为的,这相当于一个总结,并且他猜测说,得出这一结论所需的内容已遗失。②

Ubi nota, quòd non desunt his libris sua menda; verum quia jam olim, et ab ipsâ propè origine in prima operis exempla, vel Scriptorum vitio, vel Typographorum irrepserunt; vel etiam quia verisimile est, ex communi illo Librorum incendio non sic potuisse eripi, ut non ambusti quidpiam ad posteritatem pervenerit haec tamen

---

① 程颐和朱熹都认为这句话是多余的,因为上文已经有了。 张居正也认为这是一句衍文,"上一句,前面已有了,此是错误重出"(第18页)。

② 朱熹认为:"此句之上别有阙文,此特其结语耳……右传之五章,盖释格物、致知之义,而今亡矣。"(第6页)为了填补这个空缺,朱熹并没有宣称他通过秘密的相传得到了遗失的段落,只是通过注解使文本更加连贯。 张居正提到一段散佚的文字并引用了朱熹对原文的补充,然而耶稣会士把这一部分内容完全忽略了。

menda Sinae neutiquam tollunt; sed constanter omnia imprimunt iis verbis, et eo ordine quem in vetustis illis codicibus et primis exemplis invenerunt; sic tamen, ut Lectori indicent ipsum mendum. Hoc autem faciunt tum ob antiquitatis reverentiam, tum etiam ne ansam praebeant litteratis ea pro libitu suo immutandi.

  注意,在这些书里存在一些错误,或许它们在最初的第一个版本中就有了,又或者是抄录者所犯的错误,也可能是由刻版者所插入。事实上,这些书同样无法避免全国焚书的厄运,结果,这些没有被大火烧毁并保存至后世的残篇仍然包含着初版的错误。但是,中国人总是按照他们所发现的古籍残篇和原稿的排序,逐字照搬地进行刻印,虽然他们也给读者指出了这些错误。因为书籍的年代久远,他们对这些书籍非常崇敬,不让学者按照自己的意愿去修改它们。①

---

  ① 面对文本的缺失问题,耶稣会士把责任归咎于秦始皇时期的焚书事件。程氏兄弟和朱熹并没有归咎于任何政治暴力,而是归因于竹简的排列错误。

7. ¹所²谓³诚⁴其⁵意者，⁶毋⁷自⁸欺也；⁹如¹⁰恶¹¹恶¹²臭，¹³如¹⁴好¹⁵好¹⁶色，¹⁷此之¹⁸谓¹⁹自²⁰谦，²¹故²²君²³子²⁴必²⁵慎²⁶其²⁷独也！

f.6.p.2. Hoc paragrapho explanat *çem-çu* sensum ac mentem Magistri sui in eo quod suprà f.1.p.2. §.3. & mox iterum f.2.p.1. §.1. dixerat de veritate & synceritate intentionis ac voluntatis. ¹Quod *Confucius* (inquit) suprà ²dixerat, scilicet, ³verificare seu depurare ab omni fuco & fallaciâ ⁴suam ⁵voluntatem, esse ⁶non ⁷semetipsum ⁸decipere; id est syncerè aversari quae mala sunt & vitiosa, ⁹sicut ¹⁰aversatur quis ¹¹⁻¹²foetida; & syncerè affici & gaudere iis quae bona sunt & honesta, ¹³sicut ¹⁴gaudet quis & delectatur ¹⁵speciosis pulchrisque ¹⁶visu. ¹⁷Hujusmodi ¹⁸dicitur ¹⁹sibi ²⁰satisfaciens, seu se ipso contentus: utpote qui perspectum jam habens quid bonum, quid malum sit, hoc quidem aversetur ex animo, illud ex animo prosequatur. ²¹Ideò ²²perfectus ²³vir tam-²⁴seriò ²⁵attendit & invigilat ²⁶suo ²⁷interiori, seu cogitationibus animique motibus omnibus ne quid horum ipsum lateat, aut fictio aliqua incauto subrepat.

在这一段话中，曾子解释他的老师对于真诚意图的理解和想法①(参见 f.1.p.2. §.3.和 f.2.p.1. §.1.)。曾子说，孔夫子所谓的"诚意"就是"从种种虚伪和欺诈中确认并坚定自己的意志，就是不要欺骗自己"。这就是说，真心实意地避免罪恶及恶习，"就像厌恶污秽的臭气，在真善的事物中由衷地感到快乐和欣喜"，"就像看到美丽悦目的东西而感到高兴和欣喜。这就叫作

---

① 按照理学观点，"自诚"这个概念是教化过程的核心，是道德的中心，是宇宙形而上学的秩序。"诚"与"成"相关，意为完成。

自谦或自足"①。当一个人明白了善和恶,无疑会将后者从灵魂中剔除,而用灵魂去追求前者。"所以君子如此谨慎地关注自己的内心"②,或者说关注他心中的思虑和各种精神活动③,这样便没有任何东西能隐藏其中,抑或有任何虚假在不经意间潜入内心。

^{1}小^{2}人^{3}闲^{4}居^{5}为^{6}不^{7}善,^{8}无^{9}所^{10}不^{11}至,^{12}见^{13}君^{14}子^{15}而^{16}后^{17}厌^{18}然,^{19}掩^{20}其^{21}不^{22}善,^{23}而^{24}著^{25}其^{26}善。^{27}人之^{28}视^{29}己,^{30}如^{31}见^{32}其^{33}肺^{34}肝^{35}然,^{36}则^{37}何^{38}益矣。^{39}此^{40}谓^{41}诚^{42}于^{43}中,^{44}形^{45}于^{46}外,^{47}故^{48}君^{49}子^{50}必^{51}慎^{52}其^{53}独也。

f. 7. p. 1. §. 1.　Prosequitur hic *çem-çu* superioris paragraphi doctrinam, & probat à contrario, adducens exemplum simulatoris & improbi. Ait itaque; $^{1-2}$improbus cum ^{3}solus ac sine arbitris ^{4}degit, ^{5}facit $^{6-7}$improba; nec ^{8}est malum aliquod ad ^{9}quod ^{10}non ^{11}pertingat. Ubi veró ^{12}conspexerit ^{13}probum aliquem ^{14}virum; ^{15}tum ^{16}deinde ^{17}fictè sese ^{18}componens ^{19}velat & occulit ^{20}suam $^{21-22}$improbitatem, ^{23}& ^{24}simulat ^{25}se ^{26}probum. Verum ^{27}homines probi ^{28}perspiciunt & cognoscunt ^{29}ipsum intimè & in cute, ut aiunt; ac ^{30}si oculis ^{31}viderent ipsa ^{32}ejus intima $^{33-34}$viscera eodem ^{35}planè modo. ^{36}Itaque ^{37}quid ^{38}proficit suâ illâ

---

① 耶稣会士译文中 satisfaciens(感到满足的)这个拉丁文词是对朱熹的"谦"的翻译(谦,快也,足也)。经常小心地避恶扬善,一个人就能够自足而不受别人期望的摆布。这个原则表明个体的自主性使得他可以自行判断善恶好坏。张居正也有类似的说法,"无有亏欠,才得个自己心上快足"(第20页)。

② 在理学家看来,"独"这个概念不是指独身,而是指内省,指内在的道德水平。朱熹说:"独者,人所不知而己所独知之地也。"(第7页)从这个意义上来说,这个概念可以与形而上学的"自我"相联系起来,中国哲学家把"自我"理解为内心。"自欺"就被理解为虚假、虚伪、欺诈。

③ 译文中"精神活动"(animi motus)的表述,朱熹和张居正都没有提到过,耶稣会士此处拉丁文译词的选择,可能受依纳爵·罗耀拉的《神操》中有关"精神运动"(spiritual motions)论述的影响。

simulatione? ^{39}Hoc nimirum est quod vulgò ^{40}dicitur, quod quis revera ^{41}est ^{42}in ^{43}interiori, hoc ^{44}apparet ^{45}in ^{46}exteriori. ^{47}Ideò ^{48}perfectus ^{49}vir tam ^{50}seriò ^{51}attendit ^{52}suo ^{53}interiori; ut scilicet verâ sincerâque mente & intentione in omnibus procedat.

曾子在此继续前一段的讲解，援引伪装者和不正直者这一相反论点来进行论证。他说，小人在独处或没有别人看见的时候①，会做出不正直的事情，没有什么恶事是他做不出来的。一旦遇到君子，那么，他就会伪装自己，把他的不正直掩盖起来，佯装正直。② 然而，正如人们所说，君子将其从骨子里看穿，极为了解这样的人。③ 就像君子能把小人体内的脏腑都看得一清二楚一样。那么，小人的掩饰还有什么好处呢？想必正如常言所道，内心所想总会表露于外。所以，"君子应该尽可能地关注自己的内心"，无论做任何事都带着一颗真实诚挚的心。

^{1}曾^{2}子^{3}曰：" ^{4}十^{5}目^{6}所^{7}视， ^{8}十^{9}手^{10}所^{11}指， ^{12}其^{13}严乎！"

§.2. Ad uberiùs declaranda quae dicta sunt, unus discipulorum *Confucii* hîc adducit axioma, quod à Magistro suo identidem audiverat. ^{1}çem-^{2}çu itaque assiduè ^{3}dicere solitus erat: ^{4}decem, seu multi ^{5}oculi ^{6}quod ^{7}vident, & ^{8}decem ^{9}manus ^{10}quod digito-^{11}monstrant ab ^{12}eo quam ^{13}timendum! vel (ut alii

---

① 朱熹对"闲居"的解释是 "闲居，独处也"。"没有人看见"这种提法是张居正加上去的。

② 在朱熹看来，"此言小人阴为不善，而阳欲掩之，则是非不知善之当为与恶之当去也；但不能实用其力以至此耳。 然欲掩其恶而卒不可掩，欲诈为善而卒不可诈，则亦何益之有哉"（第7页）。 自控能力缺失、意志薄弱的传统问题在这里表达出来。 君子在内心也能保持道德，没有任何东西需要隐藏。

③ "从骨子里看穿"（perspicere & cognoscere ipsum intimè & in cute）这种说法在朱熹和张居正的评注中都没有出现。 实际上，这是一个文学典故，最早可追溯到古罗马著名讽刺诗人佩尔西乌斯（Aulus Persius）的话："Ego te intus et in cute novi"（Persius, *Satires*, Ⅲ, v.30）。

explicant) veluti si esses decem oculis observatus, & decem manibus monstratus, sic cautè vivas. Quasi diceret; circa interiorem animi plerique hominum passim torpent & socordes sunt; nam quia ea, quae animus in interiori pertractat, recondita adeò esse existimant, ut nullo sui indicio innotescere exteriùs posse sibi vanè persuadeant; hinc fit, ut neglectâ illâ interiori curâ, & laxatis appetituum habenis in nullum non scelus praecipites ruant; ignari scilicet, suam ipsorum conscientiam mille testium esse instar; & res item omnes suo se vestigio prodere; nec esse quidpiam tam occultum quin aliquando se prodat ac reveletur. Certè uti qui defert aromata, quamvis ea studiosè occulat, fragrantiâ tamen ipsâ proditur; & eum qui purulento carcinomate laborat, sua vel invitum prodit graveolentia; ita nec virtus diu latere potest, nec vitium; quamvis maximè latere velis; nec ullae fingendi simulandi-ve artes tibi proderunt.

　　孔夫子这个独特的弟子把从老师那儿听了一遍又一遍的格言发扬光大。"曾子过去常说：十只或者说非常多的眼睛在看着，十只手的手指都指着你，这是多么可怕的事情啊！"①抑或像其他人解释的那样，如果你被十只眼睛盯着，被十只手指着，那么你会活得很小心。这好比是说，大多数人的内心变得麻木、迟缓。因为他们觉得内心深处的思虑是隐秘的，他们误以为这些思虑不会经由任何外在的表象而被人察觉。忽视自省，放纵禁锢着的欲望，他们就会一头坠入众多的罪恶中。他们意识不到自己的良知就像是一千个旁观者②，所有事情自身的痕迹都会揭露它们自己，没有什么能如此

---

　　①　此处是曾子的名字唯一一次出现在《大学》正文中。这次出现使得朱熹认为《大学》的评论部分为曾子所作。

　　②　"良知就像是一千个旁观者"（sua ipsorum conscientia mille testium esse instar），这句话并非出自朱熹或张居正，而是出自古罗马著名的教育家昆体良（Quintilian，*Institutio Oratoria*，5.11.41），说的是一个人有权做自己的裁判。"十只眼睛"的说法变成"一千个旁观者"，赋予良知更强大的力量。

隐秘以至于它不会自我揭露或通过其他方式被揭露。① 一个带有臭味的人，即使他小心地进行掩盖，还是会因为自己的气味②而被揭穿。当他力图隐藏一个化脓的"溃疡"时，尽管他非常不情愿，这个难闻的恶臭还是会显露出来。所以，无论你有多么期盼，不管是美德还是恶习都不会持久，任何的伪装和效仿的技巧都无助于你。③

^{1}富^{2}润^{3}屋，^{4}德^{5}润^{6}身，^{7}心^{8}广^{9}体^{10}胖，^{11}故^{12}君^{13}子^{14}必^{15}诚^{16}其^{17}意。

p.2. Exposita jam virtutis necessitate, eandem à decoro & utili commendat hîc *çem-çu* dicens ^{1}divitiae ^{2}ornant, ^{3}domum: ^{4}virtus ^{5}ornat ^{6}personam. Quasi dicat: sicut is, cui opum divitiarumque domi est affatim, plerumque in ipsa tecta & parietes eas redundare facit; & quod auri & argenti intùs abundè habet, in exteriore totius domûs supellectili & apparatu ostendit: sic virtus, in cujus animo hospitatur, illicò in totam personam seu, exteriorem etiam totius corporis habitum redundat; & quod reverà est intùs, apparere facit exterius. Hinc enim est, quod homo virtute praeditus, quia interiùs nihil habet de quo ipsum animus remordeat, dilatari corde se sentiat, & altâ quadam pace, tranquillitate, ac gustu ita demulceri interiùs, ut eadem etiam in corpus redundent, illudque velut dilatent ac impleant; quae est mens verborum illorum: ^{7}corde ^{8}lato et amplo, etiam ^{9}corpus ^{10}dilatatur ac

---

① 出自张居正的评注："岂知天下之事，有迹必露，无微不彰。"（第 22 页）这句话的拉丁文翻译非常近似于拉丁文《圣经》的"没有遮掩的事，将来不会被揭露"（Nihil est occultum, quod non reveletur）（《玛窦福音》10：26）。

② 此处"气味"的拉丁文译词 fragrantia，原意为强烈的气味，尤其指香味、芬芳。

③ 张居正这样描述良知的堕落："那幽独去处所干的事，人只说无人看见，无人指摘，可以苟且。"（第 22 页）关于溃疡的隐喻并不是出自朱熹或张居正。

proficit. Verumtamen quia virtus ista, quae sic corpus ornat & afficit à synceritate ac veritate voluntatis nostrae proficiscitur ac dependet; [11]propterea virtutis [12-13]studiosus omni [14]studio [15]perficit [16]suam [17]intentionem seu voluntatem. Et hactenus quidem de recto intellectûs & voluntatis usu, penes quae supremum est interioris hominis dominium.

德性的必要性已经陈述过了,曾子在此从得体和对人有益的角度继续探讨德性修为的必要性,他说道:"富贵的人装饰房屋,德高的人修身养性。"①好比是说,拥有权势和财富的人将家中的屋顶和墙壁装饰得富丽堂皇,以充分显现他的大部分的财产。他所拥有的大量金银,都通过家里的家具和整个房子的装潢显现于外。而栖居于灵魂内部的美德,则能立刻充盈整个身体,并通过整个人外在的举止表现出来。充盈于内的也会显现在外。所以,富于德性的人,在他心里没有什么会使其备受折磨,他内心宽广,感觉舒畅。这种内在的平和、宁静和愉快是如此动人,以至于它们充盈、扩散、充满他的整个身体。② 这就是这些话的内涵所在:"拥有一个宽广的心胸,身体会感到舒畅并受益。"尽管润饰和影响身体的德性取决于我们意愿的真诚,"因此献身于德性的人才会倾尽全力使他的意念臻于完美"。至此说明了理智和意愿的正确运用都取决于人心。

---

① 朱熹按照字面意思去解释"润",此处耶稣会士采用张居正附加的意思,翻译为"ornare"(使……华美)(第22页)。

② 此处的表达方式与基督教传统非常接近。 值得注意的一点是译文中有个体和其灵魂(animus)之间对话的迹象,这在原文及评注中都看不到。

8. ¹所²谓³修⁴身⁵在⁶正⁷其⁸心者，⁹身¹⁰有¹¹所¹²忿¹³懥¹⁴则¹⁵不¹⁶得¹⁷其¹⁸正，¹⁹有²⁰所²¹恐²²惧²³则²⁴不²⁵得²⁶其²⁷正，²⁸有²⁹所³⁰好³¹乐³²则³³不³⁴得³⁵其³⁶正；³⁷有³⁸所³⁹忧⁴⁰患⁴¹则⁴²不⁴³得⁴⁴其⁴⁵正。

f.8.p.1.§.1.　　Nunc autem docet çem-çu rectam exterioris hominis compositionem consistere in rectâ interioris hominis, seu cordis compositione; & huic quidem illam famulari debere uti Dominae; & ab hac, si quando exorbitet aut repugnet, froeno rationis cohiberi ac domari. Hanc itaque animi rectitudinem, & hoc cordis dominium à Magistro suo tantoperè commendatum declaraturus çem-çu ait: ¹quod suprà ²dicebatur, recte-³componere suum ⁴corpus, sive rectam sui ipsius compositionem ⁵consistere in ⁶rectificando ⁷suum ⁸animum, sic intellige: siquidem animus est totius corporis Rector ac Dominus; exerrante illo à suâ rectitudine, profectò non poterit hoc esse compositum; consistit autem illius rectitudo, in eo quod quacunque suarum affectionum ac motuum insurgente & solicitante, ipse vel omninò nihil, vel saltem non plus debito, ac citrà rationis praescriptum moveri se sinat; sed semper sibi similis, rectusque in medio persistat. Nam si ⁹animus noster ¹⁰habeat ob ¹¹quod v.g.¹²⁻¹³irascatur immoderatè; id est, irascatur cùm non oportet, aut plusquam oportet; ¹⁴certè ¹⁵nondum ¹⁶obtinuit ¹⁷suam ¹⁸rectitudinem. Sic si ¹⁹habeat ²⁰quod item inordinatè (uti de ira dictúm est) ac immodicè ²¹⁻²²timeat, ²³profecto ²⁴nondum ²⁵obtinuit ²⁶suam ²⁷rectitudinem. Si ²⁸habeat ²⁹quo inordinatè immoderatéque ³⁰⁻³¹gaudeat, ³²profectò ³³nondum ³⁴obtinuit ³⁵suam ³⁶rectitudinem. Si denique ³⁷habeat ob ³⁸quod inordinatè ³⁹⁻⁴⁰tristetur; ⁴¹profectò ⁴²necdum ⁴³obtinuit ⁴⁴suam ⁴⁵rectitudinem.

现在，曾子教导说，外在的正确构建在于人的内在心灵的正确构建。外在的构建应该像服侍主人一般服侍心灵的构建。同时，如果行为有所偏斜或者有悖常理,要理性克制并主宰它。曾子为了阐明他的老师所强调的灵魂的正直和内心的主宰力量,说道:"以上所说的是,个人肉体的正确构建或者说个人外在的正确行为基于对内心的完善。"你应这样理解:既然灵魂①确实是整个肉体②的引导和主宰,如果它远离自身的正轨,它当然不能很好地被构建。它的正轨就在于不论出现什么样的情绪和动作,灵魂不允许它自己被任何事情或者至少是不能被超过其正当性的事情所控制,同时要遵循理性的指令,把持中道。故而倘若我们的灵魂被过分激怒,亦即被不适当地激怒,或者比之更甚,它当然无法做到正直;如果是害怕它会陷于混乱之中(正如方才提到的愤怒),并且失控无度,那么它自然也做不到正直;如果它是在无序无度中享乐,那么它肯定不能做到正直;最后,如果因其无序而造成痛苦,那么它当然也不能做到正直。③

^{1}心^{2}不^{3}在焉,^{4}视^{5}而^{6}不^{7}见,^{8}听^{9}而^{10}不^{11}闻,^{12}食^{13}而^{14}不^{15}知^{16}其^{17}味。

§.2.   Prosequitur *çem-çu* praecedentis paragraphi argumentum hîc à consequentibus docens, ubi animus passionum vi de statione suâ dominioque semel dejectus ac velut extrà se abductus sibi non constiterit, consequenter corpus, totumque exteriorem hominem mortui instar esse, & nequaquam officio suo

---

① 在这一段中"心"被翻译成"animus"(灵魂)。 耶稣会士的翻译倾向于把理性当作灵魂的最高层次,但是在这里感情的尺度也被增加,一同作为"心"的概念内涵。

② 朱熹和张居正都认为,心是身的主宰。 参见朱熹:"心者,身之所主也。"(第3页)张居正:"盖言心是一身的主宰。"(第23页)

③ 对朱熹而言,不能将感情完全消除或压抑,而应使其处于平衡状态,"忿,弗粉反。 懥,敕值反。 好、乐,并去声。 忿懥,怒也。 盖是四者,皆心之用,而人所不能无者。 然一有之而不能察,则欲动情胜,而其用之所行,或不能不失其正矣"(第8页)。

rectè fungi posse. Ait enim: si cujus ¹animus pravarum affectionum impetu abreptus ²non constet ³sibi; tametsi apertis oculis ⁴aspiciat, est ⁵tamen velut ⁶non ⁷videns; tametsi patentibus auribus ⁸audiat, est ⁹tamen velut ¹⁰non ¹¹audiens & intelligens, tametsi patulo ore cibum ¹²captet, ¹³ tamen ¹⁴non ¹⁵percipit, nec dignoscit ¹⁶ejus ¹⁷saporem; adeòque est veluti non comedens. Nam quia & oculos videre, & aures audire, & os manducare, & c. omnes sunt exterioris hominis seu corporis functiones, id verò, quo organa illa functiones ejusmodi rectè vel malè praestant, est animus; utique hoc non constante sibi, etiam illa officio suo rectè fungi non poterunt.

　　曾子继续推演前一段论证得出的结果。一旦灵魂被激情的力量从它原来的位置和主宰地位驱逐出去，犹如使其远离自身，那么它就无法稳固。① 结果，身体和整个外表就像死去一般，都不能够正确地行使它的职责。因此，他说："如果某人的灵魂受到邪恶欲望的刺激，那么它不能稳固自身。尽管睁开眼睛去看，却并不能看到；尽管张开耳朵去听，却不能听到，更不能理解；尽管张开嘴巴去咬住食物，却不能感知、分辨食物的味道，就跟没嚼过一样。"②因为眼睛用来看，耳朵用来听，嘴巴用来嚼，等等，这些全都是人类外在的身体运作，正是灵魂使这些器官正确地或是错误地运作起来。如果灵魂不能稳固，其他器官就不能正确地行使它们的职责。③

　　① 这里的"心"被理解成"人心"，与"道心"区别开来，后者是由上天赋予众生的，而根据人所禀之气，我们具体的人心处于善恶混生的状态。
　　② 在《世界和历史文库》(*Bibliothèque universelle et historique*)（第7卷，第418页）的书评中，评论者认为，这一段译文与《依撒意亚书》第6章第10节相似："你要使这民族的心迟钝，使他们的耳朵沉重，使他们的眼睛迷蒙，免得他们的眼睛看见，耳朵听见，心里觉悟而悔改，获得痊愈。"
　　③ 这段论述来源于张居正："故心不在，而众体皆失其职矣。"（第24页）心灵与身体之间有着亲密的关系，当心灵不能正确行使职责时，身体的功能也将改变。

^{1}此^{2}谓^{3}修^{4}身^{5}在^{6}正^{7}其^{8}心。

§.3. Conclusio haec est, quam praecedentibus duobus paragraphis, ceu duabus praemissis, consequentiae loco subjungit *çem-çu*, dicens:^{1} hoc igitur est quod suprà ^{2}dicebatur ^{3}componere ^{4}corpus seu exteriorem totius personae habitum,^{5}consistere in ^{6}rectitudine ^{7}sui ^{8}animi.

这是曾子从上述两段的两个前提①中得出的结论——"上面所说的就是身体或者说人的外部习惯的构建,都取决于灵魂的正直"②。

---

① 参见张居正的评述:"这是结上文两节的意思。"(第25页)我们可以在这一段中注意到耶稣会士在译文中使用的逻辑术语:前提、推论和结论。

② 朱熹暗示有些人可以达到心灵的绝对稳定状态,但是对于大多数人而言,必须经过持续的努力:"右传之七章。 释正心修身。 此亦承上章以起下章。 盖意诚则真无恶而实有善矣,所以能存是心以检其身。 然或但知诚意,而不能密察此心之存否,则又无以直内而修身也。 自此以下,并以旧文为正。"(第8页)

9. ¹所²谓³齐⁴其⁵家⁶在⁷修⁸其⁹身者，¹⁰人¹¹之¹²其¹³所¹⁴亲¹⁵爱¹⁶而¹⁷辟焉，¹⁸之¹⁹其²⁰所²¹贱²²恶²³而²⁴辟焉，²⁵之²⁶其²⁷所²⁸畏²⁹敬³⁰而³¹辟焉，³²之³³其³⁴所³⁵哀³⁶矜³⁷而³⁸辟焉，³⁹之⁴⁰其⁴¹所⁴²敖⁴³惰⁴⁴而⁴⁵辟焉。⁴⁶故⁴⁷好⁴⁸而⁴⁹知⁵⁰其⁵¹恶，⁵²恶⁵³而⁵⁴知⁵⁵其⁵⁶美者，⁵⁷天⁵⁸下⁵⁹鲜矣！

p. 2. §. 1. Explicata interioris hominis, seu animi rectitudine, ad rectam corporis, sive propriae personae, compositionem tam necessaria: transit modo çem-çu ad declarandam hanc ipsam personae propriae compositionem, ejusque necessitatem; utpote à qua omnis domesticae familiae recta institutio dependeat. Ait itaque: ¹quod suprà ²dicebatur, recte ³instituendae ⁴propriae ⁵familiae rationem ⁶consistere in recte ⁷componendo ⁸propriam ⁹personam, sic accipe: Radix & fundamentum totius meae, v. g. domesticae familiae, est mea unius propria persona: haec autem quia pro diversâ singulorum, quibuscum agit, qualitate & exigentiâ, diversimodè jam erga singulos affici solet; amore erga alios; erga alios odio; hos parvi, illos magni faciendo, &c. difficile utique est, medium in his ita tenere, ut neque suprà, neque infrà exigentiam quidquam fiat; plerumque enim nimiâ affectuum indulgentiâ abrepti mortales, vel plus, vel minùs quàm par est, amant vel oderunt, verentur vel contemnunt, venerantur vel aspernantur, & c.; adeóque neglecto hujusmodi affectionum moderamine, aequitate, rectitudine, ac mensurâ; ipsorum quidem animus velut incurvatus rectitudinem suam, corpus verò personaque propria rectam sui compositionem deperdit. Sic enim v. g. ¹⁰homines ¹¹in ¹²illis ¹³quos propinquitatis ¹⁴amore ¹⁵diligunt, ¹⁶mox à recto ¹⁷deflectunt dum plus, vel minus, quam par est, diligunt; Parentes enim ac propinqui diligendi quidem sunt; Si tamen Patrem delinquere in aliquo contigerit, monendus à filio de delicto est; Sed & si filius peccaverit, corripiendus à Patre est & docendus; quod si horum alteruter non quò recta ratio, sed quò sanguis & affectus trahunt, inclinet, illius utique amor non rectus, sed curvus quodammodo est, quia à rectae rationis regulâ desciscens. Sic etiam homines [18] in [19] illis, [20] quos [21] vilipendunt aut [22] oderunt, [23] item à recto [24] deflectunt. Nam tametsi viles, v. g. & nauci homines vilipendere, eisque etiam indignari & succensere quandoque conveniat; si tamen etiam habeant quod aestimationem laudemque aliquam mereatur, abjiciendi prorsus non sunt; si bonae institutionis adhuc capaces sunt, penitus reprobare eos non convenit. Quare si quis affectioni suae indulgens, eos usque & usque ita aspernetur & oderit, ut nullum benignitati, ac mansuetudini locum relinquat ejus contemptus & odium, non recta sed curva item, & à recta ratione aliena sunt. [25] In [26] illis quoque [27] quos homines [28] timent & [29] venerantur, passim [30] item à recto [31] declinant; tametsi enim vereri ac revereri v.g. Majores, Superioresque oporteat; intrà tamen rectae rationis mensuram praestare id convenit; quam qui excesserit, ejus metus ac reverentia jam item non recta, sed curva erunt & vitiosa. Similiter homines [32] in [33] illis, [34] quos [35-36] miserantur, plerumque [37] item à recto [38] deflectunt; tametsi enim condolere dolentibus; afflictosque miserari omnino aequum sit & conveniens, si quis tamen ultrà, quàm recta ratio admittat, id praestet, ejus commiseratio jam non recta sed curva item est ac vitiosa. Homines denique [39] in [40] illis etiam, [41] quos [42] humiliùs [43] tractant, [44] item à recto [45] declinant, nam tametsi vulgares infimaeque sortis homines humiliùs quandoque minùsque officiosè tractari citrà vitium possint, id tamen juxtà rectae rationis regulam & mensuram fieri par est, quam qui negligit, & ejusmodi plebeios homines eò usque despicatur, ut ne quidem in aspectum admittat, ejus gravitas non recta utique, sed curva item est & vitiosa: [46] propterea qui [47] ament alios [48] simulque [49] noverint nec dissimulent [50] eorumdem [51] vitia, vel contra [52] aversentur [53] simulque [54] noverint &

observent ⁵⁵eorumdem ⁵⁶bona, ⁵⁷in ⁵⁸orbe ⁵⁹rari sunt.

正确地构建自身,或者说个人的人格、内心或灵魂的正直已经被证明是非常必要的。接下来,曾子旨在阐明自身人格的构建及其重要性,正如每个家庭的正确教育都依赖于此。他说:"正如上文所言,自己家庭的正确教育在于自身人格的正确构建。"你应该这样理解:我的整个家庭的根本和基础在于自我人格的构建。由于个体与他人的交往在本质上和迫切性上各不相同,人们习惯于以不同的方式与不同的人打交道:喜欢一些人,讨厌另一些人。① 他视后者为小人,视前者为大人。事实上,要人们持守中庸之道,从而做任何事都无过无不及,这是非常困难的。② 现实中大部分人都被过度放纵的情感所左右,在爱或恨中,在尊敬或鄙夷中,在崇拜或蔑视中,等等,他们的所作所为总是或多或少难以做到恰如其分,因此,他们总是忽视对情感的节制、平衡的掌控、正直和尺度的把握。当他们的灵魂扭曲自身的正直时,身体和自身人格也会完全失去正确的构建。举例来说,"由于对自己血亲的喜爱,人们总是很快便会出现偏差"③,或多或少无法做到恰如其分。事实上,父母和亲属确实应当被爱,但是如果父亲犯错,他理应由于错误而被儿子劝告责备。同样地,如果儿子犯错了,那么他应该接受来自父亲的责备和教育。如果他们之中有人不是被正确的理性驱使,而是被血缘和情感驱使,

---

① 这两句话直接来自张居正:"一家的根本,在我一身。 此身于人相接,情之所向,各有个当然的道理,人多任情好恶。"(第 25 页)

② 朱熹在此并没有明确提出要保持中道的思想,而是强调不能偏于一方:"五者,在人本有当然之则;然常人之情惟其所向而不加审焉,则必陷于一偏而身不修矣。"(第 8 页)朱熹并不认为情感和欲望本身是坏的(参见《朱子语类》卷十六)。 张居正也有类似的观点:"不能检察,所以陷于一偏,而身不修也。"(第 25 页)

③ 耶稣会士用 deflectunt 来对译"辟",源于朱熹和张居正都将其解读为"偏"的意思。

那么他的爱就不是正确的,而是有偏差的,因为它偏离了正确的理性准则。① "与之类似,对于那些自己鄙视或憎恨的人,人们也会有失偏颇。"尽管鄙视那些看起来低贱无价值的人,冲他们发火是完全合理的,但如果他们有值得欣赏和赞美之处,那么他们就不能被抛弃;如果他们有能力接受良好的习俗教养,决然地鄙视他们则是不对的。假如一个人任由自己被情感所左右,越来越轻蔑和厌恶他人,就无法给友善和仁慈留下任何余地,进而这样的情感就会变得不复正确,而是扭曲、远离正确理性的。② 随处可见的是,"人们出于害怕或崇敬,偏离了正确的轨道"。尊重与崇拜长者和至上神灵是必须的,因为它与正确理性方式的内在逻辑相一致。③ 但是,过度的恐惧和崇拜并非始终正确,而是扭曲错误的。与之类似,"大部分人和他们所同情的对象,都偏离了正确的轨道"。事实上,安慰在痛苦中的人、同情受折磨的人,是完全合情合理的。然而,如果超出了正确理性的尺度,这种同情就不是正确的,而是扭曲错误的。最后,"人们和那些被他们视为低贱的人,都偏离了正确的轨道"。事实上,在任何时候,普通大众犯错都是无可非议的,可有些人依然据此认为鄙视普通民众是正当的;然而,如果他甚至拒绝看普通民众一眼,这种傲慢就是不正确的,是扭曲错误的。④ "因此,世上很少有人在爱着他人的同时知道不应掩饰他们所爱之人的错误,世上也很少有人在攻击、

---

① 参见张居正:"如骨肉之间,固当亲爱。然父有过,也当谏诤。子有过,也当教训。若只管任情去亲爱,更不论义理上可否,这亲爱的便偏了。"(第25~26页)在张居正的观点中,可以发现重要的理学概念"义理"。张居正将其理解为理性公正的原则,用来平衡情感。耶稣会士将其翻译成 recta ratio(正确的理性)。

② 参见张居正:"卑污之人,固可贱恶,然其人若有可取处,也不该全弃他。有可教处,也不该终绝他。若只管任情去贱恶,更不肯宽恕一些,这贱恶的便偏了。"(第26页)

③ 参见张居正:"人于尊长,固当畏敬,然自有个畏敬的正理。"(第26页)其中"正理"再次被译为:recta ratio。

④ 张居正有不同的说法:"敖惰是简慢的意思。平常的人简慢些也不为过……也只管去简慢他,却又流于骄肆,这敖惰便偏了。"(第26页)

反对他人的同时看到他人身上的优点。"①

^{1}故^{2}谚^{3}有之^{4}曰："^{5}人^{6}莫^{7}知^{8}其^{9}子之^{10}恶，^{11}莫^{12}知^{13}其^{14}苗之^{15}硕。"

§.2. ^{1}Hinc ^{2}proverbium ^{3}datur, quod ^{4}ait: ^{5}homines amore caeci ^{6}non ^{7}agnoscunt nec vident ^{8}suorum ^{9}filiorum ^{10}vitia; & fascinante eos avaritiâ ^{11}non ^{12}norunt ^{13}sui proprii ^{14}agri ^{15}fertilitatem.

常言道："人因爱而盲目，无法辨认甚至无视子女身上的罪恶。"因被贪欲所缠绕，"人们意识不到自己土地的肥沃"②。

^{1}此^{2}谓^{3}身^{4}不^{5}修^{6}不^{7}可^{8}以^{9}齐^{10}其^{11}家。

f.9. p.1. §.1. Concludit superiora *çem-çu*: ^{1}hoc illud est, inquiens, quod suprà ^{2}dicebatur suâ ^{3}ipsius-^{3}personâ ^{4}non rectè ^{5}compositâ, ^{6}non $^{7\text{-}8}$posse item rectè ^{9}ordinari ^{10}suam ^{11}familiam domesticam: quia nimirum quandiu meae ipsius, qui familiae sum caput, affectiones à rectâ rationis regulâ deflectunt, necesse est & res omnes actionesque meas perturbatè item procedere; adeoque, si velim, ut domestici mei seu parvi seu magni omnes rationem ducem ita sequantur, ut in nullo ab eadem discedant; meo utique ipsius exemplo primùm ad id opus est, ad

---

① 这一段是关于仇恨的合法性的论述，但即便是受到平衡和控制的仇恨，也会造成理解上的困难，因为它似乎和耶稣有关爱敌人的观点相冲突。参见 *La Morale de Confucius*，Amsterdam 1688，Avertissement。

② 参见朱熹："溺爱者不明，贪得者无厌。"（第8页）张居正有类似的解释。 拉丁文译本似乎将汉字"田"与"苗"混淆了。 但也可能这个替换是故意的，欧洲读者更为熟悉《福音书》中"田"的意象："不管谷粒多好，田地的质量对于丰收才是决定性的。"

quod tota deinde domus sese rectè componat.

曾子总结上面的文段："根据上文所说，如果一个人不能修养构建好自身，就不能整治好自己的家庭。"因为只要我是家里的一家之主，如果我的感情偏离了正确的理性规范，那么不可避免地，我的所有事务和行动在实行时都会麻烦不断。事实上，如果我希望家中不管大小事务都能遵循理性的指导，没有半点偏离，那么首先我需要以身作则来确保这些的实现，继而家中所有事宜都会变得有条不紊。[①]

[①] 参见张居正："可见欲齐家者，必须先修其身。若果情有所偏，事皆任意，却要感化得一家的人，使其无小无大，都在伦理之中，而无有参差不齐者，断无此理。"（第27页）

10. ¹所²谓³治⁴国⁵必⁶先⁷齐⁸其⁹家者，¹⁰其¹¹家¹²不¹³可¹⁴教¹⁵而¹⁶能¹⁷教¹⁸人者，¹⁹无之。²⁰故²¹君²²子²³不²⁴出²⁵家²⁶而²⁷成²⁸教²⁹于³⁰国。³¹孝者³²所³³以³⁴事³⁵君也，³⁶弟者³⁷所³⁸以³⁹事⁴⁰长也，⁴¹慈者⁴²所⁴³以⁴⁴使⁴⁵众也。

§.2. A rectâ compositione propriae personae, gradum nunc facit *çem-çu* ad bonam propriae familiae institutionem; dum ¹quod suprà *Confucius* ²dixerat, ad bene-³administrandum ⁴Regnum, ⁵necessariam ⁶priùs esse bonam ⁷institutionem ⁸suae ⁹domûs aulae-ve domesticae; ita ostendit: Propria domus, seu aula, est Regni totius velut radix ac basis; ut quis igitur ¹⁰propriam ¹¹familiam ¹²non ¹³valens exemplo suo benè ¹⁴instituere (utpote malè ipse à virtute instructus indomitisque suis affectionibus depravatus) & ¹⁵tamen ¹⁶possit rectè ¹⁷instituere ac docere reliquos Regni ¹⁸homines, ¹⁹nequaquam fieri potest. ²⁰Propterea bonus ²¹⁻²²Princeps in propriam personam virtutibus excolendam incumbat totus, si quidem velit juxtà eandem, totam item aulam suam domesticam probè instituere; suo scilicet unius exemplo efficiens, ut pater, filii, fratres & conjuges suo singulari munere, ut par est, fungantur: Sic enim illud tandem consequetur, ut ipse, etiam ²³non ²⁴exiens ²⁵domo suâ, virtutis ²⁶tamen prototypon fiat & exemplar totius Regni populo; exemplo scilicet suo domestico propagans & ²⁷perficiens bonam ²⁸institutionem ²⁹in toto ³⁰Regno. Horum porrò ratio illa est, quòd tametsi diversae inter se res sint aula domestica & Regnum; communis tamen utrique simillimaque sit oeconomiae ac regiminis ratio. Sic enim v.g. observantem & obsequentem esse Patrifilias, obedientia dicitur; atque ut domui suus est Paterfamilias, sic Regno suus est Princeps: eadem itaque illa ³¹obedientia ³²est ³³qua ³⁴serviendium etiam ³⁵Regià subditis. Sic item amare & colere se invicem fratres natu majores, fraterna dicitur observantia: Porrò quod domi privatae fratres natu majores sunt, hoc in Regno sunt seniores, Ministrique Regii. Eadem itaque illa fraterna [36]observantia [37]est [38]quae [39]colendi Regni [40]Majores. Sic denique fovere domi suae benignèque habere pusillos ac imbecilles, dicitur pietas sive benignitas; atque in Regno populus plebsque infima idem planè est, quod domi illa pusillorum imbecilliumque turba, eadem itaque illa [41]benignitas [42]est [43]qua [44]tractandus Regni [45]populus. Atque haec tria, *obedientia* scilicet ergà parentes, *observantia* erga fratres natu majores, & *benignitas* ergà pusillos, sunt illa recta sui ipsius compositio in perfecto Principe; qua primùm quidem domesticam suam familiam optimè instituit, ac deinde ad ejusdem exemplum totum item Regnum suum componit, perfectâ scilicet subditorum erga Regem obedientiâ, inferiorum ergà Majores subjectione & observantiâ, ipsius demum Regis Regiorumque Ministrorum erga populum infimamque plebem benignitate & clementiâ.

  曾子现在从正确的自我人格构建，转向关注家庭自身的良好教育方面。在这之前孔夫子就曾说过——"为了管理好国家，首先必须在自己家中以及在皇室中有良好的教育"。因此，曾子明示：家庭本身，或者说宗祠，是整个国家的根基。① 如果一个人不能以自己为榜样来教育他的家庭（正如人自身无法正确地修为德性并被强烈的情感所误导），那么就不会发生能够正确地教育和教导国中其他子民这样的事。正因如此，贤明的君主通过美德全力教化自身的人格，因为他也想要同样正确地教化整个皇室，通过他自身的榜样，让他的父子、兄弟和妻妾同样按照规矩各司其职②，而后实现这样的结果："虽然足不出户，他却靠着德性成为国民的标准和典范。作为家庭的模范，他在全国推广并施行良好的教化。"即便皇室和国家是不同的两码事，家

---

  ① 参见张居正："盖家乃国之本。"（第28页）
  ② 参见张居正："只修身以教于家，使父子、兄弟、夫妇各尽其道。"（第28页）

政和国政的道理却是类似的。① 尊敬和服从父辈,被称为孝②;父之于其家,犹如君之于其国③,因而要求臣民同样以孝来服从君主。幼弟和兄长之间相互爱戴和尊敬,被称为悌。④ 在国中,长者和大臣犹如一个家庭中的兄长。⑤ 因此要求臣民以悌来崇敬国家中的长者。最后,在家中关爱养护弱小者,被称为慈。⑥ 在国家中,百姓和弱小的民众就像是家中的幼小⑦,因此要求君主用同样的方式来治理国民。对父母的孝,对兄长的悌,对弱者的慈,这三种德性构成了完美君子身上的美好人格。首先,他要尽可能好地教化自己的家庭;然后,他引领整个国家以之为榜样,对于君主极力地遵从,对上级则臣服和崇敬;而君主和国家的官员对于百姓和弱小民众要仁慈和同情。⑧

---

① 参见张居正:"盖家国虽异其理则同,如善事其亲之谓孝。"(第 28 页)

② 耶稣会士用 obedientia——服从、顺从,来译"孝"。

③ 参见张居正:"然国之有君,与家之有亲一般,这事亲的道理,即是那事君的道理……夫孝、弟、慈三件,是君子修身以教于家的;然而国之所以事君、事长、使众之道,不外乎此。"(第 28 页)

④ 耶稣会士用 fraterna observantia(兄弟间的遵从)来译"悌"。

⑤ 参见张居正:"国之有长,与家之有兄一般。这事兄的道理,即是那事长的道理。"(第 28 页)

⑥ 耶稣会士用 pietas sive benignitas(有责任感或者仁慈)来译"慈"。

⑦ 参见张居正:"国之有众百姓每,与家之有卑幼一般。这抚爱卑幼的道理,即是那使众百姓的道理。"(第 28 页)

⑧ 整段译自张居正注解。《中国哲学家孔夫子》给予统治者更丰富的形象:以之为举国的典范,德行完美。这并非源于张居正的评注,更接受朱熹"此所以家齐于上,而教成于下也"(第 9 页)。 君主不应从外修德,依靠自己在家中就能修德。 君主不应寻求团结,而应靠他自己的典范作用使百姓效仿自己的美德和行为。

中国学问第一部:《大学》　　71

《¹康²诰》³曰:"⁴如⁵保⁶赤⁷子。"⁸心⁹诚¹⁰求之,¹¹虽¹²不¹³中¹⁴不¹⁵远矣。¹⁶未¹⁷有¹⁸学¹⁹养²⁰子²¹而²²后²³嫁者也!

§.3.　　Ut suprà memoratos illos filialis obedientiae, fraternae observantiae, benignitatisque paternae, clementiaeque affectus, hominibus innatos ac proprios, & non operoso aliquo studio comparatos esse ostendat *çem-çu*, comparatione utitur ex libro *xu-kim* desumpta, dicens: ¹*cam-*²*cáo* ³ait: Rex bonus populum suum amat & complectitur, ⁴ceu Mater amantissimè ⁵stringit ⁶nudum recensque natum ⁷filiolum suum. Quae verba assumens *çem-çu* ita prosequitur; recens natus infans, ut & loquelae impos, ita animi sui sensa & desideria voce aut sermone ipse exponere non valet. Porrò Mater ut est filii amantissima, sic ⁸⁻⁹animitùs & ex intimis praecordiis ¹⁰inquirit, mentemque suam omnem intendit in percipienda filioli desideria: quae ¹¹tametsi ¹²non usquequaque ¹³assequatur, tamen ¹⁴non longe-¹⁵aberrat: Norunt enim Matres magistrâ naturâ absque alio studio affectus percipere filiorum. Unde ¹⁶non ¹⁷fuit unquam ulla mulier quae aliunde priùs ¹⁸addisceret rationem ¹⁹educandi enutriendique ²⁰liberos ²¹ac ²²deinde ipsa ²³nuberet. Quâ comparatione, ut dixi, *çem-çu* innuit, etiam supradictas illas tres virtutes bono Principi debere esse spontaneas & quasi nativas, minimè autem violentas aut simulatas. At nosse unde ordiri illas, & quousque extendere oporteat, est quod suprà dictum fuit, non exire domo suâ, & tamen rectam in virtute institutionem toto latè Regno ostendere.

　　以上提到的子女的孝、兄弟的悌、父亲的关爱和仁慈这样的情感,曾子认为这些是人性中天生就有的,并非通过孜孜不倦的追求得到的。① 曾子引用《尚书》中的文字作比:"《康诰》言,贤明的君主爱护他的子民,如同极为慈爱的母亲紧抱着自己新生的赤裸婴孩。"曾子又说,新生的婴孩无法用言辞来表达心里的感受,他的欲求不能通过声音和言谈传达出来。而母亲是如此地疼爱幼子,她费尽全部心思去感知婴孩的所有欲求。"尽管不能每一次都成功,但绝不会完全错解。"母亲感知婴孩的感情靠的是伟大的天性,而非其他的努力。"从来就没有妇人先习得教育和养育婴孩的方法,而后再出嫁的。"通过上述这些比喻,曾子认同君子身上的这三种德性应当是自发的、天生就有的,而不是勉强或者模仿来的。然而,人们也应当知道这三种德性始于何处,以及如何发挥它们的影响,亦即如之前所言,足不出户就能在举国上下展现德性上的正确教化。②

^{1}一^{2}家^{3}仁,^{4}一^{5}国^{6}兴^{7}仁;^{8}一^{9}家^{10}让,^{11}一^{12}国^{13}兴^{14}让;^{15}一^{16}人^{17}贪^{18}戾,^{19}一^{20}国^{21}作^{22}乱。^{23}其^{24}机^{25}如^{26}此,^{27}此^{28}谓^{29}一^{30}言^{31}偾^{32}事,^{33}一^{34}人^{35}定^{36}国。

p. 2. §. 1.　Hoc paragrapho jam declarat çem-çu quod paulo supra dixerat, nimirùm, perfectum Principem tametsi Palatio suo non exeat, tamen optimè instituere totum Regnum. Sic itaque ait ^{1}unica ^{2}domus sive Aula Regis domestica si ^{3}pia sit amoremque mutuum inter domesticos foveat, illicò exemplo famâque illius ^{4}toto ^{5}Regno ^{6}consurget & florebit ^{7}pietas benevolentiaque mutua. ^{8}Unâ

---

① 参见朱熹注:"立教之本不假强为。"(第9页)拉丁文译本采用张居正的注解:"孝、弟、慈之理,是人心原有,不待强为的意思。"(第28页)这段代表了儒家的传统纲要:人们孜孜不倦地进行道德修为的过程就是其恢复先天至善德性的过程。

② 参见张居正:"夫慈幼之心,既出于自然,则孝弟之心,亦未有不出于自然者。但能识其端而推广之,则所以不出家而成教于国者是矣。"(第29页)我们应该注意到这段将慈爱的君主比作母亲。

Regis ⁹familiâ civilitatem ¹⁰colente, ¹¹totum brevi ¹²Regnum ¹³erigetur ad eamdem ¹⁴civilitatem; contrà si ¹⁵unica Regis ¹⁶persona, nec pia, nec civilis, sed ¹⁷cupida sit turpis ¹⁸lucri, ¹⁹totum brevi ²⁰regnum ejusdem exemplo depravatum, ²¹⁻²²perturbabitur: ²³horum quippe ²⁴mutua-²⁴ratio ac nexus est ²⁵⁻²⁶hujusmodi, juxta vulgare illud, qualis Rex talis grex. Et ²⁷hoc quod olim ²⁸dicebatur, ²⁹unum aliquod ³⁰verbum temerarium ³¹perdit magna ³²negotia, uti & ³³una probi Regis ³⁴persona firmat ³⁵stabilitque ³⁶Regnum universum.

在这一段中，曾子继续证明上文所言。毫无疑问，完美的君王即便不离开他的宫殿，也能极好地教化国家。因此，他说，"只要一个家庭或者皇室拥有仁①慈之心，并且培养家人彼此相互的关爱之心，那么通过这个典范，慈爱之心和互相关爱就会在举国上下获得提倡和振兴。因为君王之家培养礼仪，很快地整个国家都会培养同样的礼仪。② 相反地，如果君王本人既不忠诚又无礼法，追逐可耻的个人利益，很快地整个国家会被这个范例所误导并陷入混乱之中。这种相互的关系和联系是很自然的"，就像俗话说的：君民同类③。"古也有云：一言轻率足以毁灭伟业，而一个忠诚的君子就能使举国强盛稳定。"

---

① 耶稣会士在前文将"仁"译作charitas，意指包含一切德性的美德，此处"仁"译为pietas，意为责任感、怜悯、慈悲。

② 参见张居正："人君果能以仁教于家……则一国之为父子的，得于观感，也都兴起于仁矣。能以让教于家……则一国之为兄弟的，得于观感，也都兴起于让矣。"（第29页）

③ 上面"其机如此"中的"机"，朱熹注为"发动所由"，张居正注为"机关发动处"。拉丁译文中有些不同，它强调源头及其衍生之间的相互关系，就如拉丁文谚语"Qualis rex, talis grex"（有什么样的君王，就有什么样的百姓）。

¹尭²舜³帥⁴天⁵下以⁶仁，⁷而⁸民⁹从¹⁰之；¹¹桀¹²紂¹³帥¹⁴天¹⁵下以¹⁶暴，¹⁷而¹⁸民¹⁹从²⁰之。²¹其²²所²³令²⁴反²⁵其²⁶所²⁷好，²⁸而²⁹民³⁰不³¹从，³²是³³故³⁴君³⁵子³⁶有³⁷諸³⁸己，³⁹而⁴⁰后⁴¹求⁴²諸⁴³人，⁴⁴无⁴⁵諸⁴⁶己⁴⁷而⁴⁸后⁴⁹非⁵⁰諸⁵¹人。⁵²所⁵³藏⁵⁴乎⁵⁵身⁵⁶不⁵⁷恕，⁵⁸而⁵⁹能⁶⁰喻⁶¹諸⁶²人者，⁶³未之有也。

§. 2. Praesens hic paragraphus ab exemplo jam ostendit, quàm reverà arctus & individuus sit inter Regis exemplum & populi imitationem nexus; & quoniam contraria juxtà se posita magis elucescunt, duobus optimis Regibus duos pessimos opponit. Ait itaque, ¹Yaô & ²Xún ³rexerunt ⁴⁻⁵imperium ⁶pietate & clementiâ ⁷& ⁸populus secutus ⁹est ¹⁰illos. Contrà, duo illi pessimi Reges ¹¹Kie & ¹²Cheu ¹³rexerunt ¹⁴⁻¹⁵Imperium ¹⁶crudelitate ac tyrannide, ¹⁷& ¹⁸populus item secutus ¹⁹est ²⁰ipsos, imitando illorum improbitatem & scelera. Quod si quandoque ²¹ea, ²²quae publicis Edictis ejusmodi Reges ²³mandaverant, ²⁴contraria ²⁴erant ²⁵iis ²⁶quae ipsi amabant ²⁷agere; ²⁸tum ²⁹populus ³⁰non ³¹obsequebatur, quia scilicet videbant, ipsos alia foris praecipere, & alia domi suae agere. ³²Hac de ³³causâ ³⁴probus ³⁵Rex priùs habet ³⁶virtutem ³⁷in ³⁸semetipso, ac ³⁹tum ⁴⁰deinde eamdem rectè ⁴¹exigit ⁴²ab ⁴³aliis, & priùs irreprehensus ac sine ⁴⁴vitio ⁴⁵in ⁴⁶semetipso, ⁴⁷tum ⁴⁸deinde rectè illud ⁴⁹reprehendit ⁵⁰in ⁵¹aliis: quod verè est, ex se metiri alios, & virtutem, quâ prior ipse plenus sis, in alios diffundere: Ubi enim virtus tuo ipsius exemplo ac famâ ad alios semel dimanaverit, tum enimverò his excitatus populus imitari te volet & sequi; tu verò tum demùm docere illum optimisque legibus instituere efficaciter poteris; secùs operam perdes. Nam ut ⁵²qui virtutis inops, vitiisque obnoxius ⁵³delitescit ⁵⁴in suâ ⁵⁵ipsius personâ, ⁵⁶nec boni aliquid ipse habet quod propaget ⁵⁷exteriùs, ⁵⁸tamen ⁵⁹possit ⁶⁰docere riteque instituere ^{61} alios, omnino ^{62} non potest ^{63} esse; nam sibi qui nequam, cui bonus esse potest?

以上这段通过事例来说明，君王的示范和百姓的效仿之间有着密不可分的联系。若把相反例子放在一起就会更加明显地看出二者的差别，因而这里把两位明君和两位昏君进行对比。据说，"由于尧和舜以仁爱治国，百姓都拥戴效仿他们；相反地，那两位昏君桀和纣，他们施行残暴严酷的统治，百姓也都跟从效仿他们的无耻和恶行。不过，当桀和纣这样的君王用国家律法命令百姓，要他们去做那些有悖于自己喜好的事情时，百姓就不会遵从"。因为百姓们看到君王对外一套，而在家中实行的又是另一套。有鉴于此，"诚实可靠的君王首先自己得拥有德行，而后才能用这样的德行去要求别人；他自己首先得是清白没有过错的，而后才能用正确的德行去责备别人"①。应从自身出发来评判他人，首先让自身充满美德才能将其传播给他人。只有以自己为榜样并依靠名望将美德散播给他人，人们才会受到激励并去效仿和追随。只有这样，你才能用极好的律法富有成效地去教化百姓，否则你就会功业尽毁。"因自身人格中缺乏德行而去隐藏罪恶的人，他自身没有善行可传递给他人，那么他如何能够恰当地教化百姓？这是绝对不可能的事情。"因为一个自身已是败类的人，又能对谁有益呢？

Injurius Lectori essem, nisi hoc loco, quo prima horum quatuor Imperatorum facta est mentio, pauca saltem ex plurimis quae de ipsis per omnes passim Sinarum Libros sparsa occurrunt, referrem. Primas demus ei, qui hic primus occurrit, Yaô *Sinensium Imperatorum maximè celebris, unà et Legislator: Hic Patre* Tí-co *Imperatore, et Matre* Kím-tu, *dictâ ejusdem Reginâ decimo quarto à conceptu mense*

---

① 参见朱熹注："有善于己，然后可以责人之善；无恶于己，然后可以正人之恶。皆推己以及人，所谓恕也，不如是，则所令反其所好，而民不从矣。"（第9页）此处朱熹把"恕"阐释为爱人如己。

natus. Imperii gubernacula suscepit anno ante Christum 2357. quod quidem universim per annos 100 feliciter tenuit; et per postremos quinquaginta adèo pacificè rexit, ut subditi, an regeret, necne, nescirent. Hinc tantam apud omnes, non tantùm subditos, sed et posteros, virtutum suarum famam reliquit, ut quae de ipso Sinensium Annales perhibent, non sine auxesi aut hyperbole dicta videantur; pietate enim coelo, prudentiâ sapientiâque spiritibus, oris cultûsque majestate soli penè parem fecêre. Certum est fuisse Principem omnibus naturae dotibus instructissimum; divitem sine elatione; nobilem sine insolentiâ; honestum syncerumque sine fictione. Vulgare humileque tectum erat ei Palatium; vestitus simplex, nec acupictus; cibus frugalis sine condimento; vasa fictilia rejectis curiosis et peregrinis; stramen cubile erat; Rhedam non elaboratam, minimeque curiosam aut pictam Equi albi trahebant. Musica Tá cham *dicta gravis erat, pia et modesta; nam turpes cantilenas oderat. Totus in eo, ut Coelo serviret, et egentioribus subveniret: Hinc illae ipsius voces:* Fames populi mei, mea est; peccatum populi mei, meum item est. *Quo adeò subditorum voluntates sibi devinxerat, ut ei non jam metu poenae, aut spe praemii, sed gratuitis omninò animis velut Patri ac Matri parerent. Hinc illi defuncto justà per triennium per soluta ab omni populo veluti Patri ac Matri, ut in lib.* Xu-kim *1. fol. 16. refertur; tantoque ejus desiderio tenebantur omnes, quanto nubis roscidae in siccitate. Doctrinam* Tá-hio, *atque* Chum-yûm *primus dicitur exemplo suo instituisse, factus ipse omnium posterorum sequentiumque Imperatorum prototypon atque exemplar. Aulam habuit in urbe* Pîm-yâm-fù *totius Provinciae* Xan-si *celeberrimam. Anno regiminis sui secundo suprà septuagesimum elegit in praecipuum Imperii per octo et viginti annos collegam, ac deinde successorem* Xún, *motus scilicet famâ obedientiae ejus ergà parentes, atque ut arctiori vinculo eum sibi adstringeret duas è filiabus suis in matrimonium ei dedit. Cumque audiisset, filium suum* Tan-chu *malè habere, eò quòd excludi se videret à successione in Imperium, respondit*: Malo uni male esse, ut benè sit toti populo, quàm populo male esse & uni filio benè. *Tandem plenus dierum obiit anno aetatis suae suprà centesimum decimo octavo; sepultusque est in Provinciâ* Xan-tum.

  上文最先提到的那四位君主,他们的事迹零星分散在众多的中国书籍中,如果我不在此处提及他们的事迹,那么对于读者会有失公允。① 我们首先介绍的是最先出现的尧帝,他也是中国最著名的君主和第一位立法者。② 他的父亲是帝喾,母亲是庆都,其母怀胎十四个月生下了尧。③ 他于公元前2357 年取得国家的领导权,并成功地统治了一百年。在其统治的最后五十年,国家太平,以至于百姓们都不清楚他是否还在位。他在所有人心中,不仅仅是他治下的民众,还包括其子孙,留下美名,以至于中国的编年史中关于他的事迹不无夸大之说。他自身表示出对于上天的虔诚,对于鬼神的谨慎和智慧,对于言语和仪式的庄重。毫无疑问,这位最具教养的统治者身上具备了所有的天赋:他具有才能而不得意忘形,高贵而不傲慢轻侮,忠实诚挚而不虚伪。他的宫殿普通简陋,他的衣着简朴没有华丽的装饰,他的饭食节俭不讲究调味,他使用的陶器没有精心的装饰和异国情调的设计,他的卧榻铺垫的是茅草,他出行时用白马拉车,马车仅有极少的装饰且结构简单。乐曲《大章》庄重、神圣而谦和,因为他厌恶粗俗的歌曲。他服侍上天,也救助穷困者。④ 这是他的原话:"我的子民的饥馑就是我的饥馑,我的子民的错

---

  ① 这一段历史附录是书中最长的,展现了耶稣会士的历史学识。 然而这部分冗长的插叙在一定程度上影响到《大学》原文中的哲学讨论。

  ② 耶稣会士用"立法者"(legislator) 来尊称尧和舜。 就像摩西给犹太人立法一样,这两位圣主给中国人制定了道德律令。

  ③ 非同寻常的怀胎象征着幼儿具有非同一般的智慧,参见《帝王世纪》:"帝尧,陶唐氏,祁姓也。 母曰庆都,孕十四月而生尧于丹陵,名曰放勋。"

  ④ 参见《史记·五帝本纪》:"帝尧者,放勋。 其仁如天,其知如神。 就之如日,望之如云。 富而不骄,贵而不舒。 黄收纯衣,彤车乘白马。 能明驯德,以亲九族。 九族既睦,便章百姓。 百姓昭明,合和万国。"

误就是我的错误。"①他把自己与子民的意愿联系在一起,并非出于对惩罚的恐惧或者对奖赏的渴求,而所有臣民也自发地遵从他,视之如父母。在《尚书》第一章第十六节中提到,他死后百姓哀悼他如同哀悼自己的父母,持续了三年之久,此情犹如大旱之时渴望出现乌云。②据说《大学》和《中庸》最早是以他为典范而修著的,使他成为在此之后所有君主的榜样和楷模。他的朝堂位于山西省最知名的平遥府。③在他统治的第七十二年,他选择舜作为自己的继任者,舜以助手的身份同他一起治理国家二十八年,尧被舜对父母的孝顺所感动,为了使舜与自己的关系更加紧密,尧还把自己的两个女儿嫁给了他。当听说自己的儿子丹朱对于自己被排除出国家继任者之位一事心有不甘时,尧说道:"一个人不满而全天下满意好过全天下不满而只有一个人满意。"④尧足足活了 118 岁⑤,死后葬于山东省。

Xún, alio nomine Yû, suo decessori per omnia similis eadem felicitatè rexit Imperium Sinense; et quia omnibus aurem facilè dabat, omnium animis mirâ facilitate imperabat. Sapientum consortio adeò delectabatur, ut eos conquiri undique, et magnis quandoque expensis voluerit. Musicam non minùs quàm antecessor suus, coluit. Nec Regiae Majestati indecens judicavit pulsare, quinque, octo, et viginti quinque fidium instrumenta, Kîn appellata, quin imò et canebat ipse identidem versum, usque hodie decantatum, de venti australis in ditando populo

---

① 《论语·尧曰第二十》:"曰:予小子履,敢用玄牡,敢昭告于皇皇后帝:有罪不敢赦。 帝臣不蔽,简在帝心。 朕躬有罪,无以万方;万方有罪,罪在朕躬。"

② 参见《尚书》:"帝乃殂落,百姓如丧考妣,三载。"

③ 古时称"古陶"。

④ 参见《史记·五帝本纪》:"尧辟位凡二十八年而崩。 百姓悲哀,如丧父母。 三年,四方莫举乐,以思尧。 尧知子丹朱之不肖,不足授天下,于是乃权授舜。 授舜,则天下得其利而丹朱病;授丹朱,则天下病而丹朱得其利。 尧曰'终不以天下之病而利一人',而卒授舜以天下。"

⑤ 此为根据《帝王世纪》推测的时间。 参见《史记·五帝本纪》:"尧立七十年得舜,二十年而老,令舜摄行天子之政,荐之于天。 尧辟位凡二十八年而崩。"

suo, terrisque foecundandis benignitate. Ex quo videas licet quàm alta illo Imperante pax extiterit, quantaque felicitate Sinense tunc Imperium abundaverit, quantisque incrementis in dies profecerit. Certè Annalium testimonio constat quam plurima Barbarorum Regna et Populos tam fortunati Principis famâ commotos illi sese ultrò subjecisse. Quam ejus felicitatem aquila per totum Imperium volitans, et novae item stellae sub eodem visae designarunt; quae tam felicia omina Populus gloriabatur, à Xám-tí, hoc est, Supremo coeli Imperatore descendere, Regem hunc suum tot favoribus prosequente. De centum et decem quibus vixit annis, unum suprà sexaginta felicissimè regnavit; rejectoque filio Xam-kiun, *virtutem sanguini anteposuit, dum magnum illum* Yù *in successorem elegit.*

舜，亦称虞，他与尧一样成功治理了中国。他以平和而善倾听闻名，对待百姓平易近人。他是如此乐于结交贤士，在四海之内不惜重金搜寻贤士。他对礼乐的推崇丝毫不亚于他的前任。他并不认为弹奏五弦、八弦、二十五弦的乐器——这些被称为"琴"——有伤皇家威仪；他自己反复吟咏的诗歌，至今仍被传唱：南风吹在肥沃的土地上，南风仁慈地吹着，使得人民富足。① 由此你能看到在他的统治下国家是如此长治久安，中国是如此安定祥和并日渐强盛。与编年史中的记载一致，许多蛮夷之族被这位受命于天的君主的名望所感召，归顺于他。雄鹰翱翔在这个幸福安宁的国度，新星闪耀清晰可见②，百姓夸耀这些吉瑞之象，这是至高的天主——上帝——垂象以示对舜的护佑。舜享年一百一十岁，非常成功地统治了六十一年。③ 舜视德性重于血缘，拒绝立其子商均，而选择大禹作为其继任者。

---

① 参见《礼记·乐记第十九》："昔者，舜作五弦之琴以歌南风，夔始制乐以赏诸侯。"《南风》歌："南风之熏兮，可以解吾民之愠兮。 南风之时兮，可以阜吾民之财兮。"

② 参见《史记·五帝本纪》："于是禹乃兴《九招》之乐，致异物，凤皇来翔。 天下明德皆自虞帝始。"

③ 参见《书经·舜典》："舜生三十征，庸三十，在位五十载，陟方乃死。"

Caeterùm quantum desiderii ac laudis Yaô *et* Xún *Legislatores, tantum execrationis et vituperii apud omnem retrò posteritatem commeriti fuêre duo illi alii* Kie *et* Chéu, *gemina crudelitatis et libidinis monstra.*

尧和舜被盛赞,并被尊奉为立法者,而桀和纣却被后世万般唾弃和指责,并被视为两头残暴严酷的野兽。

Kie, *qui et* Lì-quèi *alio nomine dicebatur, Patre* Tí-fa *genitus, anno ante Christum 1818 regnare coepit, decimus septimus et postremus Imperator primae familiae Imperatoriae* Hiá *dictae, quae jam inde à* Cùm-kia *decimo quarto Imperatore ejusdem familiae ruinam minari coeperat. Iis erat corporis viribus, ut ferrum manu diffringeret. Mortuo Patre, anno imperii sui decimo nono tyrannide et crudelitate divexare populum coepit et decimo quarto post anno, qui fuit imperii ipsius trigesimus tertius, pellicem insuper duxit* Muí-hi *dictam, cujus nutui in omnibus infami sanè servitute parebat. Monitus à suis, non solum non resipuit, sed et benè monentes spernens per summam ingratitudinem et crudelitatem neci dabat, dicere solitus, se habere imperium, ut Coelum solem, ac proinde tùm demum se desiturum, cùm Sol desineret. Turrim ex Jaspide extruxit expensis populi. Lacus integros vino implevit quo tria hominum millia dato signo sese ingurgitare jubebantur. His atque aliis sexcentis ejusmodi crudelitatum, luxûs, libidinumque turpitudinibus diu insanientem, coelum non uno prodigio monuit resipiscentiae: anno enim ejus imperii quinquagesimo stellae palàm visae è coelo decidere, terra insolitis motibus horrendùm concuti, exsiccari flumina, et montis* Táí-xan *pars magna terrae motu concidere. Cùmque tot prodigiis minis-ve necdum saperet, eodem anno à* Chîm-tam (*qui inter Regulos piis Priscorum legibus et avitis institutis impensius insistebat*) *Regno ejectus, fugit in locum* Nân-chaô *dictum, ubi triennio post exul obiit anno imperii 52. et cum ipso simul expiravit familia* Hiá, *quae annos 458. duraverat.*

中国学问第一部:《大学》　81

桀,亦称履癸,发帝之子,于公元前 1818 年继位,是夏朝的第十七位帝王,也是最后一位。夏朝自其第十四位帝王孔甲已开始衰落。① 桀身体强壮,能赤手断铁。其父丧后,从他统治的第十九年始行暴政,严酷地搜刮百姓。十四年后,即其统治下的第三十三年,他不惜借助各种臭名昭著的苛税劳役来满足宠妃妹喜的种种要求。人们劝告他,他不但不悔改,反而无视那些劝谏者,并违背道义残酷地杀死他们。他曾宣称,他对于国家的统治就像是天空中的太阳,只有太阳消失了,他的统治才会终结。② 他攫取民脂民财建立了琼室瑶台,用酒灌满整个大池,命令三千人在他发出信号后喝光池中的酒。面对他的六百种丑行——它们是残暴荒淫、严酷疯狂的,上天用多种异象警示他悔改:在他统治的第五十年,星辰从天空中陨落,大地出现剧烈、恐怖的异动——河流干涸,泰山大片崩塌。但他极少从诸多征兆中吸取教训,或者说根本就没有,在同一年,他被成汤推翻。成汤作为众多诸侯之一,沿袭古代圣王的法令和祖先的教化。据说桀逃到南巢,在亡命三年后去世,在他统治下的第五十二年夏朝灭亡,这个朝代总共延续了四百五十八年。③

Chéu, *alio nomine* Xeù-sin, *Patre* Tí-ye, *ex Matre tum creatâ Reginâ tertiò genitus* (*nam natu majores duo ex eadem quidem matre, sed adhuc pellice seu*

---

① 参见《史记·五帝本纪》:"帝孔甲立,好方鬼神,事淫乱。 夏后氏德衰,诸侯畔之。"
② 参见《尚书·汤誓》:"有众率怠,弗协,曰:'时日曷丧,予及汝皆亡!'"孔安国传:"众下相率为怠情,不与上和合,比桀于日,曰:'是日何时丧,我与汝俱亡!'欲杀身以丧桀。"
③ 参见《竹书纪年》:"元年壬辰,帝即位,居斟鄩。 三年,筑倾宫。 毁容台。 畎夷入于岐以叛。 六年,歧踵戎来宾。 十年,五星错行,夜中,星陨如雨。 地震。 伊、洛竭。 十一年,会诸侯于仍,有缗氏逃归,遂灭有缗。 十三年,迁于河南。 初作辇。 十四年,扁帅师伐岷山。 癸命扁伐山民,山民女于桀二人,曰琬,曰琰。 后爱二人,女无子焉,斫其名于苕华之玉。 苕是琬,华是琰,而弃其元妃于洛,曰妹喜,于倾宫饰瑶台居之。 十五年,商侯履迁于亳。 十七年,商使伊尹来朝。 二十年,伊尹归于商及汝鸠、汝方,会于北门。 二十一年,商师征有洛,克之。 遂征荆,荆降。 二十二年,商侯履来朝,命囚履于夏台。 二十三年,释商侯履,诸侯遂宾于商。 ……夏师败绩,桀出奔三朡,商师征三朡,战于郕,获桀于焦门,放之于南巢。"

concubinâ nati jure Regni à sucessione excludebantur) Anno ante Christum 1154. imperare coepit, fuitque vigesimus octavus et postremus secundae familiae Imperatoris Xam, *vel* Yn *dictae*. Omnibus naturae et ingenii dotibus ac talentis prae caeteris omnibus instructus. Eo pollebat corporis robore ut feras manibus discerperet: at luxu, libidinibus, atque ebrietatibus talenta tam praeclara prorsùs extinxit. Non sacrificabat Xàm-tí, seu supremo coelorum Imperatori neque aliis, nec spiritibus; nam blasphemè passim jactabat, se habere Tien-hiá seu orbem totum infrà pedes. Octavo Imperii anno nactus pellicem Tan-kì, omnia pro hujus libidine administrabat. Turres et Palatia sumptuosa populi impensis extruebat peregrinis quibusvis ac sylvestribus feris alendis. Vini lacum aperuit, in quem viri mixtim ac mulieres deposito cum vestibus pudore sese immergerent. Crudele supplicii genus, Paô-lo dictum, eâdem pellice inventrice et auctrice, instituit; Erat autem illud columna aenea, latitudinis octo, longitudinis viginti cubitorum, interius cava tota, et tribus distincta orificiis, uno scilicet infrà, altero in medio, alio denique in parte ejus superiore; quibus velut ternis receptaculis immissus ignis multiplicatâ urendi vi molem illam tantò citiùs vehementiusque candefaceret: huic columnae, etiam leviorum criminum reus, ferreis catenis strictissimè alligatus, eo situ pendebat, ut pedibus manibusque eam veluti amplexaretur; atque ita incandescente paulatim machinâ torrebatur et assabatur miser velut in sartagîne horrendùm vociferans ac ejulans, donec diffluente undique carne, nervis et adipe, ipsa etiam ossa carbonis instar incandescerent, ac tandem in cineres abiret totus; vidente adhaec, ceu grata et amoena oculis suis spectacula Pellice Tan-kì, et nihil minùs quàm miserorum ejulatus miserante. Tantam Regis Pellicisque libidinem ac tyrannidem, tametsi qui à consiliis erant, non semel notarent, et ad frugem reducere vesanum niterentur; adeò tamen nihil profécere, ut surdo ad omnia, imò amplius furente ac fremente Rege, horum alii neci darentur, alii latebris sese abderent, alii demùm etiam amentiam *simulantes in sylvas et ferarum latibula se proriperent.*

纣,亦称帝辛,其父帝乙,其母为正后,他是第三子(因为他的两位兄长,其母是庶民或者嫔妃,按照法律被排除了继承权)。公元前1154年,二十八岁的纣继位开始统治,他亦成为第二个朝代商朝(亦称殷朝)最后的君王。他被赋予了所有的天赋和才能。他如树般健壮,能够赤手击倒野兽。然而他将这些天赋荒废于放荡、情欲和嗜酒。他不向上帝——至高的上天的统治者——献祭,也不向任何其他神灵献祭。他常常大放厥词亵渎上帝,还声称自己拥有天下或者说整个世界都臣服在他脚下。在其统治下的第八年,他对宠妃妲己事事都言听计从。他搜刮民脂修建宝塔和宫殿,并畜养许多凶猛的野兽。他挖建酒池,一丝不挂的男女在池中共浴淫乐。他还施行妲己发明的一种酷刑,名为炮烙。炮烙是一根铜柱,径八尺①,长二十尺,内部中空,柱身有三个空洞,分别位于柱子的底部、中部和顶部。借助这种三孔的结构,内部的火焰能够快速、猛烈地将柱子加热。有的人即便只是犯了轻微的罪过,也会被紧紧地套上枷锁,绑到这柱子上。当犯人被吊在柱子上时,他手脚被缚,随着柱子慢慢被加热,他会痛苦地喊叫,如同身处煎锅中般发出惨绝人寰的哀号。无论肉、神经还是脂肪,甚至连骨头都像木炭一样被烧到炙热,直到最后全部化为灰烬。妲己把炮烙视为她所能见到的最令人愉悦满意的表演,仿佛听不到那惨绝人寰的哀号。即便大臣们力谏他们减少这些疯狂的恶行,也毫无效用,纣王听不进这些劝谏,反而更加狂暴凶残。一些大臣被残酷杀害,一些则主动引退辞职,一些甚至装疯卖傻,跑进山林

---

① 此处耶稣会士使用"腕尺"(cubitum)这一西方古代的长度单位来向西方读者描述炮烙的尺寸,一腕尺约为17.47英寸(约为44.37厘米)。

或者藏匿于野兽穴中。①

Tandem à Vù-vâm *inter Regulos praecipuo, in praelio victus ad Turrim confugit, ubi spe omni evadendi amissâ, ipse se cum omni supellectili Regiâ incendit, ne vivus in hostium suorum manus deveniret; idque anno imperii sui 32. Et cum ipso simul finem accepit familia* Xam *postquam annos 644 durasset.*

在众多诸侯中,武王最终击败了纣,他逃到塔(鹿台)中。当他认为逃亡无望时,他放火烧光所有的皇家财物自焚而死,为的是不使这些落入敌军手中。这发生在他统治的第三十二年。随着他的死去,商朝延续六百四十四年的统治也结束了。②

¹故²治³国⁴在⁵齐⁶其⁷家。

f. 10. p. 1. §. 1.　　Claudit his çem-çû suprà factum discursum de individuo nexu, qui inter domesticae familiae institutionem & rectam Regni administrationem intercedit; & postquam eumdem ab exemplo satis confirmavit, sic tandem infert; ¹itaque recta ²gubernatio ³Regni ⁴consistit in recte ⁵instituendo ⁶suam ⁷familiam aulamque domesticam.

---

① 参见《史记·殷本纪》:"帝纣资辨捷疾,闻见甚敏;材力过人,手格猛兽;知足以距谏,言足以饰非;矜人臣以能,高天下以声,以为皆出己之下。好酒淫乐,嬖于妇人。爱妲己,妲己之言是从。于是使师涓作新淫声,北里之舞,靡靡之乐。厚赋税以实鹿台之钱,而盈钜桥之粟。益收狗马奇物,充仞宫室。益广沙丘苑台,多取野兽蜚鸟置其中。慢于鬼神。大冣乐戏于沙丘,以酒为池,县肉为林,使男女倮相逐其间,为长夜之饮。百姓怨望而诸侯有畔者,于是纣乃重刑辟,有炮格之法。……纣愈淫乱不止。微子数谏不听,乃与大师、少师谋,遂去。比干曰:'为人臣者,不得不以死争。'乃强谏纣。纣怒曰:'吾闻圣人心有七窍。'剖比干,观其心。箕子惧,乃详狂为奴,纣又囚之。殷之大师、少师乃持其祭乐器奔周。"

② 参见《史记·五帝本纪》:"周武王于是遂率诸侯伐纣。 纣亦发兵距之牧野。 甲子日,纣兵败。 纣走入,登鹿台,衣其宝玉衣,赴火而死。"

中国学问第一部:《大学》　　85

通过这些,曾子对此前关于家庭的内部教育与正确的国家治理之间不可分割的关系①的论述进行了总结。通过充分的举例证明后,他最终得出结论:②"正确地治理国家在于正确地管理自己的家庭和皇室。"

《¹诗》² 云:"³桃之⁴夭⁵夭, ⁶其⁷叶⁸蓁⁹蓁; ¹⁰之¹¹子¹²于¹³归, ¹⁴宜¹⁵其¹⁶家¹⁷人。" ¹⁸宜¹⁹其²⁰家²¹人, ²²而²³后²⁴可²⁵以²⁶教²⁷国²⁸人。

§.2. Postquam superiorem ratiocinationem de rectâ familiae Regnique institutione jam clausisset çem-çu, ad uberiorem ejusdem argumenti declarationem, nonnulla item ex Odarum libris mutuatus, hîc, ceu appendicem superaddit his verbis: ¹carmen ²ait:malus-³persica cum ineunte vere ô quàm ⁴pulchra! ô quam ⁵bella! ⁶ejus ⁷folia ô quàm ⁸florida! ô quàm ⁹amoena! Talis est ¹⁰⁻¹¹sponsa seu recèns nupta ¹²cum ¹³transit in domum sponsi, ubi quod ¹⁴convenit-¹⁴ praestat ¹⁵suis ¹⁶⁻¹⁷domesticis, singulis quod suum est tribuens, mariti scilicet parentibus observantiam, pacem cognatis, marito obedientiam, benevolentiam inferioribus & curam; ex quo illud vicissim consequitur, ut omnes ac singuli ejus domestici tam erga ipsam, quam ad invicem debitè item sese habeant; adeoque domus tota ejus unius exemplo benè ordinata sit & composita. Postrema loci hujus verba excipiens çem-çu eadem Regi applicat dicendo; ita & Rex familiam aulam-ve suam domesticam exemplo suo sic instituat, ut in eâ omnes ac singuli quod sui est muneris vicissim praestent; sic enim ubi Rex quae ¹⁸par ¹⁸est ¹⁸praestiterit priùs ¹⁹suis ²⁰⁻²¹domesticis, ²²tùm ²³deinde ²⁴⁻²⁵poterit ²⁶docere sancteque instituere

---

① 此处"不可分割的关系"(individuo nexu)翻译自张居正:"看来一身之举动,一家之趋向所关,一家之习尚,一国之观瞻所系,人若不能修身而教于家,必不能成教于国。"(第31页)

② 该译文在这里展示一种论证的修辞学策略,通过举例或例证来进行证明,然后从所举的例子中得出推论。

etiam [27]Regni totius [28]populum.

  在总结上文关于家庭和国家的正确管理后,为了实现对这一论点更加充分的说明,曾子在此还引用《诗经》里的话,以之作为补充。《诗经》中说:"随着春天的降临,哦,波斯的苹果啊[①],它是多么漂亮! 多么美丽! 哦,它的叶子多么繁茂! 多么可爱! 这就像那刚刚出嫁的姑娘,当她走进新郎家时,她在那里与自己丈夫的家人相处和睦。"她恪守着自己对家人的职责,也就是说,孝顺姻亲父母,与其亲属相处融洽,服从自己的丈夫,对家中的晚辈仁爱和关心。[②] 反过来,家里的所有人待她也同样合乎礼仪,正如他们彼此间应该做到的那样。[③] 于是,整个家庭都由于她以身作则而被安排、打理得井井有条。曾子接着选取以下这些针对君王的语句,说道:为了家里所有人彼此都能各尽其责,那么君王应以身作则,管理好他的家庭和皇室。因此,"君王首先应恰当地对待他的家人,然后才能富有威严地教育并管治整个国家的百姓"[④]。

---

  ① "波斯的苹果"(malus persica)一般被称为桃。 虽然耶稣会士正确认识到桃是一种源自波斯的苹果,不过他们似乎没有意识到它在远东的原产地——中国。

  ② 译文中这四个归于妻子的义务是张居正提出的,但顺序有所不同:"女子之归于夫家,必能事舅姑以孝,事夫子以敬,处娣娌以和,待下人以惠,而一家之人无不相宜者。"(第32页)此处"孝"被翻译成 observatia(孝顺);"敬"被翻译成 obedientia(服从);"和"被翻译成 pax(和睦);"惠"被翻译成 benevolentia(仁爱)。

  ③ 这部分拉丁文来自张居正关于家庭中相互关系的评论("一家之人无不相宜者")。 不过其他家人对妻子的关系在张居正的讲评中是隐含的,而拉丁译文则对这一点予以明确表达。

  ④ 这句话取自张居正的评论:"方才可以教那一国的人,使之各有以宜其家也。 不然家人且不相宜,何以教国人乎。"(第32页)实际上,张居正说的是管理家庭和治理国家之间的相互作用,而拉丁文本则强调了一个线性因果关系:国家的正确治理来自家庭的恰当的管理。

《¹诗》²云："³宜⁴兄⁵宜⁶弟。"⁷宜⁸兄⁹宜¹⁰弟，¹¹而¹²后¹³可¹⁴以¹⁵教¹⁶国¹⁷人。

§.3.　Alterius Odae hic locus est eidem proposito serviens, ubi ¹Oda sic ²ait: frater minor quae ³par ³est ³praestet ⁴majori; & frater major quae ⁵par ⁵est ⁵praestet ⁶minori. Quod non ita ad uterinos dumtaxat fratres restringendum est, ut non aequè inter alios locum habeat. Nam in unâ aliquâ integrâ familiâ domesticâ quicunque aut aetate aut conditione nobis majores, fratrum majorum loco habendi nobis sunt; atque ut tales omni reverentiâ & obsequio demerendi; tunc enim & ipsi vicissim nos veluti minores fratres suos & amabunt & fovebunt. Atque hoc est, quod Oda ait, frater minor quae par est praestet majori. Sic item qui vel aetate, vel conditione inferiores nobis sunt, diligendi à nobis & fovendi sunt ut natu minores fratres; & ipsi procul dubio vicissim nos veluti fratres suos majores & honore & obsequio prosequentur; quod est, ut Oda ait, fratrem majorem quae par est praestare minori. çem-çu haec Odae verba applicans, si Rex (inquit) priùs domi suae & in privatâ aulâ valet adimplere ipse, & exemplo suo efficere, ut domestici sui omnes adimpleant, & praestent ⁷quod ⁷par ⁷est fratribus ⁸majoribus, & quod ⁹par ⁹est ¹⁰minoribus, ut modo dictum est; ¹¹ tum ¹²deinde ¹³⁻¹⁴poterit etiam ¹⁵docere, recteque instituere ¹⁶Regni totius ¹⁷populum; efficiendo scilicet, ut juxta suum ipsius exemplum etiam ipsi fraternâ inter se lege vivant; observantiâ nimirùm ergà majores ac seniores seu fratres suos natu majores; amore verò & benevolentiâ ergà pusillos ac inferiores, seu fratres suos minores.

此处对于另一诗篇的引用同样服务于这一主题，《诗经》这样说道："弟弟应该为兄长做恰当的事情，兄长应该为弟弟做恰当的事情。"倘若不是兄弟同时在腹中紧密相连的情况①,那么他们彼此之间就不可能有同等的地位。因为在一个完整的家庭里,但凡年龄或是辈分比我们大的人,都应该拥有兄长的地位,应被尊敬和服从。反过来,他们也像对自己的弟弟一样爱护和支持我们,一如《诗经》所说,弟弟应该为兄长做恰当的事情。我们应该像对待弟弟一样爱护和支持那些年纪或者辈分比我们小的人,那么反过来,他们无疑也会像对待自己的哥哥那样给予我们尊敬和服从,一如《诗经》所说,兄长应该为弟弟做恰当的事情。曾子引用这些《诗经》中的语句,说道:如果君王首先在他自家和私人宫廷里履行自己的义务,凡事以身作则,那么他的所有家人都会去履行、做好"对兄长和弟弟恰当的事情",然后,就如刚才所说,"他将能够教育和正确地治理整个国家的百姓"。这个国家的民众就会以之为榜样,彼此之间遵循友爱的原则共同生活,自然会遵先人、长辈,或是兄长的教导,关爱自己的弟弟并善待其他的年幼者。

《¹诗》²云:"³其⁴仪⁵不⁶忒,⁷正⁸是⁹四¹⁰国。"¹¹其¹²为¹³父¹⁴子¹⁵兄¹⁶弟¹⁷足¹⁸法,¹⁹而²⁰后²¹民²²法之也。

§.4. Alia demum ¹Oda ²ait; si Rex ³suo in omnibus ⁴exemplo ⁵non ⁶deficiat, rectè ⁷institutum ⁸erit ex ⁹omni ⁹parte ¹⁰regnum ejus. Quae Odae verba declarans çem-çu, si (inquit) ¹¹ipse Rex domi suae personam ¹²agens ¹³patris, ¹⁴filii fratris ¹⁵majoris & ¹⁶minoris, ¹⁷sufficiens se praebuerit ¹⁸exemplar, id est, si amorem ut pater, obedientiam ut filius, concordiam & benevolentiam, ut frater major, observantiamque subjectionemque, ut minor, adamussim servaverit, erit, ut Oda inquit, ejus exemplum undequaque perfectum seu in nullo deficiens; ac

---

① 意指双胞胎或者多胞胎。

中国学问第一部:《大学》　　89

^{19}tum ^{20}deinde ^{21}populus ipsum veluti prototypon suum ^{22}imitabitur. Parentes scilicet etiam ipsi benignitatem colent amoremque paternum; filii pietatem & obedientiam; atque ita totum denique Regnum omni ex parte recte institutum erit.

　　最后,另一篇诗中说:"如果君王没有放弃他身为楷模的责任,他的国家处处都能获得正确治理。"曾子引述《诗经》中的句子,认为"如果君王本人充分践行他在家里的角色,展示作为一个父亲、儿子、兄长和弟弟的榜样",也就是说,如果他作为一个父亲要奉行慈爱,作为一个儿子要奉行孝顺,作为一个兄长要奉行和睦与仁惠,作为一个弟弟要奉行尊敬和谦恭①,那么,就如《诗经》所说,他会在各个方面都成为完美无缺的榜样。于是"人民就会将他视为典范,予以效仿"②,身为父母自然会去培养父辈的慈悲和仁爱,身为儿子也会培养自己对父辈的孝顺和尊敬之情,这样整个国家处处都能得到正确治理。③

^{1}此^{2}谓^{3}治^{4}国^{5}在^{6}齐^{7}其^{8}家。

p.2.§.1.　Tres isti modò citati & ex Carminum libro mutuati textus, tametsi verbis differentibus, idem tamen omnes dicunt, nempè hoc ^{1}ipsum quod superiùs dictum ^{2}fuit, recte ^{3}gubernare ^{4}regnum ^{5}consistere in recte ^{6}instituendo ^{7}propriam

---

　　① 张居正提到了四个义务:对儿子的义务——慈,这里翻译成 amor(慈爱);对父亲的义务——孝,翻译成 obsequentia(顺从);兄长的义务翻译成 concordia et benevolentia(和睦与仁爱);弟弟的义务翻译成 observantia et subjectio(尊敬和谦恭)。

　　② 译文中"典范"(prototypon)一词对译的是张居正讲评中的"法则"一词:"所行的件件都足以为人的法则。"(第33页)

　　③ 耶稣会士译文只提及父亲和儿子的义务,未提及兄长和弟弟的义务,虽然它们都出现在张居正的讲评中。

[8] familiam.

刚才这三处引自《诗经》的文段,虽然用词不同,但说的都是同一件事,亦即之前所说:"正确地治理国家在于正确地管理自己的家庭和皇室。"

11. ¹所²谓³平⁴天⁵下⁶在⁷治⁸其⁹国者：¹⁰上¹¹老¹²老¹³而¹⁴民¹⁵兴¹⁶孝，¹⁷上¹⁸长¹⁹长²⁰而²¹民²²兴²³弟，²⁴上²⁵恤²⁶孤²⁷而²⁸民²⁹不³⁰倍，³¹是³²以³³君³⁴子³⁵有³⁶絜³⁷矩之³⁸道也。

Expeditis iis quae ad rectam familiae Regnique institutionem pertinent, aggreditur nunc tandem *çem-çu* postremum membrum doctrinae Magistri sui superiùs libri hujus initio traditae & ¹quod ibi ²dicebatur, ³pacificare ⁴⁻⁵imperium ⁶consistere in rectè-⁷ gubernando ⁸proprium ⁹regnum: simili discursu explicat dicens: Quia homines ejusdem rationis sortiti sunt animam, ideo eadem in omnibus est etiam affectuum ratio; sic videmus, ubique terrarum parentes velle & amare in filiis obedientiam; Seniores Majoresque subjectionem & reverentiam in inferioribus, miseros & pupillos optare in potentioribus miserationem ac beneficentiam, &c. Sed enim horum omnium moderatio ac mensura penes unum ac solum est Regem, utopte qui instar primi mobilis Ministros ac Subditos suos, ceu inferiores orbes, eò quò ipse inclinat, secum unà exemplo suo rapit & impellit: sic enim si ¹⁰Rex domi suae omnes ¹¹obedientis ¹¹filii- ¹¹partes ¹¹impleat erga ¹²parentes suos: ¹³tum et ¹⁴populus exemplo illius excitatus ¹⁵erigetur ad ¹⁶obedientiam ergà suos. Si ¹⁷Rex debitae ¹⁸obedientiae ¹⁸leges ¹⁸adimpleverit erga ¹⁹fratres ¹⁹suos ¹⁹natu ¹⁹majores, aliosque si quos domi suae habeat Seniores, ²⁰tum & Regni totius ²¹populus ejusdem exemplo ²²erigetur ad ²³subjectionem reverentiamque erga ²³majores suos. Si denique ²⁴Rex ²⁵commiseratione ac ²⁵benignitate ut par est ²⁵utatur erga illos quos domi suae habet ²⁶orphanos ac ²⁶pupillos, ²⁷tum ²⁸populus ²⁹non aget ³⁰contrarium; sed omnes item ac singuli eadem benignitate fovebunt quoscunque domi suae habuerint pupillos ac imbecilles. Tanta scilicet est Majorum Superiorumque cum inferioribus connexio, ut in quibus illi praeeunt, isti illicò sequantur. Unde videre est, sicut eadem est toti alicui Regno quae privatae unicuipiam familiae, sic eamdem item esse toti Imperio quae privati Regni populo affectionum rationem. Quae [31]est [32]ratio cur [33]probus ejusmodi [34]Princeps [35]habeat in se [36]mensurae [37]normaeque [38]rationem; qua ex suâ ipsius personâ metiens alios, exemplo suo ad eadem quae ipse vel amat, vel aversatur, agenda vel non agenda excitat.

在解释何为皇室和国家的正确教育方法之后，现在曾子进一步阐释他老师的最后一点教导。该教导在本书开篇已经提及，亦即"平定帝国在于正确地治理自己的国家"。曾子曾用类似的话语解释说，因为人们都同样地被赋予理性的灵魂，所以每个人也拥有同样的情感原则。① 因此我们能看到，世界上所有的父母都希望、喜欢儿子孝顺，长辈和上级都希望、喜欢来自晚辈和下级的顺从及尊敬，穷人和孤儿都渴望来自强者的同情与仁慈，等等。② 而事实上所有这些德行的规定和评价都掌握在君主一人手中，正如第一推动者主导依附于它的低一级行星轨道的运行，君主通过自己树立的榜样引导和促使他的臣民做到他那样的德行。③"因此，如果君主在家中能够履行一个孝子对父母应尽的一切义务，那么百姓就会被他的榜样所激励，从而能够做到对他们自己的父母尽孝道；如果君主对兄长以及家中的其他长辈保持应有的服从，那么全国的百姓就会被他的榜样所激励，从而能够做到对他们自己的长辈顺从、敬重；如果君主对家中孤幼心怀应有的怜悯和仁慈，那

---

① 参见张居正的评论："天下无不同之心，人心无不同之理。"（第34页）拉丁文的翻译将"理"的概念理解为 ratio（理性）。

② 张居正在其评论中提到所有人都遵循着同样的准则：孝、悌、慈。

③ 在古代西方天文学中，第一推动者（primi mobilis）是指九重天或九大星球——它们被认为位于静止的星辰后面，成为低一级星球的第一推动者。 其实，天文学作为政治次序的比喻并非源于中国，而是源于西方，特别在耶稣会创立人依纳爵·罗耀拉谈论"服从"的书信中有众多类似的话语（*Epistola B. P. Nostri Ignatii de Virtute Obedientiae*）。《中国哲学家孔夫子》在评论《论语》"非其鬼而祭之"（2.24）时，同样采用了依纳爵的比喻和说法。

么百姓就不会做出与此相悖的行为。"每个人也会各自关心自己家中的孤幼和弱者。① 长者、上级与下级之间的关系应是如此:前者作出表率,后者立马追随。由此可见,正如感情的原则无论对自己的家庭还是对诸侯国都是一样的,感情的原则无论是对诸侯国还是对整个帝国也是一样的。"这就是为什么说正直的君子自身就拥有衡量和规范的原则的原因。"②他以自己的人格来衡量他人,通过自己的榜样来鼓励他人,做他所喜好的事情,不做他所憎恶的事情。③

Loci hujus opportunitas invitat, ut hic breviter aliqua de Sinensium Imperatorum erga Senes, pupillos, aliosque paupertate, aliâve calamitate pressos, observantiâ et pietate attingam; ut scilicet hinc deinde intelligat Europaeus Lector, quantùm honoris et observantiae semper detulerint Sinae parentibus suis, aut potius quantùm pietatis, amoris ac solicitudinis iidem parentes liberis; et Reges subditis suis jam olim impenderint. Et certè est quod et Europa Christiana miretur ac aestimet tantam in Gentilitate illâ veteri pietatem; tametsi ab eâ posteri adeò jam defecerint, ut aliam planè naturae indolem quam veteres illi habuerint, nacti esse videantur. Referunt itaque officiorum libri fusè ac passim, ab ipsis Yaô atque Xún

---

① 《大学》的原文中指出,一般情况下,通过敬爱老人,统治者给所有人树立了榜样。朱熹在一种更狭义的意义上解释道:"老老,所谓老吾老也。"(第10页)张居正给出了一个相似的解释:统治者要"善事其父母""善事其兄长""怜爱一家的孤幼"(第34页)。由于这一点与基督教的博爱形成了对比,耶稣会士认为有必要加入一条斜体的注释(参见下一段),以此来强调统治者也将他的关爱推及自己的家庭之外。

② 《大学》文中的"絜矩",朱熹对此解释道:"絜,度也。矩,所以为方也。"对于朱熹来说,使物为方的工具正是一个人自己的心。同时,这个"絜矩"的概念等同于"恕"(《朱子语类》卷十六)。因此,对于朱熹而言,端正思想这一道德职能首先要施加于统治者自身,然后再推及民众。张居正也有一个相似的解释,他将"絜矩"描述为"匠人制器"(第34页)。耶稣会士将"絜矩"译为 mensurae normaeque ratio(衡量和规范的原则)。

③ 张居正有一个与耶稣会士译文不同的评注:"度之以矩而使其无不方也。这絜矩是平天下之要道。"(第34页)

Legislatoribus piam hanc consuetudinem invaluisse, peculiari scilicet curâ alendi Senes, atque quidem in loco ad eam rem destinato: honoratiores quidem in superiori aut Orientali Gymnasio, plebeios in inferiori aut Occidentali. Atque hanc consuetudinem deinde apud posteras familias, Hià, Xam *et* Cheu *constanter perseverasse; ut ex variis ejusdem libri officiorum locis quae brevitatis causâ omittimus manifestum redditur. Certè de* Xún *Imperatore Annales perhibent (atque illius exemplo alios deinde Reges) dum Imperii Provincias obiret, sciscitari passim solitum, an qui essent centenarii; atque si quos ipse comperisset, eos coram invisisse. Imò eorumdem Annalium testimonio constat, veteres illos Sinarum Reges post peracta Sacrificia, mutatâ veste sese ad alendos Senes conferre solitos, idque (ut ibidem refertur) quod putarent, hoc misericordie corporalis opere assequi à coelo quod petierant. Coeterum ex eodem officiorum libro illud Nobis praetereà constat, hanc Sinensium Imperatorem pietatem ac beneficientiam non ad unos dumtaxat senes, sed ad miseros quosvis, pupillos, viduas, mutos, claudos, mutilos, etc. sese extendisse.*

借此机会,我想简单提及中国帝王对老人、弱者以及其他为贫穷、不幸所困的人给予的关注和怀有的责任感。欧洲的读者应当理解,尽管中国人对自己的父母极为尊敬和关心,但其实父母对子女尽了更多的责任,给予了更多的爱护与关怀,而且君王亦是如此对待自己的下属的。毫无疑问,欧洲的基督徒很欣赏并且重视古代异教徒身上的这种责任感。尽管这些古人的后裔后来衰落了,但我们可以清楚地在他们身上看到那些源于他们古代先人的、与生俱来的品性。① 因此,《义务书》(即《礼记》)中多次提及这个神圣的传统,它由立法者尧和舜确立,在一些专门的地方供养老人并提供特别的

---

① 这段文本暗示着,尽管古人保持很高的道德水平(无论在西方还是中国),但是如此高的道德标准是无法长久维持下去的。

照顾。其中,备受尊敬的人所在之处被称为"上庠"或"右学"(原文直译为"东边的学府");平民大众所在之处被称为"下庠"或"左学"(原文直译为"西边的学府")。① 该传统亦被后来的夏、商、周王朝所继承②,这一点在《礼记》书中的不同地方都被明确提及,为了简洁起见,我们在此略去不提。编年史上亦有记载:舜(以及之后那些以他为榜样的君王)在视察国内各省时,总要了解当地百岁老人的情况③,如果得知当地有百岁老人,他会亲自前去拜访。据编年史记载,那些中国古代的君王在完成祭祀活动后,常常会在更衣后去帮助照顾老人。据说他们相信这样做,即经由行为上的善功,可以从上天那里获得他们所祈求的东西。此外我们还知道:据《礼记》所载,中国古代帝王的责任感与仁慈不仅表现在他们如何对待自己的长辈,还会将之推及所有不幸的人,例如孤儿、寡妇及身体不健全者。④

^{1}所^{2}恶^{3}于^{4}上,^{5}毋以^{6}使^{7}下;^{8}所^{9}恶^{10}于^{11}下,^{12}毋以^{13}事^{14}上;^{15}所^{16}恶^{17}于^{18}前,^{19}毋以^{20}先^{21}后;^{22}所^{23}恶^{24}于^{25}后,^{26}毋^{27}以从^{28}前;^{29}所^{30}恶^{31}于^{32}右,^{33}毋以^{34}交^{35}于^{36}左;^{37}所^{38}恶^{39}于^{40}左,^{41}毋以^{42}交^{43}于^{44}右:^{45}此之^{46}谓^{47}絜^{48}矩之^{49}道。

f.11.p.1.§.1. Ad uberiorem supradictorum declarationem, modò à partium

---

① 参见《礼记·王制》:"有虞氏养国老于上庠,养庶老于下庠。"
② 参见《礼记·王制》:"夏后氏养国老于东序,养庶老于西序。 殷人养国老于右学,养庶老于左学。 周人养国老于东胶,养庶老于虞庠。 虞庠在国之西郊。"
③ 参见《礼记·王制》:"问百年者就见之。"
④ 此处译文中的列举使人联想到《圣经》中的一篇,其中救世主耶稣将"穷人,病人,跛脚和盲人"(《玛窦福音》)都召唤到宴会上。 在巴黎手稿中写道:"cu to quan qua çu su che tien hia chi kium ulh uu cao che ye kiai yeu cham hi." 其出自《礼记·王制》:孤、独、鳏、寡,"此四者,天民之穷而无告者也,皆有常饩"。 另一则引用同样出自《礼记·王制》:"瘖、聋、跛、躃、断者、侏儒、百工,各以其器食之。"

enumeratione ostendit *çem-çu* in quo illa mensurae normaeque ratio consistat; seu quâ ratione & in quibus metiri alios ex nobis conveniat, dicens: Hominum quibuscum degis; alii suprà, alii infrà te, alii ante, alii post, alii demùm à dextris sunt, alii à sinistris; & omnes quidem similiter, ut tu, affecti; eadem quae tu fieri tibi ab ipsis vel velis vel nolis; ipsi quoque sibi à te fieri vel volunt, vel nolunt. [1]Quae igitur tu [2]aversaris [3]in [4]superioribus, [5]ne [6]agas cum [7]inferioribus; & [8]quae [9]aversaris [10]in [11]inferioribus [12]ne [13]agas cum [14]superioribus. [15]Quod item [16]odisti [17]in [18]antecessoribus, in eo [19]ne [20]praeeas tuis [21]posteris; & [22]quod [23]odisti [24]in [25]posteris, in eo [26]ne [27]sequaris [28]antecessores. [29]Quae denique [30]damnas [31]in iis qui sunt [32]à-[32] dextris, [33]ne [34]agas [35]cum iis qui [36]sunt-[36]à-[36] sinistris; & contrà, [37]quae [38]improbas in [39]iis qui sunt à [40]sinistris, [41]ne [42]agas [43]cum iis qui sunt à [44]dextris. Verbo: *Quod tibi fieri non vis, alteri ne feceris*. Atque [45]haec est & [46]dicitur vera [47]mensurae [48]normaeque [49]ratio; qua usus probus quicunque Princeps illud tandem consequitur, ut factus ipse cum populo suo velut cor unum & anima una, eadem, quae populus, velit nolitque, pater jam veriùs dicendus populi quàm Dominus. Quod *çem-çu* ex Odarum libro planè perappositâ ad hunc locum authoritate confirmat, dicens;

为使上述论点更加清晰，曾子通过部分列举①的方式来说明衡量和规范的原则构成是什么，换言之就是我们要根据什么样的标准去衡量他人。他说：与你相处的那些人，有的在你之上，有的在你之下，有的是在前面、后面、

---

① "部分列举"（a partium enumeratione）是一个逻辑学概念，西塞罗在他的《论题篇》（*Topica*）中采用过这一修辞方法："通过部分的列举，整体被划分成它的各个部分"（Enumeratio partium, qua totum in suas partes distribuitur）。 苏阿雷（Suárez）曾在他的《辩论篇》（*Disputatio*）中使用过这个概念。

右面、左面,而所有这些人跟你一样都有感情。① 你希望或不愿别人对你做的事情,他们同样希望或不愿你对他们这样做。所以,"你想从处于你上面的人那里避免的,就不要施加给处于你下面的人;你想在处于你下面的人那里避免的,就不要用于处在你上面的人。前面那些人身上让你厌恶的东西,就不可以将其施于后面的人;后面的人身上让你厌恶的东西,就不可将其施于前面的人;右边的人身上受你谴责的东西,你就不要将其施于左边的人;反过来,左边的人身上受你谴责的东西,你就不要将其施于右边的人"。常言道:己所不欲,勿施于人。② 这就是所谓的衡量准则。正直的君子跟人民同心、同思。人民喜恶什么,他同样喜恶之。这样的君主与其说是人民的统治者,更确切地说,他是百姓的父亲。曾子引用《诗经》条理清晰而又权威地确认了此段的观点。

《¹诗》² 云:"³乐只⁴君⁵子,⁶民之⁷父⁸母。"⁹民¹⁰之所¹¹好¹²好之,¹³民¹⁴之所¹⁵恶¹⁶恶之,¹⁷此之¹⁸谓¹⁹民之²⁰父²¹母。

§.2. ¹Carmen ²ait:laudabilis ³amabilisque ejusmodi ⁴⁻⁵Princeps, planè est

---

① 此处翻译张居正关于道德相互性的积极论述:"有在我上面的,有在我下面的,有在我前后左右的,其心都是一般。"(第35页)在西方,这个论点常常被称为黄金法则。 见于《玛窦福音》:"所以,凡你们愿意别人给你们做的,你们也要照样给人做:法律和先知都在于此。"(Omnia ergo quaecumque vultis ut faciant vobis homines et vos facite eis haec est enim lex et prophetae.)

② "己所不欲,勿施于人"(quod tibi fieri non vis, alteri ne feceris),这是所谓的黄金法则在消极方面的表述,有时候被称为白银法则。 这是一种孔夫子式的道理,要求在自己同他人之间使用同样的标准。 朱熹在他的评注中提出一段基于个人利益的论证,认为人是出于自己的最大利益而去遵循道德:"如不欲上之无礼于我,则必以此度下之心,而亦不敢以此无礼使。 不欲下之不忠于我,则必以此度上之心,而亦不敢以此不忠事之。"(第10页)朱熹的论证有些令人惊讶,因为这与原文的基本思想是相违背的。 或许对朱熹而言,这种出于现实因素的考量并不意味着对内在道德情感的否定,而仅仅是对它们的补充强调。 然而,张居正并没有延续朱熹的观点,他与原文的观点更为接近,亦即"你所不愿在他人那里看到的事情,就不要去做"。 耶稣会士在此选择了张居正的解释。

^{6}populi ^{7}pater ac ^{8}mater. Quod carmen idem *çem-çu* prosequens ait: ^{9}populus ^{10}quibus ^{11}gaudet ^{12}gaudere, & ^{13}populus ^{14}quae ^{15}aversatur ^{16}aversari; ^{17}hoc ^{18}dicitur esse ^{19}populi ^{20}patrem & ^{21}matrem. Quasi diceret: Regem actiones suas omnes ex populi sui affectu & voluntate metiri moderarique, filiorum instar ipsum fovendo ac tuendo, res est, qua populus devinciri in primis, subditique, omnes ac singuli mirificè gaudere solent. Si itaque hoc eodem Rex etiam ipse gaudeat, ut quod populus in votis, hoc ipse in opere habeat; istud est, Regis cor in subditorum suorum animos ita transfusum esse, ut iisdem, quae isti desiderant, ille gaudeat; & quae hi oderunt, etiam ipse aversetur; planè patris instar ac matris filium suum intimo affectu complectentis. Unde & populus hunc ejusmodi Regem vicissim patris utique & matris loco habebit; qui est praecipuus metientis alios ex seipso effectus.

《诗经》上说:"值得赞扬和敬爱的君子,真是百姓的父母。"①在这句诗后,曾子紧接着说道:"百姓所喜爱的他就喜爱,百姓所厌恶的他就厌恶,这才是所谓的百姓的父母。"犹如是说:君王像对待自己的孩子一样爱护和关心百姓,以自己百姓的喜好和意愿来衡量、规范自己的一切行为。这样,对于那些被要求去做的事情,每一个臣民都会乐意为之。如果君王以百姓所欲为乐,他自己就会去做这些事,亦即君王心系臣民心中所想,从而他会以他们所欲为乐,拒绝去做他们所憎恶的事情。他像一位父亲或母亲那样怀着最深挚的情感去拥抱自己的孩子。② 反过来,百姓自然也会将这样的君王

---

① 君王不仅被比作父亲而且也被比作母亲,这种传统在中国文化中是根深蒂固的,它强调阴和阳的相互补充。《中国哲学家孔夫子》并没有在他们的解释中将这种父母亲互补的关怀改译为去性别化的术语,比如"家长"。 明清时期,中国的天主教教徒亦将天主称为"圣父母"。 参见《中国基督宗教手册》(*Handbook of Christianity in China*, edited by Nicolas Standaert, Leiden: Brill, 2001)第 643 页。

② 拉丁文译本忠实于张居正的原文,而张居正的观点又是源于朱熹:"言能絜矩而以民心为己心,则是爱民如子,而民爱之如父母矣。"(第 10 页)

中国学问第一部:《大学》 99

视为父母双亲。这便是由己度人所产生的最重要功效。

《¹诗》²云:"³节⁴彼⁵南⁶山,⁷维⁸石⁹岩¹⁰岩,¹¹赫¹²赫¹³师¹⁴尹,¹⁵民¹⁶具¹⁷尔¹⁸瞻。"¹⁹有²⁰国者²¹不²²可²³以²⁴不²⁵慎,²⁶辟,²⁷则²⁸为²⁹天³⁰下³¹僇矣。

p.2.§.1. Supradicta confirmat à contrario çem-çu ex alio loco ejusdem libri carminum; ubi ¹Oda ²ait: ³ô quàm ³praeruptus ³eminet ⁴ille ⁵australis ⁶mons! ⁷ejus ⁸rupium ô quanta-quàmque ⁹horrida ¹⁰congeries! Sic potentiâ dignitateque ¹¹verendus ¹²emines magne- ¹³magister Regie ¹⁴Yn; & ¹⁵populus quidem ¹⁶omnis ¹⁷te veretur ac ¹⁸suspicit; sed non amat, utpote privato, non communi bono consulentem. Quem Odae locum declarans çem-çu ait: cùm ¹⁹habens ²⁰regnum, sive Rex, in arduo illo Regiae dignitatis fastigio constitutus subditorum oculis nunquam non pateat; ²¹non ²²⁻²³debet ²⁴non solicitus ²⁵vigilare, curasque omnes eò intendere, ut quidquid rerum negotiorumque aggressus ipse fuerit, omnia cum populi votis, & expectatione consentiant: quod si enim metiri ex se alios non noverit, sed omnia pro suâ unius libidine & cupiditate agens, eâ quae populo proficua & in votis sunt negligat; quae verò populo invisa perniciosaque sunt, propulsare & avertere non laboret: futurum procul dubio est, ut alienatis ab ipso animis, & seditionibus ac tumultibus distractus populus ab ipso tandem discedat; ipseque relictus solus tueri à ruinâ conservareque Regnum diutiùs non valeat. Proptereà si Rex (inquit çem-çu) ab hac regulâ ²⁶deflexerit, ²⁷omnino ²⁸erit ²⁹⁻³⁰imperii occasus & ³¹ruina.

曾子引用这本诗集中的另一首诗,从反面来论证上面所说的话。《诗经》中说:"哦,高高耸立的南山啊!山石多么巨大、嶙峋!权势如此显赫的帝王之师尹啊,百姓们全都敬畏你,仰望你。"但他这个人却不热衷于为公众谋福利。曾子在解释《诗经》中的这段话时说:"拥有国家统治权的人坐在君王的高位上,他时时都受到臣民的关注,不可以不小心谨慎。"他将他全部的注意力都集中于此,这样他在处理任何事情的时候,才会符合百姓的愿望和期待。如果他不懂得推己及人,那么他会为了满足自己的欲望与贪婪,忽略百姓的利益和愿望,他就不会切实致力于消除、避免对百姓有害、危险的事情。倘若如此,那么毫无疑问,百姓不再与他同心同德,最终,痛苦不堪的百姓们会发动暴动和骚乱,弃他而去,剩他独自一人留守残垣断壁,无法长久地守护自己的国家。① 因此,曾子说:"如果君王在统治中有悖这一准则,他的帝国将会陷落、毁灭。"

《[1]诗》[2]云:"[3]殷之[4]未[5]丧[6]师,[7]克[8]配[9]上[10]帝;[11]仪[12]监[13]于[14]殷,[15]峻[16]命[17]不[18]易。"[19]道[20]得[21]众[22]则[23]得[24]国,[25]失[26]众[27]则[28]失[29]国。

§. 2. Alterius Odae hic locus est, qui ab exemplo item ostendit, totius Regni incolumitatem ab amore populi pendere, quo semel perdito, Regnum nec posse diu consistere. Sic igitur [1]Oda [2]ait: familia [3]Yn (vel, quod item est, familia Imperatoria *Xam*, cujus truncus fuit famosus ille Rex *Chîm-tam*) [4]antequam [5]amitteret [6]populum, seu populi amorem, pacificâ possessione tenebat regebatque Imperium, & ob virtutis suae cum coelo conformitatem [7]poterat, sive digna erat in [8]societatem [8]& consortium [8]admitti à [9]supremo [9]coeli [10]Imperatore. Posteaquam verò ab avitâ Majorum Antecessorumque suorum virtute degener posteritas

---

① 这段话直接来自朱熹:"言在上者人所瞻仰,不可不谨。 若不能絜矩而好恶殉于一己之偏,则身弑国亡,为天下之大戮矣。"(第 11 页)朱熹认为统治者不仅会失去统治权,而且会以悲剧结束一生。 张居正则以一种较温和的方式说:"众叛亲离,而身与国家不能保守。"(第 36 页)在拉丁文译本中,只提到了国家的灭亡,并没有涉及统治者个人的命运。

中国学问第一部:《大学》 101

deflexit, populique amore excidit; excidit & coeli favore, seu imperio caelitus collato. Quapropter [11]oportet nunc posteros familiae nostrae *Cheu* (quae successit in Imperio familiae *Yn*, seu *Xam*) conjicere [12]oculos [13]in familiam [14]*Yn*, & cavere sibi, ne malum ejusdem exemplum secuti, Imperium & ipsi similiter amittant. [15]Altissimum enim coeli [16]mandatum seu coeli favor, quo Imperia conferuntur, [17]haud [18]facilè conservatu est. Oda igitur vult [19]dicere (ut exponit *çem-çu*) [20]obtento [21]populi amore, [22]mox [23]obtineri & [24]regnum; uti è contrà [25]amisso [26]populi amore, [27]mox item [28]amitti [29]regnum.

　　这一章是《诗经》中的另外一篇，它同样用事例说明了整个国家的安全取决于人民的拥戴。一旦失去了它，国家就不会长久。《诗经》中有一篇说道:"殷朝(也就是商王朝，由著名的君王成汤建立)在丧失民众①或者说百姓的爱戴之前"，以和平的方式占有并统治着帝国，并因其具备的美德，"它能与上天保持一致，亦即它能配得上至高的天帝与其结盟并被赋予治国的天命"②。然而，在堕落的后代子孙背离了他们长辈和祖先的古老德性后，它失去了民心，也失去了上天的眷顾;换言之，它失去了上天赐予的统治权。"因此，对于当下的后继者——我们的周朝(继承了夏朝或是商朝)王室来说，必须要看到殷朝的教训"，并警示自己不能效仿这个坏榜样，以免重蹈覆辙。"的确，统领天下这样崇高的天命或者说上天的眷顾是不容易保持守护的。因此，《诗经》该篇想要表达(正如曾子解释的那样)的是，得到民众的爱戴，很快就能获得国家;失去民众的爱戴，很快就会失去国家。"

---

① 张居正沿用朱熹的观点，将"师"字解释为"众"。(第36页)
② "克配上帝"的拉丁译文为: in societatem & consortium admitti à supremo coeli Imperatore. 这是《大学》文中唯一一处出现"上帝"一词的地方。 手稿上该句页边有一边注，*Xukim*, lib.3, f.1: "te yu tien ho cu ke poi xam ti."据其注音可回译为:"德与天合故克配上帝。"出自明朝胡广等人奉命编订的《书经大全》中的注解。

^{1}是^{2}故^{3}君^{4}子^{5}先^{6}慎^{7}乎^{8}德。^{9}有^{10}德^{11}此^{12}有^{13}人，^{14}有^{15}人^{16}此^{17}有^{18}土，^{19}有^{20}土^{21}此^{22}有^{23}财，^{24}有^{25}财^{26}此^{27}有^{28}用。

f.12.p.1.§.1. Quandoquidem, ut dictum est, Imperii diuturnitas & conservatio à populi amore, amor autem populi à virtute, quae sola Principem facit amabilem, dependet;$^{1-2}$ ideò ^{3}perfectus ^{4}Rex ante ^{5}omnia invigilat, & ^{6}incumbit ^{7}in ^{8}virtutem: ^{9}habitâ quippe ^{10}virtute hoc ^{11}ipso ^{12}habebit & ^{13}hominum seu populi voluntates: ^{14}habitis autem pro se ^{15}hominum seu populi voluntatibus eo ^{16}ipso ^{17}habebit & ^{18}terras, quas colens & incolens populus ejusdem dominio subjacere libens lubensque volet. Porrò ^{19}habitis ^{20}terris hoc ^{21}ipso ^{22}habebit & profectas inde ^{23}opes ac ^{23}facultates. ^{24}Habitis demùm ^{25}opibus, eo ^{26}ipso ^{27}habebit omnia ad Regni ^{28}usum & conservationem necessaria.

有鉴于此，正如人们所说，帝国的长久稳定与维护取决于人民的爱戴，而人民的爱戴又取决于美德，唯有它使得君主受人敬爱。"因此，完美的君王待事谨慎，一心向德。由于他身上所具备的美德，他将获得众人的或者说民众的拥护。① 既然他获得民心，那么居住和耕作在这些土地上的人民就都会愿意并乐于服从他的统治；既然他拥有土地，那么他也将拥有从这里产出的财富和资源；最终，既然拥有这些财富，他也将拥有一切国家所需，以及维持其存在必需的事物。"②

---

① 在原始手稿页边标注有：Xukim, lib.3, f.11: "kiu xam ke mim guei hia ke chum, id est: quando qui locus est superior, hoc est Rex, novit praelucere virtute; tum qui sunt inferiores, hoc est subditi, etiam novunt fideles esse." 引自《尚书·伊训》："居上克明，为下克忠。"

② 参见张居正："既有了土，那土地中所出的诸般货物，自然都来贡献。"（第38页）

^{1}德者，^{2}本也；^{3}财者，^{4}末也。

§.2.　Illatio haec est, auro cedroque dignissima, qua ex dictis infert Author, ^{1}virtutem esse magis ^{2}principale, sive majoris momenti ad pacificam Imperii gubernationem, & tanquam radicem à qua omnis Regnorum incolumitas vigorque proficiscitur; ^{3}opes verò minus ^{4}principale seu, ut ita dicam, accessorium, minorisque momenti, ac proinde veluti ramos in arbore, qui fixâ semel altè vigenteque radice non possunt non amoenum virere etiam ipsi. Nam ut ad Imperii conservationem necessariae sint opes, ejusmodi tamen sunt, ut ubi domina virtus domicilium fixerit; eòdem illae ceu pedissaequae ultrò sequantur.

这个结论有着黄金和雪松①般重要的价值，作者据此指出"道德是主要的原则"，或者说它对帝国的和平治理起着极为重要的作用，同时也是帝国的安全与生机得以延续的根基。"事实上，财富只是次要的原则"，或者如其所言，只起着辅助的、次要的作用。就如树上的枝杈那样，若是根系稳固、深入且繁盛②，那么树枝自然而然会繁茂生长。事实上，维持一个帝国是需要财富的，一旦美德如同女主人一样获得了稳固的地位，那么财富自然会像侍女般尾随而来。③

---

　①　这里黄金和雪松的双重隐喻没有在朱熹或张居正的评论中出现。 在《圣经》中，雪松是长寿的象征。

　②　参见张居正的评论："譬之草木，根本即固，则枝梢自然茂盛，但当培其根本可也。"（第39页）

　③　此处借譬喻强调财富对国家的维持是必要的，但它应该源自美德。

^{1}外^{2}本^{3}内^{4}末，^{5}争^{6}民^{7}施^{8}夺。

§.3. Quandoquidem virtus juxtà modo dicta, est magis principale majorisque momenti, ut pote radix & fundamentum felicis regiminis; opes verò minùs principale minorisque momenti, utpote rami qui ex foecunda illâ virtutis radice deinde ultrò enascuntur; consequens est, bono Principi illam in primis cordi esse debere, ac velut domesticam habendam; has verò minùs curandas ac velut alienigenas foris locandas. Quod si igitur Rex in ^{1}extimis ^{1}habeat minusque curet id quod magis ^{2}principale, id est, virtutem; In ^{3}intimis seu cordi in primis habeat id quod ^{4}minùs ^{4}principale, id est, opes, per fas nefasque eas coacervando; populus utique ejus exemplo doctus eadem illicò aget; jurgiis, litibus, furtis, ac rapinis sese invicem consument omnes. Propterea (inquit *çem-çu*) ejusmodi Rex ad ^{5}rixas ^{5}seditiones ac ^{5}turbas ^{5}commovebit ^{6}populum, viamque ^{7}aperiet ^{8}furtis ac ^{8}rapinis.

鉴于先前所述，美德作为主要原则起着更重要的作用，它犹如政治清明的根源和基础；而财富只是次要原则，发挥较小的作用，如同那依靠着美德的丰饶根系才得以开枝散叶的枝条。因此，君子首先应心怀美德，对待美德要像对待自家事务那样上心，对待财富要像看待分外事那样不要太过在意。所以，"如果君王把主要原则，即美德，视为分外事极少关注，却把那次要原则，即财富，视为要务记于心中，不择手段地聚敛财富"，那么，民众就会以此为榜样加以仿效，通过吵闹、争斗、抢劫、掠夺相互伤害杀戮。[①] 因此（如同曾

---

① 朱熹强调一个贪婪的统治者可能给民众树立一个坏榜样导致他们相互攀比财富："人君以德为外，以财为内，则是争斗其民，而施之以劫夺之教也。 盖财者人之所同欲，不能絜矩而欲专之，则民亦起而争夺矣。"（第11页）张居正沿袭朱熹的说法："百姓每见在上的人如此，也都仿效，人人以争斗为心，劫夺为务，就如在上的教他一般。"（第39页）此处耶稣会士的文本跟随张居正的解释。

中国学问第一部:《大学》　　105

子所说),"这种君王会引发民众的争抢、叛乱和暴动,开启偷窃掠夺之途"。

^{1}是^{2}故^{3}财^{4}聚^{5}则^{6}民^{7}散,^{8}财^{9}散^{10}则^{11}民^{12}聚。

§.4. $^{1-2}$Idcircò cum ^{3}opes per fas nefasque ^{4}corraduntur, eo ^{5}ipso ^{6}populus ^{7}dispergitur; & contrà, ubi ^{8}opes prudenter in populi Regnique communes necessitates ^{9}disperguntur, eo ^{10}ipso ^{11}populus ^{12}congregatur; omninò enim opum iniqua coacervatio est populi dispersio, & opum largitio atque dispersio, populi est adunatio & congregatio.

"因此,如果不择手段地积攒财富,就会使人民从身边离散;相反,当财富被巧妙地分摊在民众和国家共同所需的事务上,就会使人民聚集到自己身边。"①事实上,不公平地积攒财富也就意味着人民离散,而公平地分配和发放财物,人民自然也就团结凝聚起来。②

^{1}是^{2}故^{3}言^{4}悖而^{5}出者,^{6}亦^{7}悖^{9}而^{8}入;^{9}货^{10}悖而^{11}入者,^{12}亦^{13}悖而^{14}出。

§.5. Imo verò avara ejusmodi opum divitiarumque coacervatio, non tantùm populi, sed & ipsarummet etiam opum est certissima perditio & jactura. $^{1-2}$Proptereà enim (inquit çem-çu) sicut ^{3}verbum ^{4}temerarium ore ^{5}egressum, ^{6}etiam ^{7}temerarium iterum ^{8}intrat; sic ^{9}opes per ^{10}nefas ^{11}ingressae, ^{12}etiam per

---

① 参见张居正的评论:"财虽聚了,却失去了天下的心,那百姓每都离心离德,而怨叛之。"(第39~40页)张居正在这里提到叛乱这一可能发生的结果,这在朱熹的评论中也很明确,而拉丁文本并没有提及这一点。

② 参见张居正的评论:"财虽散了,却得了天下的心,那百姓每都同心爱戴而自然归聚。"(第40页)

^{13}nefas iterum ^{14}egrediuntur. Quasi diceret: Sicuti qui verba injuriosa contrà alios profert, similia item ab aliis contrà se prolata audiat necesse est; sic opes malè semel partae conservari diu non poterunt quin malè iterum dilabantur. Adeoque iniqua opum coacervatio, non tam accumulatio est, quàm perditio. Si igitur iniquae ejusmodi opes conservatu difficiles adeò sunt, quorsum Rex eas ita in intimis, virtutem verò in extimis habeat.

确然，如此贪婪地积攒财富，对于民众和财富自身而言，都是一种损失和浪费。① 因此（如曾子所言），"正如出自你口的尖刻言语，同样会被他人的尖刻言语回敬，不正当地积攒起来的财富，也会不正当地流散出去"。这就是说，正如一个人出口伤人，同样注定会为他人的言语所伤；财富若是经由不正当的手段积攒起来，它将无法持久，很快又会以不正当的手段流散出去。因此，积攒不义之财与其说是一种积累，还不如说是一种毁灭。既然这种不义之财如此难以把守，君王还要将其置于心中，而将美德置之度外，又有何意义？②

10.11　《^{1}康^{2}诰》^{3}曰："惟^{4}命^{5}不于^{6}常！"^{7}道^{8}善^{9}则^{10}得之，^{11}不^{12}善^{13}则^{14}失之矣。

p.2.§.1.　Quod praeposterum illum divitiarum amorem, populi dispersio, ac per consequens ipsiusmet Imperii ruina sequi soleat; ab authoritate confirmat çem-

---

① 张居正基本上把财富视为应当回避的、难以稳固的事物，无论它被散发出去还是积攒起来都是如此，"民之聚者，财不终散……民之散者，财也不终聚"（第40页）。 然而，拉丁文翻译中加进了未在张居正的评述中出现的部分：财富是属于民众的。 耶稣会译者在此暗示拿走它是不正当的行为。

② 参见张居正的评述："不义之财，既是难守。 积之何益。 为人君者岂可以财为内，而不知所以慎其德乎！"（第40页）在此张居正就不义之财的问题表达了自己的看法，朱熹在其评论中并未明确谈到这一点。

çu his verbis: Liber ¹*Cam* ²*caó* ³ait: Coeli ⁴mandatum, seu Imperium, non ⁵est ⁶diuturnum. Vult ⁷dicere (inquit idem *çem-çu*) Rex qui ⁸probus virtutisque est amans, eo ⁹ipso ¹⁰obtinet conservatque Imperium; qui verò ¹¹⁻¹²improbus pluris aurum quam virtutem aestimat, ¹³illicò illud ¹⁴amittit. Virtutem itaque Rex in primis colat, & hanc unam prae opibus in pretio habeat siquidem stabilem esse coeli favorem in conservando sibi Imperio desiderat; haec enim unà, ut suprà dictum est, Regnorum, Imperiorumque solidissima est basis ac Firmamentum.

因为把对财富的追求放在首位，随之而来的便是百姓的离散和国家的衰败。曾子借用这些权威性的话语来强调自己的观点："《康诰》说：天命或帝国，并不是长久不变的。"（曾子亦曾说过）这意味着"热爱正直和美德的君王，正是借助这些才能获得并守护帝国；但是，不正直的人珍惜金子多于美德，他亦会立马失去帝国"①。所以君子首先要注重美德，如果他确实希望上天给予的恩典稳固牢靠，以达到长久守护帝国的目的，那么就要注重这独一无二的美德，将其置于财富之前。因此，如上文所说，这独一无二的美德是王国以及帝国最坚实的基础与支撑。②

¹楚²书³曰："⁴楚⁵国⁶无⁷以⁸为⁹宝，惟¹⁰善¹¹以为¹²宝。"

§.2.　Exemplo ex Chronicis desumpto ostendit hîc *çem-çu*, quàm reverâ

---

①　在手稿的页边，有两则来自《尚书》中的评注。第一个是："guei xam ti pu cham ço xen kiam chi pe çiam pu xen kiam chi pe, id est: supremus coeli Imperator non est semper idem erga homines; nam super facientem bona demissit cantum (id est quam plurimas) prosperitates; super facientem autem mala demissit cantum calamitates."对应《尚书·伊训》："惟上帝不常，作善降之百祥，作不善降之百殃。"第二则引述是："te gui chi feu te luon, id est: ubi virtus ibi felix regimen: ubi non est virtus ibi Regni perturbatio et interitus."对应《尚书·太甲》："德惟治，否德乱。"

②　这些关于基础和支撑的论述在朱熹、张居正两者的评述中都没有发现。

nihil virtute pretiosius esse Regi debeat, dum auro & gemmis potiorem apud bonos Principes jam olim fuisse commemorat. Cum enim Regni *çù* (nunc est Prov. *Hû-quàm*) Legatus, *Vân-sun-yù* dictus à *Chaò-kien-çù* Magnate Regni *çín* de opibus gemmisque pretiosis illius Regni interrogatus aliquando esset; ejusdem [1]*çù* Regni [2]Chronica [3]aiunt ita respondisse; [4] *çù* [5]Regnum [6]nihil habet quod [7-8]reputet [9]pretiosum; solam & unicam [10]virtutem [11]reputat [12]pretiosam. Quasi diceret: Tametsi Regno nostro *çù* aurum, uniones lapidesque pretiosi non desint; non tamen haec ita in pretio habemus, ut virtutem virtuteque praeditos viros, qui Regno nostro non desunt, auro & gemmis potiores longè pretiosiores non ducamus. Et reverà tum temporis illo in Regno duo virtutis famâ insignes viri vivebant, quorum unus *Quón-xé-fú*, alter *çò-sù-y* dicebatur: Ambo enim hi viri sapientiâ, consilio, integritate, justitiâ & pietate, Regem suum Regnumque ipsum, velut firmissimae duae columnae, fulciebant.

曾子选取编年史中的一个例子指出：对于君王来说没有什么会比美德更加珍贵。他还提及，在正直的君王看来，美德比金子和宝石更重要。楚国(现在是湖广会省)使节王孙圉曾被晋国大夫赵简子问到他的国家有哪些贵重的财富与宝石①，楚国史书中记载了他的回答："楚国没有任何算得上贵重的东西，除了美德。"这就好像是说：尽管我们国家不缺黄金、珍珠以及宝石，但我们并不认为它们比得上美德或是我们国中那些有德之士。那时候在这个国家居住着两个因其美德而扬名的人，一个叫观射父，另一个叫左史倚相。② 这两个人像那极为坚固的柱石一般，用他们的智慧、计谋、诚恳、正直

---

① 《大学》中没有给出这则故事主人公的名字，但在《国语·楚语下》中有所记载："王孙圉聘于晋，定公飨之，赵简子鸣玉以相，问于王孙圉曰：'楚之白珩犹在乎？'对曰：'然。'简子曰：'其为宝也，几何矣。'"

② 这两个名字亦出现在《国语》上述同一章节中，也出现在张居正的评述里。

以及责任感辅佐他们的君王和国家。①

Simile huic planè parallelum est, quod sub Hiên-vâm trigesimo secundo Imperatore familiae Cheu(*sub quo Philosophus* Mem-çú *vixerat*) *accidisse Sinarum Chronica memorant. Regulus Regni* çî *foedus cum Regulo Regni* Guéi *contraxerat*: *hic cum ex illo, an lapides pretiosos in suo Regno haberet, percunctatus esset, et ille non habere respondisset; miratus, et respondenti vix credens, ego* (*inquit*) *qui Regnum tuo longè minus possideo, lapidem tamen habeo pretiosum* (*putà carbunculum*) *qui duoedecim quadrigarum spatium fulgore suo illuminat; quî igitur credam, in Regno tuo quod prae meo longè amplum est non haberi lapides ejusmodi pretiosos? Ad quae Regulus Regni* çî, *habeo* (*inquit*) *quatuor ministros, seu Dynastas, qui Provincias sibi creditas cum magnâ prudentiâ et virtute administrant*; *hi ipsi scilicet sunt carbunculi lapidesque mei pretiosi, qui non tantúm duodecim quadrigarum, sed mille omninò stadiorum Sinicorum spatium virtutis suae radiis ac luce longè lateque collustrant.*

在周朝的第三十二个统治者时期,也就是哲学家孟子所处的年代,类似的事情也发生过,并被中国编年史记载下来。当时齐国的诸侯王和魏国的诸侯王订立盟约,后者问前者在其国中是否有贵重的石头。齐国诸侯王回答说,没有。他的答复令魏人惊异且难以置信,他说:"我所拥有的国土比你们小得多,我尚且还有一种珍贵的石头(铁铝榴石),它散发出的光芒能照亮十二辆战车那么大的空间。所以说,谁能相信你那比我要大得多的国家会没有贵重的石头?"齐国的诸侯王说:"我有四个特别的臣子,他们用出色的智慧和美德治理那些托付给他们的省份。对我来说,他们就像红宝石和珍贵的石头,不只能照亮十二辆战车那么大的空间,更能凭借他们美德的光芒

---

① "柱石"一词并没有在朱熹或张居正的评述中出现,此处使用这个比喻可能跟教会内部习惯用"柱石"来形容自身的中坚力量有关。

和光辉,长久、广阔地照亮方圆千里。"①

Alterum huic attexo longè antiquius et aequè illustre virtutis testimonium ex iisdem Chronicis , datum ab illustrissimâ illâ Heroïnâ Kiam *Reginâ conjuge Imperatoris* Siven-vâm, *ex familia* Cheu *undecimi , qui annis ante Christum* 827. *ante Confucium verò* 200. *etампlius regnare coepit. Cum enim hic Imperator* 33. *Imperii sui anno conviviis ac libidinibus totum sese ingurgitaret ,* Regina Kiam *conjugis incontinentiam luxumque detestata , detractis sibi priùs inauribus gemmisque pretiosis quas gestabat , Regem adiit , eumque intrepida coarguit , dicens ,* Vâm lo se, ûlh vâm te, *id est , tu ô Rex, gaudes luxuriâ , & oblivisceris virtutis , quam ego prae lapidibus pretiosis longè pluris facio , etc. plura deinde in illam rem disserens adeò Imperatoris animum immutavit , ut omninò ad virtutem rectumque regimen se se applicuerit , quod deinde* 13. *adhuc annis cum laude administravit.*

在同一部编年史里,还有另一个更为古老且同样著名的关于美德的证据,是关于举世闻名的女杰姜后的事迹。她是周朝第十一代统治者宣王的妃子,宣王的统治始于公元前827年,正好是孔夫子诞生前两百年。周宣王三十三年,这个君王整日沉溺于宴会和享乐。他的王后厌恶丈夫的过度放纵和奢华无度,摘下耳环和她所佩戴的昂贵的珍珠首饰来到宣王面前,勇敢地指出他的过错,说道:"Vâm lo se, ûlh vâm te。"也就是:"陛下,你沉溺于奢

---

① 在手稿的页边写着:Li-ki, lib.10, f.28: "ju yen pu pao kin yo ulh chum sin y guei pao, id est: viri sapientes ac Literati hoc habent quod non pretioseum ducant aurum et gemmas, sed quod integritatem et fidem super omnia habeant in pretio."对应《礼记·儒行》:"儒有不宝金玉,而忠信以为宝。"其实,文中的故事源自《史记·田敬仲完世家》:"威王二十三年,与赵王会平陆。 二十四年,与魏王会田于郊。 魏王问曰:王亦有宝乎? 威王曰:无有。 梁王曰:若寡人国小也,尚有径寸之珠照车前后各十二乘者十枚,奈何以万乘之国而无宝乎? 威王曰:寡人之所以为宝与王异。 吾臣有檀子者,使守南城,则楚人不敢为寇东取,泗上十二诸侯皆来朝。 吾臣有盼子者,使守高唐,则赵人不敢东渔于河。 吾吏有黔夫者,使守徐州,则燕人祭北门,赵人祭西门,徙而从者七千余家。 吾臣有种首者,使备盗贼,则道不拾遗。 将以照千里,岂特十二乘哉!"

华放纵遗忘了美德①,我自己却视美德比任何珍贵的宝石都更重要……"她的这番话改变了君王的心意,他全心投入到美德的修为和正确的统治。自那以后,他又统治了十三年,满载称誉。

舅犯曰:"亡人无以为宝,仁亲以为宝。"②

§.3. Non minùs huc facit laudatissimum illud magni illius viri *çù-fan* (qui Principis *vên-cum* avunculus erat) pronunciatum; quo nepotem suum *vên-cum* ad pietatem defuncto patri *Hién-cum* debitam hortatus fuit. Hic enim *vên-cum*, cum adhuc Regulus esset Regni *çin*, novercae suae *Lî-ki* insidias & tyrannidem declinaturus, extra Regnum longiùs abierat (quae causa fuit, cur hoc loco in sui compellatione usus sit litterâ *vam*, quae mortuum significat, quasi Regno suo defunctus mortuusque esset) tùm pererratis variis circum regionibus tandem ad *çîn* Regnum delatus, etiam patre suo *Hién-cum* qui interim fatis concesserat, orbatus est. Quo intellecto Regni *çin* Regulus, *Mo-cum* dictus, pupillum hospitem suum ad capessenda arma & recuperandum postliminio Regnum *çîn* hortatus est, oblatis liberaliter ad tam justam expeditionem & armis & milite: verum hic non aliud, quàm quod avunculus *fan* docuerat, respondit his Verbis: *Mortuus ego homo nil habeo quod ducam pretiosum*; nequidem ipsum Regnum, quo ultrò excessi; *Sola*

---

① 参见《列女传·贤明传》:"周宣姜后者,齐侯之女也。 贤而有德,事非礼不言,行非礼不动。 宣王尝早卧晏起,后夫人不出房。 姜后脱簪珥,待罪于永巷,使其傅母通言于王曰:妾不才,妾之淫心见矣,致使君王失礼而晏朝,以见君王乐色而忘德也。 夫苟乐色,必好奢穷欲,乱之所兴也。 原乱之兴,从婢子起。 敢请婢子之罪。 王曰:寡人不德,实自生过,非夫人之罪也。 遂复姜后而勤于政事。"

② 与前后文体例不同,本段拉丁文原文未对应中文原文,在逐词对译的拉丁文词前添加序号标注。

virtus et pietas erga parentes est quam duco pretiosam：Et ita quidem ut malim carere Regno mihi debito, quam arma capiendo frangere luctûs jura & laedere pietatem demortuo patri debitam, quae arma capere hoc luctûs tempore prohibet.

一位著名的君子子犯(晋文公的舅父)曾说过这样一番广为称颂的箴言,现而今依旧值得我们赞赏。他鼓励自己的外甥晋文公重耳以虔敬之心对待死去的父亲晋献公。当晋文公还是晋国的公子时,为了逃避其继母骊姬的阴谋和专政,离开了晋国,在很长的一段时间里都流亡在外(由此,他以"亡人"自称,仿佛对自己的国家而言他已经死掉一样)。他在不同的国家颠沛流离,最终来到了秦国,此时他才得知,自己的父亲晋献公已经去世了。秦穆公获悉此事,鼓励孤主(晋文公)行使他应有的权力,率领军队收复晋国,并表示愿为此正义的征战慷慨提供武器和将士。但晋文公以其舅父子犯告诫他的话回复说:"我是个亡人,没有任何自以为珍贵的东西,甚至连那个我自愿离开的国家也不以为贵。① 我唯一视若珍宝的,是对父母的道义和虔敬。"因此,他宁愿失去本应属于他的国度,也不愿因大动兵戈而破坏服丧之礼,有损对亡父的虔敬,因为守孝期间是禁止用兵的。②

---

① 在《大学》的原本中,这句话可以视为所有流亡者的格言。 有关晋文公和其舅父子犯的故事,最初源自《礼记·檀弓》:"晋献公之丧,秦穆公使人吊公子重耳,且曰:'寡人闻之:亡国恒于斯,得国恒于斯。 虽吾子俨然在忧服之中,丧亦不可久也,时亦不可失也,孺子其图之!'以告舅犯,舅犯曰:'孺子其辞焉! 丧人无宝,仁亲以为宝。 父死之谓何,又因以为利,而天下其孰能说之? 孺子其辞焉.'公子重耳对客曰:'君惠吊亡臣重耳,身丧父死,不得与于哭泣之哀,以为君忧,父死之谓何,或敢有他志,以辱君义.'"

② 参见张居正:"夫晋之所宝不在得国而在仁亲。"(第42页)

《¹秦²誓》³曰:"⁴若⁵有⁶一⁷臣,⁸断⁹断¹⁰兮¹¹无¹²他¹³技,¹⁴其¹⁵心¹⁶休¹⁷休焉,¹⁸其¹⁹如²⁰有²¹容焉。²²人之²³有²⁴技,²⁵若²⁶已²⁷有之,²⁸人之²⁹彦³⁰圣,³¹其³²心³³好之,³⁴不³⁵啻³⁶若³⁷自³⁸其³⁹口⁴⁰出,⁴¹实⁴²能⁴³容之,⁴⁴以⁴⁵能⁴⁶保⁴⁷我⁴⁸子⁴⁹孙⁵⁰黎⁵¹民,⁵²尚⁵³亦⁵⁴有⁵⁵利哉!⁵⁶人之⁵⁷有⁵⁸技,⁵⁹媢⁶⁰疾⁶¹以⁶²恶之,⁶³人之⁶⁴彦⁶⁵圣,⁶⁶而⁶⁷违之俾⁶⁸不⁶⁹通,⁷⁰实⁷¹不⁷²能⁷³容,⁷⁴以⁷⁵不⁷⁶能⁷⁷保⁷⁸我⁷⁹子⁸⁰孙⁸¹黎⁸²民,⁸³亦⁸⁴曰⁸⁵殆哉!"

§.4. Suspiria hîc sunt & vota *Mo-cum* Principis *çîn*, quibus vel unum aliquem probatae integritatis solidaeque virtutis virum sibi à consiliis, & in Regni administrationem adjutorem optabat; cui scilicet omnem officiorum dignitatumque dispensationem tutò committeret. Itaque Regni hujus ¹çîn Princeps vota haec sua proceribus ²notificaturus identidem ³dicebat; ô ⁴si ⁵haberem ⁶unum ⁷aliquem ⁸Dynastam virum ⁹integrum ac ¹⁰syncerum; cui tametsi ¹¹nullum esset ¹²aliud ¹³talentum; ¹⁴ejus tamen ¹⁵cor ¹⁶amplum & ¹⁷tranquillum, liberumve invidiae esset: ¹⁸Hic talis ¹⁹si ²⁰haberet eam animi omnes aequé-complectentis ²¹amplitudinem, ut videns ²²hominem ²³habentem praeclara ²⁴talenta animitùs eumdem amaret, tanquam ²⁵si ²⁶ipsemet ea ²⁷haberet; vidensque ²⁸alios ²⁹sapientiâ ³⁰virtuteque praeditos, ³¹ipse ex ³²corde ³³gauderet, eosque ³⁴non ³⁵merè verbo tenùs, & ³⁶velut ³⁷à ³⁸suo dumtaxat ³⁹ore ⁴⁰profectâ laude commendaret, sed ⁴¹verè ac sincerè ⁴²valeret ⁴³admittere ejusmodi viros à virtute & naturâ egregiè commendatos, utendo eorumdem operâ, eosque ad congrua ipsorum talentis munia & dignitates evehendo. Hujusmodi scilicet vir is esset, ⁴⁴ut ⁴⁵valeret ⁴⁶tueri & conservare ⁴⁷meos ⁴⁸filios ac ⁴⁹nepotes in stabili Regni fortunarumque possessione &

affluentiâ $^{50\text{-}51}$populum verò in pace, unione & tranquilitate perenni, sed quid dico conservare? ^{52}Imò ^{53}etiam ^{54}esse ^{55}lucro Regno ipsi universo, & novo in dies incremento. Contrà, si procerum meorum unus aliquis esset, qui totus suis unius commodis intentus; suis dumtaxat unius dotibus ac talentis arrogaret omnia; adeoque ^{56}viris aliis ^{57}habentibus bona ^{58}talenta $^{59\text{-}60}$invideret ^{61}ideoque eosdem etiam ^{62}odisset ^{63}viros item ^{64}sapientiâ virtuteque ^{65}praecellentes ipse mille technis & astibus armatus excluderet, $^{66\text{-}67}$ impediretque, nihil non faciens ut ^{68}non ^{69}emergant: hic talis philautiae labe usque eò infestus, pectorisque adeò angusti homo ^{70}reverâ ^{71}non ^{72}valet ^{73}admittere aut secum compati viros à virtute ac naturâ insigniter commendatos, multoque minùs ad altiora evehendos ipse proponere. Adeoque in Primatis dignitate constitutus facit, ut Rex ultimis tandem angustiis pressus regios animos despondeat ipse, & pessimi quique votorum suorum potiantur; atque ita res omnes Regni ac negotia pessum eant. Talis itaque est ^{74}ut ^{75}neutiquam ^{76}valeat ^{77}tueri ^{78}meos ^{79}filios ac ^{80}nepotes, nec efficere ut in ipsis regius honor & dignitas diu perseverent; sed nec $^{81\text{-}82}$populum in longâ pace conservare quin ipsius tyrannide & vexationibus exacerbatus insurgat. Nihil igitur tutelae, nihil praesidii ab hoc tali aliquando expectandum; ^{83}imò verò ausim ^{84}dicere futurum illum Regno meo universo regiaeque stirpi extremo tandem ^{85}discrimini ac ^{85}ruinae.

这是秦穆公的感慨和誓愿，他希望能有一个正直和稳固美德的君子辅佐自己处理国政①，此人应具有管理各种政务的能力。秦穆公为了让他的臣

---

① 参见《尚书·秦誓》："如有一介臣，断断猗无他技，其心休休焉，其如有容。 人之有技，若己有之；人之彦圣，其心好之，不啻如自其口出，是能容之。 以保我子孙黎民，亦职有利哉。 人之有技，冒疾以恶之；人之彦圣，而违之，俾不达，是不能容。 以不能保我子孙黎民，亦曰殆哉。 邦之杌陧，曰由一人；邦之荣怀，亦尚一人之庆。"

下获悉他的这些想法,说道①:"如果我能有一位助手,诚实而真挚;他不需要有其他的才能,只需要有宽厚和平静的内心,远离嫉妒。② 倘若他有如此宽广的心胸去包容每个人,在看到别人拥有非凡的才能时爱才惜才,就像自己拥有这样的才能一样;在看到别人拥有智慧和美德时③,发自肺腑地为之高兴,不仅仅是给予寥寥数言的评价,而是给予实实在在的赞赏。"秦穆公真诚地接受这种被认为具有美德和非凡天赋的人。为了发挥他们的才能,他会给予他们与其才干相符的职位和地位。这样的人,"才能有力地照看、守护我的子孙长享国中富贵,使民众团结得享太平"④。但究竟"守护"些什么呢?"是整个天下的福祉,而且它还会与日俱增。"相反,如果我属下的大臣只追求自己的利益,利用自身的天赋和才能霸占一切;"他会嫉妒那些有才之士,并憎恨那些在智慧和美德上超过他的人,千方百计地排斥、阻碍他们,想尽一切办法使他们不能出人头地"⑤。这样一个自私且心胸狭窄的人,他不擅于接受那些在美德和才能上与之相当的贤才,更不会把他们提拔到高位。这样的人如果被任命为丞相,君王内心将会陷入极度的忧虑,这些人会许下各种糟糕的承诺,致使国家事务陷入极端的混乱。⑥ "因此,这样的人不能很好地照看我的子孙,也无法给国家带来长久的荣耀和尊严。他无法使民众

---

① 参见张居正:"秦穆公告群臣的说话。"(第43页)
② 国君这里表达的是希望能有一位这样的臣下。 张居正和朱熹更多地表达的是,德者的真诚是一种赤子之心般的"内在"统一。 参见朱熹:"断断,诚一之貌。"(第11页)
③ "彦圣"被译为 sapientia et virtute(具有智慧和美德的人)。 实际上,依据中文注释,"彦"被张居正和朱熹解释为俊美之士;还有"圣",被解释为"通明"。
④ "在长久的和平和安宁中"(in pace, unione & tranquilitate perenni)是对张居正注解"太平"一词的翻译。 张居正随后还评论道:"社稷受无穷之福矣。"但在这里被耶稣会士省略了,因为这样的提法被认为涉及中国的"迷信"。
⑤ 参见张居正:"便百般计较,拂抑阻滞,使他不得通达。"(第43页)
⑥ 参见张居正:"若误用他做大臣,将使君子丧气,小人得志,把天下的事,件件都做坏了。"(第43页)

过上太平的生活",民众会因他的专制和残暴而被激怒,奋起反抗。① 考虑到这样一个人并不能为子孙和人民带来任何护佑和帮助,"我认为,最终他恐怕会给整个国家和民族带来危机和灾难"。

¹唯²仁³人,⁴放⁵流之,⁶迸⁷诸⁸四⁹夷,¹⁰不¹¹与¹²同¹³中¹⁴国。¹⁵此¹⁶谓¹⁷唯¹⁸仁¹⁹人,²⁰为²¹能²²爱²³人,²⁴能²⁵恶²⁶人。

f.13.p.1.§.1. Docet hoc paragrapho çem-çu ¹solum ²pium & verè ²amantem ³populi ³Principem, qui scilicet populi sui affectus & vota ex suâ unius personâ metiri novit, esse ejus virtutis & animi, ut, ubi perniciosum ejusmodi Dynastam, aut Consiliarium deprehenderit, illicò eumdem ⁴⁻⁵proscribat, longissimèque ⁶exterminet à Regno ⁷ad usque ⁸quatuor plagarum ⁹Barbaros, exterasque gentes, ¹⁰non permittens eum ¹¹⁻¹²cohabitare reliquis in ¹³medio (*hoc est Sinarum*) ¹⁴regno; ne scilicet viris à naturâ & virtute egregiè instructis intrà Regnum damno esse aut obstaculo possit: Ut enim medullitùs haerente dolore irâ-ve te liberes, ipsam mali radicem extirpes necesse est. Atque hoc ¹⁵ipsum planè est quod *Confucius* ¹⁶dixerat; videlicet ¹⁷solum ¹⁸pium perfectumque ¹⁹Principem ²⁰esse qui ²¹norit ²²amare ²³homines, & ²⁴norit item ²⁵odisse ²⁶homines.

在这一段中,曾子教导道:"只有充满责任感和真心关爱民众的君子",才知道如何以己之心度量他人的情感和愿望,而且因为拥有这样的美德和想法,"当他们抓住一位危害民生的君主和大臣时,会立即剥夺其地位和荣耀,长久地将他驱逐出境,发配至四周野蛮的外邦异族地区,不允许他居住在中央帝国(即中国)"。这样国内的民众在本性和美德上才能得到很好的

---

① 此处"奋起反抗"(insurgare)一词,在张居正和朱熹的评注中都被描述为"危",拉丁文译本通过讲述人民的反抗将这一"危"具体化了。

教导，不会受到伤害和阻碍。为了把你自己从痛苦和嗔怒中解脱出来，必须根除恶念的根基。这就是孔夫子所说的，"只有充满责任感的完美君子才知道如何去关爱人、如何去憎恶人"①。

^{1}见^{2}贤^{3}而^{4}不^{5}能^{6}举，^{7}举^{8}而^{9}不^{10}能^{11}先，^{12}命也；^{13}见^{14}不^{15}善^{16}而^{17}不^{18}能^{19}退，^{20}退^{21}而^{22}不^{23}能^{24}远，^{25}过也。

p.2.§.1.　Quia suprà dixerat çem-çu, viros probos magno esse Reipublicae emolumento, & improbos non minori detrimento; monet jam in praesenti hoc paragrapho bonum quemlibet Principem, ne in illis ad regimen adhibendis, in his verò removendis, segniorem sese exhibeat: sic enim ait: ^{1}videre seu nosse virum aliquem ^{2}probum ac ^{2}sapientem ^{3}& ^{4}non ^{5}velle ^{6}evehere & uti illo; vel, ^{7}evehere quidem, sed ^{8}tamen ^{9}non ^{10}voluisse id facere ^{11}citiùs, est injuriam ^{12}facere. Sed è contra ^{13}videre $^{14-15}$improbum ac perniciosum Reipublicae hominem in dignitate constitutum, & ^{16}tamen ^{17}non ^{18}velle eum inde ^{19}removere; vel, ^{20}removere quidem, sed admodum segniter ac remissè; $^{21-22}$nec ^{23}velle removere ^{24}longius, ^{25}crimen est.

因为曾子在上文说过：君子是国家的福祉，小人则会造成非同小可的破坏。所以在这一段中，他提醒道：任用前者来治国，免去后者管理国家的职务，好的君主对此不应有所懈怠。如他所说："看见抑或认识一个正直而智慧的人却不愿意去举荐任用他，或者是任用他却又不愿意尽快去做这件事，这都是有所怠慢②。"反之，"见到无耻且有害民生的掌权者，却不想驱逐他，

---

① 原文参见《论语·里仁》："唯仁者能好人，能恶人。"
② 此处对"命"的翻译是 injuriam facere（怠慢）。朱熹提到两层意思："郑氏云'当作慢'；程子云'当作怠'。"张居正注为："以怠忽之心待贤人。"（第45页）

或是说要驱逐他,举措却马虎无力,并非想要长久地免去其职务,这都是罪过①"。

^{1}好^{2}人之^{3}所^{4}恶,^{5}恶^{6}人之^{7}所^{8}好,^{9}是^{10}谓^{11}拂^{12}人之^{13}性,^{14}灾^{15}必^{16}逮^{17}夫^{18}身。

§.2.　Scire amare homines, & scire odisse, est perfectè adimplere supra dictam illam probi Regis norman ac regulam, qua populi affectus ex suâ unius personâ metiri solet; nosse viros probos, nec eosdem evehere, aut saltem evehere seriùs quam par est; & contrà, nosse improbos reique publicae perniciosos, nec eosdem averruncare longiùs, est deficere ab eadem regulâ. Et de his duobus utroque proximè antecedenti paragrapho *çem-çu* egerat; hoc praesenti nunc agit de improbo Principe qui dictam regulam, non tantùm non sequitur, sed eidem ex opposito adversatur. Ait itaque, ^{1}amare ^{2}quae caeteri ^{3}homines passim ^{4}oderunt; & ^{5}odisse ^{7}quae caeteri ^{6}homines ^{8}amant; ^{9}hoc ^{10}dicitur ^{11}repugnare communi ^{12}hominum ^{13}naturae. Quasi diceret, improbus consiliarius, pacisque publicae in Regno perturbator (de quo paulò suprà facta mentio) est ille exosus omnibus; adeoque ab officio & dignitate longiùs removendus: hunc talem fovere nihilominus, ejusque malitiae & imposturis non tantum credere, sed ejusdem insuper operâ ad res quasque Regni etiam maximas uti; hoc scilicet est, quod *çem-çu* ait, *amare quod homines oderunt*: Contrà, vir probus & integer Regique fidelis est ille, quem unanimi affectu boni omnes amant, adeoque dignus qui ad primos in Regno honores ac dignitates quantocyùs evehatur: porrò hunc talem contemnere,

---

① 此处对"过"的翻译是 crimen(罪过),对于张居正来说,这是一种"以姑息之心待恶人"的罪恶。(第45页)

nec tantùm non admittere, sed & longiùs abjicere; hoc demùm est, quod idem *çem-çu* ait, *odisse quae homines passim amant*. Sed enim odisse malum, & amare bonum, haec ipsa est communis omnium natura, quam mortalium nemo non aequâ portione sortitus est: Amare itaque quem alii omnes oderunt, & odisse quem alii omnes amant & aestimant, an non est repugnare adversarique communi mortalium omnium naturae? Qui autem huic sic adversatur, quidnî simul etiam omnium odium invidiamque ipse incurrat? atque ita invisus omnibus & exosus, quid à vindice coelo aliud expectet, quàm ut amisso populi amore amittat & Imperium, ut *çem-çu* illis verbis innuit;[14] calamitates [15] certò [16] imminent [17] istiusmodi [18] personae.

　　知道如何去关爱人和憎恶人,就能完美地遵守上述关于好君王的准则和规范,即以己之心度量百姓之心。知道有君子,却不去举荐他们,或者是没有尽早地去举荐;反过来,知道有害国家社稷的不恶之人,却没有坚决地驱逐他们,这些都违反了上述准则。[①] 曾子在以上文段中论述了这两个方面的内容。下面他论述关于小人的事情,小人不仅不跟随上述准则,还做出相反的举措来违背它。曾子说:"喜爱别人所厌恶的东西,厌恶别人所喜爱的东西,这被称为违反众人的天性[②]。"这就好比说,贪婪无耻的掌权者妨碍国家社稷的和平(上文略微提及)是人人厌恶的,他的职位和荣耀应被长久剥夺。因此,重用这样的人,不仅将信任托付给这样一个充满罪恶和欺骗的人,而且任用他们来处理国家大事[③],这就像曾子所说的:"喜爱别人所厌恶

---

① 参见张居正:"见贤不能举,而先见不善不能退而远,是未尽絜矩之道的。"(第 45 页)
② 此处耶稣会士用 natura(本性)来译"是谓拂人之性"中的"性",这个概念在《大学》中只出现了一次。
③ "任用他们来处理国家大事"(ejusdem insuper operâ ad res quasque Regni etiam maximas uti)这段注释译自张居正的评论:"那谗邪乱政的恶人,是人所共恶的。本该退而远之,却乃喜其便己之私,反去信用他,这便是好人之所恶。"(第 45 页)然而, 耶稣会士在其拉丁文译文中加上一层意思:国君可能会基于"国家更大利益"错误地听信这种佞臣的邪恶方法,亦即"国家利益"允许国君做出邪恶的事情。耶稣会士此处的评论可能是对"马基维利亚主义者"的批评。

的事物。"相反,善良正直并且忠于君王的人①,他们会获得所有好人一致的爱戴,值得被提携去担任国中首要的职务并获得重要的地位。因此,蔑视这样德高望重的人,不仅没有重用他们,还将他们赶走,这就是最后曾子所说的,"厌恶别人所喜爱的东西"。厌恶邪恶和喜爱善良,是人们共有的天性②,是每个人与生俱来就平等分享着的。喜爱他人所厌恶的,厌恶他人所喜爱和珍惜的,难道这不是对人所共有天性的悖逆和对抗吗?谁能对抗众人的天性,同时又不会遭人嫉恨?因为他被众人所嫉恨,他在上天守护者那里③所能期待的就是在他失去所有人的爱之后,他所拥有的帝国也将失去。结果会像曾子话中所示:"灾祸无疑将降临在这样一个人身上。"

^{1}是^{2}故^{3}君^{4}子^{5}有^{6}大^{7}道,^{8}必^{9}忠^{10}信^{11}以^{12}得之,^{13}骄^{14}泰^{15}以^{16}失之。

§.3.　Quod Multi, ut suprà dictum fuit, ament quae alii omnes passim oderunt, & contrà; çem-çu, inde fieri asserit, quod non eadem omnibus sit animi integritas & rectitudo: haec enim ^{1}est ^{2}causa quòd ^{3}perfectus ^{4}vir in dignitate constitutus siquidem ^{5}habet ^{6}magnam illam totiesque laudatam virtutis ^{7}regulam, qua populum ex suâ ipsius personâ metitur; ^{8}utique ^{9}synceritas & ^{10}fides (candidè scilicet sine dolo, ac syncerè sine fictione agendo) fuere illae ^{11}quibus eam assecutus ^{12}fuit; uti & contrà, ^{13}arrogantia & ^{14}procacitas sunt illae ^{15}quibus eadem

---

① 此处张居正的评论"尽忠为国的善人"(第45页),并非耶稣会士译文中的"尽忠为君"。
② 参见张居正:"夫好善恶恶,乃人生的本性。"(第45页)拉丁文译本倒置了张居正的语序,以"厌恶邪恶和喜爱善良"代替了原来的"好善恶恶"。此外,对张居正来说,这种天生的道德情感并不只是对所有人如此,更是内在于人这个个体的一生。
③ 译文中"在上天守护者那里"(à vindice coelo)所受到的一种惩罚,应是对张居正评论"必失天命"(第46页)的具体化翻译,而"天命"的提出亦赋予行为某种目的性。

[16]perditur. Etenim ubi synceritate tantùm profeceris, ut factus affectuum tuorum Dominus, jam nulli, ne tibi quidem ipsi, fraudi sis; fide item, seu consentaneâ rebus omnibus regulâ actiones tuas omnes moderatus fueris; tum enimverò illam animi integritatem, rectitudinem, & aequabilitatem assecutum te esse deprehendes: nec jam amabis, nisi quod boni homines probant: nec odio habebis, nisi quod boni item omnes detestantur: tum demùm citrà errorem ex temetipso metiri alios poteris, tuamque unius virtutem (ut suprà dictum fuit) in subjectos tibi populos ac Regna, quà famâ, quà exemplo feliciter propagare: quae est magna illa huc usque tradita, & Principibus Viris tantopere commendata virtutis norma ac regula, qua & odisse ritè, & amare alios scies: factus verè populi pater ac mater. Quod si contrà dignitate & potentiâ insolescens tuae unius effraeni cupidini indulseris; nec quid communis boni ratio, sed quid propria libido suadeat, attenderis; tum utique clausis alienae utilitati visceribus, voluntatem pro ratione secutus, non jam prodesse aliis, sed tibi uni, non populi reique publicae emolumento, sed tuo unius commodo studebis, amando quae boni homines detestantur, & detestando quod boni homines amant probantque: adeoque communi hominum naturae rebellis factus, ecquid tandem amissâ magnâ illâ regulâ nisi calamitates & ruinam expectes?

　　就像上面提到的，很多人会去喜爱别人憎恶的事物，反之亦然。曾子对此的解释是：这是因为并非所有人的内心①都是健全和正直的。这就是完美的人②获得重用的原因，因为他怀有宏大且备受称道的德性准则。借助这一

---

① 参见参加张居正对此的注释"好人所恶，恶人所好"（第46页）。
② 此处"完美的人"（perfectus vir）是指"君子"，朱熹注解为居大位的掌权者："君子，以位言之。"（第12页）张居正有相似的评论："君子是有位的人。"（第46页）

准则,他以一己之心度人之心。① 他已经掌握了这一准则,因为他本人做到诚实有信(即恳切而不做作,真诚而不伪装②)。反之,傲慢和鲁莽则会摧毁这一准则。假如你能做到诚实,那么你将成为情感的主人,在你身上不会有任何的欺骗。同样地,借助忠诚,你就能把这一准则贯彻到所有事务中来控制自己的所有行为,你会发现自己获得了内心的诚实、正直和公正。除非是好人所接受的,否则你不会去喜爱;除非是好人们所谴责的,否则你不会心生厌恶。最终你能够通过度量自己来度量别人的错误。你那独一无二的德性(如上所说)将凭借其名声成为榜样,在臣民和国中口耳相传。这一宏大的德性规范和准则——通过它你能知道如何恰当地憎恶和爱护他人——被君主们传承并备受称颂,他们真正地成为人民的父母。相反,如果你因独特的地位和权力而心生傲慢,沉溺于不加节制的欲望,如果你不为民众福祉去尽心竭力,而是谋求个人欲望,那么你的内心会对他人的福祉不闻不问,这时你跟随的是自己的意志而不是理性,你努力争取的是一己私利而不是民众和国家的福祉,你会去喜爱那些被好人们痛恨厌恶的事物,去痛恨那些被好人们爱护接纳的事物,进而做出违反众人天性和遗忘德行准则的事情。这样难道你还不能预见不幸和毁灭的到来吗?③

---

① 朱熹评论:"道,谓居其位而修己治人之术。"(第 12 页)拉丁文本则据张居正言"其端发于吾心,而其为用能使天下之人,各得其所"(第 46 页)。

② "忠信"被译为 sinceritas & fides(诚实有信)。"忠"和"信"是维持"絜矩"的两种最基本的美德。对于朱熹来说,"发己自尽为忠""循物无违谓信"。(第 12 页)张居正则强调"不欺"。"诚实"和"信任"足以翻译这两个重要的概念,前者指真心对待自我而后者是真心对待他人。

③ 参见张居正:"若或骄焉而矜夸自尊,泰焉而纵侈自恣,则一心之中私意窒塞。于那好恶所在,不惟不肯同于人。且将任己之情,拂人之性,而流于偏僻之归矣,岂不失了这絜矩的大道。"(第 46 页)在拉丁文译本中,"公共福祉"(communis bonum)一词的运用,将文中关于个人道德的讨论转向社会公共道德。

中国学问第一部:《大学》　　123

^{1}生^{2}财^{3}有^{4}大^{5}道，^{6}生^{7}之者^{8}众，^{9}食^{10}之者^{11}寡，^{12}为之者^{13}疾，^{14}用之者^{15}舒，^{16}则^{17}财^{18}恒^{19}足矣。

f. 14. p. 1. §. 1.　　Quia auri sacra fames, opumque coacervandarum insatiata cupiditas plerumque est, quae Reges Virosque Principes à regiâ virtutis semitâ divertit, transversosque agit; çem-çu hoc paragraphò regiam planè viam indicat, qua non tantùm citrà vitium, sed cum magnâ insuper virtutis commendatione, votorum suorum potiri, opesque regias perpetuo incremento augere valeant. Sic igitur ait: ^{1}augendi ^{2}opes facultatesque regias ^{3}datur ^{4}magna quaedam & eximia ^{5}regula, in primis si qui ^{6}pariunt & augent ^{7}illas, seu ad augendas illas operam suam conferunt, sint ^{8}omnes nemine otioso relicto, sed omnibus agriculturâ aut honestâ negotiatione occupatis: Contrà, Praefecti ac Ministri qui ^{9}comedunt, seu redditus suos annuos percipiunt ex ^{10}illis regiis opibus, sint ^{11}pauci, resectâ scilicet supervacaneâ officiorum Ministrorumque multitudine quae regio censu alitur. Praetereà si qui ^{12}laborant & agros colunt strenue ^{13}operentur, congruo scilicet agriculturae tempore non ad alia distracti, sed in uno Agriculturae opere solerter occupati. Si demùm qui ^{14}utuntur illis, seu qui dispensant regias illas opes, lenti ^{15}moderatique sint, providâ scilicet parsimoniâ longiùs in futurum ita prospiciendo & comparcendo, ut qualibet, v.g. trieteride, unius saltem anni census supersit, quem Regio aerario in perenne auctarium adjiciant. Hac ^{16}quippe ratione futurum est, ut ^{17}opes facultatesque Regiae ^{18}semper ^{19}sufficiant.

出于对黄金的极度渴望，①以及对积累财富不知满足的过分贪婪，君王

---

　　① auri sacra fames（对黄金的极度渴望）这一表述最早出自维吉尔（Virgil）可参见《埃涅阿斯纪》（ *Aeneid* ）3.57。

和大臣偏离了皇室德性的王道,步入歧途。在这一段中,曾子清楚地阐述了国君和大臣应该怎样通过上述备受赞颂的德性王道,而非借助不道德的行为来实现自己所愿并持久地增加国家财富。对此他说道:有一条增加国家财富和资产的大道,即每个人都应付出辛劳来实现这一目标。但愿没有人游手好闲,大家都投身于农业生产和诚实公平的贸易。与之相反,那些从国家财富中支取年俸的长官和大臣们,他们的人数要少,需裁减大量依靠国家供养的冗员;那些耕种灌溉土地的人应依据农事时令努力工作,不要被其他的任务分心;最后,那些使用和管理国家财富的人应该谨慎适度,提前订计划存余,例如每三年至少要积攒出一年的财政收入增补到国库中①。显而易见,这就是皇室财富和资产永远充足的原因。

^{1}仁者,以^{2}财^{3}发^{4}身;^{5}不^{6}仁^{7}者,^{8}以^{9}身^{10}发^{11}财。

§.2. Superiore paragrapho çem-çû regulam tradidit comparandi augendique divitias. Hic jam rectum earum usum docet, dicens: ^{1}probus & amans suorum Princeps ^{2}divitiis ^{3}illustrat ^{4}personam suam; contrà, $^{5-7}$improbus suâ unius $^{8-9}$personâ ^{10}ornat ^{11}divitias. Quasi diceret: Clemens amansque suorum Princeps qui novit magnam illam regulam augendi opes, hoc unum in primis satagit, ut populo suo opum sit satis, nihil de suo unius lucro solicitus; quo illud deinde consequitur, ut & ipse, suspiciente & applaudente populo, omnium ore ac votis celebretur, charus factus omnibus ac venerabilis, quod est quod hic dicitur, *contemnere divitias* & extollere ornareque personam suam. Contrà verò, vir inclemens ac improbus qui magnam illam augendarum divitiarum regulam non

---

① 参见张居正:"一年所入之数,以为所出之数。务于三年之中,积出一年的用度。"(第47页)

novit, illud solùm agit, ut Regium aerarium corrasis per fas nefasque opibus impleat; de egentis populi necessitatibus aerumnisque nihil equidem laborans; quo fit, ut alienatis à se subditorum animis, & Regno, & sibi ipsi tandem sit exitio; quod est, quod hic dicitur, *contemnere personam & extollere divitias*. Itaque divitiis ornare personam, propriè est, non appetere quidem divitias, & tamen devinctis sibi hac modestiâ populi animis reverâ numquam carere divitiis. Contrà verò personâ suâ ornare divitias, propriè est, velle quidem honorare personam, re autem ipsâ eamdem perdere, quâ perditâ, ecquae tandem divitiarum est utilitas?

在上一段中，曾子转述了获取和增加财富的准则。这一段中，他教导正确的使用之道："诚实而仁爱的君主把财富作为滋养人格的手段。相反，不诚实的君主却用人格去装点财富。"他还说道：仁慈而受人爱慕的君主，洞晓增加财富的准则，在他手头的工作中最重要的是这样一件事：要满足人民对财富的需求，而不要太在意个人得失①。只有这样，他才能获得民众的爱戴和喝彩，并被人们交口称赞，其为人亦得到大家的珍惜和尊敬。也就是说要"轻视②财富"和"提升、滋养自身人格"。而与之相反，残酷而贪婪的人不了解增加财富的大道。他不择手段地为皇室敛财，当然，他也不会关心穷人们生存的需求和艰苦。因此，民心自然与之疏远，国家乃至他自身最终都会走向毁灭。这就是所谓的"轻视为人"和"吹捧财富"。因此，把财富当作装点人格的工具，其实质并不是去追求财富，而是通过节制自身切实做到与民众同心同德，这样就不会缺少财富。相反地，用人格装点财富的人，实质上只

---

① 参见张居正："仁德之君，知道那生财的大道。只要使百姓富足，不肯专利于上。"（第48页）

② contemnere divitias（轻视财富）的说法源自张居正："由是天下归心，而安处富贵崇高之位，这便是舍了那货财，去发达自己的身子。"（第48页）朱熹仅仅提及轻视财富的"散财"，张居正则更进一步发挥到"舍财"的要求。拉丁译文与张居正的观点相近。

会毁灭自身。一旦失去自身人格,财富又有何用?①

^{1}未^{2}有^{3}上^{4}好^{5}仁,^{6}而^{7}下^{8}不^{9}好^{10}义者也,^{11}未^{12}有^{13}好^{14}义^{15}其^{16}事^{17}不^{18}终者也,^{19}未^{20}有^{21}府^{22}库^{23}财,^{24}非^{25}其^{26}财者也。

§. 3.　Ab utili jam confirmat supradicta *çem-çu*: ^{1} nondum visum ^{2} est, inquiens, quod in ^{3} superiori ^{3} loco constitutus, id est, Rex, ^{4} amaret ^{5} pietatem clementiamque ergà subditos, ^{6} & ^{7} subditi ^{8} non ^{9} amarent ^{10} fidelitatem, seu non vicissim Regi suo responderent fidelitate quam debent ex justitiâ: ^{11} neque etiam hactenus visum ^{12} est quòd populus ^{13} gauderet ^{14} fidelitate erga Regem, & ^{15} illius (scilicet Regis) ^{16} negotia & conatus ^{17} non ^{18} sortirentur optatum ^{19} exitum. Ubi verò populus ejusmodi fidelitati Regi suo adhaeret, utique Regis opes ac thesauros pro suis habet, ac velut suos in pace conservat & in bello defendit. Unde, numquam visum ^{20} est fidelem ejusmodi populum ^{21} regii ^{22} aerarii ^{23} divitias ^{24} non habuisse pro ^{25} suis propriis ^{26} divitiis. Tanti scilicet interest Regi, pietate ac beneficientiâ populum sibi devinxisse.

　　上一段有助于理解曾子所主张的:从来没有见过身居高位、充满责任感和仁爱的君王爱护他的人民,而他的人民却不忠君,或者说没有出于道义以自己的忠心来回报君王的②。也从未见到过人民忠诚于君王,而他(君王)的辛劳和努力没能换来如其所愿的结果的。无论在何处,只要人民忠诚地拥护、跟随君王,他们势必会把君王的财富和珍宝视如自家财物,在和平时期

---

　　①　《圣经》中亦有类似的说法,参见《马尔谷福音》8:36:"人纵然赚得了全世界而赔上自己的灵魂,对他有什么益处?"

　　②　此处耶稣会士用 fidelitas(忠心)来译"义",朱熹解作:"上好仁以爱其下,则下好义以忠其上。"(第12页)张居正更进一步将"义"解为忠诚,"民之忠于上,义也"(第48页)。

中国学问第一部:《大学》　　127

守护财富,在战争时期捍卫财富①。因此,"从未有过忠诚的人民不把皇室财富视如自家财物一般加以守护的"。关键在于:君王要用责任感和仁爱之心把人民与自己紧紧联系在一起。

^{1}孟^{2}献^{3}子^{4}曰:"^{5}畜^{6}马^{7}乘^{8}不^{9}察于^{10}鸡^{11}豚,^{12}伐^{13}冰之^{14}家^{15}不^{16}畜^{17}牛^{18}羊,^{19}百^{20}乘之^{21}家^{22}不^{23}畜^{24}聚^{25}敛之^{26}臣,^{27}与^{28}其^{29}有^{30}聚^{31}敛之^{32}臣,^{33}宁^{34}有^{35}盗^{36}臣。"^{37}此^{38}谓^{39}国^{40}不^{41}以^{42}利^{43}为^{44}利,^{45}以^{46}义^{47}为^{48}利也。

§. 4. Pergit çem-çu inculcare ampliùs suprà memoratam pietatem beneficentiamque Regis erga populum, ut quae Principibus Viris nunquam satis commendata sit virtus. Ad hoc autem adducit pulcherrima illa cedroque dignissima monita magni illius Viri *mém hién çu* dicti qui praecipuâ Regni *Lù* Praefecturâ olim functus erat. Sic itaque ^{1}*mém* ^{2}*hién* ^{3}*çu* ^{4}ait: qui ^{5}alunt $^{6-7}$quadrigas(*hi erant optimates* Tá-fu *dicti, & quadrigâ, seu quatuor equorum curru vehebantur*) quandoquidem regio vivunt censu, ^{8}non ^{9}tractant ^{10}gallinas & ^{11}porcellos, magnam scilicet horum vim ac numerum in privatae domûs suae lucrum alendo, & praeripiendo suum plebi, cujus haec est propria negotiatio. ^{12}Findentium item ^{13}glaciem ^{14}familia (*superior hic Dynastarum ordo erat*, Kím *dictorum, à quibus numerando ad usque supremum ordinem, omnes in officiis parentalibus glacie utebantur*) quia ampliore quàm optimates gaudent censu ^{15}nec ipsa ^{16}alat ^{17}boves & ^{18}oves, numerosos scilicet armentorum oviumque alendo greges, sordido quidem domûs suae lucro, damno verò non mediocri miserae plebis quae captato ex humili

---

① 参见张居正:"今下既好义,则民供给于下,而君安富于上,把府库的财货就如自家的财货一般,皆为之防护保守。"(第49页)

ejusdem negotiatione lucello vivere solet. [19] Centum denique [20] curruum [21] familia (*Satrapae hi erant Regulorum*, Kím *item dicti*: *qui decem stadiorum Sinicorum ditionem vectigalem habebant*, *poterantque centum curribus bellicis*, *cum necessitas ita posceret*, *in campum prodire*) [22] non [23] alant foveantque domi suae [24] aggravantes [25] vectigalia [26] ministros, qui pretexto vectigalium nomine subjectum populum immaniter deglubant suisque facultatibus exuant. Quod [27] si [28] ille *Satrapa* domi suae fortè [29] habeat ejusmodi injustè [30] multiplicantem [31] vectigalia [32] ministrum, [33] satius illi foret [34] habere palàm [35] depraedantem gazophylacium thesaurosque suos domesticos [36] ministrum; hic enim uni dumtaxat, ille plurimis nocet. Qui igitur fieri potest, ut communem ejusmodi Regni latronem, populique sanguisugam, subditorum sudores & sanguinem crudeliter adeò haurientem domi suae patiatur? Atque haec erat laudatissimi Viri cautio; quam declarans *çem-çu*, ait: paucis [37] his supracitatis verbis [38] dicere magnus ille vir voluit, [39] Reges Virosque Principes [40] non [41] in privato suo [42] lucro [43] constituere [44] lucrum, sed [45] in suâ populique mutuâ [46] aequitate & amore [47] constituere [48] lucrum. Quasi diceret, Viros Principes non debere aggravare populum nimiis vectigalibus, & referta auro argentoque aeraria praecipuo sibi lucro ducere; sed illud dumtaxat veri lucri loco habere, in cujus magnam partem etiam populus venit; quem ubi amore beneficientiâque lucrati fuerint, suumque fecerint, tum demùm verè rerum potitos se esse existiment.

  曾子进一步强调了君王对于民众的职责和仁爱,无论如何推崇美德对君主而言都不为过。曾子用优美的语言提到了一些如雪松般宝贵的规劝:伟大的鲁国大夫孟献子说过,那些养马拉车的官员(指"大夫"这一官职阶层,他们乘坐驷马车出行)①,鉴于他们有王室赋税来供养生活,就不应再去

---

  ① 此处"驷马车"(optimates)可参见张居正注解:"古时为大夫的君赐之车,得用四马驾之。"(第49页)

染指喂养鸡豚的事情,尽管"他们在自己家中已有大量人力用于维持自身的收益,然而他们还是会从民生日用中谋利"①。"伐冰之家"(根据《礼记》的说法他们处于那个时代统治阶级中的上层,从这个阶级往上的达官贵人在父母丧祭时都可使用冰块②),他们的俸禄高于那些乘驷马车的人,因而"就不应该饲养牛羊"。然而他们中的许多人还是会饲养牛羊,为自家谋取肮脏的收入③,这损害了靠此谋生的穷苦百姓。"百乘之家"(他们是郡国中的太守,依据《礼记》的记载,他们有权向方圆十里的封地征税,如有需要可率百辆战车前往作战),不应畜养、纵容增加沉重赋税的家臣,他们以征税为借口残酷剥削所管辖的民众,剥夺他们的财富④。如果太守辖下恰巧有这样一位不正当加征赋税的家臣,对他来说那还不如有一个公开盗取府库及其家财的臣子。⑤ 后者仅仅伤害一人利益,前者伤害的是众人。⑥ 这样的人就像国家的公贼和人民的吸血鬼一样,怎能允许他们残忍地榨取自家民众的血汗⑦?曾子指出这就是那个备受称赞的人(指孟献子)的劝诫:"这位伟大的君子上述短短的几句话是想说,就如先前引用的实现大道的方式,君王不应把谋取私利视作获益,而应把自己和民众之间的相互平等和关爱视作获益。"⑧这就是说,管理者不能过度征税加重民众的负担,也不应为个人利益

---

① 此处仅见于张居正的注解而非朱熹,解为"畜马乘的人家,已自有了俸禄,不当又理论那鸡豚小事,以侵民之利"(第49页)。

② 参见张居正:"伐冰之家是卿大夫以上,丧祭得用冰者。"(第49页)

③ "肮脏的收入"(sordido lucro)的说法不见于张居正或者朱熹的注解。

④ 参见张居正:"额外设法,以夺取民财,比似有聚敛财货之臣。"(第50页)

⑤ "府库"被译为 gazophylacium,原指存放财产的地方。

⑥ 参见张居正:"盖盗臣止于伤己之财,而聚敛之臣则至于伤民之命。"(第50页)

⑦ 与朱熹相同,张居正将"聚敛之臣"的行径视为"忍畜之以为民害"(第50页)。 拉丁译文隐喻为榨取血汗。

⑧ 这是对"义"的翻译,对应张居正注解中的"功利于民"和"人心",被耶稣会士译为 in sua populique mutuâ aequitate & amore(君王和民众之间的相互平等和关爱)。

积累金银财富。他们应该把人民视为真正的利益，因为唯有通过关爱和仁慈获得的利益，才能被看作他们真正的财富。只有这样，他们最终才会被视作真正的统治者。

^{1}长^{2}国^{3}家^{4}而^{5}务^{6}财^{7}用者，^{8}必^{9}自^{10}小^{11}人矣。^{12}彼^{13}为^{14}善之，^{15}小^{16}人之^{17}使^{18}为^{19}国^{20}家，^{21}灾^{22}害^{23}并^{24}至。^{25}虽^{26}有^{27}善者，^{28}亦^{29}无^{30}如之^{31}何矣！^{32}此^{33}谓^{34}国^{35}不^{36}以^{37}利^{38}为^{39}利，^{40}以^{41}义^{42}为^{43}利也。

p.2.§.1. Quod proximo paragrapho çem-çu dixerat, Principes debere lucrum suum praecipuè ex populi sui utilitate & commodis metiri; idipsum nunc amplificat à damnis, quae illos manent, qui nullâ populi habitâ ratione privatum suum ipsorum lucrum procurant. Ait itaque; si quis ^{1}gubernat ^{2}regiam ^{3}domum, ^{4}& totum-^{5}se ^{5}impendit ^{6}divitiis ^{7}coacervandis, id ^{8}haud-dubiè ^{9}oritur à ^{10}vili & ^{10}abjecto ^{11}homine qui malitiosis consiliis suis circumventum Regem ad id inducit, tantumque vectigalium & exactionum pondus, tanquam industriam locupletando Regno maximè idoneam, suadet; ^{12}idque ^{13}habere ^{14}pro-bono & aequo persuadet. Hujusmodi perniciosus consiliarius, verè ^{15}vilis & ^{15}abjectus ^{16}homo, si ^{17}adhibitus fuerit ad ^{18}gubernandam ^{19}regiam ^{20}familiam, utique rapinis & furtis replebit omnia; subditorum bona & facultates pro suo unius libitu diripiendo; adeóque abalienatis à se & à Rege populi animis coelique justâ irâ in se concitatâ procul dubio & ^{21}calamitates à coelo, & ab hominibus ^{22}ruinae ac caedes simul ^{23}unà seu ^{23}cumulatim ^{24}supervenient: & ^{25}tametsi fortè ^{26}detur ^{27}vir aliquis ^{27}probus ^{27}qui conetur succurrere & tantam malorum vim avertere; ^{28}tamen ^{29}ne ^{30}sic eveniat ^{31}quomodo valebit unus ille impedire? Atque hoc ^{32}est quod superius dictum ^{33}fuit, Regem ^{34}probum ^{35}non ^{36}in suo unius privato ^{37}lucro

^{38}constituere ^{39}lucrum, sed ^{40}in suâ & populi mutuâ ^{41}aequitate & amore ^{42}constituere ^{43}lucrum.

曾子在先前段落中论述的是君主尤其应将民众是否能受益获利作为其个人利益的衡量标准,他现在又将其论述延伸到因为只关心一己私利,丝毫不考虑人民利益所造成的损失。他说,"如果有人身为一国之君,却挥霍掉所有聚敛来的财富",那么毫无疑问,这是环侍在国君身边卑劣小人的奸计所致①。他力荐重税是增加国家财富最为合适的手段,使国君相信征收重税是出于善意和平等的考虑。这样一位致命的参事,真是个邪恶卑鄙的人,如果他被任用来管理王室,那到处都将充斥着他劫掠来的财富。因为他肆意掠夺百姓的财富和资源,从而使百姓对他和国君心生芥蒂,基于奖惩分明的原则,上天无疑也会因其所作所为而震怒,天灾、人祸、杀戮将会接连不断。即使有诚实的人试图施以援手去阻止坏人作恶,但靠他自己一个人又如何能阻止这一切? 这就是上文所说的:忠诚的君王不会将谋取一己私利视作获利,而是把他和民众之间的公平和仁爱视为获利。

Perapposita sanè ad totam hujus libri doctrinam Conclusio! planéque digna quâ et çem-çu *primi hujus finem libri ceu proprio epiphonemate coronaret; et* Memçius *quarti initium ceu primâ dicendorum epigraphe insigniret. Certè enim, qui omnes libri hujus paragraphos aequâ mente inspexerit, illud equidem liquidò deprehendet, Philosophum nostrum Sinicum,* Confucium *inquam, eo in primis collimasse, ut Regibus virisque Principibus, ad quos prae caeteris magnam hanc scientiam suam direxerat, virtutem ad Regnorum Imperiorumque pacificam et felicem gubernationem ante omnia necessariam esse, non tam ex suo unius, quam ex Antiquissimorum quorumque unanimi sensu, ostenderet. Ut enim omnis Sinensium retrò antiquitas Imperia à coelo conferri et auferri non vanè credidit, et etiamnum*

---

① 参见张居正:"人君不察而信用之。"(第 50 页)

hodie eorumdem posteri fatentur; *incolumitatem verò et conservationem eorumdem Regnorum secundùm superos à populi amore ac fide dependere longa tot saeculorum experientia comprobavit*: *ita communi jam olim sensu primi illi Sinicae hujus Monarchiae Fundatores judicarunt et etiamnum hodie è Sinensibus optimi quique fatentur*; *virtutem esse quae bene de se meritis Principibus, et Coeli superumque favorem et populi amorem unà conciliet. Sic ut de quamplurimis taceam, lib. 3.* xu kim *fol. 17. Laudatissimus vir ille* y-yn *Magister Regius, ut novum, eumque juvenem et juvenilibus vitiis laborantem Imperatorem* t'ái-kiâ (*qui à 1750. annis ante Christum regnabat*) *ad virtutis amorem tantò vehementiùs accenderet, his ipsis verbis è textú depromptis commonebat.* O Rex, *inquit,* Coelum non agitur affectu, qui tamen novit illud debitè venerari & colere, charus & gratiosus illi est *semper*: populus item non semper afficitur; afficitur *tamen semper* illi qui habet pietatem; denique spiritus non semper exaudiunt; exaudiunt autem eum qui pollet verâ virtute. *Hac unâ habitâ, et coelo aeternum, ne dubita, dilectus, et populo semper charus, et spiritibus demùm superisque omnibus nunquam non gratiosus eris, etc. Quam tantam virtutis prae auro et opibus praerogativam cùm author toto hoc libro (ut legenti patet) quâ ratione, quâ authoritatibus passim adhibitis demonstrasset, non poterat sane (meo quidem judicio) altero magis idoneo uti Epilogo, quàm his ipsis verbis, hoc est, dicere, Regem probum non in sordido illo privatarum opum lucro constituere lucrum; sed in suâ populique mutuâ aequitate constituere lucrum. Quasi diceret; tota libro hoc à me tradita doctrina in hoc uno velut cardine vertitur, unumque hoc praecipue docet, ut Reges Principesque viri non tam in refertis auro aerariis quàm in mutuâ ipsorum et populi aequitate, amore, clementiâ, fide, etc. verbo, in virtute rationem veri lucri constituant; quandoquidem ad illius possessionem caetera omnia quae desiderari possint aut mereantur, aurum scilicet et opes, populi amor, longa nepotum series, pax demùm, et perennis imperii quies stabilitasque ultrò consequantur.*

这真的是对本书中孔夫子的全部教导恰到好处的一个总结,值得曾子为这第一本书的结尾特别加上一个惊叹号。而孟子在第四本书①的开头也提出了类似的主张。不带任何偏见以公正的心态通观本书各篇的人一定会清晰地看到:中国哲学家孔夫子——尤其要关注他——向君王们指明其"伟大的学问",亦即要想和平、顺利地统治王国及帝国,首先必须拥有美德,这不仅是他个人的观点,也是古人一致的观点,中国人全然相信他们历史上各个朝代的建立和毁灭均是天意。直至今日这仍是人们的共识。就如上面提到的,世世代代所积累的长久经验表明国家的安全和存亡取决于仁爱和人民的信任。中国王朝的第一批建立者们把这一论断作为共识,它也是迄今中国人依然承认的最好的共识,亦即君王证明自己当之无愧的美德,它与上天的护佑和人民的爱戴是紧密相关的一个整体。还有很多的事情我未曾谈及,例如在《周书》第三章第十七节中,那位备受称赞的帝王之师伊尹为了更好地激发年轻的统治者太甲(自公元前1750年在位)对美德的热爱,当时他为各种年少恶习所累,而伊尹用这些话来劝告他:"陛下啊,上天不会为情所动,但它总是钟爱和善待那些尽心尽职地尊敬、崇拜它的人;民众也不总能被感动,但那些尽忠职守的人总是能感动民众;鬼神也不会总在倾听,但它总是倾听那些具有真正美德的人。"②拥有这样的美德,毋庸置疑,你将永远获得上天的眷顾,得到人民的爱戴并获得那些高高在上的鬼神的支持,等等。作者在这本书中证实了(在阅读中这一点显而易见)这样一个道理,它所产生的影响无处不在:德性的价值是在金银财富之上的。在我看来,再没有比它更合适的结语了,也就是说:贤明的君主不会将个人财富的不正当积

---

① 参见《孟子·梁惠王》:"孟子见梁惠王,王曰:叟不远千里而来,亦将有以利吾国乎。孟子对曰:王何必曰利? 亦有仁义而已矣。"

② 参见《尚书·太甲下》:"惟天无亲,克敬惟亲。民罔常怀,怀于有仁。鬼神无常享,享于克诚。"

累视作获利,而是把他和人民的相互平等视为获利。意思是说,这本书经由我所要传达的全部教导,其关键在于:君主应把真正的利益目标放在他们和人民之间的相互平等、关爱、宽恕、信任等美德上,而不是金银财富上。那么他们所渴求或应得的一切,当然包括金银财富、人民的爱戴、繁衍不息的子孙,最终还有和平以及帝国长久的安宁稳定,这些都会得到。

Atque haec est illa ex Sinensi hac Areopago jam olim profecta Magna Scientia, tanto nomine utique dignissima, sive doctrinae ipsius nobilitatem spectes, sive antiquitatem: illam à virtute (quid nobilius?) quam docet; hanc ab ipsis pene Sinicae Monarchiae primordiis (quid antiquius?) unde nata est, demonstrat. Et tametsi argumenti nobilitate Europaea Philosophia cum hac Sinica competere, et, si de styli elegantiâ, subtilitate, facundiâ varietate, et gratiâ contendas, hanc etiam antecellere non immeritò possit; antiquitate tamen ausim dicere, adeò ad hanc non accedit, ut longissimo plane intervallo sequatur. Sane antequam superstitiosa Asiae et Europae Numina nata essent, jam inter Sinas adulta virtus crescebat, ipsaeque Regum aulae in virtutum Lycaea transibant; quando Europa sine Rege adhuc ac lege inculta penitùs fuisse creditur, jam Monarchia Sinica cultissimis Regibus ac legibus regebatur; et ea erat virtutis apud Sinas notitia, valor et praxis; ea cultioris vitae ratio, vis, ac tenor, ut aurei cujusdam saeculi pax et felicitas in ipsas etiam feras certo quodammodo dimanasse videretur uti constat ex Xukim *l. 3. f. 10. Certe* hû-xuam-hû *Classicus Sinensium Annalium interpres, ut videre est in* Appendice Chronicâ, Cám-Kién-pù *dictâ, lib. 1. f. 20 disertis verbis affirmat, totam libris hujus* Tá-Hiô *doctrinam haud aliis constare, quam Regum* Yaô, xún, yù, tám, vên-vâm, vù-vâm, et chéu-cúm, *ac ipsiusmet etiam* Confucii *documentis et exemplis. Imò de ipso* Confucio *nepos ejus* çù-sú *testatur (uti videre est in sequenti libro* Chúm-yûm *) ipsum in suis libris non aliam, quàm priscorum illorum Regum doctrinam adferre; ut proinde* Confucius *doctrinae hujus non tam Author quàm Interpres ac praeco* *dicendus sit; quia scilicet pene totam longe ante sua tempora traditam, ab aliis potiùs accepit, et ad posteros transmisit, quam ipse invenit. Tametsi non inficior, etiam huic suam inde partem aliquam deberi; primas tamen, et quidem potiores, sibi vendicant modò recensiti antiquissimi Sinarum Reges, qui primi doctrinam hanc et praeceptis instituêre, et exemplis docuêre.*

　　这就是来自过去中国类似于亚略巴古的"伟大的学问",不管是从其教导的卓越性还是就其古老而言,它确实配得上这个名字:它是以美德为出发点的教导(还有比这更高尚的吗?),在中国王朝初始便已诞生(还有比这更古老的吗?)。尽管欧洲哲学在出色的论证方面能与中国哲学相提并论,但在文风的典雅、多样的精妙修辞和优美得体上,它无法超越中国哲学。还有,我敢说在古老性的问题上,欧洲哲学尚未触及这个方面,在此明显还有很大的差距。在亚欧那些传说中的神明出现之前,中国人那里已经出现日益成熟的美德,他们的朝堂变成美德的学堂。当欧洲多数国家还没有君王或者法律,被认为未开化的时候,中华帝国已经被教养良好的君王和法律所管理。中国人崇尚、珍视并且践行美德。就如《尚书》的第三卷第十节中所说的,这一更为开化的生活方式、力量和要旨,就如黄金时代的和平幸福一样,被认为也以某种方式传播到了蛮夷之地。① 在题为《纲鉴补》的编年史附录中提到胡双湖,这位中国编年史的经典阐释者,在该书第一卷第二十节中用具有说服力的语言证明:《大学》一书的全部教导与尧、舜、禹、汤、文王、武

---

① 此处在原始手稿上注有:"u hu cu yeu hia sien heu fam men kiue te vam yeu tien çai. Xan chuen quei xin ye mo pu nim ki niao xeu yu pie hien jo, id est: ô! ô! olim cum vinerent hia familiae primi Reges tum vigebat illa virtus; nec erant ullae à caelo calamitates, sed tranquilla semper felicitas: imò montes, flumina, et praesidum spirituum etiam ipsorum nemo non pace fruebatur illâ, quam scilicet illorum virtus Imperio induxerat: usque adeo ipsa etiam volatilia et animantia, pisces et restudines omnes similiter de illo Virtutis fructu participabant." 上述内容的出处是《尚书·伊训》:"呜呼! 古有夏先后,方懋厥德,罔有天灾。 山川鬼神,亦莫不宁,暨鸟兽鱼鳖咸若。"

王、周公和孔夫子的记录和示范相符。① 孔夫子的孙子子思亦进一步证明，他的祖父在其著述中并未教导任何与古代贤君圣主相悖之事，正如接下来你在《中庸》一书可以看到的那样。应该说孔夫子并不是严格意义上的作者，而是一个阐述者或者传达者，因为这一教导在他生活的时代之前就已长期流传。孔夫子只是从前人那里获得并将其所得传给后代。虽然他没有歪曲这一教导，但其中确实也有他自己阐发的部分内容。中国的上古帝王经由检验辨明其中最主要亦是最重要的内容，他们才是这一教导的最初建立者并对之言传身教。

Finis Libri Tá Hiô.
《大学》完。

---

① 此处提及的是袁黄所著《纲鉴补》一书，拉丁文人名"hû-xuam-hû"指胡一桂（1247—？），字庭芳，号青甫，又号双湖居士，徽州婺源（今江西上饶婺源）人。生而颖悟，好读书，尤精于易学。南宋景定五年（1264）十八岁时乡荐礼部不第，入元（朝）不仕，退而讲学，远近师之。《续通鉴纲目》称他与休宁陈栎"皆以讲明道学见重当时"。著有《易本义附录纂疏》15卷、《易学启蒙翼传》4卷、《诗集传附录纂疏》20卷、《十七史纂古今通要》17卷、《人伦事鉴》、《历代编年》等书行于世。袁黄在《纲鉴补·五帝纪卷一》介绍舜的生平事迹时，提及尧因其德得天下，引胡双湖语："书称帝德，曰钦明文思安安者，帝之心法也。曰允恭克让者，帝之身法也。钦存于中，恭见于外，敬为圣学始终之要也。克明俊德，以亲九族，则身修而家齐矣。九族既睦，平章百姓，则家齐而国治矣。百姓昭明，协和万邦，则国治而天下平矣。圣经明德二字，实自尧发之，《大学》八条目亦始于此。不但是也，中者天下之大本，事事物物莫不有一中之道。举天下以与人，大事也。授受之际，不过曰允执厥中。圣经中之为义，亦自尧发之，《中庸》九经亦始于此。然则开千万世圣学之源者，尧之功顾不钜乎？仲尼祖述尧舜，韩子所谓尧以是道传之舜、禹、汤、文、武、周公、孔子者，即此是也。道散于三极之间，所望于圣人者，裁成天地之道，以立人极云耳。"

Scientiae Sinicae Liber Secundus

中国学问第二部:《中庸》[*]

---

[*] 《中国哲学家孔夫子》一书只在扉页上标注四位耶稣会合译者的姓名,书中收录的"三书"译本并无具体译者署名。 笔者依据查证到的线索,基本确定该书第二册的《中庸》译文出自殷铎泽(Prospero Intorcetta, 1626—1696)笔下,依据有二:一是从手稿字迹进行判断。 现藏于巴黎法国国家图书馆的《中国哲学家孔夫子》原始手稿分上、下两部,第一部(其中包括了《中庸》一书的原始译文手稿)手稿字迹有两种,笔者通过与罗马耶稣会档案馆所藏四位译者的亲笔信进行比照,发现译文主体部分的字迹不管是在字母书写形态还是缩写习惯上都与殷铎泽本人的字迹保持高度一致;删改部分的字迹则属于柏应理(Philippe Couplet, 1623—1693),应是他在出版前对全部手稿统一进行修订时所为。 二是从译文内容的一致性进行判断。 与殷铎泽 1667 年、1669 年所出版的《中国政治道德学说》(*Sinarum Scientia Politico-Moralis*, 1667/1669 Quamcheu/Goa)一书进行比照——该书是殷铎泽在广州及果阿翻译出版的早期《中庸》拉丁文译本,采取简洁明了的直译风格并具有明显的教科书乃至双语字典的功能,没有添加其他主观阐释——殷铎泽的早期译文在《中国哲学家孔夫子》一书中得到充分保留,尤其是从译词的选择到句式的安排都与他之前的译文保持一致。

Est Liber hic opus quidem *Confucii*, sed ab hujus nepote *çù-sū* dicto, editus. Agit autem potissimum de *medio sempiterno*, sive de aureâ mediocritate illâ, quae est, ut ait Cicero, inter nimium & parum, constanter & omnibus in rebus tenendâ; ideóque *Chūm-yûm* Libri titulus est; *Chūm* quippe *medium* significat; *yûm* verò (quod vulgò solet pro ordinario vel quotidiano accipi) hoc loco secundum Interpretes idem sonat quod *constans*, vel *sempiternum*.

这本书是孔夫子的著作,但由他的孙子子思编撰而成。① 该书主要谈及"永恒的居中状态",或者说涉及如何保持平衡②,亦即西塞罗

---

① 朱熹及张居正都认为《中庸》由子思所作,但《中国哲学家孔夫子》一书则将孔子视为《中庸》的作者,将子思视为编纂者。 以殷铎泽为首的耶稣会士在《中国哲学家孔夫子·前言》(*Confucius Sinarum Philosophus*, *Proëmialis Declaratio*)中将孔子的贡献刻意夸大,部分论断甚至有违中国传统的记载,例如将《论语》《大学》《中庸》都归于孔子笔下,同时又强调孔子的教导并没有很完整地被子思继承——"《中庸》一书更像是由一些残篇组合而成"(*Proëmialis Declaratio*, p.xxj)。 今天学术界也认为《中庸》一书可能是由多个片段组成,原因不在于历史流传中的遗失,而是该书的各个部分是由不同的作者写成的。

② 该句按字面意思应是:或者说涉及那种黄金般的节制、黄金般的中间状态(sive de aureâ mediocritate illâ)。 亚里士多德、西塞罗、奥古斯丁等人都曾就"节制"这一美德展开讨论。 耶稣会士在下文引用西塞罗有关"克制/居中状态"的描述,指出它应"介于过分和不足之间",出自《论义务》(*De Officiis*, 1.89)一书(numquam enim, iratus qui accedet ad poenam, mediocritatem illam tenebit, quae est inter nimium et parum)。 此外,西塞罗的《论目的》(*De Finibus Bonorum et Malorum*)、《论演说家》(*De Oratore*)、《布鲁图斯》(*Brutus*)、《致布鲁图斯的书信》(*Epistulae ad Brutum*)等著述中也时常论及"节制"的美德。

所说,在一切事物之中,介于过分和不足之间,应当持续保持的居中状态。因此,该书题为《中庸》,"中"实际上是指居中状态,"庸"则被普遍理解为普通、平常的意思。按照诸多阐释者①的说法,"庸"在此处的真正含义是:它与"永"有同样的发音,意指"不变"或者"永恒"。

---

① 张居正延续朱熹的观点,将"庸"释为"不可易",同时这也是"二程"的观点;此外,朱熹亦在题解中释"庸"为"平常"。 参见朱熹:《四书章句集注》,北京:中华书局,2005年,第17页。 下文脚注凡引自《四书章句集注》的语句,不再单独注明出处,仅注明页码。

1.天命之谓性，率性之谓道，修道之谓教。

f.1.p.2.§.1. Id quod à caelo est homini inditum dicitur natura rationalis; quod huic conformatur natura & eam consequitur, dicitur regula, seu consentaneum rationi, restaurare quoad exercitium hanc regulam se suaque per eam moderando, dicitur institutio, seu disciplina virtutum.

那个上天赋予人的东西，被称为理性的本性。符合这一本性并追随它，这被称为准则，或者说是符合理性。在这个过程中不断修复这个准则①并通过它来调整自己，这被称为教导，或者说是德行的修炼。②

---

① "修复"（restaurare）一词源于张居正的注释："人皆遵道而行，以复其性。"《张居正讲评〈大学·中庸〉皇家读本》，上海：上海辞书出版社，2007年，第55页。 下文脚注凡引自《张居正讲评〈大学·中庸〉皇家读本》的语句，不再单独注明出处，仅注明页码。

② 原始手稿此处有殷铎泽所作两个注解：1."性"一词意即《大学》一书开篇的"明德"二字；2."道"一词有多种不同的含义，可意指理性、规则、道路、美德、律法、原因、能力及影响，有时也会指前进、治理、言说等等。 上述注释出版前被柏应理删去。 参见法国国家图书馆所藏《中国哲学家孔夫子》手稿第一卷（Ms.Lat.6277/1），第65页。 下文脚注中凡引自《中庸》手稿的语句，皆出自该卷，不再单独注明出处，仅注明页码。 此外，译者殷铎泽在此用"理性的本性"（natura rationalis）来翻译、界定儒家的"性"，在理解上略显狭隘，因人性的构成并不仅限于理性（ratio）。 事实上，早期来华传教士大多接受了亚里士多德"人性论"中的"三魂说"：①存在于植物以及所有具有生命的东西身上的"生魂"，它负责维持每一种存在物的整体性，负责使"每一种存在的整体先于部分，并且全体大于各部分的总和"；②在动物的身上除了"生魂"还有位居其上的"觉魂"，它使动物具有感觉，可以根据外界环境的变化来发展自己的能力以继续生存下去；③除了"生魂"和"觉魂"，人还具有位于"觉魂"之上的"灵魂"，正是灵魂使人成为有理智的政治动物，使人不仅能生存、能感觉，还学会了思考。 殷铎泽在其译文中明显流露出理性主义的倾向。 关于亚氏"三魂说"以及明末清初来华耶稣会士对亚氏人性说的继承，参见邬昆如：《西洋哲学史话》，台北：三民书局，2004年，第169页；Nicolas Standaert（ed.）, *Handbook of Christianity in China*, vol.1: 635-1800, Leiden, Boston, Koeln: Brill, 2001, p.653; Thierry Meynard, "Joining the Spiritual World of Confucianism," *Journal of Translation Studies* 1（2017）: p.22.

道也者，不可须臾离也，可离非道也，是故君子戒慎乎其所不睹，恐惧乎其所不闻。

§.2. Dicta Regula cùm sit naturae rationali intrinseca nunquam potest, nec verò debet vel uno temporis momento abesse aut separari ab homine; quod si posset aliquando abesse aut separari, jam non esset regula seu ratio à caelo naturae insita. Atque haec est causa cur perfectus vir adeò semper sollicitè attendat sibi, atque invigilet in his etiam quae non percipiuntur oculis, uti sunt minimi motus animi; cur itidem adeò timeat & paveat in his etiam quae non percipiuntur auribus; ut ita, cum aliquid faciendum fuerit, ne momento quidem deflectat à norma rectae rationis sibi impressa.

这个存在于理性本性之中的准则即道①，它既不能、实际上也不应该在任何时刻远离人而存在，或是把它与人分开。如果它可以不时地远离人，或是与人分开，它就不能成为准则，或者说，它就不是上天赋予理性的本性了。这就是为什么完美的人总是十分顾虑地关注自身②，关注那些肉眼看不见的

---

① 此处"道"被译为"存在理性本性中的准则"（Regula naturae rationali intrinseca）。

② 殷铎泽将"君子"译为"完美的人"（Perfectus vir），该译法也出现在《中国哲学家孔夫子·大学》中。殷铎泽在其早期《中庸》拉丁文译本《中国政治道德学说》中，对于"是故君子戒慎乎其所不睹，恐惧乎其所不闻"的翻译是：出于这一原因，完美的人对此十分注意，并对这些没有被人看见的事物保持警惕，对这些没有被听见的事物忧心忡忡并心怀畏惧（Hac de causa perfectus vir attendit et inuigilat in his etiam quae non videntur: timet ac pauet in his etiam quae non audiuntur）。他在《中国哲学家孔夫子·中庸》中对该段译文的重要改进在于强调君子顾虑、关注的对象是"自身"（attendere sibi）。殷氏这一修正亦使其译文与下文将会提及的儒家"慎独"思想更加贴近。

东西,它们如同精神中的细微冲动一般①。同理,这也是为什么他们总要如此畏惧那些耳朵听不见的东西。不管在做什么,他们无时无刻都不会偏离那个铭刻在自己身上的正确理性准则。②

莫见乎隐,莫显乎微,故君子慎其独也。

f.2.p.1.§.1. Motus namque animi id ferè sunt, quod non apparet, quia reconditi & sibi soli noti; sunt item id quod non est manifestum, quia admodùm subtiles & minimum quid; ideòque perfectus vir tam sollicitè invigilat cordis sui secreto, & cautus est in internis quae solus ipse intuetur; quo deinde fit, ut qui aliis reconditi & abstrusi sunt, intimi scilicet cordis recessus, ei tamen soli patescant; qui item subtilissimi sunt ac percipi vix possunt, minutissimi scilicet animi motus, sive ad bonum, sive ad malum, ei tamen soli manifesti omninò sint.

---

① 此处需重点说明:在翻译过程中,译者统一将 animus 译为"精神",有时也依据上下文译为"内心",anima 则译为"灵魂",以对这两个近义词的词义进行区分。 Motus animi 亦是圣依纳爵《神操》(The Spiritual Exercises)一书中的术语,此处强调要关注目不可见、耳不可闻的心理活动。 但与耶稣会士译文有所不同,朱熹与张居正在其注解中所表述的是要求君子关注那目不可见、耳不可闻之"道"。

② "recta ratio"是经院哲学中的一个重要概念,意指健康的思想、正确的理性。 此处,耶稣会士用 norma rectae rationis 来翻译朱熹及张居正所谈论的"天理之本然",这明显是其"先见"在左右他们对儒家思想的解读。 手稿上殷铎泽在此段译文后,附有一段关于儒家君子、圣人的注解:"这里谈论的'君子'是指君王,意即那些致力于践行完美之道的人。'圣人'即圣徒(sanctus),更确切地说是指智者,意即那些时常保持他所获得的完美状态的人。 他们远比前者卓越,中国人称之为至圣或至诚,意即最神圣、最完美的人。 他们身上的那种完美,看起来没有什么需要被增加也没有什么需要被去掉。 但是他们使用'圣人''至圣''至诚'这些字眼儿时(在我们欧洲人看来,这种用法类似于我们用最睿智的或者最非凡的哲学家来称呼柏拉图),更多地是为了进一步渲染和增强赞美。 基于这一理解,他们也把上述词语用在他们古代的老师孔夫子身上,因其身上受人敬仰的、与生俱来的出众智慧,尽管孔夫子自己一直否认这一点,但几乎所有人都是如此宣扬的。"出版前此段注解被柏应理删去。 (第65~66页)

精神的冲动几乎都不显现出来，因为它们一般都是隐藏的状态，只有产生冲动的人自己才会知道它们的存在。它们也不明显，因其非常精微且细小。① 因此完美的人才会如此顾虑重重地关注自己内心（cor），并对自己在内心深处所察觉的冲动保持警惕，②顾虑之后它又会变成怎样。正如它对其他人来说是隐藏着的并且秘密又深奥，它隐蔽于人的内心深处，而且这些冲动都只对他个人显现，因此它们是如此的细微，以至人只能通过感觉来了解。要想觉察到这些极其细小的精神冲动，不管是好的还是坏的，它们全都只向他自己显现。

喜、怒、哀、乐之未发谓之中，发而皆中节谓之和。 中也者，天下之大本也。 和也者，天下之达道也。

§.2. Cum autem radix passionum intima sit naturae hominis, vel potius ipsamet natura sit ista radix; haec autem in actus suos vel passiones prorumpat assiduè, summâ cum vigilantiâ attendit sibi Vir perfectus ut has, ipsius quoque naturae fraeno, quatenus haec rationis & discretionis principium est, moderetur. Itaque passiones animi, ut sunt gaudium ex prosperis, ira ex adversis, tristitia ex

---

① 此处的拉丁译文并未完全呈现"莫见乎隐，莫显乎微"的意涵。 张居正在其注解中沿袭朱熹的见解，一致认为：没有什么会比幽暗之处更能凸显，没有什么会比细微之事更能彰显人内心意念的萌发，因为在这些时候所产生的念头都是别人不知而只有自己知晓的。 耶稣会士用"隐藏起来"来意译"暗处"，用"（精神冲动的）精微细小"来解释"细事"，并不符合原文意旨。 后面译文的解释总体来说理解正确。 朱熹及张居正对该句的解释，详见《四书章句集注》，第17~18页；《张居正讲评〈大学·中庸〉皇家读本》，第57页。

② 此处对于"独"的理解，耶稣会士跟随朱熹及张居正的注释，亦即"人不知而己独知的去处"。 郑玄最早就"慎独"思想进行阐发，他指出"独"是指一个人独处、独居之时，该说法亦为孔颖达及朱熹继承。 但朱熹对于"独"的范畴有所发展，不只是指向个体在空间上的独处，更是指向个人内心意念的萌生这种为己独知的状态。

jacturâ, hilaritas seu laeta fruitio rei obtentae, priusquàm pullulent prodeantque in actum dicuntur medium seu esse in medio, quia sunt adhuc indifferens quid ad excessum vel defectum; at ubi pullularunt, & omnes attigerunt rectae rationis dictamen, dicuntur consentaneum, seu quidam passionum inter se & cum ipsa ratione concentus. Et quidem, cum sunt in medio; orbis universi magnum principium ac omnium bonarum actionum fundamentum dicuntur; cum sunt rationi consentanea, *orbis* universalis regula, seu Regia humani generis via dicuntur.

因为感情的源头[1]与人的本性密切相连,更确切地说,其根源就是人自身的本性,它不断地涌现于人的行动或是感情之中。完美的人对自己保持极高的警惕,通过对自己的本性进行节制(frenum)——因为人的本性是理性和辨别力的根源——来控制自己的感情。所以内心的各种感觉,正如喜悦来自顺境,愤怒源自逆境,悲伤来自损失,获得了物质上的享受就感到愉快或者愉悦,在它们萌生并显露出来之前,它处于所谓的"中"或者说居中状态,因为到此为止尚未出现过度或是不足的偏差。而当感情萌生时,若一切都能获得正确理性的统辖,则被称为各种感情之间以及它们与理性之间的调和[2]或一致。因而当一切都处于居中状态时,这种状态被称为整个世界的伟大开端及一切正确行为的基础,这是与理性相符的状态,这也是整个世界

---

[1] 此处拉丁译文用以描述"喜怒哀乐"等感情的 passio 一词,从词源上看,其原义并非激情,恰是指(中性的)感觉、感情。

[2] 此处殷铎泽对"中"的定义是:"中或者说居中状态"(medium seu esse in medio),并补充说明这是一种无过、无不及的状态。这远比他在《中国政治道德学说》里认为"中"是"无偏差的本性"(medium seu natura indifferens)这一理解更为准确。而他在此用"调和"(consentaneum)来翻译"和",并未延续《中国政治道德学说》中所使用的更为平直的"和谐"(concordia)一词,或是受到张居正关于"和"是指"及其与事物相接,发动出来……一一都合着当然的节度,无所乖戾"注解的影响(《张居正讲评〈大学·中庸〉皇家读本》,第58页)。

的准则或者说是全人类的王道。①

Doctrinam de tenendo medio, veluti fontem omnis Sapientiae Sinicae, per omnia retrò saecula manantem, jam mille sexcentis et amplius annis ante Confucium *inter alia commendavit* Yaô Imperator Successori suo Xún; *et hic rursùs magno* Yù, *dum haeredem Imperii eum constituit. Continet autem sexdecim litteras, quas multò pluribus et exponunt et extollunt Interpretes. Nos hic eam verbis* Chamcolai, *sed in compendium redactis explicabimus. Sic igitur* Xu-kim lib. 2. f. 10. ait: Cor homini unicum est: hoc dum privato affectu ducitur, vocatur *Gîn sin*, id est hominis cor, cum ex rectae legis dictamine agit, *Taó-sin*, id est *Taó-sin*, rationis cor nuncupatur: hominis cor, *seu voluntas, cum sit varium quid et facile à quovis objecto moveri et flecti*, res est periculis *semper obnoxia: idem cor verò seu voluntas ad* bonum & virtutis normam conformata est quid excellens ac reconditum; unde oportet, ut serio examine cor illud identidem depures à pravis & privatis, quae tacitè sese insinuant, affectionibus; atque ita rectum cor à pravo secernas: quo facto rejice penitùs quod est humani & privati cordis, & rectam illius cordis legem veluti unicam tuae personae dominam constitue, unum & idem servans semper in omnibus: Sic ab hac lege neque defectu, neque excessu aberrabis; adeòque solidè ac veraciter apprehenderis ipsum medium. Radix igitur & fundamentum, cui innititur recta orbis terrarum administratio, unius est cordis rectitudo & norma, *etc. Haec colaus.*

关于持"中"的教导,就像是所有中国智慧的根源一般,在数代人之间流传。先于孔夫子1600多年,帝王尧便将这一教导托付给了他的继任者舜;此后,舜将大禹指定为自己的继承人时,他又将这一教导传授给

---

① 此处耶稣会士用"王道"(Regia humani generis via)这一表述,它在西方自古就存在,意为最好的道路或最好的方法。

大禹。它包括了 16 个字①,后世的阐释者为之给出大量的解释并进一步提升其地位,在此我们引用的是张阁老的话,但我们只是概括性地再现他的解释。

正如《尚书》第二卷第十叶里提到的:人心是独一无二的,当一个人被其私人情感所左右,这称之为"人心";当一个人能够遵从公正的律法命令来行事,这便是"道心",它被称为理性的心。人心,或者说意志(voluntas),因为它如此不同嬗变而且随便一个事物便能轻而易举地干扰它,事情常常因它变得危险。事实上,人心通过对善和美德典范的追求而获得塑造,这是卓越而隐蔽的。只有经历一次又一次的认真审视,人心才会变得纯净并与那些悄无声息地渗入自身致使个体堕落的情感相分离,从而使正直的心与邪恶相分离。通过这样的修为,人类内心各种自私的欲望都被摈弃,我们进而得以确立内心的公正律法就像确立自己人格的主人,而在所有的事情上它始终会服务于我们自己。只有这样人才会遵从这一律法,而不是听由自身的弱点和错误而导致行为偏失。这样我们便能完全地、确切地领会"中"的实质:它是根源和基础,借助它国家的疆土得到公正的治理,这种内心的正直

---

① 这里所说的"16 个字"是指"人心惟危,道心惟微,惟精惟一,允执厥中",出自《书经·虞书》之《大禹谟》。 原始手稿上,耶稣会士以拼音转写的形式在译文页边上标明了这句话:"gin sin guei guai / tao sin guei ui / guei cim guei ye/ yun che xiue chum"(第 67 页)。

和准则是独一无二的。这些话都引自阁老。①

致中和，天地位焉，万物育焉。

p.2. Ubi igitur perspecta fuerint medium & consentaneum, tum demùm Coeli quoque ac terrae status quietus, permanens ac pacificus, & omnium rerum uniformis propagatio vigorque consequetur. Nam (*ut Interpretes addunt*) si homo agat semper juxta rectam rationem, quandoquidem hic unum veluti corpus cum universo efficiat, consequens erit, ut etiam caelum & terra juxtà normam sibi inditam agant, Planetae influant absque vitio, quatuor anni tempestates absque defectu decurrant, Juvenes optatos vitae annos, Senes finem naturae consentaneum, res denique omnes debitum sibi statum & locum consequantur.

所以，只有当居中状态与感情和理性之间的调和均已通达时，天与地才

---

① 有关"人心"及"道心"的定义，张居正解释道："人只是一个心，但其发于形气之私的，叫做人心；发于义理之正的，叫做道心……盖天下之治，皆本于心，而端本之学，正心为要。"《张居正讲评〈尚书〉皇家读本》，上海：上海辞书出版社，2013年，第36页。 儒家有关"人心"与"道心"的分梳实际上源于朱熹，他在编撰《中庸章句序》时对此进行了论述（第14页）。 也正是在这篇序言中，朱熹将出自伪《古文尚书》的"人心惟危，道心惟微，惟精惟一，允执厥中"这十六个字奉为孔门传授的心法，并据此将旨在传承"道学之传"的《中庸》一书抬高至"前圣之书"的高度。 耶稣会士在其注解中，将儒家的"人心"直接理解为所谓的意志（voluntas），明显是受到自身神学思想的影响。 关于人的意志与内心产生分裂从而使人犯错作恶的问题，圣保罗已有提及（"我所愿意的善，我反不作；我所不愿意的恶，我倒去做。"——罗马书7：15）。 此后早期的基督教教父中，亚历山大里亚学派的奥利金已开始深入探讨"意志自由说"，圣奥古斯丁则在此基础上，经由《论意志的自由选择》一书为这一命题给出系统的神学思考：他指出恶的存在并非是因为上帝，人类的恶行是源于自身意志的自由选择，并试图解释"为何全知全能的上帝能够预知人将行恶却置之不理"这一难题的原因在于：上帝预知他所引起的一切事情但不引起他所预知的一切，罪是由意志所行，不为上帝的意志所迫。 进而强调一切罪将为上帝的正义所惩罚，上帝的恩宠也终将战胜一切。 此外，原始手稿上殷铎泽在此处正文原有一注解"关于第二个朝代商朝的开创者成汤，参见《孟子·离娄下》：'汤执中'"，出版前被删去。（第67页）

能处于安宁、恒久、和睦的状态,所有事物才能获得繁衍和活力。另外(一如阐释者所添加的注释),如果人们总能依据正确理性来行事,那么每个个体的身体就会像是跟宇宙一起在运行①,其结果是:天和地同样会按照它们被赋予的规则来运转。行星毫无误差地运行着,一年四季从无失误地相继流转,年轻人获得他们所期望的生命中的岁月,老年人适时地迎来生命的终点。最终,一切事物都获得它们自己应有的地位和位置。

Quis hic non videt eò dumtaxat collimasse Philosophum, ut hominis naturam, quam ab origine suâ rectam, sed deinde lapsam et depravatam passim Sinenses docent ad primaevum innocentiae statum reduceret? Atque ita reliquas res creatas homini jam rebelles, et in eiusdem ruinam armatas, ad pristinum obsequium veluti revocaret? Hoc f.1. § .1.libri Tà Hiô, *hoc item hic, et alibi non semel indicat. Etsi autem nesciret Philosophus, nos à primaevâ felicitate propter peccatum primi parentis excidisse, tamen et tot rerum quae adversantur et infestae sunt homini, et ipsius naturae humanae ad deteriora tam pronae, longo usu et contemplatione didicisse videtur, non posse hoc universum, quod homo vitiatus quodam modo vitiarat, connaturali suae integritati et ordini restitui, nisi priùs ipse homo per victoriam sui ipsius, eam, quam amiserat, integritatem, et ordinem recuperaret.*

如果有人到此还没有发现这一点,正如中国人一直在教导的:人性本来

---

① 朱熹及张居正都曾表示"天地万物本吾一体",不过,耶稣会士在此并没有如实地翻译这种天人感应式的"泛神论"理念,只是指出"个人的运行与宇宙的运行互相适应"。天人合一、天在人中的看法是朱熹天人观的核心,在他眼中:天地之理需要人来运用实行,而君子历级而上修为成圣人,便可经由实践仁德来主宰天地,即所谓人顺天地并以仁而妙于天地。张居正的注解中也流露出鲜明的天人合一思想:"由是吾之心正,而天地之心亦正,吾之气顺,而天地之气亦顺。七政不愆,四时不忒,山川岳渎,各得其常,而天地莫不安其所矣。"(第58~59页)耶稣会士在此之所以保留这一注释,或是因为他们看到儒家"天人合一"思想中蕴含的宗教性,正如《中庸》开篇所说"天命之谓性,率性之谓道,修道之谓教",其中也点明了天人之间的密切联系。

是正直的,之后却偏离堕落了,只有哲学家①致力于将人们带回原初的无罪状态②,他仿佛是要召唤那些不受控制并在不断毁灭人类的受造物回归它们最初的驯服③。《大学》开篇第一叶第一段就有类似这样的话,而这在其他地方也被屡次提及。④ 虽然哲学家其实并不了解,韶华之年的好运由于我们身上带有亚当的罪而丧失⑤,而且有那么多对人有害且危险的事物,这些都会使人性滋生邪恶的倾向;然而经由长期的思考,他似乎已经了解:这个世界,由于受到堕落之后人类的破坏,它已经无法回归那种原初的完整和有序,除非这个人⑥首先能够战胜自己,那么他才能重获那些曾经遗失的完整(*integritas*)及秩序(*ordo*)。

2.仲尼曰:"君子中庸,小人反中庸。"

f.3.p.2.§.1. Hic, & reliquo hoc libro, *cù su* citat Magistri verba dicens: *Confucius* ait: perfectus vir tenet *medium* semper & ubique; *improbus* verò praevaricatur medium vel excessu, vel defectu.

---

① 耶稣会士译者时常用"哲学家"(phicosophus)来指代孔子。

② 将孔子的教导与基督教思想相附会,在此耶稣会士借助基督宗教中人类历史框架的三个阶段(原初状态、堕落、拯救)来理解儒家。

③ 基督教认为:当人类处于无染原罪状态时,包括动物在内的万物都会服务于人;但随着人类犯下原罪,人便与天主和万物产生不和谐,于是万物便开始伤害人类。

④ 《中国哲学家孔夫子·大学》一书开篇耶稣会士对于"大学之道,在明明德"的翻译是:"君子应当学习的伟大准则在于完善并发挥自上天而来的理性,以使邪恶欲望的污垢被抹去,得以恢复其如至明之镜般本真的明澈。"(Magnum adeóque virorum Principum, sciendi institutum consistit in expoliendo, seu excolendo rationalem naturam à coelo inditam; ut scilicet haec, ceu limpidissimum speculum, abstersis pravorum appetituum maculis, ad pristinam claritatem suam redire possit.)

⑤ 亚当的罪(peccaturm primi parentis),描述的是基督教思想中原罪的产生,以及人类肉身之死与这一原罪之间的关系。

⑥ 对于基督徒而言,这个人是耶稣。

此处以及书中的其他地方,子思引用老师孔夫子的话说:"完美的人总是处处持'中'①,而品行恶劣的人(improbus,指小人)则背离居中的状态,不是过度,就是有所缺失。"②

"君子之中庸也,君子而时中,小人之反中庸也,小人而无忌惮也。"

§.2. Perfectus Vir (exponit *çù-su*) habet *medium*, sive semper est in medio, & quia *perfectus* est, ideo semper seu quovis tempore, adverso scilicet & prospero, conformat sese suasque actiones cum eo, in quo est, medio; idque cum eâ (de quâ suprà) cautelâ, vigilantiâ, & timore circà minimos animi motus; *improbus* etiam habet suum *medium*, quod teneat, sed quia *improbus* est, ideò nullo tenetur metu nec pudore illud praevaricandi; passim enim omnia pro libidine agit.

"完美的人(子思说)拥有'中',或者说他总保持着居中状态,因为完美是指经常或者在任何时候,不管是逆境还是顺境,都能使自己和自己的行为与'中'相符,保持居中的状态。所以完美的人总会对自己心中各种细微的

---

① 《中庸》原文凡是出现"中庸"二字(例如此处的"君子中庸,小人反中庸",后文的"中庸其至矣乎!""择乎中庸""君子依乎中庸"等处),耶稣会士都统一用 medium(中间、居中状态)一词来对译,并未使用他们在开篇为《中庸》题解时的完整译法 medium sempiternum(永恒的居中状态),似有谈"中"不谈"庸"之嫌。 故笔者在回译其拉丁译文时,亦如实呈现为"中"/"中道"。

② 此处,不管是朱熹还是张居正都曾提及:"中庸者,不偏不倚,无过不及,而平常之理。 惟君子为能体之,小人反是。"张居正亦明确指出这里是"子思引孔子之言说道"(第60页),耶稣会士完全遵从张注。 此外,原始手稿正文在此原有殷铎泽译文"Confucius alio nomine honoris ergo chúm-nhî dictus est. nhî porrò montis nomen est, in quo praesidem loci spiritum mater Confucii precata dicitur, ut sibi, et desideratae proli propitius favet",意为:孔子亦被尊称为仲尼,尼为山名,据说孔子的母亲曾在此祈求神灵保佑自己以及回应她渴求孩子的愿望(第68页),用以解释此处出现的"仲尼"一词,这也是《中庸》一书唯一一次以"仲尼曰"而不是用"子曰"来说明所引文句的出处。 该部分内容出版前被柏应理删去,似避讳过多谈及古代中国人的鬼神崇拜。

冲动(上文已提到过这点)保持小心、警惕和担忧。品行不端的人也有他所能把持的'中',但因为他品行不好,这种背离正道的人既无忧虑也不知廉耻,所以他处处任意妄为。"

3. 子曰:"中庸其至矣乎! 民鲜能久矣!"

f.4.p.1.§.1. *Confucius* ait: *medium* ô quàm illud sublime! È vulgo pauci illud tenent. Neque hoc novum; vetus iste morbus est, querela vetus, jam olim sic fuit.

孔夫子说:"'中'是如此的崇高! 通常只有少数人能达到'中'。这不是什么新鲜事,该弊病存在已久,对此的抱怨亦由来已久,在过去就已经存在这样的问题。"

4. 子曰:"道之不行也,我知之矣。 知者过之,愚者不及也。道之不明也,我知之矣。 贤者过之,不肖者不及也。"

§.2. *Confucius* ait: causam, cur mortalium plurimi per regiam hanc medii viam non incedant, ego quidem probè novi: prudentes enim hujus saeculi illud transgrediuntur; & quia plura quam hoc medium & altiora se intelligere arbitrantur, medium quasi parvum & non sufficiens negligunt; rudes verò non pertingunt ad medium, quia aut non norunt aut difficultate territi, diffidunt eò pervenire. Causam item quare complures hanc medii viam, quamvis adeò conspicuam, non habeant perspectam, ego novi; sapientes enim seu qui profitentur studium sapientiae, medium suis factis excedunt & praetereunt, sive excessu ferè peccant, periculosa quaedam & inusitata principia viasque sectantes; *inertes* autem & hebetes animae factis suis ad id non perveniunt, quia desperant medii notitiam, nedum medium ipsum consequi.

孔夫子说:"其实我早就知道为何多数世人都没能步上'中'的王道。① 跟我同时代的聪明人在这条路上走过了头②,他们以为自己知道的要比'中'更多更高明,以至于他们忽视如此微小而不足的'中';粗鄙的人则根本无法到达'中',因为他们既不理解它也畏惧困难,他们没有信心达到'中'。我也知道为何很多人虽然清楚地看到这条'中道',但不重视这条道路。智者或者说这些追求智慧的人,他们的行为不是超过了就是错过了'中',这常常使他们犯错,选择危险、反常的原则和道路。③ 至于那些软弱而迟钝的人,他们无法修为自身以达到'中',因为他们既无望了解'中'也无法追随'中'。"

人莫不饮食也,鲜能知味也。

p.2.§.1.　Quod verò passim sic peccetur, oritur ex defectu examinis; cum enim regula illa sit homini intima, actiones quae â naturà procedunt, utique nonnisi ex dictâ regulâ plerumque procederent, siquidem haec foret probè cognita, Ex. gr. inquit *Confucius*, hominum nullus est qui non bibat in dies & comedat; & tamen in re tam obviâ pauci valent dignoscere rectos sapores, seu rectum judicium ferre de potûs ac cibi tot condimentis vitiati naturâ & efficacitate, quam si accuratiùs explorarent, non toties temperantiae limites excederent.

---

① 此处耶稣会士用"王道"(regia via)来翻译张居正评注中的"大路"。

② 此处对于"知者过之"的翻译完全正确,殷铎泽在他早期的《中庸》拉丁文译本《中国政治道德学说》一书中,对此句理解有误,将其译为:聪明的人当然能够通过这条路(quia scilicet prudentes transgrediuntur)。正确的理解应该是"走过了头"。

③ 译自张居正的注释:"今人的资质,有生得贤能的,好为危异,其行过乎中道,既以中庸为不足知。"(第61页)

事实上到处都在犯这样的错误,原因在于缺少省察。这一准则位于人的内心深处,尽管各种行为都是本性使然,但它们也都源于上面提到过的准则,这已是众所周知。正如孔夫子所说:"没有人每天会不吃不喝,但在这么简单的事上,只有很少的人能分辨出个中真味。"换言之,人们无法对那些受到诸多调料破坏的饮食本质及功效作出正确的判断。如果能够更为谨慎地进行省察,就不会超出节制①的界限。

5. 子曰:"道其不行矣夫。"

§.2. *Confucius* concludens ait:quod igitur medii via haec non frequentetur aut observetur,ea itidem causa est,quia nec hanc(proh dolor!)homines indagare nec cognoscere laborant;adeoque aut excedunt medium,aut ab hoc recedunt.

孔夫子总结说:"这一'中道'之所以既不能被时常践行,也不被注意,原因同样在于人们既没有致力于去寻找它也没有想去认识了解它(噢,悲痛!),因此,他们要么超过了'中',要么偏离了'中'。"

6. 子曰:"舜其大知也与? 舜好问而好察迩言。 隐恶而扬善,执其两端,用其中于民。 其斯以为舜乎?"

§.3. *Confucius* ad serium medii examen exhortans omnes, adducto exemplo Imperatoris *Xún*, sic ait: *Xún* Imperatoris illius quàm magna fuit prudentia! Siquidem ille non suo unius judicio & privatâ prudentiâ, sed consiliis

---

① 此处耶稣会士用 temperântia(节制、自我控制)一词来翻译张居正注释中的"日用"(第62页)。 在西方,从柏拉图、西塞罗等古典作家,到圣安布罗什、圣奥古斯丁、圣托马斯·阿奎那等基督教教父,都在其著述中将"节制"与"审慎"(即智慧)、"公正"、"勇气"并举,视之为"四枢德/四大基本美德"(cardinal virtues)。

ac sapientiâ suorum fretus Rempub. administrabat.Itaque *Xún* gaudebat de obviis quoque rebus alios consulere;& solebat seu gaudebat examinare omnia quamvis obvia & vulgaria suorum responsa;qui si fortè quidpiam suggererent rationi minus consentaneum, sic eo non utebatur, ut tamen prudenter dissimulans occultaret quod inerat mali, fovens hoc modo suorum fiduciam & candorem monendi identidem Principem suum: consiliis verò quae cum ratione congruebant, sic utebatur, ut etiam depraedicaret quod iis inerat boni, quò alacriùs fidentiusque sensum animi sui declararent. Quod si dicta responsa pauxillùm à medio aberrarent, arripiebat sedulò illorum (responsorum) duo extrema, quibus ad rationis trutinam maturè expensis, utebatur dumtaxat horum (extremorum) medio in ordine ad populi regimen; quo fiebat, ut non ex suo unius tantùm, sed ex suorum judicio ac consilio semper res ageret. Atque haec illa fuêre propter quae factus est *Xún*, talis scilicet ac tantus Imperator.

Memorant Annales Sinici, Imperatorem hunc solitum fuisse in anteriori atrio Palatii sui tabulam suspendere, in quà licebat subditis fidenter Regem suum commonefacere,et notare,si quid ab illo fortè peccaretur.

为了鼓励所有人对自己是否达到"中"进行严格认真的省察,孔夫子引入了舜帝的例子,他这样说道:"帝王舜是多么伟大而有智慧啊! 他并非只凭自己的判断和智慧,而是依靠他臣民的建议和智慧来治理国家,所以舜乐于——甚至就一些不言而喻的事情——询问他人的意见。他习惯于或者说他乐于检验一切不言而喻的事情及普通人的回答,如果他们偶尔有不合理的建议,他不会采纳,并且谨慎地对那些不恰当的意见加以隐瞒,通过这种方式来保留他们的信任和善意,让他们一次次地向自己的君主提出告诫;对于那些给出合理建议的人,他会表示赞同并予以采纳,通过赞赏那些善意的建议,让人们更积极自信地向舜表达自己的看法和感受。如果众人的答复稍微偏离'中',他会小心地把握(各种见解里的)两个极端,及时借助'理性的天平'（rationis trutina）①进行衡量，只选择适中的办法来治理民众。因此，他不单单凭借自己的见解而总是从自己臣民的判断和建议来行事，正因为如此舜成为如此伟大的帝王。"

中国的编年史记载，帝王习惯在他宫殿的前庭挂上横匾，以此提醒君王要信任自己的臣民，倘若他自己有可能会违背这一告诫。

7. 子曰："人皆曰予知，驱而纳诸罟擭陷阱之中，而莫之知避也。 人皆曰予知，择乎中庸，而不能期月守也。"

f.5.p.1.　*Confucius* arguens suorum temporum fallacem ac degenerem à Priscis Regibus, prudentiam, ait: hominum quivis nunc dicit, ego prudens sum, scio quid agendum sit, quid non agendum; at verò quia lucrum & commodum proprium dumtaxat, non autem ejus damna & pericula aequè prae oculis habet, impulsu quolibet mox intrat incautus in mille retia & laqueos, ac demùm incidit in foveae medium, & isthuc, unde nequaquam scit effugere nec sese expedire: hominum item quilibet dicit; ego satis sum prudens, & de facto seligit sibi *medium*, & juxtà hoc agit; sed ecce socordiâ victus, non valet nequidem per spatium unius mensis illud constanter servare. Ut quid ergò iis prodest scientia & cognitio medii?

孔夫子谴责他所处的时代，所谓"智慧"变得虚伪且背离先王的教导。他说："现在所有的人都在说：'我知道该怎么做，不该怎么做。'事实上，人们往往因为利益和一己便利，就会无视其中的损害和危险。② 受到这些的驱

---

① 在西方"rationis trutina"（理性的天平）被视为"公正"的象征，莱布尼茨在其著述中便多次使用"balance de la raison"（法语，意为理性的天平）这一比喻。

② "见利而不见害"这一补充不见于朱注，而是源于张居正的理解（第64页）。

使,不管去往何处,一个人很快就会因为不够小心而陷入众多的罗网和圈套,最终落入陷阱之中,到了那个地步他却完全不知道如何能够逃脱、解放自己。再者,所有的人都在说,'我拥有足够的智慧,能够自行择'中'并依此来做事',但是他们屈服于自己的懒惰①,选择了'中'却坚持不到一个月。那么,认识和理解'中'对于他们来说又有什么用呢?"

8. 子曰:"回之为人也,择乎中庸,得一善,则拳拳服膺而弗失之矣。"

p.2.§.1. *Confucius* ait: Discipulus meus *Hoeî* hic nimirum erat Vir sanè prudens; noverat enim res inter se probe distinguere, ac dein seligere *medium*: & si quando assecutus erat unam virtutem, illicò velut ambabus ulnis illam venerabundus arctè stringebat, fovebatque intrà pectus, & nunquam semel apprehensam à se dimittebat.

孔夫子说:"我的学生颜回毫无疑问是个审慎的人,他真的知道如何对事物进行区分继而选择'中'。当他获得一种美德时,他马上会用两个前臂好像是要紧抱那种美德一样来表达自己对它的崇敬②并将其放在心上,从来都不会让美德离开自己。"

---

① 有关"人屈服于自身的惰性以致无法持'中'"的说法,《中庸》原文以及朱熹在其集注中都不曾给出这一理由,张居正本人也没有提出类似的说法,仅谈道:"就如而今的人,与他论道理,也都说我聪明有知,既是有知,便有定见,有定见便有定守,今于处事之时,才能辨别出个中庸的道理来,却又持守不定……"(第64页)可见,耶稣会士在此加入了他们所认为的理由:socordia,亦即人本身的懒惰或软弱。

② "拳拳服膺"本义是指牢牢抓紧、谨记在心。此处耶稣会士在翻译该词时,似乎有意凸显某种宗教色彩。

9.子曰:"天下国家可均也,爵禄可辞也,白刃可蹈也,中庸不可能也!"

§.2. *Confucius* ait: *Orbis Regna* erunt equidem, qui possint pacificè regere; dignitates & census erunt qui valeant recusare; nudos enses erunt qui possint fortiter calcare; at verò *medium*, quamvis primâ fronte facilè appareat, tamen non potest quivis nisi cum majori quodam certamine & labore obtinere.

孔夫子说:"确实会有一些人他们能够和平地统治世界上的王国①,拒绝尊贵和财产,出鞘的刀剑也能被其勇敢地踩在脚下。但是,尽管咋一看'中'似乎挺容易做到,除非能有更大的决心和努力,否则没有人能保持它。"

10.子路问强。

f.6.p.1.§.1. Hac fortè occasione discipulus *çù-lú*, ut erat indolis bellicosae, & appetens gloriae militaris quaesivit de fortitudine.

学生子路利用这个机会询问有关勇气的问题,他天生好战而且渴望军人的荣耀。

子曰:"南方之强与? 北方之强与? 抑而强与?"

§.2. Sciscitatur ex eo *Confucius*, & ait: an quaeritur hic de hominum

---

① 朱熹注"均"为"平治"(第21页),亦即"和平地治理"。殷铎泽在其早期《中庸》译本《中国政治道德学说》中,翻译"均"时明显跟随朱注,译为"pacificè regere",此处亦沿袭了这一译法。

illorum, qui in Australi regione degunt, fortitudine? An de eorum, qui Borealem regionem incolunt, fortitudine? An verò de vestrâ, qui sapientiam colitis, fortitudine?

孔夫子问他说:"你想问是那些居住在南方地区的人勇敢,还是那些居住在北方地区的人勇敢? 抑或是你们这些被智慧陶冶的人勇敢?"

"宽柔以教,不报无道,南方之强也。 君子居之。"

§.3. Largiùs, leniùsque se gerere, & cum indulgentiâ quadam in suorum institutione non castigando semper, nec justo severiùs, eorum desidiam, vel tarditatem, nec ultionem aut poenas exigere à refractariis, sed eos patienter ferre; ea demum est Australium regionum fortitudo qua hominum animos paulatim student rationi subjicere: Et haec viri perfecti praestare possunt.

"保持慷慨和温和,在教育自己的孩子或弟子(in suorum institutione)时保持宽容,并不总是采取惩罚手段,对待他们的懒惰或者愚钝不是以那种加倍严厉的公正态度,也不是采取报复或是加以惩罚,而是加倍耐心地对待他们。这就是南方人的勇敢,它使人的勇气逐步服从于理性。① 完美的人在这些方面表现很突出。"

---

① 这句解释带有经院哲学思想的痕迹。 耶稣会译者在翻译南方的隐忍之勇时,并没有指出这是张居正所谓的"不及乎中庸者",下文翻译北方鲁莽之勇时却完全依照张居正的解释,提出北方之勇乃"过乎中庸者"。 这一"选择性翻译"体现了耶稣会士对于"隐忍"作为一种美德的推崇。 此外,耶稣会士采取 "使人的勇气逐步服从于理性" (hominum animos paulatim student rationi subjicere)来翻译张居正的"近于义理"(第66页),此处 ratio(意为理性、道理等)的含义与理学家的"(义)理"有所不同。

"衽金革，死而不厌，北方之强也。 而强者居之。"

§.4. Impavidum & securum cubare lanceas super loricasque; medias inter mortes versari, & tamen non pertimescere nec affici taedio vitae hujusmodi, Borealium quidem regionum fortitudo est; & haec fortes & robusti praestare possunt; quoniam tamen multum hic temeritatis adesse solet, mediique regula crebro admodum violari, non ea est fortitudo, quam à vobis expecto, discipuli mei.

"勇敢且毫不担忧地躺在长矛和铠甲上，不停地在死人中间行进却毫不惊慌，而且不会对这样的生活产生厌倦，北方地区的勇气就是这样。这些勇敢和坚定的人在这些方面都很出色，可是因为他们行事常近于鲁莽，'中'的准则常常被彻底违背。这不是我在自己的学生身上希望看到的勇敢。"

"故君子和而不流，强哉矫！ 中立而不倚，强哉矫！ 国有道，不变塞焉，强哉矫！ 国无道，至死不变，强哉矫！"

p.2.§.1. Itaque Vir perfectus sui unius victoriae semper intentus, ad mores & ingenia aliorum se fingit quidem & accommodat, attamen (ut est sui Dominus) non patitur sese velut diffluere, neque depravari inertium molliumque consuetudine & exemplis, nec in omnibus sine discrimine obsequitur & haec fortitudo proh quanta est! Rursùs in medio aliorum à recto aberrantium ipse unus rectus stat, & neutram in partem inclinat, haec fortitudo quanta est! Item si in Regno vigeant virtus & leges & ipse Magistratum gerat, hos tamen honores inter non mutat mores, nec eam vitae normam, quam privatus servabat, adeoque nec inaniter intumescit; haec fortitudo proh quanta est! Contrà verò si in Regno jaceant virtus & leges, si magna sit rerum perturbatio; ipse tamen, quamvis prematur inopiâ & aliis atque aliis aerumnis affligatur, etiam redactus ad ipsam usque mortem inter haec non mutatur, suscepti semel propositi semper tenax, haec quoque fortitudo proh quanta est, & quàm eximia! Nimirum sita est illa in assiduâ sui ipsius victoriâ. A vobis ergò discipuli mei prae illâ Australium & Borealium Gentium fortitudine, & expeto & expecto fortitudinem ejusmodi.

"因而完美的人他只专注于战胜自己[①]，使自己能够适应其他人的习惯和性格，却（犹如他是自己的主人）不允许自己沉溺于私欲。他不会受到软弱胆怯的坏习惯以及他人的不良影响，也不会在所有事情上不加分辨地表示顺从，这才是大勇敢啊！在这些偏离正道的人之中只有他一个人保持正直，不偏向两个极端中的任何一方，这是多大的勇敢啊！同样的，如果一个国家它的美德和律法是强大的，完美的人可为官从政。在荣耀之中，不改变自己的习惯，在自己的私人生活中也坚守规范，因而不会虚荣地自高自大，这是多大的勇敢啊！如果一个国家的道德和律法瓦解了，内部事务出现巨大的紊乱，完美的人应提出反对。他虽然为贫乏所逼迫、为辛苦所折磨，不断地受到压迫却至死也不改变，总是坚信自己选择的志向，这是多大的勇敢，多么卓越啊！毫无疑问，这一勇敢是基于他自己所取得的不断胜利。所以，对于你们，我的学生们，相对于南方人和北方人的勇敢，我要求并希望你

[①] 此处耶稣会士翻译张居正的"以义理自胜其私欲"（第67页）时，其译文与张注有所不同。由于受到斯葛多派及基督宗教观念的影响，他们所追求的不仅仅要战胜私欲，更是要在各个方面战胜自己（vincere seipsum）。

们能拥有完美的人那样的勇敢。"①

11. 子曰："素隐行怪，后世有述焉。 吾弗为之矣。"

§.2. *Confucius* ait: Sunt qui temerè transiliunt medii limites dum sectantur virtutes nescio quas prorsùs inusitatas & reconditas, ac gaudent patrare miranda quaedam, ut posterioribus saeculis sint qui nomen eorum depraedicent. Sed ego certè non fecerim ejusmodi rem; quod passim nosse convenit & agere, id nosse & agere studeo.

孔夫子说："有这样一些人，当他们追求不同寻常且隐蔽的美德时，他们会鲁莽地超越'中'的边界。他们热衷于完成一些引人注目的事情，为使自己的名声在后世受人传扬。我肯定不会去做这样的事，我只致力于了解和执行那些应当知道并去践行的事情。"

"君子遵道而行，半途而废，吾弗能已矣。"

f.7.p.1.§.1.　Perfectus Vir aggreditur viam ordinariam, & ideò in eâ constanter progreditur: at sunt qui vel inusitata & abstrusa, nec non majora viribus suis temerè affectant, vel, tametsi virtutis viam eo, quo par est, modo sint ingressi, tamen in medio ipsius viae cursum abrumpunt, & turpiter deficiunt. At ego certè non velim nec possim sic sistere; quae coepi conabor perficere.

"完美的人沿着普通的道路不断前行，而有些人倾尽自己的力量盲目地

---

① 手稿正文此处原有殷铎泽译文"中国哲学家在此一再宣扬的，其中有些话古罗马的演说家和哲学家也曾说过，他想通过这番话来确立作为一个整体的美德理性。 事实上他也说过与此自相矛盾的话：有一种美德与理性相符且经久不衰的。 这一精练的观点可以用'中庸'这两个字来委婉表达。"出版前该段话被删去。（第71页）

去追求那些不同寻常且隐秘的事物;虽然有些人通过恰当的方式终于步上这条美德之路,然而却在半路上停止前进,不光彩地放弃。我当然不想也不能就这么停止,我致力于去完成已经开始的事情。"

"君子依乎中庸,遁世不见知而不悔,惟圣者能之。"

§.2. Itaque perfectus Vir in omnibus semper conformat se *medio*, nil ultrà, nil citrà agens; amore autem virtutis fugere saeculum, honores, &c. adeoque jam nunquam videri ab hominibus, imò nec cognosci; & tamen nullo inde seu tristitiae seu poenitudinis sensu affici, tam arduum est, ut solus is qui sanctus est, praestare id possit.

"因此完美的人在所有事情上总是使自己符合'中',行事既不过分也不会不足。带着对美德的热爱远离俗世①、远离荣耀以及其他的东西,甚至于从来都不被人们看见也不为人所知晓。因此他不会悲伤,也不会后悔,能够

---

① 耶稣会士翻译"遁世"时所使用的"fugere saeculum"是一个具有强烈宗教暗示的天主教概念。它的原义是指过修会生活的神父都需离开俗世进行隐修。 在西方,独修的隐士是隐修制的最初形式。他们远离水草肥美之地而只身前往沙漠,逃避的是"教会之中的尘世",担心自己会在世俗生活中堕落。 后来,修士们开始在城市里进行修炼,这逐渐成为隐修的第二种形式。 西方修士们苦修的理论基础是他们认为弃绝肉体能使灵魂自由地和神交融,他们为了除去自身的罪而发三重誓愿:坚定地守贫、贞洁和顺服。 实际上他们是将殉教者的精神转换为最终完全献身于神,并以禁欲的方式来效仿基督。后来西方的隐修之风由个体修行发展到集体修行,并形成社团生活并孕育出修道院制度。

做到这一点的就只有圣人①。"

12.君子之道费而隐。

p.2.§.1.　Hoc & sequenti paragrapho *çù-su* ait *perfectorum* in medio sectando regula usu ampla est & universalis;& tamen intima illius vis ac ratio in re parva est & subtilis ac recondita,adeoque à paucis cognita.

在这一段以及接下来的一段里,子思指出完美的人的原则是追寻并实现"中"。这一原则在用途上是广泛而普遍的,它的效力及道理体现在各种事物上。它是如此的细小、微妙而隐蔽,所以很少人能了解它。②

---

① 此处耶稣会士用基督宗教中的"圣人/圣徒"(sanctus)来翻译儒家的"圣者",这种简单对应的背后隐藏着儒家和天主教在"圣人"的定义及其"成圣"方式上的巨大差异。 大部分的宋明理学家都有一共同观点:圣人可为。 只是各家对于"圣人"的标准以及如何成圣在陈述上各有不同。 以朱熹为例,在他眼中,只有才德兼具、体用兼尽的人才能称为圣人,而其中道德修为是根本,道德无妨碍于事功,但事功却一定是在道德修为的基础上才能完成。 因此,朱熹以德、才、事功为标准,划分出贤人—君子—圣人这样等阶式的成圣过程,教导学人要历级而上。 基督宗教的"圣人"标准则与之完全不同。 根据《新约》,"神圣"乃是经由洗礼使上帝的神灵注入到信徒的身上,而"圣人"则是受到上帝的召唤并称职地完成上帝赋予他的使命的人。 后来教会基于"圣人"对于信徒在崇拜和虔诚方面的重要示范作用,开始制定出"封圣"的标准:一开始是指那些为捍卫、传播基督信仰而殉教的信徒,此后,如果某位虔诚的信徒在美德修行、天主事功方面作出了卓越的成就,乃至他/她因此显现出某些奇异之处,比如能行奇迹,也可以经教会认可后由教皇封圣。 一经教皇封圣,"圣人"将会以教会认可的礼拜仪式,定期接受信徒的崇拜和祈祷,有关"圣人"生活及其修行的记载也会被视为成圣的证明、教诲,被虔诚的信徒们广加传颂,流芳后世。 有趣的是,原始手稿上针对殷铎泽选用的译词"sanctus",柏应理进行了补充"seu vere sapiens est"(实际上是智者),但付印出版时,柏氏所作的修改却被略过。

② 张居正依照朱注,将"费"理解为"用之广"。 耶稣会士在此处的翻译完全依照张居正的注释:"君子之道,有体有用,其用广大而无穷,其体则微密不可见也。"(第70页)

夫妇之愚，可以与知焉，及其至也，虽圣人亦有所不知焉。夫妇之不肖，可以能行焉，及其至也，虽圣人亦有所不能焉。天地之大也，人犹有所憾。故君子语大，天下莫能载焉；语小，天下莫能破焉。

§.2. Viri foeminaeque, quamvis rudes, intrà Sphaeram suam naturalem possunt quadantenùs pervenire ad practicam medii notitiam; sed cognoscendo pervenire ad hujus subtilissimum apicem, quamvis sanctus quispiam sit, & probè intelligens, equidem habebit aliquid, quod nondum cognoverit. Viri foeminaeque, quamvis sint *inutile* vulgus, tamen fieri potest, ut in quibusdam rebus juxtà medii regulam subinde queant ex parte operari, at verò pervenire ad hujus supremum apicem, quamvis sanctus quispiam sit, adhuc habebit quo non possit pertingere, & quae servare nequeat; quin imò ipsum coelum & terra, quamvis horum tanta sit magnitudo, perfectio, atque ergà homines beneficentia, tamen ob elementorum temporumque vicissitudines nequeunt explere singulorum vota, sic prorsùs, ut homo in eis reperiat quae arguat, & adhuc habeat ob quod indignabundus de coelo terraque conqueratur. Propatereà si Vir perfectus agat de ejus magnitudine, necessariò fatebitur, orbem universum non posse tantae virtutis molem capere aut sustentare; si verò agat de ejusdem reconditâ exiguitate & subtilitate, fatebitur item, quòd orbis totus non possit eam dividere aut penetrando perrumpere. Sensus est; nulla res adeo magna est, in quâ ratio non insit; nulla adeò exigua, quae ratione quadam careat.

不管是多么粗鲁的世俗男女，他们也能够在日常生活中，在某种程度上获得对于"中"的实际认识（practica medii notitia）。而要想通过认识和了解来达到那个精微的顶点，不管一个人有多么神圣并具备正确的认识，他也总有一些不了解的地方。不管是多么缺乏才能的世俗男女,在处理某些事情时也完全能够依据"中"的准则,从部分做起并真正达到那个精微的顶点。一个人不管他有多么神圣,总有无法企及之处和未能注意到之事。事实上,不管天空和土地是多么宽广、多么完美,对人是多么仁慈,由于自然和时间的变迁,它们也无法逐一满足每个人的愿望,人们因此找出那些他们不满意的地方加以指责,充满愤怒地埋怨天地。① 有鉴于此,如果完美的人谈论中道的伟大,他会承认整个世界都无法承载起那么博大的美德;如果他谈论它的隐蔽、细小和微妙,他同样会承认整个世界都无法分辨、渗透或深入到它的内部。就是这样一个道理,没有什么事物是伟大的,若在其中不存在理性;没有什么是渺小的,倘若它缺乏理性。②

《诗》云:"鸢飞戾天,鱼跃于渊。"言其上下察也。

f.8. p.1. §.1.　Confirmat praedicta citans Odam, quae sic ait: Avis *Yuên* dicta volando penetrat coelos; piscis immergitur in pelagus, id est (exponit *çù-su*) uti avium volatus ad alta coelorum, & piscium impetus ad ima profundi fertur; ita haec ipsa virtus & ratio ad summa pariter & ima pertingens, in maximis minimisque rebus suprà & infrà exerit sese ac manifestat.

上文所述可以引用《诗经》里的话来证明:"鸢鸟飞翔着穿过天空,鱼跃入大海。"子思的解释是:"鸟能飞至高天,鱼能跃入深渊;美德和理性一同达到最高点和最深处,不管是在最大还是最小的事物身上,不管是在高处还是低处,美德和理性都能延展和显现自身。"

---

① 译自张居正的注释:"不能尽如人意,而人犹有怨憾之者。"(第71页)
② 原文本是谈论"中庸之道",此处耶稣会译者却对"理性"给予过分的强调,他们用 ratio(理性)来翻译张注中的"所以然"和"道"(第71页)。

君子之道，造端乎夫妇。及其至也，察乎天地。

§.2. Itaque ut dixi, perfecti Viri in hoc medio servando regula ducit initium ab ipsis homuncionibus & mulierculis; atque adeò eadem illa, quae perfectorum in medio servando virtus seu regula, cùm sit universalis & omnibus ingenita, sua quoque rudimenta habet in promiscuo hominum vulgo: at verò quatenùs extendit sese illa ad suum apicem; vel, si discurramus (ut alii explicant) de illius apice; longè latèque resplendet ac manifestatur & patet in coelo pariter & in terra.

Postquam *çù-su* explicavit quod superius dictum est, rationis regulam & ei consentaneum nunquam ab homine posse abesse, hoc idem sequentibus paragraphis ex *Confucii* dictis penitùs explanat.

所以才会说：完美的人奉行的"中"的准则，其实源于匹夫和妇人。这种完美的人奉行的"中"的准则或美德，鉴于它普遍存在于所有人身上，它的开端同样存在于普通人身上[1]，而且它还能将自身不断延伸直至"中"的顶点。（如同其他人的解释）假如让我们来描绘这一顶点，它会远远地、到处散发着光亮，使自己能够被看见，呈现并延展于天空和大地之上。

子思先是解释了上文提到的理性准则；人要与它相符而且不能与它分开。在下面的段落里，他又借助孔夫子的话来深入说明这一点。[2]

13. 子曰："道不远人，人之为道而远人，不可以为道。"

p.2.§.1. *Confucius*, ut probet omnes promiscuè ad eam, quae homini insita

---

[1] 亦即张居正所注："起自夫妇居室之间而无所遗。"（第72页）
[2] 这段话在张居正的注释中并没有提到，耶稣会士应是引自朱注："子思之言，盖以申明首章道不可离之意也。其下八章，杂引孔子之言以明之。"（第23页）

est, regulam suo modo posse pertingere, explicans illud axioma, *quod tibi non vis fieri, alteri ne feceris*: Sic ait: Regula rationis (quae versatur, Ex. gr. inter Regem & subditum, inter Patrem & Filium, Maritum & Uxorem, Majores natu & Minores, denique Amicos inter) Non longè abest ab ipsomet homine; illa verò, quam homines sibi fabricant regula, & longè abesse volunt ab ipsomet homine (cujusmodi sunt exotica & ardua quaedam principia, quae modò dictis quinque hominum ordinibus haudquaquam concordant) non *potest* censeri regula & ratio.

孔夫子为了证明所有人都能通过自己的方式做到这一人人皆被赋予的准则,就解释这条自明之理:"不想发生在自己身上的事情,也不要对别人做这样的事。他如此说道,理性的准则(它存在于君臣、父子、夫妻、长幼以及朋友之间)不会远离人。与此相反,那些人为的、企图使它们远离人性的准则(亦即一些与"五伦"不符的怪异而费力的原则)[1],不能被视为准则及理性。"

"《诗》云:'伐柯伐柯,其则不远。'执柯以伐柯,睨而视之,犹以为远。 故君子以人治人,改而止。"

§.2. Confirmat hoc à simili ex Oda petito, quae sic ait: Caedito manubrium, caedito manubrium; hujus exemplar seu regula non longè abest; quippe in manu artificis est manubrium ipsum, quo rude lignum dolat, ut efformet aliud. *Confucius* explanans simile sic ait: Artifex manu arripit manubrium, ut securi exscindat formetque alterum simile manubrium; idem obliquè contuetur, & explorat an exactè respondeat ipsi, quod in manu est, manubrii formae & regulae; adhuc tamen hanc ipsam abesse longiùs existimo, quàm absit illa, quae à coelo

---

[1] 引自张居正的注解:"却乃离了君臣父子夫妇长幼朋友之间,而务为高远难行之事,则所知所行,皆失真过当而不由夫自然……"(第73页)

homini indita est, regula, quia haec intrinseca, extrinseca est illa; & in caedendo manubrio unum ab alio diversum est: ideo vir perfectus dum instituit hominem, non per extrinsecum quid & remotum ab homine; sed per ipsummet hominem instituit regitque hominem, nec assimilatur caedenti manubrium qui diversum caedit ab eo quod manibus tenet: Etenim inest homini lumen idem rationis; hoc unum excitat & esse jubet pro regulâ; quo facto si id assequatur, ut his corrigatur & emendetur, tum demum acquiescit, & sistit, operosiori scilicet institutioni supersedens.

孔夫子借用《诗经》中的一个比喻来证实这一点:"'他伐木作手柄,他伐木作手柄,他用来制作手柄的方式或者说准则其实并不遥远。'因为工匠正是手握斧子的手柄,将木头劈成木材,用于制造别的东西。"孔夫子解释这个比喻说:"工匠用手握住手柄是为了用斧子砍伐和制造另一把与之类似的手柄。看着砍伐的对象,探究并试图准确地使它符合自己握在手里的东西,它是手柄的形式和准则(forma & regula),这时我认为这已经远离上天所赋予的、人与生俱来的准则。它是内在的,而此前那些都是外在的。在砍伐手柄的过程中,一块木头变得与其他木头有所不同,完美的人就此教导道:不要通过外在的远离人的东西,而要根据人自身来教育人和管理人。他砍伐出来的手柄与他手里握着的手柄其实并不一样。因为理性之光存在于人身上,它驱使人遵循准则的命令行事。如果这样做的话,跟随着它,通过它得到纠正和改善,那么最后它也会给予人肯定及支持,那些如此费劲的教导也就可以停止了。"[①]

[①] 此处孔子对《诗经·豳风·伐柯》诗文的解释,耶稣会士完全参照张居正的注解:"孔子说:'执着斧柄去砍斧柄,法则虽是不远,然毕竟手里执的是一件,木上砍的又是一件,自伐柯者看来犹以为远。 若君子之治人则不然,盖为人的道理就在各人身上,是天赋他原有的,所以君子就用人身上原有的道理,去责成人,如责人之不孝,只使之尽他本身上所有的孝道。 责人之不弟,只使之尽他本身上所有的弟道,其人改而能孝能弟,君子便就罢了。 更不去分外过求他。 推之凡事,莫不如此。 这是责之以其所能知能行,非欲其远人以为道也。'"(第73页)耶稣会士在此强调了"理性之光"(lumen rationis)在人的理解过程中所扮演的重要角色。

"忠恕违道不远，施诸己而不愿，亦勿施于人。"

f.9.p.1.§.1.　　Rursum ait: Quisquis omni cum fide & synceritate ex se metitur alios, hic utique discedit à regulâ & lege naturali non procul; seu à regula illa dirigitur, quam in se ipse habet; quippe cujus primum ferè dictamen hoc est: quae fieri sibi quis non optat, ea itidem ne faciat aliis.

他进而又说道："任何忠实（fides）而又真诚正直（synceritas）的人在所有事情上都是推己及人地来评判他人，这样他便不会远离准则和自然律法。①或者说他受到准则的引导，而该准则就存在于他自己身上。总的来说，最主要的要求是：不希望发生在自己身上的事情，也不要对别人做这样的事。"②

---

① lex naturalis（自然律法）是西方哲学及神学思想中的重要术语。依据《圣经》的记载，神在创造亚当、夏娃之时，便在他们心中放置了律法的知识（《罗马书》2:15）。从亚当直至摩西，神并没有把律法以书面的方式写下来，而是把律法写在人的心中将之传给万民，亦即所谓的"自然律法"。人凭借与生俱来便被赋予的理性能力，去认识真神的存在以及行为的最终目标，并依靠良心来分辨善恶，从而在行动上实现趋善避恶。但随着人陷入罪恶，罪的存在开始影响、涂污人们心中的自然律法，人类开始频繁地违背戒律，促使神将律法成文书写下来以传达旨意。此外，一开始《圣经·旧约》只将犹太人称为神的"选民"，认为他们最早在精神上跟随耶和华并获得关于真神的认识。圣保罗为了进一步扩大"选民"的范围，在其著述中（主要集中在《圣经》中的《格林多前书》《格林多后书》和《迦拉达书》）发展出一个可以吸纳和适应所有民族宗教信仰的"三级模式"，即异教的自然律法时期（lex naturalis）、旧约的摩西律法时期（lex mosaica）以及基督王国时期（lex evangelica），这也可以视为圣保罗对世界历史的宗教性阐释和划分模式。以柏应理为代表的来华耶稣会士借助这一模式，将信奉"上帝"、未受佛教、道教思想影响的古代中国人划入自然律法时期，从而使之纳入基督教史学观以及基督宗教神学讨论的范畴。按照他们的设想，来华传教士的任务就是重新找出并宣扬中国古代宗教遗留下来的对于天主的正确认识——而这些都很好地保留在中国典籍之中——引领中国人从"自然律法时期"走入"基督王国时期"。

② 手稿此处正文原有殷铎泽的说明："谁能相信在基督诞生500年前，基督宗教的伟大原则在这个遥远的东方已被提及？"出版前被柏应理删去。（第73页）

"君子之道四，丘未能一焉。 所求乎子，以事父未能也。 所求乎臣，以事君未能也。 所求乎弟，以事兄未能也。 所求乎朋友，先施之未能也。 庸德之行，庸言之谨，有所不足，不敢不勉。 有余不敢尽，言顾行，行顾言，君子胡不慥慥尔？"

§.2. Perfecti Viri regulae sunt quatuor; ego verò, ait *Confucius*, necdum ex illis quatuor vel unicam servare possum. 1. Uti exigo à meo filio, ita servire patri, ego ipse nondum possum. 2. Uti exigo à meo subdito, ea cum fide servire Principi, ego nondum possum. 3. Uti exigo à meo fratre natu minore, ea cum observantia servire natu majori, ego nondum possum. 4. Uti exigo à meo socio & amico, ei primas deferre, & debitis officiis antevertere, ego quidem necdum possum. Vir autem perfectus ordinarias & quotidianas has virtutes absque ullâ fictione opere exercet; in quotidianis quoque sermonibus circumspectus est; & si quid fuerit in quo deficiat adeoque non expleverit officium suum, tùm non audet non sibi vim facere ut tandem id expleat: si ei nimia suppetat verborum copia, non item audet totam effundere: adeoque severus suimet censor hoc agit, ut verba respondeant operibus, & opera respondeant verbis. Hujusmodi autem Vir perfectus quomodo non sit solidus ac stabilis? Hunc ego interim imitari conor, & ejusdem servans vestigia, longè quidem, sed tamen sequor.

"完美的人拥有四条准则，"孔夫子说，"我真的还不能坚持其中的任何一条。第一条是要像我要求自己的儿子那样去服侍自己的父亲，我还不能做到；第二条是要像我要求自己的仆人那样忠诚地去服侍君主，这我还不能做到；第三条是要像我要求自己的弟弟那样去服侍兄长，我还做不到；第四条是要像我要求自己的同伴和朋友那样，将朋友置于首位，率先对其行使责任和义务，事实上我还没能做到这些。完美的人毫不虚伪地去践行这些日常普通的美德,在日常对话中保持小心谨慎。假如在什么地方存在缺陷或是没有履行自己的职责,他会强迫自己去完成;如果有太多的话语,他不敢把它们倾吐而尽,他会对自己进行严格的省察以使言辞与行为相符,也使行为与言辞相符。这样完美的人又怎会不坚定?眼下我努力地去效法,追随他的足迹,不管多远都要跟随他。"①

14.君子素其位而行,不愿乎其外。

f.10.p.1.§.1. Docet hic *çù-su*, Virum perfectum sortè suâ contentum vivere. Perfectus Vir, inquit, pro ratione sui statûs, quem hic & nunc obtinet, res agit; nec cupit quidpiam ab hoc suo statu alienum.

子思教导,完美的人在生活中满足于自己的命运。② 他说:"完美的人会按照他此时此地所处的地位来行事,不奢求任何与他的地位无关的事物。"③

---

① 手稿此处正文原有殷铎泽的说明:"所有中国人,除了源于其家族的姓氏,还拥有其个人的昵称和名字,一个人称呼另一个人时出于敬意会使用其名字。 昵称也叫小名,被认为带有些许贬低的意味,人们在称呼自己时使用昵称则是为了表示谦虚,所以这里孔子使用他的小名'丘',但所有中国人出于敬意都会将该字读作'某',这个词与我们在欧洲的用法一样,意指某个人。"出版前被柏应理删去。(第 74 页)

② "素其位"一句的"位"有双重含义:1.位置(status);2.命运(sorts)。

③ 《中庸》原文并未标示出此段话的出处,基于此处并未有"子曰"一词,朱熹及张居正都将之归于子思。 这也恰好引发另一层面的反思:标注"子曰"的语句往往能借此获得某种权威性,针对当下出土文献的最新研究也证实《中庸》《论语》等儒学典籍中的部分语句,事实上散见于汉代之前的其他典籍之中,因而这些话语未必真是出自孔之子口。

素富貴，行乎富貴。 素貧賤，行乎貧賤。 素夷狄，行乎夷狄。素患難，行乎患難。 君子無入而不自得焉。

§.2. Si dives est & honoratus, agit ut dives & honoratus; sic tamen ut illicitis voluptatibus & luxui non se dedat, nec arrogantiâ suâ fastuque offendat quemquam. Si pauper est & ignobilis, agit ut pauper & ignobilis; sic tamen ut nihil Viro gravi & probo indignum committat. Si extrà patriam suam sit alienigena, agit ut alienigena, seu ita gerit se ut poscit status degentis inter extraneos, sui semper similis. Si versetur in aerumnis ac laboribus, agit pro ratione statûs aerumnosi, tenax semper magni propositi. Denique perfecto viro nullus est vitae status quem ingrediatur, ubi non sit sui Dominus, & suâ sorte contentus; adeoque sibi succedat ex sententiâ.

如果一个人富有且受人尊敬，那就按照一个富有且受人尊敬的人那样去行事，不让自己沉溺于不正当的享乐与奢华之中，也不会因为自己的傲慢和轻蔑而触犯任何人；如果一个人贫穷且地位低下，就按一个贫穷且地位低下的人一样行事，不会对庄重诚实的人做出不恰当的事情。如果是作为异乡人身处国外，就像一个外国人一样行事，或者说按照所在地位的要求，使自己的举止符合身处外国人之中那样，尽量与他们的相似。如果生活于艰难困苦和辛劳之中，就要按照身处困苦处境中那样来行事，坚持远大的志向。所以对于完美的人而言，生活中的各种处境没有什么是他无法融入的。即使在他无法做自己的主人时①，他也会对自己的命运感到满意。因此，他诸事顺心。

---

① 耶稣会士把《中庸》原文的"自得"翻译成"做自己的主人"（dominus sui），这源于斯多葛派的思想。

在上位，不陵下，在下位，不援上。 正己而不求于人，则无怨。 上不怨天，下不尤人。

§.3. Idem si constitutus in superiori loco est & dignitate, non inclementer tractat inferioris ordinis homines, metum iis incutiendo, si autem constitutus est in inferiori loco & dignitate, non adulatur superioribus favores eorum captans. In hoc totus est, ut perficiat seipsum, & non requirit quidquam ab aliis; adeoque nunquam indignatur cuiquam. Supernè, non conqueritur de coelo quod prospera non conferat, aut eum affligat adversis. Infernè, non criminatur nec culpat homines; quibus adversitatum aut defectuum suorum causam non tribuit. Nimirum suâ semper sortè contentus nihil expetit, à statu, quem obtinet, alienum.

如果居于较高的职位和等级，不要苛刻地对待较低等级的人们，让他们心怀恐惧；如果身处较低的职位和等级，也不要通过阿谀奉承来获取较高等级的人的欢心。就这一点而言，总的来说是为了完善自身，不要对别人要求什么，这样就不会对他人产生怨恨。向上，不要抱怨上天没有带来成功，或是抱怨上天借诸多不顺使自己遭受痛苦；向下，不要指责或者非难人们，不要将困境或错误的原因归咎于他们。毫无疑问，完美的人满足于自己的命运，不要求任何与他所处地位无关的事物。

故君子居易而俟命，小人行险以徼幸。

§.4. Ideò perfectus Vir commoratur in planâ quadam & quietâ Regione, & aequo animo expectat unicam coeli circà se ordinationem: improbus è contrario praeceps ambulat vias periculosas & per fas ac nefas quaerit planè gratuitam sibique non debitam sortem & foelicitatem: quam si obtineat, merè equidem fortuitò obtinuisse censendus est.

因此,完美的人停留在那平坦宁静之处,从容地期待上天给予他的安排;德性低劣的人则相反,他冒失地行走在危险的道路上,不管手段正义与否,他都想追求那种不劳而获、不应拥有的命运及幸福。其实,即使他能获得,这也只会被认为是偶然。

子曰:"射有似乎君子,失诸正鹄,反求诸其身。"

p.2. §.1.　Concludit *çù-su* verbis *Confucii* mentem suam. *Confucius* ait: Sagittarius habet quamdam similitudinem cum viro perfecto: ille si aberrat à depicto scopo, reflectens ad se exquirit erroris causam non ab aliâ quàm à suâ ipsius personâ; ita perfectus Vir, si deflexerit à medii scopo, causam erroris sibi non alteri tribuit, adeoque à se rationem illius exigit.

子思转引孔夫子的话来总结自己的想法。孔夫子说:"弓箭手与完美的人之间有某些相似之处。假如在射箭时偏离了靶心,他会从自身寻找错误的原因,而不是在别人身上找原因。因此,完美的人如果偏离了'中'的目标,他会把错误的原因归咎于自身而不是归咎于他人,他总是在反省自己。"①

15.君子之道,辟如行远必自迩,辟如登高必自卑。

§.2.　Docet hic *çù-su*, quâ ratione paulatim ad medii perfectionem pervenire oporteat. Perfectorum, inquit, regula, seu procedendi ratio, est instar

---

①　手稿此处正文原有遵循张居正的注解,对"正""鹄"二字所做释义,并提示有关射箭的技艺可参阅《礼记》一书。 出版前这段文字被柏应理删去。(第75页)

facientis iter longinquum, qui utique à loco sibi propinquiori illud orditur. Est item instar subeuntis in altum, qui utique ab infimo gradu ascensûs sui initium facit.

子思就人们应该通过什么方法逐步实现"中"的完善进行教导。他说："完美的人的准则或者说他们接近这一目标的方式，就像是一个人要进行一次远途旅行，他要从最近的地方出发；就像是一个人要登高时，他需从最低的地方开始爬起。"①

《诗》云："妻子好合，如鼓瑟琴。 兄弟既翕，和乐且耽。 宜尔室家，乐尔妻帑。"

§.3. Sequitur hic simile familiare & domesticum, quo *çù-su* dicta probat seu illustrat, primo authoritate libri Carminum, & deinde *Confucii*. Oda sic ait: Ubi uxor tua est amans concordiae, ibi familia est instar pulsantis cymbala, suavissimâ illâ domesticae pacis mutuaeque concordiae voluptate perfruens: Rursùs fratres natu majores & minores ubi concordant, horum concordiae gaudium utique diu perseverat, dimanans perpetuò in filios & nepotes; atque ita rectè ordinatur tua domestica familia, insuper exhilaratur & tua uxor, & filii, & nepotes.

接下来是一个与亲人或者说与家庭事务有关的比喻。子思先是引用具有权威性的《诗经》，然后引用同样具有权威性的孔夫子的话来证明、解释这一点。《诗经》中这样说道："如果你的妻子珍爱和谐，你的家庭就会像振动

---

① 据手稿页边注注音，此处译者的参考文献出处为《尚书·太甲下》："若升高，必自下，若陟遐，必自迩。"译者亦指出这句话是极为睿智的伊尹对太甲所说，他是中国历史上第一个朝代夏朝的第三位君王，自公元前 2288 年开始统治国家。（第 75 页）

的铜钹一样,愉悦地享受着经由家庭的安宁和彼此间的和谐所营造出的极大惬意。如果家里的哥哥和弟弟能够和谐相处,那么就能长久地保持和谐的喜悦,并且会在儿孙中不间断地代代相传。家庭事务从而会被安排得井井有条并使人愉悦,你的妻子、儿子和孙子们都会因此而快乐。"①

子曰:"父母其顺矣乎!"

§.4. *Confucius* item ait: pater ac mater familias ô quam ipsi laeti ac tranquilli vivent in hac suorum inferiorum harmoniâ domesticâ! Mutua quippe concordia inferiorum, Ex. gr. nurûs ac generi, fratrum natu majorum & minorum, redundat in gaudium parentum seu majorum. Atque ita verum est, in viâ virtutis ab inferioribus gradum sterni ad superiora.

孔夫子还说过:"家里的父母能够如此快乐平静地与那些地位比他们低的人②一起和谐生活! 显然,地位较低的人们他们之间保持和睦,譬如媳妇

---

① "妻子好合,如鼓瑟琴。 兄弟既翕,和乐且耽。 宜尔室家,乐尔妻孥。"出自《诗经·小雅》中之《常棣》。 下文在翻译《中庸》书中引用《诗经》"雅""颂"部分的诗文时,其出处皆标示为"oda",该拉丁文词本意为"诗歌、吟咏",《中国哲学家孔夫子·前言》在谈及《诗经》一书时亦使用该词作为译名。 同时前文亦出现过 *Liber Carminum* 一词指代《诗经》。 耶稣会士似乎倾向于使用 *Liber Carminum* 作为《诗经》这部诗歌总集的书名;在谈论引自该书的具体诗篇时,则直观地使用 *Oda* 一词作为出处。 在某些情况下,他们也不加以区分地随意使用这两个译名来谈论《诗经》。 直至卫方济(François Noël,1651—1729)在其《中华帝国六经》(*Sinensis Imperii Libri Classici Sex*,Pragae 1711)中才明确地将《诗经》的书名确定为"Xi Kim, Liber Carminum",卫氏"四书"译稿中凡引自《诗经》的语句,皆会标明其卷数(tom)和具体诗篇名(oda)。 例如:在《大学》译文中"诗云:缗蛮黄鸟,止于丘隅"一句的出处是:"liber carminum tom. Siao ya oda Mien mam",意即《诗经·小雅·缗蛮》;《中庸》译文中"诗云:鸢飞戾天,鱼跃于渊"一句的出处是:"liber carminum tom. Ta Ya oda Nan Lo",意即《诗经·大雅·旱麓》。 详见 François Noël,*Sinensis Imperii Libri Classici Sex*,Pragae 1711,pp.14,48.

② 此处源自张居正的注释:"夫以一家言之,父母是在上的,妻子兄弟是下的。"(第79页)

和女婿、兄弟之间的和谐，都会给父母和长辈带来喜悦。事实上，这是家中地位较低的人凭借美德将喜悦传递给了家中地位较高的人。"

16.子曰："鬼神之为德，其盛矣乎！"

f.11.p.1.§.1. *Confucius*, ut ostendat, ad supradictam medii virtutem adeò amplam & sublimem, constanti conatu enitendum esse, exemplum desumit à spiritibus, quorum uti vis intellectiva est excellentior, ita & in operando est efficacitas magna: sic igitur ait: Spiritibus inest operativa virtus & efficacitas; & haec ô quàm praestans est! Quàm multiplex! Quàm sublimis.

孔夫子以"鬼神"①为例来解释之前提到过的"中"这一如此宏大而精微的美德，他认为人们都应该坚定不移地努力去达到它。对于鬼神来说，倘若它们的智力（vis intellectiva）②越卓越，其行动的成效就会越显著。因此孔夫子说："神灵所具备的行动能力和成效（operativa virtus & efficacitas）是如此

---

① 耶稣会士使用 spiritus 这一术语翻译"鬼神"，该词本义为"气息""灵魂"。

② "vis intellectiva"是经院哲学中托马斯·阿奎那神学思想的一个重要概念。他认为：人借助"理性"拥有了理解认知的能力，这一潜在的能力（in potentia）被称为智力。拉丁译文在此强调"鬼神"作为一种不会腐朽的、非物质的存在，它比较为低等的肉身具备更好的智力。在《中国哲学家孔夫子·大学》译文中也出现了这一概念，用于翻译"致知"：完善这种理解力达到极点，或引领智力达到最高点（ad extremum hac ratione perficere, ad summum apicem perducere vim intellectivam）。

的显著、多样而精微!"①

Tametsi duabus vocibus, quèi xin seu disjunctim, seu unitim sumptis varia attribuantur significata quae in ipsorum Dictionariis videre est, hoc tamen loco rejectis aliquorum Interpretum, qui multis erroribus imbuti tum inter sese mutuò, tum secum ipsi pugnant, commentis aeriis Colaus *Interpres noster cum aliis multis per* quèi xin *intelligit eos spiritus quorum venerationi vel opi implorandae instituta sunt sacrificia. Favet hîc autem* Colao*, ea quae communis est toti Imperio, vocis utriusque acceptio: favent item multi Priscorum textus et hic praecipuè, quem modò explanamus, ubi distinctè Philosophus eos et eorum operationes definit, atque ea tribuit illis, quae nonnisi spiritibus intelligentiâ praediti tribui queant: favet denique tot ubique Templorum, tot quoque rituum et sacrificiorum, quae dictis* quèi-xin *ab omni aevo dicata sunt communis usus. Quis enim non explodat posteriorum temporum Interpretes dum per* quèi-xin *intelligi volunt duarum qualitatum* Yn *et* Yâm*, id est frigidi et calidi seu perfecti et imperfecti naturales operationes, vel earumdem remissionem et intensionem et nihil amplius; ecquis enim sine rubore ausit dicere meras has qualitates materiales et inanimes tot tantisque honoribus, sacrificiis atque*

---

① 原始手稿在此处正文及页边注上标有"An Sinae cognoverint et coluerint spiritus. Digressio 1. quèi 鬼 xin 神",这是手稿译者殷铎泽所作的第一篇专题小论文,用于进一步说明中国典籍中的"鬼神"之说。他明确提到古代中国人拥有丰富而重要的典籍,耶稣会士可以利用这些典籍从中寻找与他们观点接近的地方(Quoniam autem Priscorum testimonia locupletissima sunt gravissimaque, utemur nos eis identidem, propterea quod ab eis plurimum lucidae roboris sententiae nostrae accedat)。该篇小论文的内容主要介绍了孔子与张居正对"鬼神"的看法,也提及中国人对鬼神的祭祀以及《书经》和《礼记》中与之相关的记载。论文的内容与后面《中庸》译文中的斜体注释部分多有重合,正式出版时柏应理删去其中的大部分内容(第76~83页)。此外,关于"鬼神"的翻译是耶稣会士译者对儒学宗教性进行"理性化"的一个突出例子:来华耶稣会士面临着如何解释儒家经典中"鬼神"这一敏感问题,而与此同时他们还要捍卫孔子伟大哲人的理性形象。他们在译文中采用两种说法:1.否认"鬼神"是纯粹的自然力(这是针对朱熹将"鬼神"解释为"气"的做法,耶稣会士译者认为这样的观点具有唯物主义倾向,故反对这样的看法);2.将之解释为"天使"。

jejuniis coli debere, ab iis exaudiri supplicum preces ac vota, et quae ex virtute fiant approbari, damnari verò quae cum vitio negligentiaque conjuncta sunt? Quid quod hosce spiritus incorporeos passim vocant, vestigium sui nullum relinquere humanis sensibus asserunt, rationem item loci aut mensurae, sicut corpora, habere negant? Quamvis autem non desint qui per duas illas voces intelligi volunt unicum numen supremum eò quod in libris officiorum et alibi modo nominetur coeli spiritus, *modo* coeli terraeque spiritus, *modo* supremus spiritus, *modo* spiritus, *vel* spirituum supremus Imperator, *modo* supremi Imperatoris spiritus, *plerumque tamen hîc agi videtur de spiritibus illis seu intelligentiis quos Deus tuendis et conservandis rebus creatis seu praesides et administros constituit, quos alibi Interpres vocat* Xámtí chi xîn, *id est* supremi Imperatoris clientes & subditos *qui Planetis et reliquis Astrorum, qui Elementorum nec non regionum rerumque sublunarium curam habeant: sic enim diserte* l. Xu-kim p.1.f.12. *de* Xún *Imperatore simul et Legislatore refertur, quod quoties lustraret Imperium* sacrificabat supremo *coeli* Imperatori, *dein ritu inferiori* litabat sex Principibus spiritibus *videlicet* 4. tempestatum anni, frigoris et caloris, Solis, Lunae, 5. Planetarum praesidibus, *exinde* tamquam longiùs à se remotis litabat montium & fluminum spiritibus, *denique* litabat circumquaque diffusae miltitudini spirituum. *Quin et libro* 3. Officiorum *f.* 67. *sic habetur:* Imperatores (*qui immolando suo tempore animalia ali jubebant per centum hoc est omnes Imperii urbes*) Mandabant populo ut nemo esset qui non omnino exereret suas vires ad honorandum magni caeli supremum Imperatorem, celebriorium *insuper* montium & majorum fluminum & quartuor regionum terrae spiritus ut pro populo flagitarent felicitatem, *sed prosequamur textum et expositionem.*

"鬼神"可以是分开的两个字,也可以合为一词,字典里对此有不同的释义。此处,我们排除了一些阐释者的解释,因为他们的释义不仅掺杂了许多错误,而且他们之间还为"气"的假说争论不休。我们的阐释者张阁老以及很多其他的人都认为:祭祀是为了向神灵表示崇敬并祈求它们的帮助。① 张阁老本人倾向于将"鬼神"只看作一个词,这一看法在整个帝国也相当普遍,许多古代的文本也支持这种说法,正如我们之前解释过的。哲学家对"鬼""神"及其活动进行区分,并指出其中唯有借助鬼神的智能才会出现的现象。也正因为如此,在各个时期才会有如此多的寺庙、礼仪和祭祀,普遍用于祭拜这些所谓的"鬼神"。而后世的阐释者则把鬼神的本质理解为阴阳二元②,亦即冷的和热的,或者说完善和不完善的自然运动,又或者说是气的伸和归③,此外别无其他。怎会有人④胆敢如此毫不羞愧地说鬼神在本质上是纯粹无生命的物质,却又怀着极大的敬意⑤,通过祭祀和斋戒⑥来表示对它们的崇拜。而从祈祷者那些被听得一清二楚的恳求和誓言⑦,也能证实这样的行

---

① 据手稿页边注注音,此处参考文献来自为张居正:"鬼神,即是祭祀的鬼神。"(第77页)

② 应是指理学家,以朱熹为代表的理学家普遍认为"鬼神只是气""鬼神不过阴阳消长而已"。(《朱子语类》三)中西方对于世界起源及其运作的原初理解存在某些有趣的共识,例如因其"一致论"(Koinzidenztheorie)以及二元论思想而著称的 Nikolaus von Kues/Cusanus(1401—1464,德国著名的哲学家、神学家和数学家),他的思想与中国的"阴阳二元"便有某种类似之处。 他认为:各种精神上的努力都应该以此为目标,即将对立的双方——不管是以悖论的形式还是以对立的形式存在的对立面——转化为一个一致的整体,从而排除对立模式。

③ 据手稿页边注注音,此处耶稣会译者的参考文献是朱熹在《中庸章句》中的评点"(以一气言,则至而)伸者为神,反而归者为鬼",但译者似有意隐瞒该观点出处,对此语焉不详,指出"某位阐释者如是说"(Ita Interpretes aliqui)。(第81页)

④ 手稿此处正文原有殷铎泽译文"我不是说古代的智者,而是说那些对它们进行如此解读的古代阐释者"(non dicam Priscorum Sapientum, sed vel eorum qui modò Interpretes Priscorum agunt),页边注上亦标示此处参考文献出处为《礼记·祭统》:"(古之贤者)上则顺于鬼神,外则顺于君长",出版时被略去。(第82页)

⑤ 据手稿页边注注音,此处参考文献为《礼记·月令》:"凡在天下九州之民者,无不咸献其力,以共皇天、上帝、(社稷、寝庙、)山林、名川之祀。"(第82页)

⑥ 据手稿页边注注音,此处参考文献为《礼记·曲礼上》:"齐戒以告鬼神。"(第82页)

⑦ 据手稿页边注注音,此处参考文献为《礼记·表记》:"神之听之。"原文出自《诗经·小雅》。(第82页)

径是源于美德①,那么这些又怎能被判定是与不道德的行为和疏忽相关呢?②他们为何到处召唤无形的神灵,却又声称鬼神不会在人们的感知中留下任何痕迹,否认鬼神拥有——就像人的身体那样——位置或是尺寸?然而也不乏这样的一些人,他们想通过这两个字来理解一种最高的存在,它被记录在《礼记》以及其他的书中,有时它被命名为天神,有时被命名为天地之神,有的地方则称之为最高的神灵,或者神灵,或者最高的神灵帝王,或者最高帝王的神灵。看起来这些名字大部分都是指那些鬼神,上帝(Deus)创造他们作为看守者和管理者,用于看守及保护上帝的受造物。在其他地方,阐释者称之为"上帝之臣",他们依附于最高的帝王即上帝,是他的臣民,他们负责掌管行星以及其他星辰,肯定也掌管了尘世间的事物。③确切的表达如下:《书经》第1卷第12叶第1面提到舜,他是帝王同时也是立法者,常常巡视帝国并向最高的天帝献祭,然后用次一级的仪式向六方(指东、西、南、北、上、下六个方位)的主神,一年四季、寒暑、日、月、五大行星的守护者们,以及向那些遥远的山川与河流的神灵献祭,此外,他也祭祀自己身边广泛存在的

---

① 据手稿页边注注音,此处参考文献为《礼记·礼器》:"鬼神飨德。"(第83页)

② 据手稿页边注注音,此处参考文献为《书经·太甲下》:"鬼神无常享,享于克诚。"《礼记·礼器》:"君子不以为礼,鬼神弗飨也。"《易经·谦卦》:"鬼神害盈而福谦。"《书经·商书·说命中》:"黩予祭祀,时谓弗钦。礼烦则乱,事神则难。"还包括张居正对此的注解(第83页)。 此处耶稣会译者明确为儒家祭祀辩护,提出作为祭祀对象的"鬼神"其实都是源于美德,不应该将祭祀的行为定性为不道德的行为。

③ 此处"鬼神"的职能其实是天主教中"天使"的职能,耶稣会译者认为:如同基督宗教中天使服从于天主,在中国鬼神服从于最高神上帝。 此处殷铎泽有关鬼神乃"上帝之臣"的说法,应是对朱熹点评的联想附会。《论语集注·尧曰第二十》谈及商汤请命于天,讨伐暴君夏桀,获胜后又决定将其流放,当时商汤有一番自白:"予小子履,敢用玄牡,敢昭告于皇皇后帝:有罪不敢赦。 帝臣不蔽,简在帝心。 朕躬有罪,无以万方;万方有罪,罪在朕躬。"朱熹在对该句的注解中说:"此引商书汤诰之辞。 盖汤既放桀而告诸侯也……言桀有罪,己不敢赦。 而天下贤人,皆上帝之臣,己不敢蔽。 简在帝心,惟帝所命。"张居正在其评注中并未提及"上帝之臣"。

众多神灵。① 在《礼记》第 3 卷第 67 叶,帝王对人民下令(在特定的时间用动物来献祭,命令国内数以百计的城市都要饲养这些动物,也就是说所有的城市都要这么做②),为了使所有人都倾尽其力去崇敬那伟大的上天的最高帝王,以及掌管那些较为著名的山峰、较大的河流和四大疆域的神灵,是为了替民众祈求好运。但现在我们要回到原文。③

---

① 参见《尚书·舜典》:"舜典:在璇玑玉衡,以齐七政。 肆类于上帝,禋于六宗,望于山川,遍于群神。 辑五瑞。 既月乃日,觐四岳群牧,班瑞于群后。"
② 参见《礼记·月令》:"是月也,命四监大合百县之秩刍,以养牺牲。"
③ 此处据手稿页边加注音,其参考文献出处为《礼记·月令》:"令民无不咸出其力,以共皇天上帝名山大川四方之神,以祠宗庙社稷之灵,以为民祈福。"(Lím mîn uû pú hiên chǒ kî liě y cūm hoâm tiên xám tí; mîm xān tá chuên sú fām chī xīn y guéi mîn kî fǒ. Ex Lǐ-kílib.3 f.67, id est: Imperator(qui immolanda suo tempore animalia, iubebat ali per censum, seu omnes urbes Imperii sui)mandabat populo ut nemo esset qui non omnino exareret suas vives ad honorandum magni caeli supremum Imperatorem; celebriorum insuper montium, et maiorum fluminum, et quatuor regionum terrae spiritus; ut ab his pro populi incolumitate flagivarent prosperitatem. 第 80 页)殷铎泽的这段注释中,由于涉及敏感术语"鬼神",他在此特意给出详尽的引文用以说明:虽然中国古人祭神,但他们并不是信奉多神教而是"一神教",因为他们把"神"的等级划分得非常清楚。 此后在翻译"视之而弗见,听之而弗闻,体物而不可遗"时,殷铎泽在手稿译文中(第 84 页)补充说明了中国"祭祀"的情况:中国的祭祀有时与欧洲通常所指的含义一样,用于表达对于最高天主的敬意和崇拜;但更多的时候,中国的祭祀是对负责看守事物和疆土的神灵表示崇敬(具有宗教意义),或是子女祭祀已逝父母以表孝顺,这是纯粹非宗教性的;或是追随者和学生们向他们的老师,或是为了国家的福祉向他们的君王进行祭祀,以证明和表达感激之情。 因而在中国"祭""祀"分三种——世俗(非宗教性)祭祀、宗教祭祀以及政治祭祀,都用于表示敬意(Non offendant lectorem haec 祭 çí, 祀 sú. Idest. Sacrificium, sacrificare, etc. Quibus identidem in hisce libris utimur: admodum quippe varia vocum istarum acceptio est apud Sinas: quibus tametsi non nunquam significent, quod europaeis significant semper, honorem scilicet et cultum qui Supremo Numini Dominoque solet deferri; plerumque tamen accipiuntur vel pro cultu illo rerum locorumque Praesides Spiritus venerantur,(religioso illo quidem non tamen cultu latriae)vel prodelatione honoris mere civilis(ut infra patebit)quo vel filii suam erga parentes defunctos pietatem; vel clientes, atque discipuli, hi quidem magistrorum suorum, illi vero Principum bene de Republica meritorum, gratam memoriam officiose testantur ac seruant. Sic ut hisce vocibus ci et su triplex maxime vis insit significandi; cultus scilicet latriae, cultus religiosi, cultus politici, vel honorificae cuiusdam oblationis. 第 84 页)。 出版前殷氏的上述说明皆被柏应理删去。

"视之而弗见，听之而弗闻，体物而不可遗。"

§.2. Docet *Confucius* inesse spiritibus suprà memoratis vim quamdam prorsùs eximiam & ordinis superioris; quia cùm res omnes corporeae cadant sub sensum, soli spiritus hunc fugiunt. Verum quidem est, inquit, quod visu percipimus illos quodammodò, quatenus in effectis suis identidem se produnt; sed tamen reverâ non videmus. Rursùs auditu percipimus illos quodammodò dum contemplamur tot effectuum qui ab illis procedunt tam concordem discordiam & quasi harmoniam; sed ipsos tamen non audimus; denique adeò intimè sociantur & incorporant se se, ut ita dicam, rebus omnibus; aut (*ut alii explicant*) exercent operationes suas circa res omnes sic, ut res non possint eos à se dimittere; seu, nequeant consistere sine eorum directione.

孔夫子教导道："上面提到的鬼神拥有某种非同寻常的、更高等级的力量，因为所有事物的形体都受制于感觉，只有鬼神能摆脱感觉的牵绊。""事实上，"他说，"通过视觉我们在一定程度上可以觉察到鬼神，它们会因其行动的成效为人所觉察，但我们实际上并不能看到它们。通过听觉我们在一定程度上也能觉察到鬼神，当我们观察其行动的成效，这些效应产生了如此相互契合的不一致①，几近和谐，但我们还是不能听到它们。最终，鬼神使自身与所有的事物紧密相连，我甚至可以说，它们与所有的事物融为一体。（如同其他人解释的那样）它们会对自己身边的一切事物施加影响，使这些事物不能脱离它们，换言之：没有鬼神的指导，事物便会失去方向。"②

---

① 此处耶稣会士使用 concordis discordia（协调的不一致），其意为：当人们能够在混乱中发现秩序时，人们便会认识到这种状态并非偶然，而是受到鬼神的支配影响才有的。

② 手稿正文此处原有"'体物'，即进入事物形体之中与之融合，一如《易经》书中所说，'干事'即对其身边事物产生影响，从而使事物实现其自身的完善"，出版前被柏应理删去。（第83页）

"使天下之人，齐明盛服以承祭祀。 洋洋乎如在其上，如在其左右。"

§.3. Atque haec est causa, cur spiritus efficiant, ut orbis homines quibus est à naturâ indita gratitudo, abstineant identidem sese praecipuè quidem à vitiis; & ut animus sit purus ac mundus; corpus item splendidiore habitu adornatum; ut sic eâ quâ decet reverentiâ offerant sacrificia quò tempore dum contemplantur illam spirituum multitudinem, velut mare quoddam, omnia implentem; ita eos venerantur ac si assisterent ipsis supernè, ita quoque reverentur ac si adstarent ipsis ad laevam & dextram.

"这就是为什么鬼神能产生这样影响的原因，从而使世人天生就对鬼神抱有感激之情，不断使自己避免犯错误。为了使自己的精神变得干净而纯洁，使自己的身体也能具备更为耀眼的外表，人们应该充满敬意地向鬼神呈上祭品。在那个时候，他们一直默默凝视着众多的鬼神，它们就像充盈着一切事物的海洋。当人们祭祀鬼神时，鬼神仿如位于最高处；当人们敬畏鬼神时，鬼神就像站在自己的左边和右边。"①

"《诗》曰：'神之格思，不可度思，矧可射思？'"

p.2.§.1. *Confucius* authoritate libri *Xi-kim* dicti probat hanc illis deberi

---

① 此处《中庸》原文谈及祭祀时的规则：必须"齐明盛服"。 对朱熹而言，这一规则分为内、外两个层面，最为重要的是内在的"畏敬"（耶稣会士译为 reverentia）。 张居正在此也强调祭祀时"内外"的功夫："斋明以肃其内，盛服以肃其外"（第 80 页）。 从耶稣会士的译文来看，他们将"内外"关系理解为"心（animus）身（corpus）"关系。 另外，此处手稿正文有关于"汉语中'祭祀'一词有何种意义"（Quam vim habeat in Sinis vox sacrificium）的一段论述，出版时该段文字被略过。（第 84 页）

reverentiam. Oda sic ait: An spiritus adveniant & appropinquent sacrificantibus, eorumque vota suscipiant, non potest facilè conjici nedum determinari; magis ne verò determinari poterit si negligenter colantur, & in eorum obsequio homines languescant? Seu si hi qui omni cum veneratione iis sacrificant, nequeunt eorum praesentiam facilè percipere, quantò minùs percipient ii qui oscitanter ac remiscè & cum taedio illos colunt?

借助《诗经》这本权威的书中的话，孔夫子也认同人们应该对鬼神保持敬畏。《诗经·大雅》是这样说的："通过祭祀是否鬼神就会降临并接近，进而接纳人们的祈求，这是无法轻而易举便得到结论的。如果人们对于鬼神的祭拜草率怠慢，在表达自己对于鬼神的顺从时倦怠无力，是不是这就越发难以得到结论？"①或者可以这样说，如果那些充满敬意地向鬼神进行奉献的人尚且不那么容易感觉到鬼神的临在，那么，对于那些以疏懒松懈之态祭拜鬼神的人，他们更难感受到鬼神的临在。②

"夫微之显，诚之不可揜，如此夫！"

§.2. Haec spirituum tam arcana subtilitas, nec minor per effectus suos manifestatio, quamvis spiritus in se adeò occulti sint, usque adeò clara est, ut revera tamen non possint occultari; ita planè se res habet.

---

① 该句出自《诗经·大雅·抑》："视尔友君子，辑柔尔颜，不遐有愆。 相在尔室，尚不愧于屋漏。 无曰不显，莫予云觏。 神之格思，不可度思，矧可射思。"这段话描述君子对外待人接物时应和颜悦色小心谨慎，向内独处做事思虑要无愧于神明，对不可揣测的鬼神的降临，丝毫不敢有怠慢不敬。 这恰与《中庸》关于君子修身、慎独的讨论，以及孔子对待鬼神的态度都十分契合。

② 最后一句译自张居正的注释："神明之来也，不可得而测度，虽极其诚敬以承祭祀，尚未知享与不享，况可厌怠而不敬乎？"（第81页）和朱熹一样，张居正也相信鬼神的存在，但与朱熹不同的是：张居正进一步强调，鬼神有能力回应人们的祈求。 耶稣会士在此采纳张居正的解释。

"鬼神的精妙如此隐密,即使它们总是隐藏自身,但经由它们显现出来的影响,使得它们的存在又是如此明显,以至于它们无法被隐藏起来。事实就是如此。"①

Quamvis pateat existentia spirituum ex ipsomet textu et mente Philosophi; juvat tamen hoc loco quid et ipse Cham-colaus de spiritibus sentiat (utique ex mente ipsius Philosophi) ipsiusmet verbis Lectori declarare. Sic autem ait quod sint spiritus, utique verè est hoc è ratione; *nam* perpetuo motu operantur in hoc caeli & terrae medio, & exercent pro officio suo illam beandi probos, & affligendi improbos potestatem: ideò ipsorum (*scilicet spirituum*) agilitas, & intelligentia apparet ac clarè se manifestat, & nunquam potest occultari. Revera sic est. *Mirificè favet huic Interpreti Interpres alter, paris cum Colao authoritatis; et ipse* Cham *dictus, cognomento* tûm-ço: *hic autem in vigesimâ circiter editione Commentariorum suorum in modò explanatam* Confucii *sententiam sic scribit: Vox illa* Chîm *significat spirituum veritatem. Et sensus est:* revera dantur isti spiritus. *Voces illae* pú cò yèn, *id est manifestum est, seu celari aut negari non potest. Sic ille.*

哲学家的文章及其想法都明确承认鬼神的存在,在此我们用张阁老自己的话向读者介绍他对于鬼神的理解(这些无疑也是源于哲学家本人的思想),应该会有助于理解。如他所说:鬼神,一定是源于理性。它不停歇地运行于天地之间,执行它的职责赐福好人,打击邪恶势力。因此它们(鬼神)的灵敏和智慧都是有目共睹的,全都清清楚楚地表现出来,不可能被隐蔽。事

---

① 据手稿页边注注音,耶稣会士在此处还参考了《性理大全·第五卷》:"鬼神常不死,故诚不可揜。"(第84页)

实就是如此。① 令人惊奇的是另一个阐释者也支持张阁老的解释,他同样具备阁老的权威,他姓张,名字叫侗初,在他第二十本评论性著作中,他写下自己对于孔夫子观点的注解:"'诚'是指神灵的真实,意思是说实际上鬼神是存在的。'不可揜'这几个字的意思是:显然它们是无法被遮蔽或者被否定的。"他的原话就是这样。②

17.子曰:"舜其大孝也与? 德为圣人,尊为天子,富有四海之内,宗庙飨之。 子孙保之。"

f. 12. p. 1. §. 1.　Hic & deinceps *çù-su*, ut explicet latitudinem ingenitae omnibus rationis quoad usum, Avi sui verba affert de Priscorum Regum virtutibus; ac primo quidem de illustri Imperatoris Xún erga parentes suos obedientiâ. *Confucius ait: Xún* Imperatoris illius ô quàm magna fuit obedientia! Virtute fuit sanctus; quo & factum est ut tanti filii parentes ubique celebrarentur.

---

① 据手稿此处页边注注音——xí queì xîn çè xě yeù xíhī. Liêu hîm yū tiēn tí chī kiēn, ûlh sū kî fŏ xén, hó ŷn chī pím. Cú kî çî m xuàm lîm kífá hién chāo chú, ûlh pú cò yèn yè. Jû çù fū. Chām Colaus in lib. chūm-yûm.(第85页),其引文源自张居正:"惟是鬼神,则实有是理,流行于天地之间,而司其福善祸淫之柄,故其精爽灵气,发现昭著而不可揜也,如此夫。"(第81页)

② 手稿上该段译文的页边注上标有:"chîm chì queì xîn chī xě. yên xí: xě yeù çù queì xîn. Pú cò yên, çiè hièn yè. Ita Chām-tûm-çò in lib. chūm-yûm."(第85页),引自张侗初对《中庸》一书的评注:"诚指鬼神之实理,言是实有此鬼神。 不可掩,即显也。"参见日本国立公文书馆所藏该书明刻本网络扫描文档。张鼐(? —1629),字世调,又字侗初。万历三十二年(1604)进士,松江华亭(今属上海市)人,官至礼部右侍郎,著有《宝日堂初集》《吴淞甲乙倭变志》《馆堂考故》等,现在罗马耶稣会档案馆还藏有他的"四书"注解:《新刻张侗初先生永思斋四书演》(*JAP-SIN* I, 3)。 耶稣会士在译文中称赞张鼐著作等身,论著多达数十部。 事实上除"四书"评注外,张鼐确实还著有《镌侗初张先生评选战国策隽》《新锲侗初张先生注释孔子家语隽》《镌侗初张先生评选史记隽》《镌侗初张先生评选左传隽》等论著。 此外,手稿正文此后殷铎泽引用《论语》中谈及"鬼神"的文句以及张居正对此的评点,撰有大段文字介绍儒家的鬼神观,出版时被略去。(第85—89页)

Dignitate fuit caeli filius, id est Imperator: haec verò dignitas ad parentes quoque certâ ratione transivit; &, si de opulentiâ agamus, obtinuit quidquid quatuor maria (*sic orbem sibi notum sinae declarant*) intrà se complectuntur. Has item opes in parentum cultum planè regium nec non delicias eorumdem pius profundebat. In aulis parentalibus regio de more & apparatu defunctis majoribus parentabat, quem morem filii quoque ac nepotes conservarunt: Hoc autem modo ea tam illustris & Regia dignitas in familia ipsius diu perstitit; & à posteris vicissim tanti Avi memoria, praesertim in parentalibus officiis ac ritibus, perpetuò conservata fuit.

在这里及下文中，子思进一步解释了人先天就具备的理性以及它的范围和用途。他借用祖父的话介绍古代帝王的美德：首先是关于卓越的帝王舜对父母的孝顺。孔夫子说："舜帝的顺从是多么伟大啊！在美德方面他堪称圣人，正是他的美德使得天下所有人的父母都能受到尊重。就地位而言他是上天的儿子，也就是说：他是帝王，基于这一理由连带他的父母也变得高贵。如果我们谈论财富，舜获得了'四海'之内（中国人如此命名已知的大陆[①]）所囊括的一切。虔诚的舜聚集了如此多的财富是为了祭拜父母。在祖先的宗祠内（in aulis parentalibus）[②]，按照王制和王礼来祭祀已故先祖，子孙世代都保留这一习俗。正是借助这一方式，举国上下才能如此长久地保持对于杰出帝王的尊敬。而正是通过祭祖的职责和礼仪（in parentalibus officiis

---

[①] "已知的大陆"（orbis notus）这样的提法让人联想到西方人所热衷的新航路开辟以及对未知大陆的寻找、勘探。

[②] 殷铎泽在其手稿中将"宗庙"译作"祖先的庙宇/神殿"（maiorum templa），并在页边注对"庙"一词作注："我其实并不想用'庙'，亦即'庙宇/神殿'一词来代表供奉神灵的处所，因为就连古罗马人也不接受'神殿'这个名词本身常用的意思，就像西塞罗证实过的那样，他曾说：'元老院是公共决策的场所和神殿。'（Curia est sedes ac Templum publici consilii. *De Oratore*）'庙'与已逝者有关，确切地说指一个家族的神殿。这个字在语源学上是由'广'和'朝'构成，前者指山上突起的岩石，后者指皇室的朝堂，上朝是为了向帝王致敬。"柏应理在出版前将殷氏译词修订为"祖先的宗祠"（maiorum aulae parentales）。（第90页）

ac ritibus），后代对于祖先的怀念才会永久地留存下来。"

Non offendat, *Lectorem vox* Xím *seu* Sanctus; *non enim hic aliud*（*uti in lexicis videre est*）*significat quàm eximiè sapientem et intelligentem*, *vel* gîn chi ché, *id est*, *hominis summum ad quod homo suis viribus potest pertingere.*

我们希望读者不会被"神"或"圣人"（sanctus）这样的字眼所困扰，事实上它们并没有什么别的含义，（正如词典中所记载的）只是意味着具有杰出的智慧和理解力的人，或者说"仁之至"，亦即仁的顶点，每个人都可以借助自己的努力达到这一顶峰。①

"故大德必得其位，必得其禄，必得其名，必得其寿。"

§.2. Ideo magna illius virtus, non casu, sed destinato haud dubiè consilio, obtinuit suam illam à caelo dignitatem, seu Imperii coronam, virtutis praemium: item haud dubiè obtinuit suos tam amplos census & immensas opes illas quas ambit Oceanus: haud dubiè obtinuit suum illud toto orbe tam celebratum nomen famamque tantam: haud dubiè denique obtinuit illud dulce praemium longaevae aetatis; proprium scilicet praemium filialis obedientiae, quam paulò ante depraedicavit.

"舜的美德如此卓绝，这并非偶然，毫无疑问这是命中注定的安排。上天赋予他这样的尊贵，或者说赋予他帝王的皇冠并赠予他美德。他毫无疑

---

① 由于身处"礼仪之争"的旋涡之中，耶稣会士深知"神"及"圣人"这样敏感字眼的争议性，可能会使欧洲的读者尤其是教会人士心生反感。因此他们在注释中特别强调中国人的"成圣"只意味着通过修为获得卓越的理智和领悟力，也就是所谓"仁的顶点"。而且经由自身的努力修为，这一境界人人都可实现，由此凸显了儒家之"圣"与基督宗教圣人之间的差异。在天主教会中，"成圣"作为天主教恩的一部分，根据《罗马书》中的定义它是指基督徒相信主耶稣在经历重生得救之后，开始在基督里过着如他一般圣洁生命的历程。根据天主教教会规定，只有官方才有权册封圣人。

议地获得四海之内丰厚的资产和雄厚的财力,他毫无疑议地在整个疆域获得卓著的名号和声誉,同时也毫无疑议地获得上天赐予的长寿以及儿女的孝顺这样美好的馈赠,这点在上文已经提及。"

Et verò vixit Xún *Imperator annis 100. primùm quidem ab agro et stivâ vocatus ad Imperii per 8. et 20. annos societatem ab ipso* Yao *Imperatore; qui deinde moriens, cùm suum ipsius filium* Tan-chu *dictum ab administratione repulisset, non in alium quam in ipsum* Xún *Imperium resignavit : quod ab hoc inde per annos 50. feliciter administratum fuit : Ut planè videatur Deus Sinis etiam contulisse, quod, quicumque honorassent patrem et matrem, in lege scriptâ promiserat. Quod, ne quis putet à nobis ex uno tantum successu temerè mox affirmari, juvat referre quem fructum pietatis suae* Vù-vâm *quoque familiae tertiae conditor et Imperator aliquando perceperit. Aegrotabat, uti memorant officiorum libri, hujus avus* Vâm-ki *qui Regulus tunc erat ; ministravit aegrotanti* Vên-vâm *filius cum incredibili sedulitate et vigilantiâ, maximâque tenerrimi amoris et observantiae significatione. Successu deinde temporis, cùm* Vên-vâm *quoque, primae inter Regulos dignitatis, jam senior langueret, adfuit ei similiter* Vù-vâm *filius, et Patris erga avum pietatem imitatus, assistere aegro diu noctuque, famulari, quidquid excogitare poterat obsequii solatiique praebere, usque eò ut nec cibo se reficeret nisi cum cepisset hunc pater, neque antequam hic indormisceret, quieti somnoque traderet defessum corpus. Convalescebat haec inter senior ; et pius filius plusculum fortè somno tribuerat. Quaesivit igitur ex eo pater, nùm quod ei somnium nocte istâ contigisset; cui* Vú-vâm: *planè (inquit) ô Pater! Et quidem ipsiusmet* Xám-tí *species augustissima mihi per somnium oblata fuit : faciebat autem spem mihi* caeli Imperator *obtinendi novem* Lim, *id est, novem annorum decades. Tum Pater : tu novem decades annorum nonagenarius senex aliquando numerabis : mihi centum aetatis anni parati sunt : sed age, tres meis demantur, qui tuos augeant, fili* mi. *Res fuit admiratione digna*, (*si tamen libris Officiorum credi potest*) *prorsùs ut ita dictum fuerat*, *evênit*: *nam* Vên-vâm *natus annos septem et nonaginta vivere desiit*; Vù-vâm *tertio et nonagesimo aetatis suae anno*; *utrumque verò superavit hujus frater*, Cheu-cum *dictus*, *utpote centenarius*, *singulari sapientiâ*, *et filiali quoque observantiâ commendatissimus Princeps*.

事实上舜帝活了 100 年，他原来的出身与田地和犁把手有关①，后来却被尧帝亲自召集到他所建立的帝王诸侯同盟中并摄政长达 28 年②。尧帝快死的时候，他把自己名为丹朱的儿子赶出管理同盟。他没有把帝国交给其他人，而是交给舜去治理，帝国在此后的 50 年里得到很好的治理。显而易见，上帝带给中国人这样的信息：任何孝敬父母的人，上帝都会通过写下的律法与他作出约定。为了避免我们之中有人会鲁莽地将之视为一个偶然事件，在此一同回溯武王——他是第三个朝代的创建者并获得了帝位——孝顺的事迹，想必会有所帮助。正如《礼记》中记载的，当时他们的祖父王季还是诸侯王，在他生病时，他的儿子文王以惊人的勤勉、极为深厚温和的关爱、孝顺的态度，细心照顾着病中的王季。③ 后来当文王成为各个诸侯王中最受尊敬的一位时，他已年老力衰，他的儿子武王仿效自己的父亲对于祖父的孝

---

① 指舜曾从事农耕。

② 此处涉及尧帝没有将自己的帝位交给自己不成器的儿子丹朱，而是听从诸侯们的推荐从民间纳贤，任命舜摄政治国。 舜治理国家 28 年后，尧才去世。 耶稣会士在注释中所采纳的说法出自《史记·五帝本纪第一》："（尧）令舜摄行天子之政，荐之于天。 舜辟位凡二十八年而崩……尧知子丹朱之不肖，不足授天下，于是乃权授舜。 授舜，则天下得其利而丹朱病；授丹朱，则天下病而丹朱得其利。 尧曰'终不以天下之病病一人'，而卒授舜以天下。"张居正在其注释中并没有提到舜活了一百岁，反而是朱熹明确提及"舜年百有十岁"。

③ 参见《礼记·文王世子第八》："文王之为世子，朝于王季，日三。 鸡初鸣而衣服，至于寝门外，问内竖之御者曰：'今日安否何如？'内竖曰：'安。'文王乃喜。 及日中，又至，亦如之。 及莫，又至，亦如之。 其有不安节，则内竖以告文王，文王色忧，行不能正履。 王季腹膳，然后亦复初。 食上，必在，视寒暖之节，食下，问所膳；命膳宰曰：'末有原！'应曰：'诺。'然后退。"

顺,在夜里忧心忡忡地侍奉在旁,如同仆人一般,想尽一切办法去孝顺父亲并给予他安慰。如果不是与父亲一起获取食粮,他绝不独自储备;①一定要在父亲入睡之后,他才会带着精疲力竭的身躯入睡。年老的人在睡眠中恢复体力,孝顺的儿子相当重视父亲的睡眠。父亲也从儿子那里获知夜里在他梦中所发生的事情。武王对父亲说:"哦,父亲!上帝通过梦境向我显现他那极为神圣威严的身影。"② 天帝赐予我希望获得的九龄,亦即90岁的寿命。"这时父亲说:"90年后,你就是个90岁的老人,我准备好要活100岁的,但是啊,我希望能把属于我的寿命去掉3年,将它加给你,我的儿子。"这件事是值得赞美的(如果《礼记》里说的那些真的可以相信的话)。③ 果然,后来一切如他所言:文王活了97岁,武王活了93岁。武王的兄弟,名叫周公,则超过了他们两个人。作为一个活到百岁的人,他因其非同凡响的智慧及孝顺成为备受爱戴的君王。

---

① 参见《礼记・文王世子第八》:"武王帅而行之,不敢有加焉。 文王有疾,武王不脱冠带而养。 文王一饭,亦一饭;文王再饭,亦再饭。"

② 上帝在武王的睡梦中显现并给予启示,而在《圣经》中上帝也在以色列的君王以及先知的睡梦中显现过并给予启示,耶稣会士加入这一段注释,体现他们有意在中国经典中寻找与《圣经》记载中类似的地方。

③ 手稿上此段译文的页边,殷铎泽标注有: uên uâm gueí uù uâm yuĕ jù hô múm y. uû uâm tuí yuĕ, múm tí yû ngò kieù lĩm. Uên uâm yuĕ cù chà gueí niên lĩm ngò pĕ; ùlh kieù xĕ ngû yû ùlh sān yên. Uên uâm kieù xĕ ciĕ naì chūm. uù uâm kieù xĕ sān ûlh chūm. Ex lĭ -kí lib. 4 f. 28, id est: uên-uâm advocans filium uù-uâm petiit: tu quid somniasti. uù-uâm respondit, somniavi caeli Imperatorem donare mihi novem lim, etc. uên-uâm adhoc ait: prisci denotabant annos per Tò-lĩm. Ego centum annos, tu novem decades annorum habebis: ego vero resigno tibi ex meis tres annos. uên-uâm nonaginta septem annos habuit cum vivere desiit. uù-uâm nonaginta tres annos habuit cum vivere desiit. (第91页),据其注音,上述事迹的文献出处为《礼记・文王世子第八》:"文王谓武王曰:'女何梦矣?'武王对曰:'梦帝与我九龄。'文王曰:'汝以为何也?'武王曰:'西方有九国焉,君王其终抚诸?'文王曰:'非也。 古者谓年龄,齿亦龄也。 我百尔九十,吾与尔三焉。'文王九十七乃终,武王九十三而终。"殷铎泽在页边标注引文出处时,仅用拉丁文节译了上述原文中用下画线标示的部分。

"故天之生物，必因其材而笃焉。 故栽者培之，倾者覆之。"

§.3. Etenim caelum in productione rerum haud dubiè accommodat se se, & attemperat earum dispositionibus, & his conformia dat incrementa, suoque res influxu foecundat; adeoque quas plantas invenit aptis locis atque temporibus rectè consitas benignè fovet ac vegetat humore suo & calore; quas dejectas & marcescentes reperit, eodem arefaciens calore prorsús dissipat ac destruit. Ita etiam caelum sese accommodat naturae & ingenio singulorum; bonos erigit atque ornat, ut patuit in hoc Principe *Xûn*; improbos verò abjicit & perire sinit.

"毫无疑问，上天是与万物的繁衍相适应的。上天依据它们的材质，给予它们与之相应的生长，通过这样的影响来滋养万物。因此，那些种植在合适的地区和气候中的植物，它们会茁壮地生长，它们的汁液和温度都充满生机；上天也会找出那些下垂无力、不断枯萎的植物，驱逐甚至完全摧毁那些衰败之中的植物。由此可见，上天适应每个人的本性与禀赋。它会滋养那些品行好的人，正如舜帝身上所清楚显现的①，抛弃并覆灭那些品行恶劣的人②。"

"《诗》云：'嘉乐君子，宪宪令德，宜民宜人，受禄于天，保佑命之，自天申之。'"

§.4. Oda ait: O omnium encomiis laudandum, jubilisque extollendum

---

① 意指尧帝没有将帝位传给他品行不够出众的儿子丹朱，而传给了舜。

② 《中庸》原文主要提到"天"对自然界的影响，耶稣会士在其增加的注释中将这一影响明确延伸到人的身上。

virum perfectum! O quàm magnificè resplendet ejus praeclara virtus! Quae populi sunt tribuit populo, & quae magistratibus competunt tribuit magistratibus. In omnes derivat virtutes suas, adeoque de omnibus bene meretur. Ideò nimirum amplissimos recipit census (*Imperium denotat*) à caelo; conservat ac fovet Imperium; adeóque aliis atque aliis beneficiis à caelo dimanantibus, bonisque omnibus cumulatur; & in longam posteritatem amplificatur.

《诗经》说："噢,值得用一切颂辞来赞美,用各种嘉乐来歌颂的完美的人啊! 噢,他卓越的美德是多么出色夺目! 那些属于人民的东西,他将之交给人民;地方行政官员能胜任的事情,他把它们托付给官员。他的美德流转到所有人身上,他使自己服务于所有人。毫无疑问他从上天那里获得极其丰厚的财富(自然也包括帝国),他保护并珍惜自己的国家,不断地获得上天赐予的各种福祉,拥有所有的财富,而在将来很长的时间里这些还在不断增加。"①

"故大德者必受命。"

§.5. Ideo (*concludit Philosophus*) magna virtus procul dubio obtinet à caelo Imperium.

"所以(哲学家总结说)毫无疑问,品德高尚的人从上天那里获得帝国。"

18.子曰:"无忧者其惟文王乎! 以王季为父,以武王为子,父作之,子述之。"

p.2.§.1. *Confucius* excurrens hic in laudes Regum *Vên-vâm* & *Vù-vâm* sic

---

① 出自《诗经》中《大雅·假乐》篇。

ait: Qui expers moeroris semper fuit (rarâ Regum felicitate) is solus fuit *Vên-vâm*: quia nimirum Regulus *Vâm-ki* fuit ei Pater, à quo tam praeclarè institutus fuit; & quia Imperator *Vu-vâm* fuit ei filius, patri, avoque tam similis; quae pater piè ac feliciter orsus fuerat, filius majori etiam cum felicitate in annos plurimos pertexuit. Fundavit enim hic tertiam familiam Imperatoriam *Cheu* dictam, quae prae reliquis omnibus familiis diutius stetit, annis scilicet 874. triginta quinque Imperatoribus illustris.

孔夫子进一步赞美文王和武王说道："总是能够摆脱忧愁的（很少君王会是快乐的）恐怕只有文王了。诸侯王王季是他的父亲，在王季那里，他获得了很好的教导。武王作为文王的儿子，他跟自己的父亲、祖父很相似。正因为父亲虔诚、顺利地创立了帝国基业，儿子才能在多年后顺利完成父辈未尽之事，建立起帝国的第三个朝代并将之命名为'周'。比起后来的朝代，周朝持续了更长的时间，它维持了874年，共有35任杰出的帝王。"①

"武王缵大王、王季、文王之绪，壹戎衣而有天下，身不失天下之显名，尊为天子，富有四海之内，宗庙飨之，子孙保之。"

§.2. Imperator *Vu-vâm* heroicis suis virtutibus propagavit proavi sui *Tai-vâm*, & avi sui *Vâm-ki*, & patris sui *Vên-vâm* augustam stirpem. Semel dumtaxat arma militiaria induit, ut exigeret meritas poenas de impiissimo *Cheu* tyranno (fuit hic secundae familiae *Xam* postremus) & hoc subacto obtinuit *Imperium* hortatu, vel impulsu potiùs octingentorum diinastarum totiusque populi; ejus autem persona

---

① 张居正的注释中提到"下而子孙，则传世三十，历年八百"（第85页）。 至于此处耶稣会士指出的具体数字，应该是由比利时来华耶稣会士柏应理根据中国史籍统计出来的。 更多的数据可参见柏应理所著《中华帝国年表》（*Tabula Chronologica Monarchiae Sinicae*）和《中华帝国及其大事纪》（*Imperii Sinarum et Rerum in Eo Notabilium Synopsis*）。

ad hoc fastigium evecta nequaquam amisit acceptam à majoribus totoque orbe illustrem ac celebratam virtutum & meritorum famam. Dignitate fuit *Imperator*: At si de opulentiâ agamus, possedit quidquid quatuor maria intra se continebant: neque minor fuit illius pietas; quippe in avitis majorum aulis, iis parentabat magnificentiâ & ritu Imperatorio: quem morem filii sui ac nepotes conservarunt totâ deinceps posteritate propagante in perpetuum gloriosam memoriam Majorum suorum & prosapiae regiae.

"武王以其英雄般的骁勇,继承了他的祖先大王、祖父王季、父亲文王的神圣血统。为了使品行恶劣的暴君纣得到他应有的惩罚(他是第二个朝代商朝的最后一个帝王),武王曾率领军队讨伐他,并赢得这个被其攻克的国家民众的欢呼拥戴,事实上他为800位诸侯王以及全体民众带来了极大的激励。在他个人的功业达到顶点时,他并没有丧失多数民众以及整个国家对他那天下闻名的美德以及功勋名望的认可。正是基于这样的威信,他登上皇位。如果要谈论他的财富,那么他拥有四海之内的一切财富。与他的财富相比,他的孝心也毫不逊色,他在供奉着自己家族祖先的祠堂里,以帝国级别的隆重仪式祭祀先祖。他的子孙一直保存着这一习俗,从而使其后代一直铭记自己祖先以及帝王家族的荣耀历史。"①

De hujus illustri prosapiâ multa perhibent Annales Sinici: Siquidem ordiuntur illam ab Imperatore Hoâm-ti (*qui caepit imperare anno ante Christum 2697.*) *perpetuâ quadraginta generationum Serie; quarum tam nomina quàm cognomenta accuratè recensent. Porrò inter* Hoâm-ti *et* Vù-vâm *anni 1574. effluxere: Rursùs ab*

---

① 耶稣会士在此后插入"以史证经"的一段注释,其用意在于:1.基督宗教的注经传统与明清之际中国文人之中兴起的"实学"风气不谋而合;2.有助于欧洲的读者更好地阅读、理解《中庸》提及的历史人物及事件;3.耶稣会士借此凸显中国历史的悠久、朝代众多。 此外,从《中国哲学家孔夫子》一书的前言以及译文斜体注释中频繁出现的"以史注经"手法,可以看到耶稣会士译者身上具有明显的"崇古倾向"。

hoc non tantum eadem stirps, sed et dignitas simul Imperatoria in filios ac nepotes per annos 874. propagata fuit. Ex quo conficitur, Domûs illius nobilitatem, fortè nulli Europaearum vel Asiaticarum secundam, annis 2447. sibi constitisse: primò quidem cum Regulorum et deinde cum Imperatorum titulo ac dignitate: consule tabulam genealogicam Sinicae Monarchiae.

中国的编年史中介绍了许多卓越的帝王家族。据说在中国, 从黄帝开始它的历史就不曾间断地在延续, 共延续了40个朝代(中国的编年史在耶稣诞生之前2697年就开始有记载), 这些朝代帝王的名字连同姓氏都被精确地记录下来。黄帝和武王之间间隔了1574年, 武王之后, 他的血统连同皇权的尊贵在其子孙身上延续了874年。周朝所实现的这种家族荣耀: 先是作为诸侯王, 此后得享帝王的头衔和尊贵, 不管是欧洲的还是亚洲的皇室, 在此后的2447年都找不到第二个那么长久的朝代。详见《中华帝国年表》。

"武王末受命, 周公成文武之德, 追王大王、王季, 上祀先公以天子之礼。斯礼也, 达乎诸侯大夫, 及士庶人。父为大夫, 子为士, 葬以大夫, 祭以士。父为士, 子为大夫, 葬以士, 祭以大夫。期之丧, 达乎大夫。三年之丧, 达乎天子。父母之丧, 无贵贱一也。"

f.13.p.1. Hic & deinceps ostendit *Confucius*, quomodo *Vu-vâm*, & hujus frater *Cheu-cum* & servarint ipsi, & ad posteros suos transmiserint debitum cultum & reverentiam ergà defunctos majores, servando luctûs, exequiarum, & sepulturae, simulque officiorum ac rituum debita tempora, ordinem, & apparatum. Et hic quidem erat filialis obedientiae apex, ob quam sibi omnem felicitatem à caelo promittebant. *Vu-vâm*, inquit *Confucius*, jam senior, octogenario major scilicet, suscepit imperium; adeoque, cùm tantùm septem annis imperarit, non potuit leges ac ritus ita stabilire ut non esset periculum ne denuò negligerentur & in oblivionem irent; quare cùm filium Imperii haeredem relinqueret, *Chîm-vam* dictum, tredecim annorum puerum, *Cheu-cum* hujus tutor simul & patruus extremam rei tantae imposuit manum, & adimplevit Parentis sui *Vên-vâm*, & fratris sui natu majoris *Vu-vâm* virtutes ac statuta, posthumo Regulorum titulo ornans Proavum *Tái-vam*, & Avum *Vâm-kí*, vel (ut alii exponunt) *Cheu-cum* adimplevit *Vên-vâm* & *Vu-vâm* virtutes: Nam assiduè & ipse sibi & pupillo revocabat in memoriam familias Regias, virtutesque Proavi *Tái-vam*, & Avi *Vâm-ki* Regulorum; numerando per mille & amplius annos perillustris familiae seriem à *çu can* usque ad ipsum *Héu-cie*, qui familiae Princeps & caput fuit, & filius quarti Monarchiae Imperatoris, *Tî-co* dicti, ex prima Reginâ *Kiam yvén* dictâ: Erat autem *Tí-co* nepos secundi Imperatoris cui *Xaò-haó* nomen: Porrò *Xaò-haó* filius erat celebris illius *Hoâm tí* flavi Imperatoris ex matre *Luîj-çù* dictâ. Itaque solemniùs augustiusque parentabat defunctis majoribus juxta *Imperatorum* ritus, impertiens eos sua ipsius dignitate; qui ritus deinde abiit in usum apud omnes Reges & Imperatores Sinarum; ut quisque scilicet suâ ipsius dignitate impertiret Majores suos defunctos, quamvis hi illam non habuissent in vitâ. Hi itaque erga Majores ritus propagati sunt ad *Regulos* & ad *Magnates* Imperii, *Ta-fu* dictos, usque ad literatos; ac tandem ad privatos homines: omnes enim juxta suum quisque statum, & ordinem quem obtinebant, in hoc officiorum genere procedebant. Atque adeò si Pater fuisset unus ex *Magnatibus* seu Magistratibus Regni, & filius esset dumtaxat literatus, sepeliebat hic Patrem cùm ritibus *Magnati* debitis; ipse verò ei parentabat pro suo literati aut Doctoris gradu: Contrà, si Pater fuisset literatus, filius autem esset ex *Magnatibus*, tum filius sepeliebat patrem ut literatum, seu ritu literatorum, parentabat autem ut *Magnati*, eamdem cum suâ dignitatem Patri licet mortuo impertiens honoris causâ. Utriusque ritûs rationem hanc afferunt; quia dignitas Patris sequitur mortuum usque ad sepulchrum; at verò quae ei fiunt parentalia, sive quae offeruntur munera pertinent ad redditus & facultates, seu ad statum viventis filii; qui si pauper pauperis more, si Rex Regis more Parentibus suis parentabat. Quod verò ad luctum pertinet: unius anni luctus (*quem declarant, non atri, sed albi coloris vestitu funebri*) in morte fratrum aut patrui, tantùm pertingebat ab infima plebe usque ad *Magnates*. In obitu autem Patris, aut Matris, *triennii* luctus pertingebat ad ipsum usque *Imperatorem*: Et in hoc Patris ac Matris triennali luctu non habebatur distinctio nobilis ab ignobili, sed una eademque erat omnium ratio: quia quae parentes promeriti sunt de filiis, & quae filii vicissim debent parentibus, sunt in omnibus paria, & eodem pretio aestimanda.

在此处及下文中，孔夫子还指出："武王和他的兄弟周公以这种方式保持着礼仪并将祭祀的职责和对已逝先祖的崇敬传给他们的后代：举行葬礼时需保持哀痛的心情，以及举行葬礼和祭祀礼仪所要求的时间、等级及布置陈设。"这便是孝顺的顶点，由此获得上天应许自己的一切幸运。"武王那时已经年迈，"孔夫子说，"在他接管帝国时，武王已经八十多岁。因此，在他实行统治的那7年里，他未能确立法律和仪式来防范危险的发生，以及阻止礼仪被再次疏忽和遗忘。当他将自己十三岁的儿子——他被称为成王——定为帝国的继承人时，周公成为这个男孩的导师——他也是男孩的叔叔，并且为成王处理了很多朝政。（正如一些人所解释的那样）周公完成了祖父王季、文王和武王的德业，因为他不断地让自己和孤儿回想起他们的皇室家族：追忆他们做过诸侯王的曾祖父大王、祖父王季的美德；历数他们一千年来从组绀直到后稷的显赫家庭脉络。后稷成为这个家族的领袖和首领，他是第四位王朝的先祖——他被称作帝喾——的儿子，由帝喾的第一个皇后姜源所生；帝喾，是第二位王朝先祖少昊的孙子，而少昊本人则是著名的黄帝——

黄色的皇帝——的儿子①，母亲据说是嫘祖。因此，为已逝的帝王先祖举行神圣庄严的祭礼，是要赋予他们应得的荣耀。② 所有中国的君王和帝王都会在使用过程中改变[原有的]礼仪，当然这些都是为了赋予已逝的先祖应得的荣耀，虽然这些人在生时无法拥有这些。这些祭祀先祖的礼仪也通行于各个诸侯王和帝国中的官绅显贵那里，也就是所谓的大夫以及文人，最终盛行于普通百姓之中。每个人都按照他们所处的地位、所在的等级去举行祭祀，履行该等级的义务。如果父亲是权贵或是大夫中的一员，而儿子只是个文人，为父亲送葬时要使用属于大夫的仪式，祭祀父亲时则使用属于文人或进士等级的仪式；相反，如果父亲是个文人而儿子是个大夫，儿子给父亲送葬时要像文人一样或者说使用属于文人的礼仪，祭祀时则像大夫一样。这样做都是为了向已逝的父亲表示应有的尊重。③ 以上两种仪式都体现了同样的道理：父亲的功名地位从他去世直至坟墓里都会一直伴随着他，而当后代子孙祭祀他时，或者说通过祭祀来履行后代子孙的责任以示报答，这时体现的则是在世的儿子的能力或者说地位。穷人用穷人的方式，皇帝用皇帝的方式来祭祀自己的父母，事实上这些都是为了表达哀伤。兄弟叔伯去世

---

① 关于"少昊"的身份，《史记》的记载与其他注本有分歧。据《史记》所记："嫘祖为黄帝正妃，生二子，其后皆有天下：其一曰玄嚣，是为青阳，青阳降居江水；其二曰昌意，降居若水。昌意娶蜀山氏女，曰昌仆，生高阳，高阳有圣德焉。黄帝崩，葬桥山。其孙昌意之子高阳立，是为帝颛顼也。"(《五帝本纪第一》)司马迁据《大戴礼记》，认为嫘祖与黄帝生昌意和玄嚣，其中玄嚣即青阳，指同一个人，但他并没有提出玄嚣青阳即少昊；而唐朝司马贞在《史记索隐》中引用了晋代史学家皇甫谧的观点，认为玄嚣青阳就是少昊；孔安国传、孔颖达疏《尚书正义》在《卷一·尚书序》中也指出"少昊。金天氏，名挚，字青阳，一曰玄嚣，已姓。黄帝之子，母曰女节。以金德王，五帝之最先"，认为少昊即青阳。耶稣会士在此参照了皇甫谧、孔颖达的观点。

② 殷铎泽在该句手稿页边注上注有："经由此文本，很明显中国人祭祀逝者的礼仪和义务，就其在古代最初的设立而言，纯粹是非宗教性的。"(Ex textu ipso liquet, quod ritus et officia sinensium erga defunctos, à primâ Priscorum institutione, fuerint merè civilia.) (第94页) 出版前被删。

③ 类似的说法也出现在《礼记·丧服小记第十五》："父为士，子为天子诸侯，则祭以天子诸侯，其尸服以士服。父为天子诸侯，子为士，祭以士，其尸服以士服。"

需哀悼一年(不是穿黑色的而是穿白色的丧服以示哀伤①),不管是卑微的平民还是大夫都要穿白色的衣服;父亲或母亲去世时不管是普通人还是帝王都要哀悼三年②。哀悼父亲和母亲三年,这一点不管对于贵族还是对于出生卑微的人来说都没有差别,所有的人都这样做。因为父母对子女有恩,子女应该回报双亲,在所有人身上都是这样,所有人都应当重视这种对父母的报答。"

Triennalis hic luctus ideò servabatur, quia proles totidem annis lactari solet, ac gremia Parentum foveri. Maritus trimestri tantùm spatio defunctam Uxorem lugebat; at verò defunctum Maritum lugebat Uxor per triennium; et haec quidem consuetudo hodieque toto Imperio servatur à Sinensibus.

守丧之所以要持续三年之久,是因为孩子在这么长的时间里一直被父母抱在怀中。丈夫要为去世的妻子居丧三个月,而妻子则要为去世的丈夫守丧三年,在整个帝国直到今天中国人还保留着这样的习俗。③

---

① 鲁日满神父(François de Rougemont,1624—1676)曾就中国人丧葬时着素服的习俗,建议提请教皇批准在华的神父们在参加中国人葬礼时可以身穿白色的祭服来表示对死者的尊敬,参见:Albert Chan, "Towards a Chinese Church: the Contribution of Philippe Couplet S. J. (1622—1693)", in *Philippe Couplet*, *S.J.* (1623—1693) *The Man Who Brought China to Europe*, Sankt Augustin: Steyler Verlag, 1990, pp.64-65, 67。

② 此处手稿页边标注有 "cùm cù yuĕ fū sān niēn chī sām tiēn hiá chī tă sām yĕ. Ex h̠-kí, lib. 10.f.17, idest, *Confucius* ait: hic triennalis luctus est toto Imperio universalis luctus"(第95页),据其注音,该引文出自《礼记·三年问第三八》:"孔子曰:夫三年之丧,天下之达丧也。"

③ 手稿此处页边标注有 "cùm cù yuĕ, cù sēm sān niēn gēn heú miēn yū fú mù chī hoaî. Fū sān niēn chī sām tiēn hiá chī tă sām yĕ. Ex h̠-kí, lib.10.f.17, idest: Filius vivit seu nutritur ad triennium: post hoc uero iam opus habet parentum sinu. Hic triennalis luctus toto Imperio universalis est luctus"(第95页),据其注音,引文出自《礼记·三年问第三八》:"孔子曰:'子生三年,然后免于父母之怀;夫三年之丧,天下之达丧也。'"

19.子曰："武王、周公，其达孝矣乎！"

p.2.§.1.　　Applaudit obedientiae modò descriptae *Confucius* dicens: Imperatoris *Vu-vâm*, & ejus fratris *Cheu-cum* horum ô quam latè propagata est obedientia.

对于上述的这种孝顺，孔夫子称赞道："这里提到的帝王武王和他的兄弟周公，他们的孝顺受到了多么广泛的传扬啊。"①

Juvat hic paucis exponere, cujusmodi fuerit politicae gentis hujus, publicae pacis et quietis admodùm studiosae, de hac virtute ratiocinatio. Sic ergò disserebant: Si Rex amet et colat parentes suos, non poterit his non dare operam ut et subditi ad suum Regis exemplum colant quoque et ament parentes suos; quisquis enim virtutem amat, eam nulli non inesse desiderat, tunc quidem maximè quando ipsius interest virtutem inesse aliis; interest autem Regis; frustrà quippe Rex sperat subditos parituros esse sibi, qui parentibus parere detrectant. Sed hoc ut suaviùs feliciùsque Rex perficiat, non poterit non prae se ferre benevolentiam paternae similem ergà

---

① 此处手稿原有殷氏在正文所做注解：回溯中国人的各种记载，在人身上与生俱来就拥有的美德中，中国人最为重视孝敬双亲和服从，他们说其他的美德都源于此，由此可实现帝国的正确治理，使其成为全体民众的幸福家园。 反之，由于多数人的不顺从，个人和集体的灾祸都会产生。 在不同古书的记载中都明确提及这一点（比如在那本由孔子的学生曾子编撰并流传下来的题为《孝经》亦即谈论孝顺的书中），其中《小学》一书提供了许多可供后人效仿的具有美德的出色榜样。 ［Ab omni retrò memoriâ virtutes inter homini insitas primum ferè locum pietati erga parentes atque obedientiae Sinenses detulerunt: hanc enim reliquarum virtutum matrem dicunt esse; et ab hac rectam imperii administrationem adeòque felicitatem regiae Domûs populique totius provernire: Sicut è contrario calamitates et publicas et privatas ab inobedientia plerumque existere. Ex variis priscorum libris id constat（illo nominatim, qui sub çêm-çù Confucii discipuli fertur editus, hiáo-kī m dictus, id est, de Obedientia Liber）ex aliis item constat siào-hiǒ dictis, ubi virtutis istius exempla sanè illustria posteritati imitanda proponuntur.］（第 95 页）出版时被略去。

omnes; adeoque erit illi procul dubio curae ne quemquam suorum tractet inclementiùs: Libenter enim hunc sequimur et imitamur à quo putamus nos diligi; quod si hoc assequatur, ut suo Regis exemplo omnes Parentibus suis obediant, jam ei quoque omnes tanquam communi populorum Parenti morem gerent; sic ut in ipso quidem pareant justitiae, in illis autem obsequantur naturae. Nunc autem cùm à coelo coronae et Imperia nobis veniant; siquidem subditi Regis sui mandatis pareant, multo magis caelo ipsi velut omnium supremo parenti obtemperabunt: caelum verò nequaquam praemio suo fraudabit virtutem tantam; hinc ergò alia ex aliis bona largè manabunt: pax et concordia vigebunt; atque potenti florentique Imperio summi pariter infimique sub Principe suo, veluti fratres in opulentâ rectèque institutâ domo sub suo patre familias, quietam jucundamque vitam agent. Ex hac sapienti Priscorum ratiocinatione Auctor facilè intelliget, quàm consentanea rectae rationi, et quam remota ab omni impietate fuerint Sinarum dictamina politica.

　　在此稍加解释将对理解有所帮助：由这一美德进行推导引申采用何种方式才能更好地治理民众，致力于实现国家的和平安宁。他们是这样来讨论这一问题的：如果皇帝爱戴他的父母①，他不可能不重视他们，并且还会要求臣民都遵循他所树立的榜样，去爱戴自己的父母。其实，每个热爱美德的人都会希望美德存在于所有人身上。那样的话，其他人身上的美德，对于我们自己、对于君王也都是有益的。当然，如果臣民拒绝服从自己的父母，那么君王希望他们能服从自己也只会是徒然。为了能够更令人满意地、顺利地实现这一目标，皇帝不得不以父亲般的仁慈对待所有的人，从而他才能使他人摆脱那样的怀疑忧虑：这个皇帝不会严苛地对待他的任何臣民，我们才会愿意追随他并仿效这个我们认为他是爱护我们的人。如果所有人都有这

---

　　① 据手稿页边注注音，此处耶稣会士参考了《孝经·孝治》："子曰：'昔者明王之以孝治天下也。'"（第95页）

样的追求,亦即以君王为榜样每个人都服从自己的父母,那么所有人都会顺从于人民共同的父母。当他在自己的身上体现出公正时,其他人自然也会愿意服从他。① 如今皇冠和皇权都从上天降临到我们身上,皇帝的臣仆们都会听从他的命令,一如他们顺从于伟大的上天②,它是万物最高的父母。事实上,上天在它给予的回报里从未辜负过如此盛大的美德,由此,一些好事顺利地促成另一些好事的发生,和平与和谐得以不断壮大。在如此强大而繁荣的帝国,地位最高以及最低的人们在君王的领导下,就像生活在一个获得正确教导的家庭中,兄弟们在父亲的带领下过着平静而愉快的生活。借助祖先这些睿智的论述,作者可以更好地了解中国自古流传下来的这些政治上的劝诫是多么符合正确的理性,从而得以远离了各种过失。

"夫孝者,善继人之志,善述人之事者也。"

§.2. Prosequitur *Confucius*: Hi namque obedientissimi Principes *Vû-vâm* & *Cheu-cum* praeclarè valuerunt prosequi majorum suorum voluntatem: insuper praeclarè valuerunt enarrare atque amplificare majorum suorum illustria facinora ad aeternam posterorum memoriam & imitationem.

孔夫子继续说道:"像武王和周公这般孝顺的君主,他们明确致力于继

---

① 手稿此处正文原有殷铎泽译文"读者可能会注意到这一习俗一直有这样的特点,直至今日在中国,不只是君王,连同那些代表君王管理各省市的所有官员,都会被称为父母"(notet lector moris semper fuisse, hodieque esse apud Sinas ut non regem tantùm, sed omnes eos, qui pro rege provincias, vel urbes gubernant, 父 fú 母 mù, idest patris matrisque nomine compellent),出版时被略去。 据手稿此处页边注上标示的注音,可知译者此处的参考文献出处为《书经·秦誓上》"元后作民父母",以及《大学》:"诗云:'乐只君子,民之父母。'民之所好好之,民之所恶恶之,此之谓民之父母。"在《礼记》《诗经》中同样有多处将统治者比作百姓父母的文句。(第96页)

② 据手稿页边注注音,此处参考文献出处为《礼记·哀公问》:"事天如事亲,事亲如事天。"(第96页)

承先祖的志向，此外也致力于讲述和宣扬祖先的丰功伟绩，以使后人永远铭记并效仿自己的祖先。"

"春秋修其祖庙，陈其宗器，设其裳衣，荐其时食。"

§.3. Illi autem Vere & Autumno (nec minus tempore Brumali & Aestivo) adornabant suorum avitas aulas: aptè disponebant ab iis relicta antiqua vasa & instrumenta, cujusmodi erant purpureus *ensis*, seu ensis cum vaginâ suâ purpureâ; coelestis Sphaera: in fluvio *Hoam hô* conspecta mappa à *Fo hi* descripta; stemmata Gentilitia, & gemmis adornata insignia ejus, quâ functi erant, dignitatis; conditorum Imperii magna documenta tabulis exarata. Item exponebant aureas eorum togas ac vestes, quibus vestiebant adornabantque Avorum tumbas sepulchrales: denique offerebant illius temporis Edulia, seu ea quae praesens illius anni tempestas subministrabat, quae ab ipso Imperatore honoris causâ, & in beneficiorum à majoribus acceptorum memoriam offerebantur.

"在春天和秋天（有时是在冬天和夏天）他们修缮家族的祠堂，用先人遗留下来的古老花瓶及器皿进行适当的布置①：其中有紫色的剑或者说带着紫色剑鞘的剑，有天上星宿的运行轨道——这是在黄河发现的，据说是由伏羲绘制的一幅标帜②，有宗族的家谱，还有装饰着宝石的徽章。这些能够体现身份地位的物件都被陈设出来。帝国创立者的伟大教诲被记载在竹简上，

---

① 手稿页边注此处标注有"赤刀""天球""河图""琬琰""大训"及其对应的注音、释义，出版前被柏应理删去。（第96页）

② 指河图。《易·系辞上》提到"河出图，洛出书，圣人则之"。传说伏羲氏时，有龙马从黄河出现，背负"河图"；有神龟从洛水出现，背负"洛书"。伏羲据此"图""书"绘成八卦。《中国哲学家孔夫子·前言》部分的手稿，在介绍文王和周公对六十四卦的解释时，亦在页边注提及中国人认为伏羲是从一只龟背上得到"河图"的记述（手稿第27页），该段在正式出版时被删。

此外还陈列有金色的长袍和衣服,将这些覆盖和陈设在祖先的坟墓上,然后供奉那个季节的食物,或者说供奉符合时令的食物。这样的祭祀供奉是为了向帝王致敬以及感怀先祖的恩泽眷顾。"①

"宗庙之礼,所以序昭穆也。 序爵,所以辨贵贱也。 序事,所以辨贤也。 旅酬下为上,所以逮贱也。 燕毛,所以序齿也。"

f.14.p.1.§.1. Conveniebant Filii ac Nepotes in aulas suas gentilitias & parentales, & in his quidem aulis determinatus erat ritus: *quapropter* servabatur inter illos ordo tam assistentium ad laevam, quàm assistentium ad dexteram: item servabatur ordo dignitatis, *quapropter* & fiebat distinctio nobilium & ignobilium: rursùs servabatur ordo officiorum; *quapropter* erat discrimen Sapientiorum; seligebantur enim è multis ii qui sapientiâ & virtute caeteros vincebant, ut suo illo munere ritè fungerentur. Deinde verò cùm omnes cujuscunque familiae peractis jam ritibus se mutuo invitarent ad vina & epulas; tum inferioris ordinis, seu aetatis, Ex. gr. minores natu ministrabant vina natu majoribus ob reverentiam his debitam; quo fiebat ut officiorum solemnitas quadantenus perveniret etiam ad inferiores & ignobiliores. Finitis hisce communibus epulis, discedebant omnes qui erant alterius familiae; & solùm epulabantur ejusdem familiae, seu nominis, consanguinei; hi autem non ordine dignitatis, sed canitiei, id est, aetatis, considebant; *adeoque* solùm ordo ac ratio dentium, (*seu aetatis*) habebatur, senioribus Principem locum obtinentibus.

---

① 耶稣会译者在此并没有完全依据张居正的注解。 张注明确提到祭祀时"设其裳衣"是为了"设之以授尸,不惟使神有所依,亦以系如在之思也";"荐其时食"则是"心荐之以致敬,不惟使神有所享,亦以告时序之变也",其中关涉"神"的部分耶稣会士都略去不译。 一并被刻意忽略的还有古人祭祖的动机:除了表示"继志述志",还乞求祖先神灵的庇佑。(第89页)

"儿孙们一起来到他们宗族及父母所在的祠堂,在这里举行指定的仪式。不管是站在左边的人,还是站在右边的人,他们之中都保持着一定的顺序,既用来表示名分地位的等级,以示贵族和贱民的区别,也用来表示职务官衔的等级,从而区分出那些更具才识智慧的人。从很多人之中选出那些在智慧和德性方面都有突出表现的人,由他们尽责地执行祭祀之事。在所有人都履行了他们家族祭祀时应行的礼仪后,他们会相互敬酒劝食。地位比较低的或者说辈分小的,譬如年轻人要为长辈倒酒以示应有的尊重,这样做也是为了让年纪小的和地位低的人在某种程度上能够履行他们在庆典上应尽的礼仪。在共同分享美食之后,其他家族的人便离去。这时,同一个家族的人或者说同一姓氏、相同血缘关系的人单独举行宴会。此时他们不再按照社会上名分地位的次序,而是按照毛发黑白的次序亦即辈分来就座。之所以只依据这一次序,亦即"序齿"来列席,是为了使年纪大的长辈得享一家之主的地位。"

"践其位,行其礼,奏其乐,敬其所尊,爱其所亲。 事死如事生,事亡如事存,孝之至也。"

§.2. Denique dicti duo Principes *Vu vâm* scilicet & *Cheu cum*, constanter decessorum vestigiis insistentes prosequebantur suorum dignitatem, quam in vitâ tenuerant, aut certè quae mortuis accesserat: atque ita cum in avitis Aulis, tabellas *Paî Quéi* dictas, seu Avorum stemmata exponerent, eas pro ordine cujusque dignitati debito disponebant: item exercebant eorum, majorum inquam, ritus; canebantque eorum musicam, ad quam choreas agebant juxtà ordinem dignitatis; ea venerabantur quae ipsi olim majores in pretio & honore habuerant; ea amabant item, quae ipsi dilexerant; scilicet posteros, subditos, populum, &c. Denique serviebant modò mortuis sicut servierant viventibus: Rursùm serviebant olim mortuis eo modo ac si servirent iisdem salvis adhuc & superstitibus: Atque hic scilicet erat obedientiae apex.

"上述的两位君王武王和周公,他们始终如一地追随着先人的脚步,他们一生中所取得的荣耀都被详尽地记载下来并在他们死后发扬光大。中国人在祠堂里供奉的、展示先祖系谱的那些木牌,被称为'牌位'。① 他们按照每个人应有的地位,以此为顺序来排放这些牌位。他们就是通过这样的方法向这些人——我称之为祖先——行礼。通常他们会演奏他们先祖那个时候的音乐,奏乐的乐队会按照先祖的地位等级来演奏,祖先重视和尊重的事物也会受到他们的崇敬,祖先珍爱的事物也会为他们所热爱。子孙臣民服侍那些已逝的人的方式,就像那些人还活着。服侍早已去世的人所用的方式,就像他们还健在一样,这就是孝顺的顶点了。"

Ex plurimis et clarissimis textibus Sinicis probari potest legitimum praedicti axiomatis sensum esse quod eadem intentione et formali motivo Sinenses naturalem pietatem et politicum obsequium erga defunctos exerceant, sicuti erga eosdem adhuc superstites exercebant, ex quibus et ex infrà dicendis prudens Lector facilè deducet, hos ritus circà defunctos fuisse merè civiles, institutos dumtaxat in honorem et obsequium Parentum, etiam post mortem non intermittendum; nam si quid illic divinum agnovissent, cur diceret Confucius, *Priscos servire solitos defunctis, uti iisdem serviebant viventibus? Nisi fortè quis dicat, filios parentibus etiamnum vivis detulisse honores divinos; quod apud Sinas inauditum est. Certè qui gentis hujus politicum regimen in priscis ejusdem monumentis expressum attentius examinarit, erit, quod suspiciat inventum illud tam suave continuandae gratitudinis et observantiae à filiis et nepotibus, quoad vivunt, erga defunctos majores suos: Etenim*

---

① 此处手稿页边注上殷铎泽原本标注有"逝者牌位上刻有以下字样:神主/木主/神位/拜位及其他类似的字样,中国人借此来铭记逝者"。 出版前被删去。(第97页)

hoc exemplo moventur admonenturque filii ad obedientiam vivis parentibus praestandam, quam vident ab iisdem erga mortuos progenitores tam piè constanterque praestari. Praestantur autem vivis haec officia longè operosiùs illo in primis die qui parentum natalis est, et anni Principium: planè diceres Numen aliquod adorari, tam singularis observantiae reverentiaeque significatio quâ prostrati in terram liberi patrem suum matremque juxta sedes suas tunc consistentes adorabundi venerantur: Appensis hinc inde majorum suorum ad prosapiae suae ostentationem imaginibus cum titulis quoque et instrumentis dignitatis aut praefecturae si quam fortè viventes obtinuerant, qui apparatus appositâ quoque bellariorum mensâ in aulâ hospitum adornatur primis anni calendis quando salutandi gratiâ praefecti aliique eò conveniunt honoremque et reverentiam primum exhibent ejus, quem invisunt majoribus vitâ functis, cui mox reciprocam reverentiam cum actione gratiarum herus exhibet. Sed haec alibi copiosè discussa sunt, nunc ad textum revertamur.

很多众所周知的中文典籍都可以清楚地证明上述信条的合理性，这样做的动机和意图是要向那些已逝的人表示自发的孝敬，以及政治上的服从，这与他们服侍在世的人是一样的。通过这里以及下面将要提及的内容，聪明的读者可以轻而易举地得出：向亡者行使这一礼仪的性质纯粹是非宗教的（civiles）①，这么做仅仅是为了向父母表达自己的敬意和顺从，甚至在父母去世之后也不会停止。因此，如果说他们认为这些已逝的父母、祖先是神灵，那么孔夫子为什么会说服侍已逝的祖先要像他们还在世一样？没有人会说：子女对现在还在世的父母要像对待神一样的崇敬，这种事在中国闻所未闻。② 任何人只要仔细地检阅那些古老文献中有关中华民族政治制度的记载，就会惊奇地发现：活着的子孙会对已逝的祖先一直保持这样一种令人欣喜的感恩和顺从。事实上正是以这样的行径为榜样，子女受到感召并被告诫要对在世的父母顺从，而在父母生日的时候以及新年伊始，子女会格外勤勉地履行这一义务。当然，人们可以说他们是在崇拜某位神，因为这些如此独特的顺从、尊敬的表现，例如在父母端坐的椅子前面，子女会跪倒在地，以此来表示自己对他们的崇敬。祖先的画像也被悬挂起来，并标示出头衔

---

① 强调中国祭祀礼仪的性质是"非宗教的"，为耶稣会宽容儒家祭祖祭孔辩护。《中国哲学家孔夫子》书中收录的《中国哲学之父孔夫子的生平》一文，在谈及"懿子与鲁人南宫敬叔往学礼焉"时，其作者殷铎泽特别强调：孔子与孟懿子、南宫敬叔探讨何种礼仪值得学习，他们所谈论的是"非宗教的民间礼仪"（ritus civiles）。《中国哲学家孔夫子·前言》中提及儒家礼仪时，同样强调其非宗教性及政治性："实际上，儒家的敬拜和礼节无疑是民间性的。 他们不是在庙堂或者有塑像的内殿行礼——在庙堂和内殿行礼是国法所严禁的，而是在向文人学士们开放的书院行礼。"［Etenim planè civiles sunt honores ac ritus illi *Confuciani*; qui adeo non in Templo, fanove idolorum (quod lege Imperatoriâ vetitum est) sed in gymnasio, qui locus tantum litteratis patet, exercentur (...)］"他们（拜神者）完全没有想到要去孔夫子书院，而是去了菩萨殿，而菩萨是一个很大众化的偶像。 在中国向孔夫子拜见、祈祷或希冀某事某物的确是闻所未闻的想法。 确实，这更证明儒家的礼节纯粹是政治性的。"［(...) nequaquam verò cogitant de adeundo gymnasio *Confucii*, quem uti *Pu sa* (nomen hoc est idolis commune) habere aut nominare, aut ab eodem aliquid petere, aut sperare, apud ipsos inauditum est et inusitatum. Quod vero magis confirmat ritus illos Confucianos merè esse politicos (...)］

② 手稿正文此处原有殷铎泽关于祭祖祭孔并非迷信活动的大段论述，出版前被柏应理删去。（第98页）

以及其他能够体现他们身份地位的特征,譬如"巡抚"①这样的官职,倘若先人在生前曾有幸获得它,那么子孙便会在此时展示出来。新年伊始,人们也会在客厅的桌上放上准备好的糕饼,当巡抚或其他人前来探访表达敬意时,他们首先会对主人已逝先祖的生平事迹表示尊重和崇敬,主人则会马上予以回敬以示感谢。这些在其他地方已经充分地谈论过了,现在我们回到原文。

"郊社之礼,所以事上帝也。 宗庙之礼,所以祀乎其先也。 明乎郊社之礼,禘尝之义,治国其如示诸掌乎?"

p.2.§.1. *Confucius* volens innuere, *Vu-vâm* & *Cheu-cum* fratres pulcherrimam gubernandi rationem assecutos esse, dicit, quod is qui Caelo in primis, ac dein progenitoribus suis debitum pietatis officium persolverit, cum omni felicitate Imperium sit administraturus. *Kiao*, erat id quod Coelo, adeoque in rotundo colle offerebatur: *Xé* verò, erat id quod terrae, offerebatur, adeoque in loco palustri & quadrato (quod opinarentur terram esse quadratam) Ab his admodùm diversa erant parentalia, quae majoribus offerebantur, per duas voces *Tì cham* hic denotata *Tì*, erat id quod semel intrà quinquennium solemniori cum ritu Majoribus suis offerebat Imperator: *Cham*, erant quae per quatuor anni tempora iisdem obibant parentalia. Sic igitur *Confucius* ait: Sacrificiorum caeli & terrae ritus & officia erant id, quo colebant dumtaxat caeli ac terrae supremum Imperatorem, qui duabus litteris *Xám Tì* aptè admodùm ac literaliter significatur. Regiae majorum

---

① 依据清朝的官职,耶稣会士在此处用的 praefectus 指巡抚。 详见 Charles O. Hucker, *A Dictionary of Official Titles in Imperial China*. Califonia: Stanford University Press, 1985, pp.83-84, 88。 其实,耶稣会士将中国所有官职都笼统地称为 praefectus,《中国哲学家孔夫子·论语》译文中也出现过类似的情况。

aulae ritus & officia, erant id, quo posteri Reges debita persolvebant honoris obsequia suis defunctis majoribus. Qui ergò clarè intellexerit, & expleverit sacrificiorum *Kiao xé* ritus supremo caeli terraeque Imperatori debitos; qui item probè noverit *Ti cham* rationes, & rite persolverit officia majoribus debita, nonne profectò tàm facilè ei erit regnum rectè moderari, quàm est suae manus palmam aspicere?

孔夫子想要进一步肯定武王和周公兄弟二人都拥有出色的统治智慧,他说道:"统治者首先要对上天,其次是要对他的祖先履行尽孝的义务,这样才能顺利地治理国家。'郊'是在圆形的山丘上——'圜丘'——向天献祭,而'社'则是在方形的洼地('方泽',因为人们认为大地是方的)向地献祭。然而,祭祀祖先的仪式跟指郊社之礼有很大的差异。'禘尝'这两个字的意思:'禘'是指皇帝每五年一次用隆重的仪式来祭拜他的祖先,'尝'是指每年四季都要祭拜去世的父母。"①因此孔夫子说:"对天地进行祭祀,是要向天地的最高帝王即'上帝'献礼。在皇家先祖的庙堂里举行祭祀仪式,这是后世帝王通过应有的谦恭来表达自己对已逝先祖的敬意。因而,他能清楚地认识到并履行郊社之礼,这一向天地的最高帝王应尽的祭祀礼仪;他同样也能明白'禘尝'之礼的道理所在并给予祖先应有的祭祀仪式。这样,对他来说,治理好自己的帝国不就像注视自己的掌心一样容易吗?"

Hic locus illustris est ad probandum ex Confucii *sententiâ unum esse primum principium; num cum dixisset esse duo sacrificia, caeli et terrae, non dixit, ad serviendum caelo et terrae, nec ad serviendum coeli et terrae distinctis numinibus, sed ad serviendum superno seu supremo Imperatori qui est Deus, quamvis* Chuhi

---

① "禘尝"是古代隆重的祭祀典礼,其中"禘"是指五年一次的大祭,只有天子才可行此礼;而"尝"在古代通常指秋祭。耶稣会士译文中将"尝"译为一年四祭,是直接参阅张居正的注释:"宗庙之礼,或五年一举,或一年四祭,盖所以祭祀其祖先,尽吾报本追远之诚也。"(第91页)

commentator Atheopoliticus perperam dicat deesse numen terrae, et brevitatis causâ in textu omitti; quod commentum eruditè refutat P. Matthaeus Riccius aliique Doctores Christiani. Verum hunc locum adeò illustrem aliosque hujusmodi afferemus cùm alibi quid nomine coeli et Xám-tí prisci Sinenses intellexerint, fusius disputabimus.

　　这一章相当有名，它清楚地印证了孔夫子说过的一句话，亦即存在一个第一原则。当孔夫子说存在对天的祭祀和对地的祭祀两种祭祀时，他并不是说要服侍天地或者服侍天地间的各种神灵，而是要服侍天上的或者说最高的帝王，它就是上帝（Deus）。① 虽然无神论阐释者朱熹，曾错误地说过并不存在大地的神灵，为了使表述简明扼要，在文中我对此略过不提，但利玛窦神父和其他基督宗教的学者凭借其博学的知识已对这一解释进行了反驳。我们在这里介绍了这一著名的章节，在其他的地方还会有类似的章节，

---

　　① 手稿中此段评述为柏应理所添加，他将中国古代典籍中的"上帝"等同于 Deus，似有意推动这一译名的使用，尽管来华耶稣会内部在 1627 年的嘉定会议上已决定采用"天主"作为 Deus 唯一译名，禁用"上帝""天"等其他译名的使用。 柏应理本人在他所撰写的《中国哲学家孔夫子·前言》中，同样明确表露支持"上帝"作为 Deus 一词的中文译名。

我们也将进一步讨论古代中国人是如何理解"天"和"上帝"这样的名称的。①

---

① 朱熹注有："郊，祭天。 社，祭地。 不言后土者，省文也。"张居正沿袭朱注，说道："郊社之礼，或行于圜丘，或行于方泽，盖所以事奉上帝与后土，答其覆载生成之德也。"（第 91 页）换言之，他们理解"郊""社"是两个独立的祭祀活动，祭祀的对象是两个不同的神。 但是在《天主实义》一书中，利玛窦则是从"一神教"的角度去理解这句话，明确拒绝宋明理学的解释："吾天主，乃古经书所称上帝也。《中庸》引孔子曰：'郊社之礼，以事上帝也。'朱注曰：'不言后土者，省文也。'窃意仲尼明一之以不可为二，何独省文乎？" 参见［意］利玛窦著，［法］梅谦立注：《天主实义今注》，北京：商务印书馆，2014 年，第 100 页。 此后来华的耶稣会士普遍追随利玛窦的解读。 此外，手稿在本段后原有殷铎泽撰写的专题小论文《是否古人用"上帝"一词来理解物质性的上天，抑或更确切地说是指上天最高的帝王》（An nomine 上 xám 帝 tí prisci intellexerint coelum hoc materiale, an potiùs Supremum Coeli Imperatorem），殷铎泽在文中肯定地指出：中国文献中的"上帝"或"天主"即中国人用来指称其真神的（De usu nomnis 上 xám 帝 tí vel 天 tiēn 主 chù ad annunciandum Sinis verum Deus），同时批驳属于偶像崇拜的佛、道和宋明理学的理气说。 文中还抄录了一份西班牙多明我会士白敏峩（Domenico Maria Sarpetri，或者 Domingo Maria Sarpetri，1623—1683）因"历狱"流放广州期间于 1668 年 8 月 4 日所作证词，提出三点声明：首先，他支持在华耶稣会宽容中国人祭祖祭孔礼仪，因这一举措有助于基督福音在中国的传播［Iudico, praxim, quam Patres Missioniarii Soc.tis Iesu in hoc Regno Sinarum se fatentur sequi circa permissionem seu tolerantiam quarundam cerimoniarum, quibus Sinae Christiani Philosophum Confucium, et suos progenitores defunctos venerantur, esse non solùm tutam（utpote à Sacra Congr.ne Universalis Inquisitionis approbatam）sed etiam, si principua praecipuarum Sectarum expendamus, esse oppositâ sententiâ probabiliorem, et ad aperiendam Ethnicis Evangelii ianuam maximè utilem ne dicam necessariam.］同时他也与《中国哲学家孔夫子》一书的耶稣会译者一样，批评了中国人对佛道的偶像崇拜；其次，他相信在华耶稣会士不仅努力布道，还通过大量的书籍手册，积极向异教徒传播基督福音及其神圣事迹，并在其各个会所附近建立修道传道组织，但最近杨光先掀起教难，他主要针对和批驳的便是耶稣会士著述中论及基督受难的内容；最后，白敏峩亦谈及修会同僚黎玉范出于对基督信仰的热爱，因对中国礼仪心存质疑而向传信部撰文指责在华耶稣会士没有宣扬基督为救世人被钉十字架受难，同时允许基督徒从事偶像崇拜的活动，致使教廷于 1646 年下令禁止中国礼仪。 白敏峩本人对此并不认同，并愿意在此为耶稣会士做证。 上述内容出版前被柏应理统一删去，在《中国哲学家孔夫子·前言》部分亦曾提到"多明我会最虔诚的白敏峩神父的证明"［Et ut nostrae Societatis testimonia omittam, multorum instar sufficiat unicum R. P. Fr. Dominici Sarpetri è S. Ordine Praedicatorum religiosissimi viri（...）］。（第 99~113 页）

20.哀公问政。

§.2. Regni *Lù* Rex, *Ngai cum* dictus, quaesivit ex *Confucio* de regimine, seu de rectâ gubernandi ratione.

鲁国的君王鲁哀公向孔夫子询问关于统治的问题，亦即如何正确治理国家的方法。

子曰："文武之政，布在方策。 其人存，则其政举；其人亡，则其政息。"

§.3. *Confucius* hic & in seq. respondet: Principum *Ven-vâm* & *Vu-vâm* regimen ac recta gubernandi ratio non est longè quaerenda, fusè refertur in tabulis ligneis, & cannis palustribus (harum cortex pro papyro ipsis erat) similes viri, & illius temporis Principes, si modo existerent, seu, si Reges nunc similes illis essent virtute & sapientiâ, mox ipsorum praeclarum regimen etiam resurgeret: quia verò similes viri jam interierunt, jam & eorum regimen simul interiit. Legum enim priscarum merae tabulae sunt veluti currus sine Aurigâ.

孔夫子在这里以及下文中答道："其实人们无须到远方去寻求文王和武王正确的治理方法。像他们这样的人以及那个时代君主们的事迹都普遍被记载在木片，以及用长在沼泽地的芦苇（秆）做成的草纸上——倘若他们真的都存在过——如果今天的君王能拥有他们那样的美德和智慧，那么他们的出色统治很快就会得到复兴。实际上像他们那样的人都已经逝去，他们的统治也已经消亡，剩下的只有记录古代律法的木简，这就像一辆马车没有

中国学问第二部:《中庸》　217

了驾驭者①。"

"人道敏政,地道敏树。 夫政也者,蒲卢也。"

f.15.p.2.§.1.　Hominum virtus, seu Regis simul & subditorum unita mens ac virtus, expeditum reddit regimen, id est, promptam facilemque reddit rectam gubernationem; quemadmodum terriae benè cultae virtus productiva accelerat incrementa plantarum. Ejusmodi itaque regimen est instar fluviatilium cannarum, quae ad fluenta consitae citò feliciterque prae reliquis plantis excrescunt.

"人的德性,或者说,当君王及其臣仆的心意和德性合一时,治理就会变得顺畅。也就是说,正确的统治便能轻而易举地得到推行。同样的道理,得到精心耕种的土地,它便具有滋养植物加速其生长的能力。这样的政权犹如河里的芦苇,植根于河水汇集之处,它比其他的植物生长得更快也更加繁茂。"

"故为政在人,取人以身,修身以道,修道以仁。"

§.2.　Enimverò optima administrandi ratio (ut erat illa Regum *Ven-vâm*, & *Vu-vâm*) pendet ab hominibus, quibus à Rege hoc munùs creditur; seligere verò hos homines pendet à bonâ compositione & normâ personae regiae, quae exemplar reliquorum sit oportet; compositio autem personae Regiae pendet à rationis regulâ illâ universali, per quam queat discernere bonum à malo, ut hoc rejiciat, illud

---

① 译文中有关"马车没有驾驭者"(currus sine Aurigâ)的比喻,源于张居正的注解:"载在方策者,不过陈迹而已,徒法岂能以自行哉? 可见立政非难,得人为贵,上有励精求治之主,下有实心任事之臣,则立纲陈纪,修废举坠,只在反掌之间而已。 不然虽有良法美意,譬之有车而无人以推挽之,车岂能以自行哉? 此图治者,所当留意也。"(第92页)

seligat, & unicuique quod suum est cum fide & aequitate tribuat; Perficitur verò dicta regula per solidam illam animi virtutem & amorem pietatemque universalem erga omnes *Gîn* dictam.

"当然,最好的治理方法(就像文王和武王所采取的那样)需要依靠人,皇帝需要任用他人来完成这一职责。如何挑选出这样可以任用的人,取决于统治者是否能进行妥善的管理并设定明确的标准,他自身理应成为别人的榜样。统治者的管理依赖于普遍的理性准则①,借助这一准则,他能够区分善恶,从而择善拒恶,并公正可靠地给予每一个人他们应得的。上述准则的实现需要借助内心坚定的美德以及对于所有人的博爱和责任感,这就是'仁'②。"

"仁者,人也,亲亲为大。 义者,宜也,尊贤为大。 亲亲之杀,尊贤之等,礼所生也。"

§.3. Ille autem amor & pietas universalis, non est quid extrinsecum homini, sed est ipsemet homo, seu, hominis naturae proprium quid atque innatum, dictans omnes amandos esse; atque adeò amare, hominis est; attamen prae caeteris amare parentes, est ejus praecipuum ac primarium munus, à quo deinde ad

---

① 此处耶稣会士大量节译张居正的注释,将"道"简要概括为"普遍的理性准则"(rationis regula illa universalis),突出其"理性"本质及广泛的使用范畴,但未对其内涵有进一步补充。 张居正在其注解中明确指出此处"道"指"天下之达道",亦即前文提及的"致中和"的中庸之道;其使用范畴则在于"必于君臣、父子、夫妇、兄弟、朋友的道理,各尽其当然之实,则一身的举动,都从纲常伦理上周旋,身自无不修矣。 然要修道,又必全尽本心之天德,使慈爱恻怛,周流而无间,则五伦之间,都是真心实意去运用,道自无不修矣"(第93~94页)。

② 耶稣会士对"仁"的定义是:内心坚定的美德以及对于所有人的博爱和责任感(solida illa animi virtus & amor pietasque universalis erga omnes)。 耶稣会士将儒家的"仁"视为纯粹人性的博爱(humana charitas),不同于基督宗教中源于天主的神恩之爱(divina charitas)。

reliquos amandos gradum facit. Ex hoc item amore oritur justitia illa distributiva, quae est ipsamet convenientia; atque adeò justum esse, aequitatatis est, & quamvis ea in hoc sita sit, ut unicuique quod suum est tribui velit, tamen prae reliquis colere sapientes & probos, hos promovendo ad dignitates & munia publica, est hujus quidem justitiae praecipuum munus. Hoc in amandis parentibus & magis aut minùs propinquis discrimen, & in colendis iis, qui magis aut minus sapientes ac probi sunt ordo, ab officiorum harmonicâ quadam ratione seu symmetriâ nascitur; secundùm quam symmetriam, utpote commensuratam cum coeli ratione, res omnes diriguntur. Agit nimirum hoc loco Philosophus de communi quadam, sed merè humanâ charitate, *Gîn* dictâ, quae ad totius generis hominum conciliationem & consociationem colendam tuendamque spectat; cujus adeò nexu vinculoque mortales pro suo cujusque gradu & conditione vel arctiùs vel laxiùs inter se mutuò vinciuntur.

"事实上仁这种博爱和责任感并不是某种外在于人的事物，而是人自身，或者说它是人性中天生就被赋予的品质，它要求所有人相亲相爱。因此，爱是人身上的特征。然而爱他人之前，先要爱自己的父母，这是每个人身上特别的也是主要的义务，由此出现了爱的不同等级。由这种爱生发出与之相应、相称的正义，无论在何种情况下都是公正平等的。虽然'义'的存在是为了使每个人都能获得他们应得的东西①，但在尊敬其他人之前，要先尊敬那些睿智而诚实的人，推动他们去追求荣誉、履行公共职责。对亲人的

---

① 在西方，柏拉图的《理想国》一书率先谈及"正义"的问题，指出"正义"作为一种灵魂的德性，是个体和团体得以和谐存在的根基，并由此引发"个人的正义"和"城邦的正义"的讨论。在谈及"个人的正义"时，借由苏格拉底之口，指出对于个体而言，所谓"正义"是每个人尽其本分，从事符合他天性的行业且不应多管闲事，专注于完成自己的分内事，进而拥有属于他个人的事物。在这个层面上，就"正义"作为一种美德的至善性及其确保每个人都能获得其应得事物的属性，与此处谈论的儒家之"义"有共通点。

爱要更多,对邻人的爱更少,在爱的方面要按照亲疏关系进行区分,在尊敬他人这一方面同样要按照人们的睿智和诚实程度划分出不同等级,这些都是出于维护众人和谐这一考虑,或者说是对各种关系的协调。实现这种协调便是与上天的旨意相符,所有事物都会得到有序的安排。① 在这里,哲学家孔夫子明确提及人性中共通的、纯粹的仁慈,它被统称为'仁',它注重促进和保护整个人类种群的联系和联合。人根据自身所处的等级和境况,经由这一纽带和链条与其他人建立起或是亲密或是疏远的关系。"②

p.2.§.1. Pro hujus loci explanatione, cùm neque cum antecedentibus neque cum consequentibus cohaereat, remittit Interpres Lectorem infrà f.18.p.2.§.3.

为了解释这一段的内容,由于它与上下文都不太连贯,阐释者让读者参阅下文第 18 叶第 2 面第 3 段的内容。③

---

① 此处关于儒家仁爱、尊贤皆具有等阶性的解释,源于张居正的注解:"然这亲亲中间,又有不同,如父母则当孝敬,宗族则当和睦,自有个降杀。 这尊贤中间,也有不同,如大贤则以师傅待之,小贤则以朋友处之,自有个等级。 这降杀等级,都从天理节文上生发出来,所以说礼所生也。"(第 94~95 页)

② 手稿正文此处原有殷铎泽的译文:"关于更高一级的仁爱,确切地说就是某种虔诚的敬意,这种在人身上格外出色的本性受到中国古人的推崇。 这种情况下就不是用'仁'这个字了,或者说要用另一种方式来表达爱的意思,除了一些极罕见的用法,他们通常会用'钦''敬''畏''事'以及其他与之意思相近的字,它们都意指尊敬、崇拜和听从。"(De superiori ergò charitate, seu veriùs religiosâ quadam reverentiâ, qua prisci naturam humanâ praestantiorem venerabantur, hîc non est sermo; neque verò voce 仁 gîn, seu aliâ dilectionem significat, nisi perquam rarò utebantur; sed aliis ex. gr. 钦 kīn 敬 kím 畏 guéi 事 sú, et similibus, quae reverentiam, cultum, obsequiumque declarant.) 出版前被柏应理删去。(第 114 页)

③ 据朱熹《中庸章句》,此处原有"在下位不获乎上,民不可得而治矣!"一句及其批注:"郑氏曰:'此句在下,误重在此。'"(第 28 页)耶稣会士据此将该句视为重复出现的衍文略去,并请读者直接参阅后文。

"故君子不可以不修身，思修身，不可以不事亲。思事亲，不可以不知人。思知人，不可以不知天。"

§.2. Cum igitur recta gubernatio pendeat à Viris sapientibus; seligere autem Sapientes spectet ad virtutem personae Regiae; ideò ante omnia perfectus Rex omnino non potest non rectè excolere propriam personam. Primò per rationis normam universalem & amorem ergà omnes; ex quo scilicet reliqua pendent. Quod si seriò meditetur excolere personam propriam per dictum illum amorem universalem, quandoquidem inter homines primum locum obtineant parentes, non poterit non servire parentibus, & hos prae aliis amare. Cùm verò ille ipse amor, seu virtus à parentibus dimanet ad reliquos homines (est enim amor universalis) si Rex seriò hoc meditetur ut serviat parentibus, non poterit tandem non cognoscere reliquos homines, & hos inter, qui aliis virtute sapientiâque praecellunt, ut hos sibi & Regno seligat administros. Quod si sedulò meditetur cognoscere homines, fieri non poterit ut non habeat perspectum Coelum. Vel, Coeli rationem omnibus inditam; quae scilicet dictat, excolendiam virtutibus personam, colendos parentes, honorandos probos ac sapientes, venerandum denique Coelum, à quo indita est homini recta ratio; quae est virtutum omnium Principium ac radix.

"正确地进行治理需要依赖睿智的人，如何挑选出这些睿智的人则取决于统治者的德性,因此,一个完美的皇帝首先必须正确地修养自身的人格①,他先要学会借助普遍的理性准则去爱护所有的人,很明显其他的事情都取决于这一点。所以,他要认真地考虑如何通过上述的博爱(amor universalis)来修养自身人格,因为在所有人之中,自己的父母占据最重要的地位。人必须服侍好自己的父母,在爱其他人之前先得爱自己的父母。因为实际上,爱或者美德都是从父母那里获得并延伸至其他人(事实上这就是博爱)。如果皇帝能认真地考虑如何服侍好自己的双亲,他就能了解其他人并从中挑选出那些在道德和智慧上表现卓越的人,任命他们协助自己来管理国家。如果皇帝能仔细地思考如何去了解别人,无法理解天意这样的事情也就不会发生。在所有事物的身上上天都赋予了理性,这一理性指的是:借助美德来修养自身的人格、尊敬父母、尊敬正直而睿智的人以及崇敬上天,正是上天

---

① 耶稣会士在此仍在沿袭上一段"为政在人"的讨论,自行将"君子修身"的讨论与帝王如何选取贤人助其治国相联系,体现了他们对于"为政"这一议题的关注。 在西方,这个论题长期以来一直是思想界关注的重点,例如14世纪马基雅维利便提出 buon governo(善政)的概念。 译者认为:一方面,这与来华耶稣会士一直都将《中庸》视为儒家在"政治道德"修为方面的学说有关(从殷铎泽将其早期的《中庸》译本命名为《中国政治道德学说》即可窥一斑);另一方面,则与耶稣会士深受托马斯·阿奎那思想的影响有关,而阿奎那与亚里斯多德一样极为重视理性和政治体系,认为人不仅要在自身积极求善,还应致力于在社会生活当中"兼善天下",认为将来的幸福是此世幸福的延长。 因而国家有责任将有关宗教、艺术、伦理等方面的知识带给国家的民众,帮助每一个人借此达到自己的人生目标,而教会则负责以"'彼岸来的信息'引导人走向来世"(参见邬昆如:《西洋哲学史话》,台北:三民书局,2004年,第329页)。 后者正是耶稣会在华活动的意义所在。 此外,在历史上耶稣会士也时常与政治势力有种种纠葛。 从16世纪开始耶稣会将其工作重点逐渐转移到上层社会,并在17世纪成功地赢得了许多王公贵族以及市民的皈依。 耶稣会在灵修上的出色训练和很好的教育程度使得相当多的耶稣会士后来成为欧洲宫廷的告解神父,尤其在17世纪上半叶耶稣会对于欧洲信奉天主教国家的君王产生了强有力的影响,但这种过分密切的政教关系也为之招致众多非议。

赋予人正确的理性。这一理性是所有美德的准则和根基。"①

天下之达道五，所以行之者三。曰：君臣也，父子也，夫妇也，昆弟也，朋友之交也。五者，天下之达道也。知、仁、勇三者，天下之达德也。所以行之者一也。

§.3. Declarat hîc *Confucius*, quinque universalium Regularum praxim dependere à tribus virtutibus Cardinalibus: harum autem virtutum efficacitatem pendere ab unica animi soliditate ac veritate. Totius (inquit) orbis universales & obviae Regulae seu viae sunt quinque: Ea verò quibus practicè exercentur illae sunt tria. Quinque Regulae sunt videlicet, 1. Regem inter & subditum justitia: 2. Parentes inter & filios amor: 3. Maritum inter & uxorem debita à reliquis distinctio, seu fides conjugalis: 4. Fratres majores natu inter & minores subordinatio: 5. Denique mutua quae amicos inter sunt concordiae ac consuetudinis officia. Hae quinque sunt orbis hujus generales viae ac regulae. At verò prudentia in discernendo bonum à malo; amor quidam universalis ergà omnes; & fortitudo in prosecutione boni & fugâ odioque mali, tria haec sunt orbis generales seu Cardinales vritutes, per quas perfici debent quinque Regulae: Id verò, quo exercentur tres istae virtutes est unum quid; seria nimirùm & vera cordis soliditas, veritas, & rectitudo; nam si ex ficto & fallaci corde dictarum virtutum una procedat, ea profectò non erit virtus censenda, sed vitium.

---

① 手稿正文此处原有殷铎泽撰写的专题小论文《不只是凭借理性，还有非常多的古代文献可以证明：中国古人并非对那位最高神的存在一无所知，他们时常用同一个字"天"来指称这位神》（Tum ratione, tum veterum authoritate plurimisque testimoniis probatur, priscos Sinas non fuisse penitus ignaros Supremi Numinis: creberrimè item voce coelum ad Numen hoc significandum fuisse usos），出版前被柏应理删去，并将这部分内容挪至前言中使用。（第 115~150 页）

孔夫子在此声称:五种普遍准则的实现依赖于三种主要美德①,这些美德的成效取决于精神中独一无二的坚定和真诚。(他说)在整个世界上,普遍且易于把握的准则,或者说路径,共有五条,而实际上践行它们的方法共有三种。这五大准则是:第一,帝王和臣民之间的公正;②第二,父母和子女之间的爱;第三,夫妻之间有别于其他关系的责任,或者说对于婚姻的忠诚;第四,兄弟之间的长幼次序;第五,朋友之间和睦相处、以礼相待的义务。这就是世界上五种普遍的路径和准则。事实上这些就是指明辨善恶的智慧、对于所有人的博爱、向善且避恶疾恶的勇气,这三种就是世界上普遍的或者说主要的美德。只有凭借这三种美德,上述五大准则才能得以实现。而践行这三种美德的方法只有一种,毫无疑问它就是人内心的那种认真而真实的坚定、真诚和正直。③ 事实上,如果某种所谓的德性源于虚伪而不诚实的内心,它肯定不会被认为是美德,而只是一种罪恶。

---

① 此处,耶稣会士用"五种普遍准则"(quinque universales Regulae)来翻译"五伦"。儒家将"知""仁""勇"视为三达德,认为这是实现"五伦"的道德基础。而在西方,自古希腊哲学以来则将所有的伦理道德归纳为四种基本的美德("四枢德"),即"明智"(在实践中智行事的智慧)、"勇气"、"节制"和"公正"。

② 下文耶稣会士亦用"公正"(justitia)来对应儒家所讲的"君臣之义"。西方最早深入探讨"正义"的问题始于柏拉图的《理想国》,在谈及"城邦之正义"时,书中总结出最好的(即自足、健康的)城邦应具有"四枢德",其中即有"义德"。这一总结此后为基督宗教教父神学所吸纳并影响至今。

③ 此处将"诚"视为践行三种德的唯一方法,该理解源于张居正的注解:"'……然达道固必待达德而后行,而其所以行之者,又只在一诚而已。'盖诚则真实无伪,故知为实知,仁为实仁,勇为实勇,而达道自无不行。苟一有不诚,则虚诈矫伪,而德非其德矣,其如达道何哉?故曰所以行之者一也。"(第96页)这一见解亦是宋明理学的重要阐发。实际上,孔子很少论及"诚",《论语》中涉及该词的仅有两处,其含义接近于"信",即诚实守信。将"诚"作为一种重要的美德并与天道、人道贯通论述的做法,始于孟子,并在后世宋明理学家的著述中被发扬光大。

或生而知之，或学而知之，或困而知之，及其知之一也。 或安而行之，或利而行之，或勉强而行之，及其成功一也。

f.16.p.1.　Sive quis nascatur (inquit *Confucius*) Sciens, id est, si quis instructus fuerit ingenio tam celeri & perspicaci à naturâ, ut absque Magistro per se praedictas regulas intelligat; sive quis, brevi & moderato usus studio, illas discendo sciat; sive quis diuturno studio & cum improbo labore easdem sciat; ubi hi pertigerunt ad ipsam scientiam, seu prudentiae virtutem, una est tandem eademque in omnibus, tametsi alii citiùs, alii tardius eam sint assecuti. Rursùs inter homines sive quis sortitus animam bonam spontè & quietè veluti naturaliter operetur; sive quis ob lucrum seu utilitatem virtutis & cupiditatem quamdam operetur; sive quis nactus indolem minùs facilem violentè operetur ut tandem assequatur virtutem amoris universalis; tametsi, inquam, in operis exercitio aliis sit facilitas quaedam aliis labor & difficultas, tamen ubi omnes jam pertigerunt ad ipsius exercitii terminum, & complementum operis in quo demùm ipsa se quoque prodit fortitudo, hoc ipsum in omnibus unum quid idemque erit opus.

孔夫子说有的人生来就知道，这是说他天生就拥有一种快速洞察的能力，哪怕没有老师也能自行理解上述的准则；有的人通过短暂而适度的学习便能了解这些准则；有的人却要通过长期的学习、付出极大的努力才能了解这些。当然这些人最终都获得了这些知识,换言之,他们都获得了智德①,因此对所有人而言,最终结果都是一样的,只是有些人快一些,有些人慢一些。另一方面,芸芸众生,有的人命中注定就拥有一个好灵魂(anima bona)使其能够自发平静地去做事,仿佛天生就是这样;有的人是为了能从中获益,出于美德有用这样功利性的目的,以及某种欲望才会去做;有的人生来就得凭借人为的努力艰辛地去践行,只是为了最后能实现博爱的美德。这么说好了,虽然在践行方面,对一些人来说是轻而易举的事情,对一些人来说却充满了辛苦和困难,但是当所有人都达到行为的目标,完成了践行并在这个过程中展现自己的勇气,那么对于每个人来说,践行的最后结果都是一样的。

子曰:"好学近乎知,力行近乎仁,知耻近乎勇。"

p.2.§.1. *Confucius*, ut ostendat, omnes, si modò velint, posse sic proficere ut tandem propè absint à dictis virtutibus, prudentiâ scilicet, amore & fortitudine ait: quamvis rudis sit quispiam, si tamen amet ardeatque discere, nec fatigetur in studio virtutis, jam is appropinquat ad prudentiam: si quis amore privato sui ipsius adhuc quidem implicitus, tamen nitatur rectè operari, jam is appropinquat ad amorem illum universalem ergà omnes; si quis denique ita est constitutus animo, ut constanter norit verecundari, & erubescere cùm turpia & illicita proponuntur,

---

① 此处耶稣会士用"智德"(prudentiae virtus,直译应是"智慧的美德")来翻译"知",该术语源于亚里士多德。 他在《尼各马可伦理学》一书中详细谈论了美德这一后天形成的品质,以及它的含义、特征、获得方式及其对于人获得"幸福"的重要意义。 他将美德划分为两种类型:智德和道德。 前者可通过传授和学习来获得,旨在借助理性思考充分发挥人身上发现真理的能力;后者则更为重要,其核心指导原则是"适度"——这与儒家注重"无过无不及"的中庸之道很近似,它需要在长期生活中反复践行各种合乎美德的行为,进而培养人借助理性的自主选择,在情感上和行动上都能把持既不过分又无不及的中道,最终使之成为个体身上的习惯(ethos)乃至群体的风俗。

jam is appropinquat ad fortitudinem.

正如孔夫子所指出的："所有人，哪怕他们缺乏上述的智慧、爱和勇敢这样的美德，只要他们愿意去做，他们仍然能够拥有这些美德。虽然某些人是粗俗的，但如果他喜爱并愿意去学，对学习这一美德从不厌倦，那么他就接近睿智了。如果有的人，虽然因为自己的一己之爱陷入困境，却仍在努力地去做正确的事情，这样他就接近那种对所有人的关爱了；如果一个人有这样的特质，当那些不光彩的、胡作非为的事情发生时，他会为此感到羞愧和脸红，那么他就接近勇敢了。"

"知斯三者，则知所以修身。知所以修身，则知所以治人。知所以治人，则知所以治天下国家矣。"

§.2. Si igitur benè nosti haec tria, jam probè nosti id quo rectè excolitur persona propria: si nosti id quo excolitur propria persona, jam nosti id quo regas alios homines, jam etiam ex eadem norma nosti id quo regas orbis Regna: cum eadem sit ratio & lex in omnibus, quae in uno; ex quo sit, ut perfectio suae unius regiae personae sit perfectionis reliquorum fundamentum & norma.

"如果人们知道如何践行这三种美德，他们就知道如何正确地发展自己的人格。如果人们知道了如何发展自己的人格，他们就知道怎样去治理其他的人，也就知道如何以同样的方法去统治世界上任何一个国家。因为在所有人身上都存在着同样的理性和律法，每个个体的身上都是如此。因而可以这么说，君王个人人格的完善将成为其他人完善自身的基础和榜样。"

凡为天下国家有九经，曰：修身也，尊贤也，亲亲也，敬大臣也，体群臣也，子庶民也，来百工也，柔远人也，怀诸侯也。

f.17.p.1. *Confucius*, secundum ea quae dictae sunt, Regem instituens sic ait: Quicunque moderatur orbis Regna habeat has novem regulas, & praecepta vulgaria quidem, sed observatu necessaria: Videlicet, 1. Excolat virtutibus se ipsum: 2. Colat sapientes & probos viros: 3. Observet & amet parentes: 4. Honoret & in pretio habeat praestantiores ministros & praecipuum Magistratum gerentes: 5. Accommodet sese ad voluntatem reliquorum Ministrorum, seu Praefectorum minorum; quos ut membra sua autumet: 6. Filiorum instar diligat populum ac vulgus promiscuum, congaudendo gaudenti, condolendo dolenti: 7. Accersat plurimos omnis generis artifices ad commune Regni emolumentum: 8. Benignè ac comiter excipiat & protegat è longinquo advenas & adventantes hospites: 9. Denique amanter ac impensè foveat & cordi habeat Imperii Regulos & Dynastas, quo fiat, ut concilietur eorum ergà Regem & amor & fides.

延续上文所说的内容，孔夫子教导君王时这样说道：世上任何想要治理好一个国家的人都应该遵循以下九条定律，或者说这九条普通但需要被注意的指导，它们是：一、提升自身的德性修为；二、培养睿智而正直的人；三、听从并爱戴父母；四、尊敬并嘉奖出色的大臣，特别是负责管理的士大夫们；五、听取其他的大臣或者下层官员们的愿望，珍视他们如同自己的肢体①；六、像爱护自己的儿子那样关爱人民和普通的百姓，乐其所乐，哀其所

---

① 耶稣会士此处对于"九经"的详解，全然基于张居正的注解，例如在解释"体群臣"时借用张注"把群臣们都看得如同自己的身子一般"，在翻译"子庶民"时引用张注"乐民之乐，忧民之忧"等。（第99页）

哀；七、为了国家的公共福祉，将各种各样的工匠召集到国内；八、友善客气地欢迎和保护来自远方的外国人和远道而来的客人；九、热情且慷慨地关怀和安抚国内的诸侯和王子们，从而赢得他们对于君王的爱戴和信任。

修身则道立，尊贤则不惑，亲亲则诸父昆弟不怨，敬大臣则不眩，体群臣则士之报礼重，子庶民则百姓劝，来百工则财用足，柔远人则四方归之，怀诸侯则天下畏之。

p.2.&.1. Si igitur Rex novem praedictas regulas observet, plurima equidem toti Regno emolumenta consequentur: Nam si excolat virtutibus seipsum mox lex & Regulae illae universales Regis exemplo vigebunt: Si colat sapientes, adeoque horum multo usu consilioque utatur, jam non haesitabit perplexus in negotiis suscipiendis & perficiendis: si observet & amet parentes, jam & inter reliquos consanguineos, ex. gr. patruos, fratres majores natu, & minores non erunt querelae aut simultates; sed concors amor in bonum totius familiae conspirans: si veneretur & in pretio habeat praecipuos ministros, jam non caligabit, nec erit anxius trepidusque in Regni sui administratione tametsi fortè discrimen aliquod ingruerit; aderunt enim atque opitulabuntur Principi suo spectatae virtutis invictique roboris viri, non consilio tantùm, sed manu quoque prompti: Si gregales Magistratus, sese iis accommodans, veluti corporis sui membra autumet, jam & hi, & qui erunt ordinis superioris praefecti reddent obsequia sua impensiùs cumulatiùsque & universi correspondebunt Regi cum omni fide & sinceritate: Si filiorum instar amet populum, tunc populus animabitur atque excitabitur vicissim ad redamandum tam beneficum sibi parentem: Si famâ tanti Regis accersiti adveniant plurimi cujuscunque generis artifices, tunc & divitiarum ad utendum, & rerum ad communes usus necessariarum affatim erit: Si benignè excipiat è longinquis regionibus adventantes advenas, mox circumjacentium quatuor terrarum populi ultrò ad ipsum se conferent, & gaudebunt subesse tam humano & benigno Principi: Si impensè diligat ac foveat Regulos, hos vicissim habebit sui amantes sibique devinctos, adeoque auctus ipse tantis opibus, tantâque potentiâ, jam toto orbe formidabilis erit.

　　如果君王能执行上述九条定律,那么整个国家会受益颇多。亦即:如果君王在美德方面加强自身修为,那么律法以及那些普遍的准则都会因君王这一榜样而发挥效用。如果君王尊重智者并大量地借鉴他们的经验和建议,那么他就不会在承担及处理事务时如昏庸的人那般犹豫不决。如果君王听从并爱戴父母,那么在他与其他的同姓亲戚相处时,比如他与叔伯兄弟之间就不会争吵或者怨恨,和睦的相亲相爱会使大家凝聚在一起共同谋求整个家族的福利。如果君王能敬重并礼遇某些特别的大臣,那么他就不会盲目无措,哪怕受到某种分裂势力的威胁,治理国家时也不会感到胆怯紧张。由于君王出众的美德以及他身上难以被征服的勇气,大臣们会愿意亲近他们的君王并向他提供援助,他们不仅会献策献计,而且还将出手相助。如果君王能体恤他的大臣们,将他们视同自己身体的四肢,那么这些官居高位的指挥者也会毫无保留地听命于君王,并以全部的信任和真诚慷慨地回报他。如果君王能像爱自己的儿子一般去关爱人民,那么民众会受到激励并会反过来去回报自己如此慈爱的"父亲"。如果四面八方的各色工匠都因君王的名声而慕名前来,那么他们所创造的、可供享用的财富及日用物资将会非常充裕。如果君王仁慈地接纳那些来自遥远地区的拜访者,那么很快地,比邻的四方民众都会自发地聚集到他的身边,甘愿归顺于如此人道而慈爱的君主。如果君王诚挚地关爱和眷顾各路诸侯,那么他会获得这些人对他的爱戴和归顺,他的财力及权力都会大大增强,整个世界也都对他保持敬畏之心。

齐明盛服，非礼不动，所以修身也。去谗远色，贱货而贵德，所以劝贤也。尊其位，重其禄，同其好恶，所以劝亲亲也。官盛任使，所以劝大臣也。忠信重禄，所以劝士也。时使薄敛，所以劝百姓也。日省月试，既禀称事，所以劝百工也。送往迎来，嘉善而矜不能，所以柔远人也。继绝世、举废国，治乱持危，朝聘以时，厚往而薄来，所以怀诸侯也。

§. 2. *Confucius* enumeratis fructibus, qui ex novem praedictis Regulis nascuntur, tradit hîc modum, quo eaedem ad praxim reducantur, dicens: Si Rex à vitiis abstineat, sit purus & immaculatus interiùs, & exteriùs gravi & se digno cultu induatur; si illicita & quae repugnant rationi non attingat, haec nimirum ea sunt quibus Regia excolitur persona: Si procul repellat à se detractores, & procul absit à venereis; si vilipendat opes ac facultates, & magnipendat virtutem, haec ea sunt quibus animantur & excitantur ad imitationem sapientes virtutum sectatores: Si in pretio habeat ac veneretur & foveat suorum parentum dignitatem, suo Regio censu augeat eorum privatos redditus, eadem amans & odio habens quae illi amant aut oderunt, haec ea sunt quibus animantur reliqui ad amandos item parentes ac propinquos: Si Praefectorum inferiorum magnum numerum habeat, & qui majoribus subordinati ex officio minora quaeque negotia administrent: hoc est id quo animantur superioris ordinis Praefecti, ut illorum operâ industriâque usi munus suum feliciùs exequantur: Si suis Rex ministris fidat & credat, & pro cujusque meritis ampla conferri jubeat stipendia, haec ea sunt quibus animantur regii ministri ad impensiùs suo Principi serviendum: Si tantùm congruis temporibus (non iis scilicet, quibus aut agri colendi sunt, aut messis colligenda) occupet populum, & moderetur vectigalia, haec ea sunt quibus animatur populus ad amorem promptamque obedientiam: Si quotidie examinet, & quovis mense per se ipse exploret an operariorum merces & alimenta ex regiis educta horreis respondeant operi, hoc est id quo animantur opifices ad impensius laborandum: Si Rex debitis officiis prosequatur abeuntes advenas, & benignè ac comiter excipiat adventantes, collaudando aliorum praeclaras dotes, quando his instructi sunt, utendo illis ad munia publica, & miserando aliorum, qui fortè tenuiores sunt, imbecillitatem, hoc est id quo benignè tractantur è longinquo advenae ac peregrini: Si usque & usque perpetuare seu conservare studeat Regulorum intereuntes jam propè familias substituendo alterum ex eadem familiâ in demortui locum & dignitatem; Si insuper studeat erigere & in pristinum statum restituere eorumdem collabentia Regna, moderando compescendoque seditiones vel tumultus obortos, & propulsando sistendoque imminentia pericula, item si dum celebranda sunt Regulorum comitia, & excipiendae eorumdem legationes, juxta statuta dumtaxat tempora id faciat (non immutando communem in hoc praxim, ne sit oneri Regulis) ; Si item lautè ac splendidè tractet abeuntes, & non cupidè sed regiâ cum moderatione excipiat adventantium munera (quod erat Regum Priscorum dictamen) haec ea denique sunt quibus amanter foventur clientes Imperii Reguli.

　　孔夫子列举了执行上述九条定律会产生的各种结果后，给出了如何将这九条定律应用到实践中的方法。他说道：如果君王能戒除各种恶习，那么他内心深处会是纯洁无瑕的，外在衣着则会庄重而合乎礼仪。如果他不去做一些非法的、违背理性的事情，毫无疑问，这样君王就能发展自身的人格。如果能使自己远离谗臣及女色，看轻权势和财富而倚重美德，那么这些品质将会启迪并激发追随者们去效仿智者的美德。如果重视、崇敬并珍惜家族的荣耀，将国家征集的税收回馈给自己的百姓，爱他们所爱的，恨他们所恨的，就能启迪他人同样去爱自己的父母及亲人。如果拥有数量众多的下级官员，便可以借助自己众多的下属去管理各项烦琐的事务，这也会使上级官员受到激励,使他们更顺利地履行职责、勤奋工作,以充分发挥其作用。如果君王能信任他的大臣并按照他们的功绩给予丰厚的奖励,就会使国中的大臣们受到激励,从而越发不遗余力地去服务君王。只在合适的时候(当然不会是在那些用于耕作的时间)役使人民并减轻赋税,从而也使人民受到激励,爱戴(君王)并向其表示顺从。如果每天都能检查,每月都能亲自查看国家用于支付工作的费用,以及从粮仓中提取的食物是否与工作所需相符,这将激励工匠们更加努力地工作。如果君王能致力于履行自己应尽的职责,和蔼亲切地送远迎来,且当他人能纯熟地运用自己的技能来服务公众时,也能给予称赞;对那些卑微、软弱的人们会抱以同情,做到这些才称得上和蔼地对待远道而来的人们。倘若能够一次次地努力维系或是挽救濒临灭亡的诸侯世家,让其族人继承已逝者的地位和荣誉;若想要树立乃至重建那些已经覆灭的诸侯国,将其恢复到以前的状况,控制并遏制愈演愈烈的叛乱以及骚动,击退并制止日益逼近的危险;同样地,一直按期前来朝见的诸侯们理应受到尊重,他们派来的使臣应当获得接见,这些都应当在规定好的时间里进行(在实践中不应擅改常规,不要加重诸侯们的负担)。倘若是要盛大而隆重地款待到访者,朝廷就不应表现得过于迫切,而要客气且有节制地接受远道而来的人所送的礼物(这是古代君王的说法),继而友善地关怀这些臣服于帝国的诸侯们。

Moris erat, ut quotannis Reguli per Legatum, Tá Fu dictum, mitterent munera ad Imperatorem; tertio item anno, sed ampliora ditioraque et per Legatum superioris quoque Ordinis Kim *dictum; demùm quinto quolibet anno tenebantur ipsimet Reguli in comitiis Imperii sistere se Imperatori.*

该惯例的特点是:每年诸侯们都会派使者,他们被称为"大夫",向帝王进献礼物;每三年则派更高一级的使者,亦即"卿"一级的官员,进献更多、更贵重的礼物；每五年，无论是否情愿，诸侯都得亲自携带礼物入朝向帝王进贡。①

凡天下国家有九经，所以行之者，一也。

f.18. p.2. §.1.　Concludit *Confucius*: Igitur quicunque regunt orbis Regna habent quidem quas & quomodo servent novem dictas Regulas; Caeterum id, quo debent exercere illas, unum dumtaxat est: nimirùm seria animi soliditas seu veritas sine ullo fuco; quae, si vel in unicâ ex novem Regularum desideretur, jam non erit recta sed fucata & superficialis tantùm virtus.

孔夫子总结道：因此，但凡世上治国之人都通晓上述九条定律，以及如何去使用它们。此外他们还应拥有一种内心的严肃坚定和没有夹杂任何虚伪的真诚。假如这九条定律中有一条做得不足，这时那种诚实的美德便不复存在，只会变得虚伪肤浅。②

凡事豫则立，不豫则废。 言前定则不跲，事前定则不困，行前定则不疚，道前定则不穷。

§.2.　Ut autem dictas Regulas & virtutes omnes cum dictâ illâ animi soliditate & veritate quis assequatur, haec addit Philosophus: Si omnes res &

---

① 相关记载可参见《礼记·王制第五》："诸侯之于天子也，比年一小聘，三年一大聘，五年一朝。"

② 此处耶稣会士的翻译与《中庸》原文的本义有出入。 原文是："所以行之者，一也。"意为：用来实行（治理天下国家的九条定律）的方法只有一种，便是"诚"。 张居正注："若一有不诚，则节目虽详，法制虽具，到底是粉饰的虚文而已，如何可以为治乎？ 故曰：'所以行之者一也。'"（第102~103页）

actiones, quae spectant ad praedictas Regulas praecogitentur, & praeviè consideratae solidè in animo stabiliantur, hoc ipso in expedito erunt ac solidè subsistent: Quod si eas non solidè praemediteris, hoc ipso corruent, & incassum abibunt. Sic si verba proferenda priùs determinaveris, ac ea tecum ipse iterum iterumque repetens, quid, quomodo dicendum sit, planè definiveris, hoc ipso non cespitabis, nec in sermonibus tuis haesitabundus offendes: Si res agendas tecum ipse priùs accuratè perpenderis, ac solidè quid, quâ ratione agendum sit, statueris, eo ipso deinde non angêris nec te affliges ob sinistrum eorumdem successum: Si opus ipsum quod aggressurus es priùs ipse cum animo tuo solidè praedeterminaveris, hoc ipso deinde non te pigebit, nec opus coeptum languescet, nec tu ipse (si fortè in medio cursu deficias) levitatis & inconstantiae notaberis: Denique si regula rectae rationis priùs fixa firmaque fuerit, seu si antequam rem perficiendam suscipias, diu eam praemeditatus, obfirmaveris animum dicto illo robore recti & sinceri arbitrii, tum profectò tanta consurget virtus & efficacitas, ut nequeat exhauriri, adeoque indeficiens tibi ejus usus existet.

为了使所有人都能怀着内心的坚定及真诚去遵循上述准则及美德，哲学家补充了这样的话：如果人们面对所有的事情和行动时，都能事先参照上述准则对之进行考量，那么事前的深思熟虑就能使事情顺畅无阻并让人坚持下去；如果事前人们没有多加考量，事情的发展就往往会偏离目标。如果人们在说话前就已经想清楚，一次又一次地向自己重复这些话，按照这种方式：自己先想清楚再说话，说出来的话就不会出错，说话时也不会犹豫不定。如果在做事前自己能谨慎地进行权衡，运用理性来行事并踏实地做出决定，这样就不会为产生的不当后果而苦恼、备受折磨。如果能以坚定的精神预先明确自己将要承担的工作，那么此后就不会因此受困扰，既不会对已经开始的工作心生厌倦，(假如在过程中自己偶尔会变得软弱) 也不会表现出行事轻率善变的作风。最后，如果事先就能确定并坚持正确的理性准则①，在做事之前能事先进行长时间的考虑，借助上文提及的那种正直、纯粹的判断力来坚定自己的精神，那么，众多美德及其影响必定会得到凸显且永不穷尽，人们会一直受益于此。

在下位，不获乎上，民不可得而治矣。获乎上有道，不信乎朋友，不获乎上矣。信乎朋友有道，不顺乎亲，不信乎朋友矣。顺乎亲有道，反诸身不诚，不顺乎亲矣。诚身有道，不明乎善，不诚乎身矣。

§.3. Doctrinam modò dictam declarat Philosophus exemplo inferiorum respectu superiorum, sic dicens: Qui constitutus est in inferiori dignitate, si non prius conciliatum sibi habeat animum superioris sui & in supremâ dignitate constituti, nequit fieri ut populus ab eo rectè ac pacificè gubernetur: Conciliationis autem animi apud Superiores & supremos Magistratus, datur sua quoque ratio & regula cui nititur; ut datam scilicet fidem servet amicis suis & aequalibus; etenim si non ex animo servet quis fidem cum amicis, nec poterit obtinere gratiam, benevolentiam & fidem apud Superiores & supremos Magistratus; hi enim non dabunt fidem fallenti, quamvis amicus & familiaris sit qui falsus est: ut autem quis servet fidem cum amicis, datur & sua regula & ratio quaedam: Si enim non seriò

---

① 此段提及的"理性行事"以及用"正确的理性准则"（regula rectae rationis）来翻译"道"，均属耶稣会士在经院哲学视域下与儒家思想的融合。 此段衔接上段关于"诚"乃践行"九经"核心要领的论述，进一步将"诚"引申为践行天下事的要领，其理解主要基于张居正对此段的注释："九经之行，固贵于诚，然不但九经而已，但凡天下之事，能素定乎诚，则凡事都有实地，便能成立……如人于言语先定乎诚，不肯妄发，则说的都是实话，自然顺理成章，不至于蹉跌矣。 人于事务先定乎诚，不肯妄动，则临事便有斟酌，自然随事中节，不至于窘迫矣。 身之所行者先定乎诚，则其行有常，自然光明正大，而无歉于心，何疚之有？ 道之当然者先定乎诚，则其道有源，自然泛应曲当，而用之不竭，何穷之有？"
（第103页）

obsecundet quis & obsequatur, adeoque fidem quodammodò fallat, parentibus, hoc ipso nec fidem servabit habebitque cum sociis & amicis: Ad obsecundandum autem parentibus datur etiam quaedam ratio & regula; si quispiam nimirùm priùs in se oculos referens non deprehenderit se verè atque sincero animo, sed fictè dumtaxat & specie tenùs morem iis gerere, planè censendus est non obsecundare & obsequi parentibus: Ut autem quis sincerè & solidè perficiat seipsum, & illam recti animi integritatem obtineat, datur item certa regula & ratio, quae consistit in discrimine boni à malo; nam nisi quis exploratam habeat atque perspectam rationem boni & mali, nec quis unquam sincerè perficiet seipsum, & solidus esse in se non poterit.

Suprâ (à fol. 14.p.2.§.2.) agit Philosophus de recta gubernatione ad imitationem Priscorum Regum *Ven-vâm* & *Vu-vâm*: Dein affert quinque illas in hoc rerum universo insitas naturae à Coelo Regulas, & tres virtutes veluti Cardinales, prudentiam, amorem, fortitudinem, quibus eae perficiuntur: tum ad particularia descendens, novem recte regendo Imperio proprias Regulas tradit, quas omnes dicit pendere à rectâ sui ipsius institutione. Tandem concludit, quòd qui regere vult sese, ac deinde populum, initium facere debet ab intrinsecâ animi soliditate, seu perfectione quadam sublimi & veritate omnem prorsùs fictionem excludente: quae quidem veritas & soliditas aliquando sumitur pro ipsamet naturâ, homini & rebus omnibus, aliâ atque aliâ proportione & efficacitate, à Coelo inditâ. Haec itaque veritas & soliditas literâ *Chim* hic explicatur: Hanc quatuor literis Interpretes exponunt, videlicet *Chin Xe Vu Vam*, hoc est, *Verum*, *solidum*, *absque fictione*. Nos verò veram, seu solidam perfectionem deinceps vocabimus.

哲学家还以地位较低的人要尊重地位较高的人为例来说明上文的教导,他这样说道:地位等级较低的人如果不能率先赢得自己上司及那些地位高贵者的心,他就无法恰当、和平地管治百姓。想赢得上级和高官们的心,自有可以借助的方法和准则①，它表现为对待朋友及同龄人要信任。事实上，如果一个人无法发自内心地信任朋友，他就无法获得上级及高官的喜爱、仁厚相待及信任。实际上这些人绝不会信任一个采取欺骗手段的人，这样的人虽然看似友善亲切，本质上仍是个虚伪的人。而一个对朋友心怀信任的人，自有其待人的准则和方法。如果不认真遵从自己的父母，甚至通过某些手段骗取父母的信任，这样的人也不信任自己的伴侣和朋友。在听从父母这方面也有其方法和准则所在：如果一个人没有首先用真实、真诚的内心审视自身、认识自己，那么他的外表和行为举止都只会是虚伪的。很明显，这不能被认为是在遵从父母。有的人能真诚、坚定地完善自身并最终拥有正直公正之心，这其中也有一定的准则和方法，这便在于如何分辨善恶。因此，如果一个人不去探究明察善与恶的道理，他就无法真诚地完善自身，也无法保持自身的坚定。②

在上文第14叶第2面第2段，哲学家提出要效仿古代帝王——文王和武王的合理统治。③之后，他指出了上天赋予世间万物的五大准则，以及智慧、仁爱和勇敢这三种最主要的美德，只有借助这些美德，五种准则才能得以实现。落到细处，他说合理治理国家所需的那九条定律，全都取决于个体自身的正确修为。最后他总结道：任何人若想要管理好自身继而治理百姓，就应该从内心深处的坚定，或者说从某种精微而真实的完善自身开始，并且摒弃一切虚假。在任何时候，上天都会根据人和事物的本性，用各种均衡的方法并施加影响来赋予他们各自的真实和坚定。这种真实和坚定在这里是用"诚"这个字来表达。阐释者张居正用四个字来解释它，这便是"真实无

---

① 本段耶稣会士统一用"准则和方法"（ratio & regula）来翻译"获乎上有道""信乎朋友有道""顺乎亲有道""诚身有道"各处中的"道"。 张居正将之注为"自有个道理"（第104页）。

② 此节译自张居正："然诚身工夫，又不是一时袭取得的，也有个道理，只在能明乎善，若不能格物致知，先明乎至善之所在，则好善未必是实好，恶恶未必是实恶，……"（第104页）

③ 指前文"哀公问政。子曰：'文武之政，布在方策。'"一节。

中国学问第二部:《中庸》　　239

妄"。在下文我们称之为真实的或坚定的完善。①

诚者，天之道也，诚之者，人之道也。 诚者，不勉而中，不思而得，从容中道，圣人也。 诚之者，择善而固执之者也。

f. 19. p. 1. §. 1.　Ut hîc, & deinceps intelligatur mens Philosophi, dico, sic eum agere de Sancto & sapiente (quod ad lumen rationis, seu ad perfectionem & veritatem illam nativam attinet) ut quamvis asserat, huic & illi, uti & reliquis hominibus, aequâ portione infusam esse rationalem lucem, sic tamen infusa sit Sancto, ut, quia is nunquam à primâ illa integritate per obliquas & pravas animi affectiones vel minimùm deflexit, quasi serenissimo semper fruatur coelo, in quo longè latéque nativi solis sui rationale lumen ad usus & actiones suas naturaliter & sine repugnantiâ diffundat: contrà verò sic infusa sit eadem lux & perfectio sapienti, ut, quoniam deinde advenerunt ei sua quaedam impedimenta, vitia, & maculae, quae quasi nubila, nativi solis lumen interceperunt, opus sit non parvo conatu, studio ac labore, ut ita remotis nebulis primaevae suae serenitati ac splendori restituatur: atque haec vocatur *gîn táo*, id est, *hominis via ac ratio*, seu sapientum ad primaevam perfectionis originem contendentium regula: prior verò vocatur *tién táo*, hoc est, *caeli ratio*, seu prima regula à caelo aequaliter omnibus indita, estque Sanctorum nunquam violata virtus.

　　为使此处和下文中哲学家的想法能被理解，我将补充一些他关于圣人和智者的谈话（关于如何保护理性的光芒，或者说关于完善和那种与生俱来的真诚）。正如他所宣称的，理性的光芒虽然存在于圣人的身上，但其实在

---

① 耶稣会士将张居正对于"诚"的定义"真实无妄"翻译为"真实、坚定、没有虚假"，明显有别于佛教的"虚空"之意。

其他人的身上也被赋予了与圣人一样多的理性之光。圣人从来都不会因为内心不端正的错误情感，而使那种原初的完善品质受到丝毫扭曲，正如他一直都受益于宁静、安详的上天，他的理性之光长久而广阔地、自发而不受阻挡地发挥着作用，照耀着他的行动。与此相反的是：智者同样被赋予了光芒及完善的品质，但由于在人身上会出现某种缺陷、罪恶和污点，这些就像乌云一般，遮挡了诞生之时的太阳光芒，这便需要人们通过多次尝试、努力和辛劳才能去除阴霾，恢复原初的澄明和绚丽，这被称为"人道"，亦即人的道路和理性，或者说是智者追求本性中原初完善的准则。前面所说的则被称为"天道"，亦即上天的理性，或者说是上天公平地赋予一切事物的首要准则，而圣人的美德从来都不会受到损害。①

De utráque istâ ratione seu regulâ ferè usque ad finem hujus libri agitur, ut patebit legenti: de utráque item hîc agens *Confucius*, ait: verâ solidâque perfectione dotatum esse caelestis quaedam est ratio omnibus indita; at verò post hujus jacturam ad recuperandam denuò hanc veram solidamque perfectionem contendere, seu per conatum ad eam quam amisit integritatem redire, humana quaedam via & ratio est. Quod spectat ad verâ solidâque perfectione dotatum; quia talis profectò à caelo proficiscitur, ipse quidem ex parte sua non sibi vim inferens sine ullo passionum conflictu agit, & tamen sine negotio attingit scopum & finem; non ratiocinatur, & tamen rem assequitur; cum magnâ denique tranquillitate absque

---

① 在此段和下一段译文中，耶稣会译者给予张居正理学观点理性化的解读：将"天道"定义为上天的理性（亦即张居正所说的"实理"），将"人道"理解为智者贤人经由自身的努力修为，以求恢复原初至善之性（亦即张居正所言"若为气禀物欲所累，未能真实无妄，而用力以求到那真实无妄的去处，这是人事所当然者，乃人之道也"）；并对同样被上天赋予理性之光的"圣人"和"智者"进行区分：前者自然而然、不待勉强便能从容合道，后者未能不思而得、不勉而中，需坚守其善以诚身，用力修为才能尽人以合天者。（第105页）在耶稣会士的解读中，儒家"圣人"一直保有原初的完善和美德，他们的身上似乎不存在原罪，而且无须借助天主的神恩，仅凭借自身与生俱来的理性，率性而行就能做到真诚且符合天道。

ullâ commotione rationem sequitur & attingit virtutem; atque hoc *Sanctorum* est. Quod autem spectat ad eum qui per conatum ad veram solidamque perfectionem contendit, quia ab ipsomet homine pendet, qui cum labore eam assequi conatur, opus est ut seriè priùs secum ipse meditetur, & examinet singula; quo facto deinde seligit sibi bonum, & hoc selecto dein fortiter manu tenet ac conservat; atque ea sapientium virorum, prae modò dictâ longè inferioris ordinis, via & ratio.

正如读者所看到的那样，这本书直至结尾都一直在谈论天道和人道这两种理性或者说准则。关于这两者孔夫子在此说道：上天所赋予的那种真实而坚定的完善，其实就是所有人身上与生俱来的理性。失去之后要想重新致力于恢复那种真实而坚定的完善，或者说通过努力重新获得那已被遗失的诚实正直，这便是人的道路和理性。至于这种被赋予的真实而坚定的完善，它必定是源于上天，通过它，不必强迫自己去做任何事情，没有任何情感上的矛盾挣扎，无须操劳便能达到目标，无须算计即可成事。于是，心平气和地、没有丝毫忐忑不安地跟随着理性并成就美德，这便是圣人身上的特征。至于那些凭借自身努力去追求那种真实、坚定的完善的人，因为他是依靠自身的用功努力才达到完善，这种首先对自己进行严肃的反思并对事物分别予以省察的做法也是有益的。这样做便能自发地选择善行，并能自发坚定地把握和坚守这一选择，这便是智者的道路和理性，虽然他在等级上远次于前面提到的圣人。

博学之，审问之，慎思之，明辨之，笃行之。

p.2. §.1.　Ut autem quis sibi queat seligere bonum, ac tenaciter deinde retinere, observet quinque Regulas oportet. 1. Ut rerum omnium rationes, causas, & congruentias non obiter & carptim, sed plenè latéque perdiscat; qui enim assequi conatur solidam perfectionem multa serio perdiscat necesse est. 2. Quia verò in iis quae didicit, erunt forte quae necdum ita novit quin dubia quaedam suboriri possint, oportet ut praematurè discutiat quaerenda, examinans singula, & consulens de his viros sapientes & rerum peritos. 3. Quamvis explorata videatur habere omnia, quia tamen pronum est aut excessu aut defectu quopiam peccare, necessarium deinde erit, ut non oscitanter, sed sollicitè, attentè, ac studiosè secum ipse iterum iterumque ratiocinando meditetur atque expendat singula. 4. Oportet insuper ut non confusè, sed clarè distinguat res inter se, bonum à malo, verùm à falso maturè dijudicans. 5. Quibus denique sic perfectis, necesse est, ut non fictè, sed solidè ac constanter operetur; seu res, de quibus apud animum suum priùs ipse statuerit, totis viribus exequatur.

　　为了能够择善并坚守它,遵循以下五条准则是必要的:一、不要仓促、片面,而要广泛、深入地了解所有事物的原理、其发生的原因,以及彼此间的和谐一致,要想致力于实现那种坚定的完善,进行认真深入的了解是必要的。二、事实上,要想了解上述内容需要懂得如何针对这些提出疑问,有必要尽早穷究被质询的对象,对事物逐一予以分辨,并就这些问题请教智者及专家。三、虽然经过仔细探究好像已经掌握了一切,仍然很容易因为过分或者不足而导致犯错,因而不能懈怠,还需要仔细、专注、好学、一而再地进行考量反思并对事物逐一作出评判。四、为免混淆,还应对事物进行明确的区分,及时明辨善恶和真假。五、想要通过这种方式成为完善的人,他需要坚定而持续地去进行实践,尽力将自己内心想做的事情付诸行动。①

---

①　此段明确节译自张居正的注解:"第一要博学,天下之理无穷,必学而后能知。 然学而不博,则亦无以尽事物之理……所学之中有未知者,必须问之于人……故必与明师好友,尽情讲论,仔细穷究……虽是问的明白了,又必经自家思索一番,然后有得,然思而不慎,又恐失之泛滥,过于穿凿,虽思无益矣。 故必本之以平易之心,求之于真切之处,而慎以思之,庶乎潜玩之久而无不通也。 既思索了,又以义理精微,其义利公私之间,必加辨别……故必条分缕析,辨其何者为是,何者为非,何者似是实非,何者似非而实是,一一都明以辨之……夫既学而又问之、思之、辨之,则于天下之义理,皆已明白洞达而无所疑,可以见之于行矣……又必真心实意,敦笃而行,无一时之间断,无一念之懈怠,则所知者皆见于实事,而不徒为空言矣。"(第106页)

有弗学，学之弗能弗措也；有弗问，问之弗知弗措也；有弗思，思之弗得弗措也；有弗辨，辨之弗明弗措也；有弗行，行之弗笃弗措也。人一能之，己百之，人十能之，己千之。

§.2. Prosequitur *Confucius*: sunt qui nolunt discere, quia discendo non proficiunt, nec illicò assequi possunt quod volunt, at si discant, non tamen, donec sciant, desistant à studio: sunt qui nolunt interrogare, quia interrogantes ob tarditatem ingenii non statim capiunt responsa, at si interrogent, non tamen, nisi intelligant, ab interrogando desistant: sunt qui nolunt ratiocinando meditari, quia quod meditantur non facilè assequuntur, at si quidem ratiocinentur, non tamen, donec assequantur, à coepto desistant, aut desperent: sunt qui nolunt argumentari & dijudicare, quia rem non usquequaque clarè & distinctè percipiunt; at si quidem dijudicant, non tamen donec clarè omnia percipiant desistant aut despondeant animos: sunt qui nolunt operari, quia in operando non solidi & cosntantes sunt, at si operantur, non tamen desistant à coepto jam opere, donec totâ contentione compleatur: etenim si alii primâ & unicâ vice feliciter possunt aliquid assequi, tu ipse saltem, si non unicâ vice unove conatu, centesimo sanè aliquid efficies: si alii decimâ vice quidpiam possunt, tu millesimâ saltem vice spera te consecuturum.

孔夫子继续说道：有些人不愿意去学习，因为通过学习他们并没有从中获利，没能像他们希望的那样马上达到目标。如果想要学，就要学到完全明白，否则绝不停止。有些人不想提问，因为他们天生愚钝，提出问题却不能马上找到答案。如果提出了问题，只要还有自己不能理解的地方，就不要停止提问。有些人不愿意借助理性推导进行思考，因为想要思考有所得并不是一件容易的事情，但如果进行思考，就要想明白直到有结果，否则就不要停止思考也不要心生绝望。有些人不想进行论证并作出判断，因为他们无法清晰明了地理解各种事物，但如果想要作出判断，就要清楚地理解所有事物，否则就不应停止学习领悟，也不该失去勇气。有些人不想去行动，因为在行动中他们无法保持坚定并坚持下去，但如果想要去做，就不应停止已经开始的行动，直至自己的主张完全得到实现。如果其他人轻而易举地一次就能做到的事情，自己却无法一次就做到，那么就算做一百次，你也一定要做到；如果其他人十次能够做到，那么就算试一千次，你也一定要达到目标。

果能此道矣，虽愚必明，虽柔必强。

f.20.p.1.　Si quis igitur hoc reverà impetrare possit abs se, ut sine intermissione saltem conetur servare, seu agere juxtà, dictas quinque regulas, quamvis ipse rudis fuerit & ab arte ac naturâ parùm juvari se sentiat, tandem tamen evadet clarè intelligens;& quamvis sit modò mollior & imbecillior, tandem aliquando fortis evadet in exercitio virtutum. Hactenùs *Confucius*.

如果真的有人仅凭一己之力做到了这些，通过无休止地努力，达到了上述五条准则的要求，那么不管他觉得自己是多么粗鄙，或者天生就缺乏技能及天赋，他最终都能清楚地理解一切，从而克服这些弱点。不管他是多么的软弱，最终他也能通过践行美德、克服这些弱点，从而使自己变得强大。孔夫子就说到这里。

21.**自诚明谓之性。　自明诚谓之教。　诚则明矣，明则诚矣。**

p.2.　Concludit *çù sù* verba & doctrinam avi sui dicens:Se ipso,id est,sine operosâ contentione vel conatu, verè solidéque perfectum esse, simulque rerum omnium intelligentem; dicitur natura, seu connaturalis virtus à coelo infusa: Rursùs seipsum praevio conatu & studio illuminare & reddere intelligentem, ac deinde in verâ virtute seu perfectione solidare, dicitur institutio. (vel, ut alii explicant) ab illâ verâ solidâque perfectione claram & perfectam rerum omnium intelligentiam habere, hoc est quod dicitur natura, seu nativa quaedam virtus & perfectio à Coelo mortalibus indita; haec est *Tien Táo*, seu Sanctorum virtus, quae nihil unquam labis ac vitii passa velut in Olympi quodam vertice constituta quaqua versum ad omnia summâ cum facilitate quasi descendit: at verò ab ea clarâ & perfectâ rerum intelligentiâ, quae scilicet diuturno studio ac labore parta fuit, ascendere ad primaevam illam & veram perfectionem, seu nativam virtutem prout à coelo primùm indita fuit, hoc dicitur institutio, seu disciplina virtutum non infusa, sed acquisita; & haec est *Gîn Táo*, seu sapientum virtus, non sine labore scilicet eluctantium in altum Olympi verticem, in quo primùm à Coelo constituti erant ideò quisquis nativa perfectione dotatus est, seu Sanctus, eo ipso est clarè intelligens omnia, seu sapiens; & quisquis labore & conatu rerum claram intelligentiam sibi comparavit, mox etiam poterit facili negotio solidè perfectus esse, & in pari gradu cum ipso Sancto.

　　子思总结了祖父教导的话后说道①:这就是说,人无须通过费力追寻或是自身的努力尝试,就能真正坚定地完善自身,同时还能理解所有的事物,这被称为本性或者说上天所赋予的与生俱来的美德。反过来说,如果人要通过用功和努力学习才能获得启蒙并变得明理智,从而在真正的美德或者说在自身的完善上获得巩固加强,这被称为教育。(或者像其他人解释的

---

①　此段译文译自张居正的注解:"子思承孔子天道人道之意以立言说道:'……固有德无不实,而明无不照,由诚而明的,这叫做性。 盖圣人之德,不勉而中,不思而得,天性本来有的,故谓之性。性,即天道也。 有先明乎善,而后能实其善,由明而诚的,这叫做教。 ……教,即人道也。'"(第108页)

那样)借助这种真正、坚定的完善——诚,准确无误地理解所有事物,这被称为本性或者说是上天赋予世人的那种天生的美德和完善,这就是"天道"或者说圣人的美德。不像在奥林匹斯山顶上①那样会产生某些错误和罪恶,"天道"会从那个已经形成的完美顶点,轻而易举地朝下流向所有事物。对事物清晰无误的理解是通过长期的学习和用功获得的,这样的理解可以让人们上溯到原初那个真实的完善状态中,也可以说天生的美德就像是上天在人一出生时就赋予他那样,这被称为教育,或者说,美德的教导并非是被赋予的,而是通过学习获得的,这就叫"人道"或是智者的美德,这需要努力用功并克服重重困难才能抵达高耸的奥林匹斯山顶。在这里,前者由上天所造并赐予他们天生的完善,即为圣人;后者也能清楚地理解一切的人,即智者,他通过用功和努力才使自己获得对于各自事物的清晰理解,很快地,他也能轻松地通过修为来完善自身,并达到与圣人相同的程度。

  Hîc deinceps exponit çù-su Avi sui et Magistri doctrinam de solidâ veritate, et quae cum hac conjuncta sit supremâ quadam sanctitate, quam licet Interpretes gentiles (aliquibus exceptis) homini attribuant; eam tamen adeò sublimem facit Philosophus, ut reverà nonnisi supremae veritati ac sanctitati tribui posse videatur. Nam cùm asserit, summè veram esse, et hanc dumtaxat posse intelligendo exhaurire suammet omniumque rerum naturam, praescire futura, esse rerum principium et finem, amplissimam, subtilissimam, perpetuam, et absque termino, esse quid sine motu, movens ac producens, contegens, sustinens, et perficiens omnia; esse quid unicum, summè sanctum, summè intelligens, invisibile, etc. ut in textu infrà patebit; quid aliud innuere voluit, quam supremum aliquod Numen, perfectissimamque mentem? Hujus notitiam si nos Confucio ejusque discipulis concedimus, quid obsecro novi dicimus, cum eam ipsam tam multis Ethnicorum concesserint, primùm

---

  ① 译文中的奥林匹斯山象征智慧,"奥林匹斯山顶"(Olympi vertex)则象征智慧的顶点。

quidem ipsemet Apostolus, deinde sancti Patres, ad extremum tot ac tanti Doctores atque Theologi, et ipsis barbaris Nationibus ipse eloquentiae Princeps Ethnicus? Quid? Quod hi dum demonstrare conantur existentiam Dei rationibus moralibus; non parùm roboris demonstrationi suae petant ex ipso illo gentium omnium et sapientum consensu, qui utique in falsum constanter adeò conspirare nequeant.

在这里,子思介绍他的祖父和老师对于"诚",这种坚定的真诚的教导,而与它紧密相关的便是那种至高的圣洁(*suprema sanctitas*),异教徒的阐释者(也有一些例外)将之归于人身上的属性,而哲学家,赋予它崇高的地位,将它视为最高的真理和圣洁;因此才会声称它最为真实,应最大程度地借助它来理解自己的本性和各种事物的本质,并预知未来,它是事物的开始和终点①,它没有界限,极为广阔、精微且持久,无须作为就能产生万物,并保护、影响、成就之。它是不可见的,却是独一无二、至为神圣的,具备极高的领悟力;正如下文文本所呈现的那样。这除了就是指那位最高的神、最完美的思想,孔夫子想要点头表示赞同的还会是什么别的东西吗?如果我们承认孔夫子和他的学生知道这些知识,请问我还能说出些什么新的东西呢?人们终将承认有如此多的异教徒都认识到这样的知识,事实上在一开始使徒圣保罗自己、此后的各位教父、各地众多的学者和神学家,野蛮民族中那些善辩的异教徒领袖②,他们又是怎样的呢?他们的论证在各个民族和智者那里获得了不少的支持,他们试图借助伦理原则来证明上帝的存在,这些人不可

---

① 耶稣说过自己是开始和终点,此后耶稣会译者的一席话,一方面是在描写耶稣基督,同时也在暗示:孔子已经知道"最纯粹的真理"(即真神的存在)并在古代中国传授这一真理。

② 指西塞罗,古罗马的雄辩家。

能一直串通起来撒谎吧！①

22.唯天下至诚，为能尽其性。 能尽其性，则能尽人之性。 能尽人之性，则能尽物之性。 能尽物之性，则可以赞天地之化育。 可以赞天地之化育，则可以与天地参矣。

f.21.p.1. Itaque ait *çù-su*, quamvis quae à Coelo homini indita est natura, rationalis quidem sit spectatâ radice suâ,& solidum quid, verum,& sine fictione, tamen quia per vitiosos affectionum suarum motus homo jam deflexit ab illâ nativae puritatis innocentiâ ac veritate, non clarè eam cognoscit, nec in operando assequi potest, quantum naturae conditio & status exigit; ideò solùm is qui in universo hoc summè perfectus & sanctus est potest in cognoscendo penitùs exhaurire suam ipsius naturam: qui autem potest exhaurire suam naturam, hoc ipso tam potest exhaurire & intelligendo & rectè instituendo hominum naturam, ac efficere ut redeant ad originalem suam puritatem à quâ desciverunt: Quod si potest ita exhaurire hominum naturam, jam hoc ipso etiam poterit exhaurire aliarum rerum naturas,& explere quod exigunt sive illas gubernando, sive conservando, efficiendoque ut unaquaeque res obtineat statum naturae suae consentaneum: Quod si potest exhaurire rerum naturas, jam etiam poterit veluti coadjuvando concurrere cum Coelo & Terrâ ad rerum productionem & conservationem: Quod si

---

① 手稿正文此处原有殷铎泽列举的其他引文出处："很清楚 Ignatius Der-Kennis（1598—1656，比利时耶稣会神学家）在其《论三位一体的造物主上帝》一书第一论第一章第 3 段第 7 个注释曾教导过与此处类似的内容，Giulio Cesare Recupito（1581—1647，意大利耶稣会哲学家和神学家）在其《论一个上帝》一书第二卷第 20 问以及很多其他的作者都曾广泛讨论过类似的问题"（uti praeclarè hoc loco docet Ignatius Der-kennis tract.de Deo disp.1.1.1 §.3.n.7.et fusiùs deducitur à Recupito lib.2 de Deo quaest.20 et ab aliis non paucis），出版前被删去。（第 160 页）

potest ita adjuvare caelum & terram in producitone & conservatione rerum, igitur cùm caelum sit suprà, ut omnia complexu suo foveat ac tegat, terra sit infrà ut omnia sustentet, & ejusmodi summè sanctus in medio sit caelum inter & terram constitutus, jam etiam potest cum caelo ac terrâ ternarium principium perficere. Et haec quidem spectant ad caelitùs inditam rationem & regulam.

因此子思说：上天赋予人的各种品质都是其本性。事实上，理性被视为本性的根本，它是稳固、真实而不虚假的。但因为邪恶情绪的冲动，人的行为与那种天生的天真无邪和真诚出现偏差，无法清晰地认识它，也不能在行动中遵循它，不能按照原初的条件和状态所要求的去行事。因此，宇宙中只有最完美和神圣的人，能经由深入的认识充分发掘自己的本性。① 而能够发掘自己本性的人，也能通过理解及正确的教导去发掘他人的本性，进而影响人们，使他们回归于那被舍弃的原初的纯洁。如果他能充分发掘人的本性，他也能充分发掘各种事物的本性，或者通过管理，或者通过保存，或者通过影响来完善那些事物，为的是使每一个事物都能保持与它本性一致的状态。如果他能发掘事物的本性，那么他也能相辅相成地补助天地，实现事物的产生和存续。如果他能帮助天地来产生和存续事物——天在上，经由它的怀抱来保存及保护所有事物；而地在下，承担起一切——通过这种方式，处天地之间的中央地带的圣人便与天地一起成为第三个本原。② 这些都被视为上天赋予的规则。

---

① 此处耶稣会士采用 exhaurire suam ipsius naturam（发掘人的本性）来翻译张居正的"尽性"。

② 张居正援引朱熹的注释，将"参"解为并立为三，并在此处解释道："既能赞天地之化育，则是有天地不可无圣人，天位乎上而覆物，地位乎下而载物，圣人位乎中而成物，以一人之身，与天地并立而为三矣。"（第 109 页）

23.其次致曲。 曲能有诚，诚则形，形则著，著则明，明则动，动则变，变则化。 唯天下至诚为能化。

p. 2. Ab his, primi scilicet ordinis perfectis viris, qui proximi sunt seu secundi, primùm quidem hoc agunt, ut intorqueant sive rectificent quod curvum est, & non sine labore & constantiâ nituntur restaurare nativae bonitatis nondum amissae particulam & excitare scintillam primaevae lucis nondum penitùs extinctae: Quod si fecerint, & dictam nativae bonitatis particulam restaurarint, tum & poterunt reviviscere quodammodo, ac obtinere primum illum solidae perfectionis vigorem; non aliter ferè quàm in arenti arbore & prope jam emortuâ, si forte vel gemmulae, vel surculi unius viridantis indicio tenues vitae reliquias superesse intelligamus; laborem industriamque mox adhibemus nunc rigando, nunc aggerendo pinguiorem glebam; ad haec, amputando si quae desperatae curationis sint; & causam denique mali vitiique fortiter tollendo, id tandem efficimus, ut arbori toti pristinus vigor ac vita restituatur. Ubi igitur assecuti fuerint solidam perfecionem, mox illa ipsa sese prodet: Ubi se se prodiderit, mox illucescet magis magisque Solis nascentis instar: Ubi illuxerit, mox veluti Sol in meridie lucis radios latè diffundet: Ubi ita irradiaverit, eo ipso motum faciet animorum: Vir enim solidâ perfectione praeditus suis virtutum radiis suâque virtutum famâ hominum animos perstringat necesse est: Uti motum fecerit & commotionem animorum, jam morum mutationem sine sensu inducet: nam exemplo suo ad bonum se propensum reddi sentiet, etsi nesciat unde sibi hoc accidat: Ubi morum mutationem induxerit, eo ipso felix universorum conversio consequetur. Solùm is in hoc universo qui summè perfectus & sanctus est efficere potest hanc conversionem. Hujus quoque secundi ordinis viri, cùm tandem pervenerint ad solidam perfectionem, tum etiam suarum virtutum famâ poterunt adeò sublimem animorum conversionem efficere, & hoc modo una cum caelo & terrâ concurrere ad harmonicum illum orbis universi concentum.

最接近或者说仅次于圣人①的人们,他们首先会这样做:扭转并扳直弯曲的地方,坚持致力于恢复那原初的尚未遗失的、细微之处的善,以此激发内心深处尚未熄灭的原初光芒。如果这样去做,就能够修复上述原初的、细微之处的善,通过这种方式,它就能恢复并获得那种内心坚定的、完善的原初生命力。这与我们所了解的——在一棵枯萎的或者接近枯死的树木身上,尚有一些小枝芽或是仅有一个绿芽作为它生命力尚存的印证,并没有很大的区别。只要勤快地劳作予以浇灌,堆上肥沃的土壤,砍掉分散养分的枝叶,果断地去除罪恶和错误的根源,最终便能使整棵树恢复元气和生命。②所以,哪里有人能够获得那种坚定的完善,它便会在哪里展现自身;它在哪里有所展现,哪里就像拥有初升的太阳一般照射出越来越明亮的光线;哪里能够发光,哪里就像拥有中午的太阳一样,光芒普照;哪里有阳光普照,哪里就会有内心的感动;被赋予了那种坚定的完善的人,必然会用自己德性的光亮和名望去感化他人的内心;哪里出现了内心的感动和激动,哪里就会不知

---

① 上一段讲"圣人之德",本段开篇的"其次",据张居正"贤人以下"(第110页),应是指比圣人次一等的。 耶稣会士据此译为"仅次于完美的人中第一等级的人"(ab his, primi ordinis perfectis viris, qui proximi sunt sell secandi),即仅次于圣人的人。

② 译文中耶稣会士所使用的"树"的譬喻,未见于张居正对《中庸》此段的注解。 但张居正在评注《大学》有关"本末"的论述时,时常使用"树"来作比以形象说明。 如张氏对于"物有本末"的评述:"本,是根本,末,是末梢。 明德了才可以新民,便是明德之本,新民为末,恰似树有根梢一般。"(第5页)对"其本乱而末治者,否矣"的评述:"若不能修身,是根本先乱了,却要使家齐、国治、天下平,就如那树根既枯了,却要他枝叶茂盛,必无此理,所以说,否矣。"(第9页)对"德者,本也,财者,末也"的评述:"譬之草木,根本既固则枝梢自然茂盛,但当培其根本可也。"(第39页)

不觉地促成习惯的改变。① 按照这种模式,人会感受到自己希望恢复那种原初的善,虽然自己其实并不知道这是怎么发生的;哪里出现了习惯的改变,那么整个世界的成功转变便会随之发生。在这个世界上,只有最完美的圣人才能够实现这种转变。较圣人次一等的人,当他们让内心坚定、完善之后,就可以凭借美德的名望去感化他人,进而使其升华。借助这一方式,也可与天地共同实现一种和谐的宇宙循环。

24. 至诚之道,可以前知。 国家将兴,必有祯祥;国家将亡,必有妖孽。 见乎蓍龟,动乎四体,祸福将至,善必先知之,不善必先知之,故至诚如神。

f.22.p.1. Quoniam homines passim habent animum quadam pravarum affectionum veluti caligine offusum, nequeunt clarè cognoscere rationem omnem, quandoque nec discernere ea quae ante oculos versantur, quantò minùs ea quae ab oculis sunt remotissima, ut sunt futura? At verò (inquit *çù su*) summè perfecti ac sancti virtus ea est, ut possit praeviè scire futura: Cùm Regia Familia proximè est erigenda, procul dubio passim dantur fausta quaedam prognostica: Regiae item Familiae cum imminet occasus, indubiè item dantur infausta quaedam prognostica, quae & manifestantur in herbâ *Xi* dictâ & in testudine *Quei* dictâ (supra hanc cremebant aliqui dictam herbam, et ex maculis, seu coloribus, qui tum

---

① 译文中耶稣会士以"太阳"作比,对张居正的注解予以形象说明。 张氏原文为:"诚既积于中,则必发于外,将见动作威仪之间,莫非此德之形见矣。 既形,则自然日新月盛,而愈显著矣。 既著,则自然赫喧盛大,而有光明矣……诚既发于外而有光明,则人之望其德容者,自然感动,而兴起其好善之心矣。 既动,则必改过自新,变其不善以从吾之善矣。 既变,则久之皆相忘于善,浑化而无迹矣……惟是天下至诚的圣人,才能感人到那化的去处……夫由诚而形、而著、而明,所谓能尽其性者也。 由动而变、而化,所谓能尽人物之性者也,而参赞在其中矣。"(第110页)

fortè apparebant, *conjiciebant futura*) & praevio motu seu horrore quodam metuque futurorum percelluntur quatuor membra, seu totum corpus humanum. At summè perfectus, si quando fortè calamitas, aut felicitas proxime instat, non attendens ad ejusmodi signa, in probis procul dubio praenoscit praesentitque istam, id est, felicitatem; in improbis, haud dubiè praenoscit illam, id est calamitatem: ideòque summè perfectus cum tam subtilis & perspicax sit, est instar spiritus omnia undequaque penetrantis; quorsum igitur eget hujusmodi auguriis & prognosticis?

到处都充斥着这样的想法:邪恶的干扰就像不断扩散的黑暗,使人无法清楚地认识一切问题的缘由。当这些缘由反复出现在眼前时却视而不见,远离人们的视线时它们又显得如此渺小,何况是那些发生在将来的事情?事实上(子思说过),完美的人和神圣的人,他们德行的最高境界便是能够预知未来。当朝代马上要步入兴盛,毫无疑问,吉兆将会四处浮现;当朝代将要步入衰败,此时凶兆必然会出现,这些都能通过蓍草和龟甲上的预言呈现出来(人们燃烧它们,通过蓍草的斑点或者颜色,这些都是偶然显现出来的,由此预测未来将会发生的事情),人的四肢或者整个身体都会受到那种事先感受到的情绪或者某种对于未来的恐惧和担心的侵袭。但对于最完美的人,无论不幸抑或幸运何时会降临,他都无须借助各种形式的征兆,好事将至时他可以提前知道并感受到幸运,灾祸降临时他同样能预知不幸。因为最完美的人拥有极其细致敏锐的洞察力,犹如能够看透一切的神灵,他又怎会需要什么占卜或预示呢?①

---

① 此处耶稣会士译者遵循张居正的注解:"然天地间只是一个实理,既有是理,便有预先形见之几,圣人只是一个实心,心体既全,自有神明不测之用,岂若后世谶纬术数之学,穿凿附会,以为知者哉!"(第111~112页)手稿正文在此段后,原附有殷铎泽撰写的专题小论文《关于中国的抽签、占卜和预兆》(*De sinensium sortibus*, *auguriis*, *atque prognosticis*),其中谈及道教及其创始人李老君、道教的炼丹术,以及中国帝王寻觅长生药以求长生不老等内容,被柏应理移至《中国哲学家孔夫子·前言》第一部分第三章。(第162~169页)

Quod ad sortes attinet, atque alias superstitiosae antiquitatis observationes, Chinam quoque videtur olìm contaminasse labes ista, quae illis temporibus generi humano propè toti communis fuit. Hoc quidem certum Priscis etiam Sinis suas fuisse sortes, sua fuisse auguria; atque ex his de fausto rerum successu solitos ominar: Non ignorabant sinenses caelo cum terrâ magnam prorsùs affinitatem esse nexumque arctissimum; sicut ambae res partium sint instar, ad unius, quod totum sit, constitutionem: in quo cùm pars longè nobilior, et quae alteri dominatur, caelum sit; hinc fieri ut vigor omnis ac virtus à caelo in terram, et ipsos qui versamur in terra mortales, perenni quodam fluxu velut à suo capite in subjecta membra dimanet. Verùm cùm talis esset caelestis ille fluxus et efficacitas ut creberrimè sensum fugeret, neque aliter ferè quàm per effecta sua proderet sese tametsi non deessent ipsis Astrologi sui (iudiciarii) quos velut Interpretes arcanorum caelestium identidem, quamvis exiguo sanè operae pretio, consulebant; omninò tamen sibi persuaserunt, in terris quoque nonnulla existere, quae propriam quamdam, ac praecipuam cum caelo conjunctionem, et quasi sympathiam haberent; quorum scilicet indicio de futuris rebus et arcanis caelorum influxibus certiores fieri possent. Sicuti in humano corpore videmus usu venire, ut affectionem capitis pedes, quamvis omnium remotissimi, primi tamen non raro persentiscant. Hujusmodi ergo sympaticam virtutem, testudini in primis putabant inesse; tum quia haec viva quaedam (ut aiebant) imago erat caeli ac terrae, cum hanc ipsam terram (quam quadratam esse statuebant) inferiore corporis sui parte, quae item quadrata est, testudo referat; caelorum verò convexa dorso suo; nec non variis striis, ac lineamentis, quibus variegatum tergus habet, caelestes Planetarum domos circulosque depingat; tum etiam quòd existimarent, ex brutis animantibus nullum aliud testudine vivacius reperiri, quippe quae mille annos eoque ampliùs, ex ipsorum sententiâ, superaret.

关于占卜以及其他形形色色的古代迷信习俗，在那个时代，这样的错误影响了中国，而这样的错误几乎普遍存在于人类各个族群中。① 可以确定：古代中国人拥有自己占卜和预兆的方式。借助这些，他们习惯去预测事情的好结果。中国人从未忽略天地之间紧密、伟大的关联，就像两个事物是一个整体构造中相似的两个部分，其中更重要的那个部分统领着另一部分，它就是天。它促使一切元气和美德从上天降临大地，我们人类生活在这片大地上，就像借助一条持续流动的溪流一般，天使元气和美德从人的头部流向他所支配的四肢。而这条溪流所带来的神性及力量很快便不为人们所察觉，只通过它所产生的效果来展现自身。虽然并不缺少一些（拥有证据的）天文学家，一直以来，他们就像神灵奥秘的阐释者，尽管这都是一些没什么价值的工作，但他们自己却对之深信不已：在大地上存在着这样一些事物，它们与上天之间存在一种独特的关联，仿佛是拥有通感，这使它们能够指示出那些发生在未来的事情以及上天的神秘影响。我们在人的身上往往也会看到这一情况的发生，尽管在人身体的所有部位之中双脚离头部最远，却时常最先觉察到头脑对其产生的影响。中国人相信这种通感的力量，尤其可以在龟甲上看到。（正如他们所说的）因为龟甲的样子就是活生生的天地的图像，大地（他们认为地是方的）通过乌龟身体下面的部分来显现，所以龟壳的这个部分是四方的；而天则是通过乌龟的背，通过不一样的裂痕和纹路来显现，龟壳的背部有不同的沟纹，神灵在这上面描绘出行星的位置②及其轨道。他们是这样认为的：在活着的野兽中没有发现其他能比乌龟活得更久的，按照他们的理解，乌龟的寿命往往能超过千年。

Herbae Xi dictae ratio planè similis erat: excrescebat haec (ut ipsi quidem

---

① 在人类最初的历史阶段，亦即古巴比伦时期（约前3500—前729年），天主信仰与迷信活动同步发展。

② domos 本义是房屋、家，这里应该是指星宿的位置。

scribunt) ad novem cubitorum magnitudinem, et caeterarum herbarum victrix, arboribus ipsis aequabatur: credebatur etiam mille annis vegeta persistere; hinc mirificum illius pretium, quòd arcanâ caelestique vi pollere crederetur.

用蓍草进行预测的方法明显与用龟甲占卜相似:当蓍草长到九肘尺[①]高时(他们是这么写的),便要除掉其他的枝叶使其枝干长直。人们相信蓍草这一物种已经存活了上千年,正是因为它的神奇价值,人们相信蓍草身上具有上天的神秘力量。

Vsum porrò utriusque rei hujusmodi fuisse narrant, herbam Xi juxtà, aut etiam suprà Quéi seu testudinis dorsum statuebant; mox admovebant ignem; hunc ubi dicta herba conceperat, diligenter observabant quis inde quantusque fulgor, et qui colores promicarent: Rursùm quis motus ac nisus ipsius testudinis: qui item colores in variegato conchae dorso se manifestarent: et si quidem tales erant, quales exigere praesens anni tempestas, ex. gr. verna, videbatur; benè scilicet ac feliciter ominabantur, sin aliter, mox augurabantur instare sinistri quidpiam. Non aliter ferè quàm si Medicus Sinensis ex indicio pulsuum brumales inesse humano corpori affectiones aestivo tempore persentiscat, latere virus aliquod, et morbum imminere non dubitanter affirmat: Similiter etiam ut cùm quis insperato corporis motu, vel symptomate corripitur, angi solet ac timere: quod ipsum in hoc quoque textu Philosophus indicavit.

他们也进一步讲述了如何使用蓍草及龟甲来占卜:他们将放在龟甲旁边或上面的蓍草进行灼烧,这样就能获得蓍草的预言。要仔细观察蓍草上有多少发光的亮点及其闪现出的颜色。这种做法同样适用于龟甲,灼烧后的龟甲其背面会呈现出不同的斑纹颜色。这些斑纹象征着一年中不同的季

[①] 耶稣会士此处使用"肘尺"(cubitum),它是古代的一种长度单位,等于从肘至中指端的长度,约为 18~22 英寸,亦即 46~56 厘米。

节,比如像春天自然预示着幸运;假如与此相反,那就说明不祥的事情很快就会降临。它的原理与中国的医生能从人体冬季的脉象中预知夏季时的身体状况类似:当人体内藏有某些酸苦刺激的成分,那么可以确定人很快就会生病。同样的,这时人体也会出现一些意想不到的情况乃至症状,例如呼吸不畅、容易受惊等。这些内容都是哲学家自己在这一篇章里面指出的。

Ut autem cognoscamus in quem potissimùm finem, quibusve in rebus Prisci dictas observationes adhibuerint, plurimum lucis nobis afferet quod in Xu-kim *lib. I. fol. 29. commemoratur. Constituerat* Xún *Imperator Imperium per manus tradere clienti suo*, Yu *dicto (fuit hic Familiae* Hiá *primae Familiarum Imperialium Fundator ac Princeps) propter ingentia Viri merita quando is maximas eluviones aquarum per annos plurimos jam stagnantium non minùs industriè quàm feliciter in mare derivavit. At Yu seriò scilicet recusat oblatam dignitatem; alios esse complures, quorum merita multò sint suis majora; horum uni deferri posse Imperium: quem si designare difficile videretur, consuli sortes posse, et verò in re quae tanti foret momenti omninò debere. Ad haec* Xún *Imperator:*

为了能从根本上认识占卜的目的所在,以及古人会在哪些事情上借鉴所谓的观察结果,在《尚书》第一册第 29 叶记载的内容能给我们带来更多的启示。① 由于禹英雄般的丰功伟绩,舜帝决定将帝国托付给这位下属(禹是第一个世袭制王朝夏朝的奠基人和领袖)。多年来,他非常勤奋地工作,将

---

① 此处耶稣会士指的是《尚书·大禹谟》中所记载的故事:因大禹治水有功,舜帝欲让位于大禹。大禹不敢居功自当,向舜帝进言应以德政养民,欲让位于德行出众、广施德教的皋陶。舜帝任命皋陶主管刑狱,但因对大禹的才干和美德赞赏有佳,坚持要让位给他。针对大禹提出应借助占卜求决于神,他说道:"官占惟先蔽志,昆命于元龟。朕志先定,询谋佥同,鬼神其依,龟筮协从,卜不习吉。"由此一方面可知上古先民借助占卜选官,决断大事用元龟占卜求知神意的做法相当常见;另一方面也透露出占卜人的志向、人心向背要比占卜的结果更重要,亦即舜帝所指出的:自己心中志向已定,且已征询众人没有异议,那么鬼神必定也会依顺人心所向,龟筮占卜的结果也一定会相同。参见陈生玺等译解:《张居正讲评〈尚书〉皇家读本》,上海:上海辞书出版社,第 27~38 页。

四处泛滥造成灾患的洪水成功疏导到海里。但禹严肃地拒绝了那些授予他的荣耀,他认为很多人的功绩都高于自己,帝国应该托付给他们中的一员。这种看起来很难做出决策的时刻,便可以让命运来决定,①而且确实在很多时候遇到事情就应该这样做,舜帝也是这么做的。

  Quotiescunque, inquit, nobis offertur dubia res, & explicatu difficilis, sortes utique consulimus: verumtamen priusquàm illae consulantur, ego quidem rem, de qua deliberandum est, mihi ipsi ob oculos pono, maturè admodùm quid illa commodi, quid incommodi trahat, & horum quid cuique praeponderet expendo: Prudentiorum quoque sententias exquiro sollicitus: quibus auditis, tum verò statuo mecum ipse quid facto sit opus: exinde magnam testudinem adhiberi jubeo, & sortes mitti: verùm nunc ego priùs hoc constitui & decrevi, ut in Imperii curâ tu mihi succedas; neque est quisquam omnium quos consului, qui non mirificè probet sententiam meam, & cùm hanc fama jam vulgarit, nonne tu ipse vides quantum populi totius studium, qui plausus existant? Favent igitur procul dubio, favent ipsimet Spiritus sententiae nostrae; ecquod enim aliud ipsorum votum sit, quàm votum multitudinis totius? Cui ergo dubium esse possit quin à sortibus non alia, quàm in qua nos ipsi sumus, sententia sit extitura? Ergò supervacaneum profectò sit illas denuò consulere, quando jam constat, nobiscum vota populi totius, ipsosque adeo spiritus conspirare. Haec Imperator.

  他说:"当我们身上发生了一些无法确定或是很难解释的事情时,我们都要去询问命运。但在此之前,对于这些事情应予以深思熟虑。我会把需要考虑的事情摆在自己眼前,及时判断这件事带来的利弊,权衡判断其中哪

---

  ① 据手稿页边注,此处耶稣会士使用的参考文献为《尚书·大禹谟》:"禹曰:'枚卜功臣,惟吉之从。'帝曰:'禹!官占惟先蔽志,昆命于元龟。朕志先定,询谋佥同,鬼神其依,龟筮协从,卜不习吉。'"(第172页)

些地方较为重要;我也会焦虑不安地去请教智者,在听取他们的建议之后,我会自行判断采取怎样的行动以有助于事情的解决。继而我会下令使用硕大的龟甲来占卜命运。实际上,现在先由我来安排并做出决策,为的是使你在治国的方面能超越我。我不会随便找一个不能很好地验证我观点的人来征询所有的事情,而且现在你的名声已流传在外,难道你没有看到全体民众的热情是如此高涨,他们正是在为此鼓掌? 他们无疑都会认为连神灵都赞同我们的看法。但是否存在不同于大多数人的其他誓愿? 这一看法的形成是命运的安排,还是我们自己所为,有没有人会怀疑? 然而完全无须就这些再次进行询问,当全体民众和我们的誓愿已经确定,连同神灵也会对此表示赞同。"这些就舜帝所说的。

Quae juxtà sensum Cham *colai exposita, certè non parùm lucis, uti modò dicebam, praebere nobis hîc possunt; fit enim perspicuum, nequaquam sic usos fuisse sortibus, ut illae, ad res suscipiendas, vel peragendas, primae ac praecipuae cujusdam regulae vim obtinerent: Imò nec illae tanti unquam fuisse videntur, ut si quid è bono Reipublicae videretur esse, et recto justoque consentaneum, nequaquam id propter adversantes sortes, auguresve, praetermitterent. Et verò nonne docet hoc ipso loco Philosophus, divinationibus hujuscemodi non opus esse sanctitati, proptereà quòd quisquis eâ praeditus fuerit, citrà divinationes omnes et occulta perspicere, et de futuris etiam conjicere prudenter possit? Quid? Quod omninò credibile est Augures istos ac Vates, si quidem jam cognoverunt de Principis atque Optimatum sententiâ ac voluntate, plerumque huic obsecundare solitos, atque ad hanc vel invitas pertrahere testudines suas, communi scilicet Astrologorum quorumdam vitio, qui dum hor scopos suorum Principum erigunt, fausta ferè omnia, plurimos vitae annos, nova opum et Regnorum incrementa credulis vaticinari, an mentiri? Solent.*

按照张阁老的观点来解释①,如我此前所说的,在这里提供这些解释肯定会对我们的理解大有助益。很明显,除非他们有那种原初的重要准则②的支持,他们不会依靠占卜来决定是否行事。他们更不会因为占卜或预言的结果,就对那些在这一准则看来无益于国家政治清明或是不符合正直公正的事情视而不见。或许哲学家在此并非教导说这种借助占卜的做法无益于圣洁(sanctitas),鉴于所有人都被赋予了理性能力,哪怕不理会所有的占卜预测,只是观察那些隐秘的事物,应该也能明智地推断出未来将会发生的事情?又有谁能做到?到底什么是可信的,假如占卜者和预言家事先已经了解帝王及权贵们的想法和愿望,因而在大多数情况下,这些占卜者和预言家都是在迎合他们的想法。事实上正因为如此他们才不得不使用龟甲,这是天文学家身上普遍都有的毛病,正是他们树立起帝王的目标。他们充满信心地预言几乎所有有利的事情:很长的寿命,新增的财富以及国家的强盛。他们是否在凭空捏造?他们已经习惯了这样。

Noster autem Confucius, *tametsi observationibus istis parùm fidei, vel omninò nihil ipse daret, imò eas contemneret etiam ac damnaret (ut infrà constabit) non potuit tamen non illarum mentionem aliquam facere, tum hîc, tum in libro* Ye-kim: *proptereà quod (uti* Cham kem *prudenter observat) imperante Familia* Cheu, *sub cujus occasum Philosophus vivebat, observationes istae in usu essent. Usum porrò toto receptum Imperio, et ab antiquitate suâ non mediocriter commendatum, ipse privatus cùm esset, certè quidem Regiae dignitatis expers, si palàm damnare, si abrogare institisset, operam lusisset utique nec aliquod hujus pretium operae praeter*

---

① 张居正对此的注解:"独有极诚无妄的圣人,天理浑然,无一毫私伪,故其心至虚至灵,于那未来的事,都预先知道,然此岂有术数以推测之哉? 盖自有可知之理耳……然天地间只是一个实理,既有是理,便有预先形见之几,圣人只是一个实心,心体既全,自有神明不测之用,岂若后世谶纬术数之学,穿凿附会,以为知者哉!"(第111~112页)

② 此处"原初的重要准则"(prima ac praecipua regula)指上文所说的"至诚之道"。

invidiam turbati nequidquam Imperii retulisset.

至于我们的孔夫子,他很少甚至完全不相信那些预测,事实上他刻意远离乃至贬低那样的做法(如下文所示)①,然而在这里以及《易经》一书中,他也不得不提到这个问题。因为(张赓敏锐地观察到这一点②)哲学家生活在周朝衰败之时,当时人们仍在使用占卜。对于那些当时盛行于整个帝国、自古流传下来的习俗——这些都是他个人的看法,无关皇室的荣耀——假如他公开加以贬斥或是坚持要废除这些习俗,纯属妄费气力,这一努力除泄愤之外毫无价值,对于混乱之中的帝国已无关紧要。③

Sed haec sufficiant: Atque eò dicta sint, non ut velimus divinationes istas defendere et Priscos Sinas prorsus purgare; sed ut Lectori constet, nihil hîc fortasse quod magnopere damnari possit praeter ignorantiam, quam et nos utique damnamus inveniri. Nunc institutam Sinici Textus explanationem prosequamur.

这些也足以说明:我们并非想通过上述的言论为占卜预测或是为中国

---

① 据手稿页边注,此处耶稣会士的参考文献为《论语·公冶长》:"子曰:'臧文仲居蔡,山节藻棁,何如其知也?'"出版前被柏应理删去。(第173页)

② 此处手稿页边注未给出参考文献的具体内容,笔者推测应是指清朝奉教文人张赓《先天易义》一书,罗马耶稣会档案馆有该书藏本。 张赓,福建晋江人,字夏詹,号明皋,交往士人称其为张孝廉或张令公。 他原为福建儒学世家子弟,其父是杨廷筠门下官员,父子二人皆对易学有所研究。 万历二十五年(1597)中举,后授嘉兴平湖县教谕,历开封府原武县教谕、连山县知县等职。 返乡居福建桃源时,曾多次接待耶稣会士艾儒略(Giulio Aleni,1582—1649)。 1630—1645年间,张氏与其他奉教友人(如韩霖、李九标等)积极参与天主教汉语书籍的撰写及译介活动,并在其中留下多篇题序。 其主要著作有《圣教信证》《天学证符》《天学解惑》《先天易义》等。

③ 手稿此处正文原有殷铎泽眉针对上文舜帝所言(即如果自己心中志向已定,且已征询众人无有异议,那么鬼神必定也会依顺人心所向,龟筮占卜的结果也一定会与之相同),对中国古人的占卜行为及其鬼神观作出评点,认为这样的行径其实并无大碍只是因其无知,古人身上许多天真诚挚的行径都是可以被谅解的(*nihil hîc fortassè quod magnopere damnari possit praeter ignorantiam, quam et nos utique damnamus, inveniri, multaque donari posse candidae et sincerae antiquitati.*)。 上述内容出版前被删去。(第174~175页)

古人进行辩护。读者也很清楚,或许在此除了无知没有什么别的可被强烈谴责——而当我们发现古人的无知行径时,肯定会对它加以谴责。现在让我们继续解释中文文本。

25. 诚者自成也,而道自道也。

p.2.§.1.　Vera solidaque perfectio est suimet ipsius perfectio. Id est, se ipsâ perficitur: aut per se ipsam perfecta est, & non per aliquid à se distinctum: Et regula est sui ipsius regula; ad quam sic exiguntur, & diriguntur res aliae, ut ipsa per aliam non dirigatur.

真实而坚定的完善是人自身的完善,也就是说,人能完善自身或者说靠自己来实现自身的完善,而不是靠那些与自己截然不同的东西。实现完善的准则即是人自身应追随的准则。通过它,其他的事物也会受到衡量和指引,而准则自身不需要其他事物的指引。

诚者,物之终始,不诚无物。　是故君子诚之为贵。

§.2.　Haec vera solidaque ratio, sive perfectio, est rerum omnium finis & principium. Si desit rebus haec vera solidaque ratio, sive perfectio, non erunt res. Pari modo in moralibus actio illa quae veritate caret, non virtus, sed umbra virtutis ac superficies quaedam censenda est. Exempli gratiâ, si filius ex vero & sincero animo non obediat, non est censendus obediens; nec subditus fidelis si Regi cum fide & veritate non serviat: Hac de causa sapiens & probus vir veram hanc solidamque perfectionem aestimat maximi.

这种真实而坚定的理性,或者说完善,是所有事物的终点和起点。如果事物的身上缺乏这种真实而坚定的理性,那么这样的事物将无法存在下去。

类似的情况是：在道德层面，为人处世缺少真诚。这并非美德，而应被视为美德的阴影，是一种肤浅的表现。譬如说：假如儿子的顺从并非发自真诚的内心，这不能被认为是真正的顺从；假如某个人不是忠实而真诚地效忠于皇帝，他就不是一名忠诚的臣仆。① 基于这一原因，睿智而诚实的人极为重视这一真实坚定的完善。

诚者，非自成己而已也，所以成物也。 成己，仁也；成物，知也。 性之德也，合外内之道也，故时措之宜也。

§.3. Vere perfectus non hoc tantùm agit, ut seipso perficiat sese, & deinde hîc sistit: sed praetereà perficit etiam res alias. Perficere seipsum, amoris est tendentis primùm in sui ipsius perfectionem: perficere alia, prudentiae est seu providentiae, & hae quidem nativae virtutes sunt: at verò unà simul unire & colligare has duas virtutes applicando eas externis, seu rebus aliis & internis, seu sibi ipsi: hoc quidem rectissimae regualae est: easdem praetereà virtutes suis temporibus & circumstantiis exercere, convenientiae est. Videlicet ut ita perfectissimus consurgat in hoc universo rerum concentus, & res omnes finem naturae suae consentaneum consequantur.

真正完美的人，他的所作所为并不只是为了成全自身并止步于此，除此之外，他还会成全其他的事物。成全自身，首先是要学会爱人来完善自身。

---

① 耶稣会士此处的举例说明源于张居正的释义：“……诚为物之终始，而物所不能外也。 人若不诚，则虽有所作为，到底只是虚文，恰似不曾干那一件事的一般，如不诚心以为孝，则非孝，不诚心以为忠，则非忠。 所以君子必以诚之为贵，而择善固执以求到那真实之地也。”（第112~113页）

成全其他事物,是睿智的或者说有先见之明的行径①,这些都是与生俱来的美德。事实上,将这两种美德统一到一起,在外部(或者说在其他事物身上)和内部(或者说在自己身上)来实践它们②,这才是最正确的准则的特征。此外,践行时还能根据不同的时间及周围的情况来进行调整,这便成为融洽协调的美德。很明显,这都是为了在这个由各种事物组成的世界上促进那种最为完美的和谐,使万物都能达到与其本性相符的终点。

26. 故至诚无息。

f.23.p.2.§.1. Proptereà igitur qui summè perfectus & sanctus est nunquam consistit ac cessat; sed continenter & absque interruptione operatur.

因此,最完美和神圣的人永远不会停息,他总是持续地、没有片刻中断地行动着。

不息则久,久则征。

§.2. Si nunquam cessat, ergò ejus virtus intrinsecus semper perdurat: quod si semper perdurat, ergò nequit diù latere, sed per effectus & actiones suas ultrò se prodat & foris appareat necesse est.

---

① 手稿此处原有殷铎泽所作注解:"他们用'仁'这个字来阐明那种博爱,它也是最完美的东西;'知'这个字则表预知,或者说睿智。"(amorem universalem, etiam perfectissimum, per literam 仁 gîn explicant: provident iam verò, vel prudentiam, per literam 知 chí)出版前被删去。(第176页)

② 手稿此处原有殷铎泽所作注解:"这两种美德将预知和爱结合起来,运用在事物身上,前者从外部来完善所有事物,后者则从内部来完善事物自身。"(idest, has duos virtutes, Providentiae scilicet et Amoris colligare, applicando rebus et sibi, alteram exteriùs perficientem omnia; alteram interiùs perficientem se.)出版前被删去。(第176页)

如果永不停息,那么他内在的美德便会持久。如果持久,便不会被长期遮蔽,借由美德所缔造的功业及行动,它必然会显露自身并受到外界的关注。

征则悠远,悠远则博厚,博厚则高明。

§.3. Si foràs per effectus se prodit, ergò latè longèque diffundetur per incrementa virtutum suarum: si latè ac longè diffunditur, ergò amplè & profundè, adversante nullo, dilatabitur magis magisque amplitudine illâ virtutis, & famâ operationum suarum: Si tam amplè ac profundè dilatatur, ergò ornatu tantarum virtutum sublimior omnibus assurget, & cunctis clarus ac conspicuus, universoque orbi solis instar refulgens: adeoque ad fructuosum rerum omnium concentum sive harmonicam conservationem unà cum Caelo & terrâ conspiret necesse est.

倘若产生了效果自身便会对外显露,由于自身的美德逐步积累,其美德便会久远地流传开来;假如流传得久远,它会变得广博而深厚,没有人会反对它,美德及行善的名声也会愈发被广为传颂。假如被广为传颂,那么拥有如此盛大德性的他会比任何人都更加崇高、名声卓越且广为人知,如同太阳一般照耀着整个世界。因此,最完美神圣之人的美德必能与天地相融合,使万物硕果累累,也使万物和谐共处。

博厚,所以载物也;高明,所以覆物也;悠久,所以成物也。

§.2. Etenim quia per incrementa tot tantarumque virtutum adeò amplus est, & illâ amplitudine potentiae operationum suarum adeò profundus est, ideò brachio virtutis suae telluris instar sustentat res omnes, dum tribuit cuique quod congruit: & quia tam sublimis est tàmque conspicuus & clarus, ideò operationum suarum splendore, veluti coelum, collustrat ac protegit res omnes: Quia denique virtus illius adeò ubique latè diffusa, adeò perdurans est, ideò perficit res omnes.① Ex quo consequitur, ut cuncta perfectè gaudeant consentaneo naturae suae statu.

由于盛大的美德在逐步积累，最完美神圣之人是如此博大，因其博大，他的行动能力是如此强大，就像大地所具备的那种美德，用自己的胳膊承载着万物，供给它们与其本性相匹配的东西。正因为他是如此崇高、卓越且广为人知，他才能凭借自己引人注目的行善功业，像天空一般，照亮并覆盖着万物。也正因为如此，他的美德才会流传得如此久远并成就万物。随之发生的便是一切事物得享与其本性相适的生长条件。

博厚配地，高明配天，悠久无疆。

p.2.§.1. Ob illam suam amplitudinem & profunditatem aequiparatur terrae; ob sublimitatem verò & claritatem aequiparatur coelo; cum quibus ternarium perficit principium. Quod verò attinet ad latitudinem suam, durationemque, absque termino est & absque mensurâ.

鉴于他的广博深厚企及大地，他的崇高光明可与天空相比，圣人与天地一起成为第三本原。② 由此最完美神圣之人真正实现了自身的广博和持久③，既没有终点，也没有界限。

---

① 手稿此处还有"quia denique virtus illius adeò perdurans est, adeò perficit res omnes"的衍文，出版时略去。（第 177 页）

② 张居正沿用朱熹的注解，将本节内容概括为"圣人与天地同体"（第 115 页）。有关"第三本原"（ternarium principium）的提法，耶稣会士在翻译"可以赞天地之化育，则可以与天地参矣"（f.21.p.1.）一句时已谈及。

③ 此处原文"attinere ad latitudinem suam, durationemque"的直译应是"实现他的广度和持久"。

如此者，不见而章，不动而变，无为而成。

§.2. Hac ratione talis ac tantus cum sit non priùs exhibet sese atque ostentat, ac tum deinde manifestus fit; non priùs hortando movet, ac tum deinde conversionem efficit; non priùs utitur quodam virium molimine ad faciendum quidpiam, ac tum deinde perficit, vel ut alii explicant; cùm igitur tanta sit ejus virtus, tametsi non ostentet sese, neque spectandum offerat; tamen per effectus suos manifestatur; adeoque in hoc cum occultâ terrae virtute concordat: non movetur; & tamen movet, atque efficit conversiones; seu non videtur movere quidpiam cum exteriori quodam sonitu & clangore, & tamen suavi quadam tranquillitate, & absque violentiâ conversiones rerum efficit & animorum; adeóque cum coelo tacitis motibus & influentiis agente concordat: denique nil fit; & tamen facit: vel, non videtur quidpiam magnopere agere; & tamen semper agit, ac perficit omnia.

凭借如此卓越的理性而成为如此伟大的人，就算之前没有表现自身，此后仍会相当地引人注目；就算之前没有受到激励对外物施加影响，此后还是会使其发生改变；就算之前并非刻意努力要去做成某件事情，此后却能成事，就像其他人所解释的那样。[①] 他的美德是如此的卓越，以至于他无须通过表现自身来引人注目，凭借他所缔造的功业便可为众人所知。因而他那不欲彰显的美德可与大地相媲美，无须推动便能有所行动并能产生变化；他似乎行动起来无声无息，在一片迷人的沉静之中无须借助暴力便能实现事

[①] 此段明显译自张居正的注解："（圣人）其功业之盛如此，然岂待于强为哉？ 亦自然而然耳。""然亦积久蓄极，自然显著的，不待表暴以示人而后章也，此其所以能配地也……不待鼓舞动作而后变也，此其所以能配天也……自然成就的，不待安排布置，有所作为而后成也……"（第115页）

物的改变及人心的转变,因此,他的行动及其产生的影响可与宁静的上天相媲美。他无意成就什么却又都能做成,换言之,他似乎并非有意去做,却一直都在行动并成就了万物。

天地之道,可一言而尽也。 其为物不贰,则其生物不测。

§.3. Suprà docuit *çu-su* summè veri & sancti virtutem unà cum coelo & terrâ ad omnia pariter conspirare; hîc verò delabitur ad ostendendum, illam coeli terraeque in effectis producendis efficacitatem ab uno dumtaxat, eoque primo Principio, pendere quemadmodum & viri sancti perfectio omnis pendet ab unica animi perfectione & solidâ cordis veritate. Sic igitur ait: Coeli, terraeque ratio, seu virtus producitiva & conservativa, quamvis magna, potest tamen unico verbo comprehendi & exhauriri. Veritate scilicet aut soliditate, & haec quidem in efficiendis rebus non est quid duplex; sed unicum quid & simplex; & tamen ejusdem modus & ratio in procreandis rebus inscrutabilis est.

子思在上文指出:真实而神圣之人的美德能够与天地融合为一个整体,并降入凡世得以呈现,天地在运作过程中所产生的成效只取决于一个事物,亦即第一原理,圣人身上所有的完美只取决于内心深处那种坚定的真诚。所以说:天地的道理,或者说那种滋养承载万物的美德,是多么的伟大,可以用一句话来概括和穷尽它。这种源于真诚或是坚定的美德,在它成就各种事物的过程中并无参杂,独特而单纯,这种生养万物的方式和道理是神秘不可知的。①

---

① 此段明显译自张居正的注解:"天地之道虽大,要之可以一言包括得尽,只是个诚而已……更无一毫参杂,惟其不贰,所以能长久不息,而化生万物……有莫知其所以然者,岂可得而测度之哉。"(第116页)此处耶稣会士译者在翻译时有意略去张居正借用"气化流行""全是实理以为之运用"等理学观点来解释万物生发的过程。

Ad hujus loci clariorem notitiam, placet hîc attexere verba ipsa, quibus doctissimus Interpres Cham, Tum, ço *hunc eundem locum explanat; non quidem ejusdem prorsùs cum Colao sententiae; sed quae à veritate tamen nec ipsa aberret. Sic enim ait*: Equidem si non habemus perspectam coeli terraeque rationem, quomodo possumus perspectam habere summam veritatem? Caeli enim terraeque operationes sunt inexhaustae, *seu quodammodo infinitae.* Si tamen scrutemur, et inspiciamus *illius qui* horum (*coeli scilicet ac terrae*) propriae originis Dominus et Autor *est* rationem maximè praecisam maximèque in compendio exhauriri *equidem* poterit *et comprehendi* unico verbo (*quo verbo* Chí Chîm *scilicet, id est* summi veri, *vel summae veritatis, ut disertissimè ipsemet* Cham *colaus Interpres explicat* Tò unico verbo) *caeterum* coelum et terra (*prosequitur* Cham tum ço) tametsi producant res; ipsa *tamen* reverà etiam sunt intra *hanc principii* rationem *contenta* una res. *Id est, continentur etiam ipsa intra numerum et praedicamentum rerum productarum; hoc enim est quod in textu dicitur* Kî Quêi Ve Yè, *hoc est* ipsa *etiam* sunt res. *Verumtamen* unica *haec primi principii ratio* summè pura *ac* simplex *est, et* nequaquam duo, *seu composita* ratio; & *in hac tandem* sistitur. Hoc *autem quod diximus* Pú úlh, *id est*, nequaquam duo, *nihil aliud* est, *seu significat, nisi* productivum rerum *omnium* principium *esse dumtaxat* unum, & *esse* spiritum: quia *scilicet* naturaliter & *ex propriâ virtute* procreat universa: neque scimus ille ipse (*scilicet spiritus procreans universa*) undenam prognatus sit. Sed quis hoc poterit cogitationibus suis "scrutando" conjicere? *Haec ille classicus* Confucii *Interpres,* Cham tùm ço *dictus, in caput vigesimum quintum libri* Chum-yûm *fol. 37. p. 1. in primis suis editionibus.*

  为了能够更清楚地理解这段文字,我们在此增添极为博学的阐释家张侗初对这段文字的解释,他的观点与张阁老的并不完全一致,但并没有偏离真相。他是这样说的:"假如我们无法洞察天地的道理,我们又如何能够体会至诚？天地的运作是永不停息的，换句话说这种运作是无限的。如果我们仔细探寻和考察它们（即天和地）各自源头的主人及缔造者，便能发现是那个极其简练的道理，它的要旨可以被充分提炼并用一个词来概括（亦即'至诚'这个词，它是指真实的顶点或者说真诚的极点，阐释者张阁老极具说服力地用这个词来解释'Tò'①）。尽管天地（张侗初进一步给出解释）也生养万物，但实际上它们都被囊括在这一原理的范畴中，也就是说：它们都被包括在该原理所产生的事物等级和类别之中，文中称为'Ki Quêi Ve Yè'（其为物也），亦即它们自身也是事物。而这个独一无二的第一原理，它的道理纯粹而单纯，绝非由两者共同构成，更不是所谓的综合理性，一切事物最终都是因为它才得以产生。我们在这里所说的'Pú úlh'（不二），意思是绝无二者，它没有其他的意思，指的是滋养所有事物的原则只此一条，这便是鬼神。它自然而然地由自身的美德创造了世界，我们并不知道它（世界当然是由鬼神所创造）究竟源于什么。但又有谁能通过自己的思考来'考究'这些呢？"这些便是张侗初，这位孔夫子的权威阐释者，在他著作的最早版本中为《中庸》一书第25章第37叶第1面所给出的注释。②

---

① 书中原文如此，Tò 疑为"道"（taó）一词的注音错误。 张居正在其注释中说道："子思说：'天地之道虽大，要之可以一言包括得尽，只是个诚而已。'"（第116页）

② 在手稿页边注，殷铎泽标注了译文中参考的张侗初原文注音："gên pú quón tiên tí chī taó hô y kién chí chîm çāi tiên tí chī fā yùm vū kiūm yè ûlh ûlh kiéu quón kî puên yuên chù çài chī taó chí yáo chí yǒ cò y yě yên ûlh çín yè. tiên tí suī sēm uě, kî xě yě taó chūm chī yě uě yè, kî gueî uě yè. gueî çù chí xûn pú úlh chī táo ûlh y. çù pú úlh, naì sēm uě chī yuên, yê, ûlh xîn yè: cú çú gên ûlh hoá sēm uán uě; mǒ chī kî hô gueî ûlh sēm yè: xǒ cò ý quêi çě chī çiě, etc.（第178~179页）现今罗马耶稣会档案馆仍藏有张鼐的"四书"注解：《新刻张侗初先生永思斋四书演》（JAP-SIN I, 3），但其馆藏的多卷本中缺少《中庸》卷。 校注时本人参考的张侗初《中庸》注解，出自日本国立公文书馆所藏明刻本。 依据殷铎泽翻译的张侗初评注内容，此处张氏的原文可能是："然不观天地，那里见得至诚。 天地之道虽大，要之可以一言包括得尽。 何也？ 天地不离乎物，而其为物不二。 天得一以清，地得一以宁。 惟不二，所以能久之不息。 那万物之生者，皆从不二里化生出来。 有莫测其所以然之妙。"但这一文段与殷铎泽在手稿页边注给出的张氏文献注音不符，或是版本差异导致，待查。

天地之道，博也，厚也，高也，明也，悠也，久也。

§.4. Haec itaque Coeli & terrae ratio ac virtus, qua possunt tot tamque miros effectus producere, lata item est, & profunda, sublimis & clara longè latèque diffusa, atque perpetua.

因此，天地的道理及美德能够产生如此之多奇妙的功效，如此广博、深厚、高大、光明，影响深远且持久。

今夫天，斯昭昭之多，及其无穷也，日月星辰系焉，万物覆焉。今夫地，一撮土之多，及其广博，载华岳而不重，振河海而不泄，万物载焉。今夫山，一卷石之多，及其广大，草木生之，禽兽居之，宝藏兴焉。今夫水，一勺之多，及其不测，鼋鼍蛟龙鱼鳖生焉，货财殖焉。

§.5. Hanc coeli & terrae amplitudinem atque vim effectivam quam & in soliditate ac veritate fundat hîc per partes *çu-su* enumerat. Jam si aspicias (inquit) hoc coelum non aliud videbitur, (si cum tota ejus amplitudine conferatur) quàm haec lucis & fulgoris tantilla portio, sive quantitas; at verò si mente ascendas ad ejus altitudinem & splendorem quaqua versus se diffundentem, videbitur esse quid interminabile: etenim Sol, Luna, Stellae, & tot signa coelestia in eo, velut suspensa continentur; universae item res ab eo comprehenduntur ac teguntur. Jam si spectes hanc quam pedibus calcas terram, collata haec cum totius corporis mole, videbitur unius dumtaxat pugilli terrei quantitas; at si mente percurreris illius amplitudinem & profunditatem, sustentat illa maximos montes, & inter quinque celeberrimos Sinarum (*U Yo* vocant) montem *Hóa-yo* praecipuum; & tamen tantae molis pondere non gravatur; sinu etiam suo complectitur flumina & maria, & tamen iis non à terra constrictis inundatur; denique est ea omnium rerum sublunarium firmissimum sustentaculum. Jam si hunc conspicis montem, quid obsecro (si cum rebus quas continet, quaeque oculos latent, conferatur) videbitur, nisi quodammodo unius frusti lapidei tantillum, vel quantulum pugno comprehendi potest: at si studiosius eum contemplatus devenias ad ejus latitudinem, magnitudinemque videbis illico mille plantas & arbores ibidem nasci ac germinare, mille volucres & feras ibi commorari, metalla item & lapides pretiosos in ejus visceribus latentes in lucem prodire. Jam si oculos convertas ad harum aquarum congeriem, quid sanè (si conferatur cum toto quaquà patet Oceano) nisi unius cochlearis tantilla portio, seu modicum quid tibi videbitur? at si mentis oculis descenderis ad illarum inexhaustam abyssum, comperies profecto grandia cete, crocodilos, serpentes cornigeros, dracones, squammiferos sine numero pisces, & ingentes testudines in iis procreari; innumeras denique opes & divitias ex iis enasci atque emergere. Hujus loci sententia eadem est quae suprà fol. 7.p.2.§.1. Haec enim quatuor coelum, terra, montes & mare, si in aliquâ parte exiguâ spectentur, non magna sunt, sed si ad eorum summum perveniatur immensum quid videtur, ita virtus viri divini etsi adeò exilis ac subtilis sit in tantam excrescit magnitudinem ut cum his conferri possit & eam dimetiri non possimus.

　　天地的广博及其效力成为奠定坚定、真诚这些美德的基础,子思逐一列举到:人们认为上天不过就是那一小块充满光亮的地方(假设此处谈论的是整个上天的宽度);但实际上,倘若人们能想到上天的高度和光辉及其所覆盖的区域,它便会显得如此的无穷无尽。太阳、月亮、星辰及所有位于天空中的天体,仿佛都悬挂着并相会于一处,万物都被上天所覆盖并获得它的保护。人们以为大地就是脚下所踩的那一片土,将全部的土(cum totius corporis)聚集到一起,看起来也不过就是一把土的量。但假如人们能联想到大地的广阔和深厚,承载着数量众多的山峰,包括在中国最有名的五座山(它们被称为五岳),尤其是华岳(Hóa-yo),它承载着如此多的重量却不为之所累;所有的河流、海洋都被汇聚在它的港湾中,这样水流就不会因为拥堵而在大地上泛滥开来,并且如此持久地滋养世间万物。倘若人们能注意到山峰,我是指它看起来(假如可以把肉眼看不到的东西也一并包括在内的话)好像只是一小块石头——或者可以理解为拳头那么小的石头——但假如能专注于它所跨越的宽度及其体积的巨大,那么人们便会看到有成千上万的植物在这里生根发芽,数以千计的鸟兽在此栖息,以及意识到从它体内可以开采出来的那些宝矿。倘若人们关注水流,虽然它看起来仿佛只是(假如可以把全部的海洋都包括在内)一勺水,或许在他们看来还会更小?但假如人们能将目光转向那深不可测的深渊,会发现那里生活着庞大的鲸鱼、鳄鱼,长着角的水蛇、海龙,不计其数的虾、蟹、鱼类和巨大的海龟。这里孕育并不断地形成着数之不尽的资源和财富。这段话与上文第7叶第2面第1段的意思是一样的①:倘若只是打量天地山川的某个局部,它们都不大,但假如能看到它们的整体,它们又显得如此广阔无边。一如圣人的美德,虽然是如此的细微,却能由此产生难以衡量的重大功效。

《诗》云:"维天之命,于穆不已!"盖日天之所以为天也。"于乎不显,文王之德之纯。"盖曰文王之所以为文也,纯亦不已。

f.24.p.1. Concludit *çu-su* citans Odarum librum, ubi sic dicitur: Solius coeli virtus proh quàm altè recondita, quam perpetua & excellens est! sine interruptione agit, ac nunquam cessat. Quasi diceret (inquit *çu-su*) quia coelum

---

① 指"君子之道费而隐……故君子语大,天下莫能载焉;语小,天下莫能破焉"一节。

adeò solidè perfectèque, & tam constanter semper agit, ideò scilicet est caelum: nam si vel unum temporis momentum interrumperetur influxus, quatuor tempora jam non decurrerent aequali cursu, neque res producerentur; adeóque nec esset coelum dicendum. Quomodo (prosequitur Oda comparans coelo Regis *Vên-vâm* solidam ac defaecatam virtutem) quomodo non ubique manifesta est *Vên* Regis virtutum puritas & sinceritas? Quasi diceret (addit *çu-su*) *Vên* Rex ideò videlicet fuit *Vên*, id est talis ac tantus heros, quia virtus in eo fuit pura & sincera & per consequens nunquam defecit, aut interrupta est adeoque cum caelo meritò comparanda.

子思引用《诗经》一书作结，书里是这样说的：只有上天的美德是如此的深奥，如此的持久出众，片刻不停息地运行着，从不停歇。（子思说）这里大概是，正因为上天如此坚定、完美且持久地运作着，所以才称其为上天。倘若它有片刻停止流转，那么四季便无法按照正常的次序进行更替，万物也无法生长，这时它就不能被称为上天了。正如文王德性的纯粹和真诚（《诗经》将文王身上那种坚定完善的美德与上天相提并论）不是也相当显著吗？（子思又补充到）这是说文王之所以被称为"文"——指极为出众、备受崇拜的伟人——是因为他身上的美德是如此纯粹和真诚，他始终追随着这样的美德，从不停歇，因此他的德性完全可以与上天相媲美。

27. 大哉，圣人之道！

p.2.§.1.　O quam magna & latè patens sancti viri lex & virtus, quam ille numeris omnibus explet.

噢，圣人的律法及美德是多么的伟大且影响广泛，因此他才能成就各种事物。

洋洋乎！发育万物，峻极于天。

§.2. O quam in immensum diffusa, Oceani instar exundans, & omnibus rebus sese insinuans concurrit ad productionem, & conservationem omnium rerum. Adeoque suâ celsitudine ac sublimitate pertingit etiam ad ipsum coelum.

噢，它①的影响是如此广泛，仿佛流动不息的海洋，使自己渗入万物并与之相适，滋养并保全它们。它是崇高的又是精微的，它已达到上天的高度。

优优大哉！礼仪三百，威仪三千。

§.3. Et hujus quidem legis amplitudo & superabundantia o quàm magna, o quàm sublimis! Rituum majorum, & Officiorum civilium trecenta capita; & rituum minorum Officiorumque ter mille capita complectitur eoqueampliùs: omnia inquam magna & parva Imperii statuta ubique comprehendit.

而且它的律法完备且充足，这是多么的伟大、多么的精微！它包括了三百条有关祖先的礼仪和世俗义务的规定，以及三千条关于礼仪和义务的细目，此外还有更多其他的礼仪。这里所说的包括全国各地定立的各种大小礼仪。②

---

① 指上文的"圣人之道"，耶稣会士译为圣人的律法和美德（sancti viri lex & virtus）。之所以提到"律法"是因为下文将会提及周礼，包括"礼仪三百，威仪三千"。

② 手稿正文此处原有殷铎泽所作注解："此处希望读者能理解这些礼仪纯粹是世俗的，而其中凝聚的美德对于人性的自新非常必要。"（hîc velim intelligat lector solùm ritus merè civiles, sed vel maximè virtutes ipsas, quibus animari necesse est. officia et ritus.）出版前被删去。（第181页）

待其人而后行。

f.25.p.1.§.1.　　Idcircò cùm ejusmodi virtus sit adeo sublimis & obtentu difficilis, expectandum est quoad veniat ejusmodi summè sanctus vir; & tum demum sperari poterit, ut adeo excellens virtus illo Duce ac Magistro in actum prodeat, atque ab hominibus opere perficiatur.

这样的美德是如此的微妙且难以拥有，必须等待拥有这样至高德性的圣人来临，才能期待在那位领袖及导师身上，能够把如此出色的德性转换为行动并成就所有人的功业。

Quis ille sit, de quo Philosophus hîc loquitur, alii (si placet) statuant: ego quidem sicut asseverare non ausim, quòd haec profatus sit impulsu Spiritûs illius, quo movente Sibillae quondam de Christo vaticinatae sunt; ita et negare sic profatum esse haud quaquam sanè velim. Certè constans inter Sinas fama est, Confucium *identidem dicere solitum* Si Fam Yeù Xím Gîn. *Hoc est in Occidente est (vel erit) Sanctus. Sinis autem Judaea Occidentalis est.*

哲学家在这里谈论的那个人究竟是谁，人们（如果他们愿意的话）自有决断。我不敢断言，圣灵借助它的效力使孔夫子说出这些话，正如它促使女预言家（Sibillae）预言了基督的降临，但我想很难否认他说过这样的话。在中国一直都存在着这样的观点，正如孔夫子常说的一句话："西方有圣人。"①

---

①　语出《列子·仲尼》："孔子动容有闲，曰：'西方之人有圣者焉。不治而不乱，不言而自信，不化而自行，荡荡乎民无能名焉。'" 因孔夫子曾慕名从东边的鲁国前往西边的周国向老子问道，"不治而不乱，不言而自信，不化而自行"的主张也符合老子"无为而治"的思想，学界普遍认为此处的"西方圣者"是指老子。耶稣会士译者在《中国哲学家孔夫子·前言》中，亦曾征引"待其人""西方有圣人"，来暗指中国人也在期盼基督的降临。

意思是在西方有(或者将会有)一位圣人,而对中国来说犹太就在西方。①

故曰苟不至德,至道不凝焉。

§.2. Ideo dici solet, nisi maxima sit virtus ac sanctitas, summa quoque lex & ratio nequaquam coalescet, hoc est, summae legis observatio nequaquam erit omnibus numeris absoluta.

因而人们才总是说,除非一个人的美德和圣洁是如此的高尚,否则最高的律法及理性绝不会凝聚在他身上。也就是说,并非所有的人都能恪守最高律法。

故君子尊德性而道问学,致广大而尽精微,极高明而道中庸。温故而知新,敦厚以崇礼。

§.3. Hinc igitur virtutis studiosus in primis suspicit ac summopere colit, & conservare studet virtutem rationalem, seu lumen naturale quod à coelo accepit; adeoque ad rectae rationis regulam omnia accuratè examinans, seseque instituens, perducit virtutem nativam extenditque ad suam latitudinem & magnitudinem, quae nullo deinde privati amoris vel cupiditatis vitio contrahatur; exhaurit item ac

---

① 句中的 Judaea(犹太)即今天的以色列。 此处手稿正文后还有殷铎泽的译文:"同时我还想说一件事,哲学家曾描述这个被期待的人是如此微妙、非凡,他已经这么说过,进而还会再提到这些,而这些似乎不能被归结到任何一位圣人的身上,除非那个人是个境界极高的圣人,那么这些异教徒在等待的那个人还能是谁?"(Unum hoc interim dico, Philosophum de eo, quem expectari scribit, tam sublimia tamque divina et dixisse iam nunc, et porrò dicturum, ut ea nulli prorsùs Sanctorum tribui posse videantur, nisi uni illi qui reverà summè Sanctus est, et qui harum quoque gentium expectatio tunc erat?) 殷铎泽在此暗示中华民族亦在期盼基督的降临。 此段话出版前被删去。(第181页)

perspicit etiam subtilissima, & minutissima quaeque tam perspicuè discernens singula, ut ne latum quidem unguem à verò aberret. Praetereà perficit & ad apicem perducit nativam ejusdem mentis suae virtutem ad quamdam sublimitatem & claritatem; & quidem agendo omnia juxtà regulam medii sempiterni recolit vetera, & studet scire nova. Denique stabilit & assiduè corroborat ante parta, ut augeat ac perficiat quod fas & aequum est. Vel, ut alii explicant : virtutis studiosus colit virtutum fundamentum, quod est natura ipsa rationalis & lumen rectae rationis; & inde progrediens, seseque instituens, juxtà illius dictamina procedere nititur: severo examine studioque utens addiscit semper, nihil unquam de hoc ardore studioque proficiendi remittens; atque ita tandem assurgit ac pervenit ad cordis amplitudinem quamdam, ita ut exhauriat etiam minutiora quaeque & subtiliora: pertingit item ad sublimem quamdam claritatem & perspicacitatem mentis, & hac duce cuncta agit juxtà rectae rationis regulam, securè incedens per regiam illam medii consentanei viam. Assuetus autem, & impensè gaudens hujusmodi studiis recolit vetera quae didicit, & alia atque alia identidem studet scire de novo; parta conservat, & assiduè accumulat nova, ut iteratis actibus corroboret sibi quod fas & aequum est; ac insuper augeat sibi perfectam juris, & rituum civilium, ac virtutum quae iis continentur, scientiam & praxim, atque ita summa illa à coelo lex & ratio non poterit cum hujusmodi viri virtute non conformari & in unum coalescere.

因此，他特别尊崇美德并努力修习，致力于保持自己身上那种理性的美德，换句话说他接受上天所赋予的本性之光，继而用正确的理性准则仔细检验一切事物并提高自身的修养，引导并拓展那种与生俱来的美德使其宽广，这样就不会有人因一己的情爱私欲所累而犯错；挖掘和检验那些极为精微的事物并对之加以明确区分,为的是不会偏离真相丝毫。① 此外,还要不断完善并将自己心中那种与生俱来的美德引向更为高明的极致,做任何事情都恪守那条永恒的持中准则,温习已知的知识并努力学习新的知识,这样便能巩固并不断加深已经掌握的知识,从而使那些正确、公正的认识也能得到加强和完善。正如其他人所解释的:通过追求美德来滋养德性的根基——这一根基是人自身的理性本性以及正确的理性之光——从而不断进步,修善自身,遵照其教导不断向前。通过严格的省察来不断地增强学识,无论何时对此的热情及努力都不会有丝毫的松懈,这样才能不断提升并开阔自己的内心,进而深入地了解那些更为精微的事物。获得高度清晰透彻的思想,在其引导下,所有事物都会依据正确的理性准则来运作,并确保自身沿着那条和睦的持中王道不断前行。他习惯并且乐于以这种学习的方式去重温已经学过的知识,不断地学习了解不同的新知识。掌握已有的知识并不断积累新知,为的是通过温习,使那些正确且不偏不倚的认识得到强化。从而上述的律法、世俗的礼仪以及德性都能得到完善和加强并由他们保持下去,也正是通过这种方式,知识和实践才能融合为一,人的美德才得以与上天的最高律法和理性相匹配。

是故居上不骄,为下不倍。 国有道,其言足以兴,国无道,其默足以容。《诗》曰:"既明且哲,以保其身。"其此之谓与?

p.2.§.1. Cum igitur hujusmodi vir sapiens in hoc totus sit, ut virtutem quam in se excolit reducat ad eam coeli rationem; fit, ut quovis loco, tempore, ac statu nihil agat quod rationi non sit consentaneum. Atque haec etiam est causa,

---

① 原文直译应是:不会有一指的宽度偏离真相。 此句译自张居正的注解:"然于事物之理,又必析其精微,不使有毫厘之差……"(第121页)

cur vir perfectus, seu sapiens consistens in superiori loco ac dignitate non superbiat nec insolescat: consistens in inferiori loco & gradu non sit refractarius ac rebellis nec violet leges & jura passim recepta, aut nova quaedam moliendo, aut ea que non sunt in usu & antiquata pertinaciùs tuendo. Quod si in Regno vigeant virtus & leges, ejus sermo sufficit, ut evehatur ad dignitatem, vel ipse (quamvis hanc nequaquam ambiat) vel alius quem ipse proponet. Si Regnum sine virtute ac legibus sit, ejus prudens silentium, & privatim cautè sibi uni vacantis assidua vigilantia & taciturnitas sufficit, ut partium neutram offendens imperturbatus sibi vacans relinquatur, & evitet pericula ac calamitates, quibus probi quoque sunt obnoxii in Regno perturbato. Exemplum ex Odarum libro adfert de quodam eximiae sapientiae optimate *Chûm Xam Fù* dicto, de quo oda ait: Quia rectè intelligens erat, ac rerum eventuumque prudens indagator, idcirco potuit illaesam conservare suam personam. Hoc illud est quod hîc suprà diximus addit *çu-su* (vel, ut alii explicant: Hic Odae sensus idem ipse est quem nos dicebamus) videlicet, virum solidè perfectum omni loco & statu sui semper similem esse.

因此,智者都是这样做的,经由自身德性的修为来恢复上天的理性。在任何地点、时间及位置上都不会做任何有悖理性的事。这就是完美的人或者说智者能够身居高位却不会变得傲慢无礼,身处下位也不会惹是生非、违法乱纪的原因,不管他们是要支持新事物,或是坚定地维护那些不再有用处的老事物。假如美德及律法在国内盛行,他会发表大量的济世言论,用以提升自己(虽然他本意绝非为此①)或者他人的声誉。假如国内美德及律法荡

---

① 手稿正文此处原有殷铎泽对"国有道,其言足以兴"所作注解:"要么像一些人解释的那样:他的话足以使君王和民众一起,以正直恳切之心来维护和推动上述律法;要么像另一些人所揭示的那样:他的话足以使那个他提议任命的人获得升迁。"(vel, ut alii explicant: eius sermo sufficit, ut Rex unà cum populo erecto animo et alacri dictas leges servent ac promoveant. vel, ut alii exponunt: eius sermo sufficit, ut is, quem ipse proponit, promoveatur.) 出版前被删去。(第 183 页)

然无存,智者则沉默独处并小心地保持戒备之心,始终缄默不语,为了使自己能冷静地保持角色的中立而免受攻击,避免在乱世中招惹灾祸。《诗经》以仲山甫这位智慧超群的人为例,提及他的诗篇里这样说到:因为他是一位明白事理的人,他小心谨慎地对身边的事物和事件进行调查,所以才能毫发无伤地保全自身。上述内容都是由子思添加的(或者一如其他人所解释的:此处《诗经》所说的意思便是我们想说的),很明显,完美的人无论身居何处都能与之相适应。

28.子曰:"愚而好自用, 贱而好自专, 生乎今之世, 反古之道。如此者, 灾及其身者也。"

§.2. Hic *çu-su* paululùm digressus invehitur contrà eos, qui cùm sint homines privati, aut violant ritus, & leges jam receptas, aut temerè moliuntur novas instituere. In hanc rem citat *Confucium*, qui sic ait: Si quamvis rudis & exiguae virtutis vir, tamen velit suo unius judicio uti, eoque niti, quasi valeat magno rerum usu magnâque vi intelligendi: Si item è vili plebe sit quispiam, & tamen velit pro libitu sibi arrogare quae non sunt sui juris & fori: Rursùs si natus sit in praesenti saeculo, & sub hujus saeculi legibus, & tamen è contrario convertens se ad prisca, mordicùs tueri velit ac sequi Priscorum jam antiquatas leges: Si sit qui talia agat, ego sanè affirmo fore ut non paucae calamitates obveniant ipsius personae.

在此,子思有些许离题地表达了他对某些人的反对意见:这些普通人

(homines privati)①，他们要么违反那些已被普遍接受的礼法，要么鲁莽地计划着要创立新的礼法。针对这样的情况，子思引用孔夫子的话说道："如果一个人粗俗鲁莽且德性低劣，却只想凭借自己的判断行事，就好像他善于充分地利用事物并具有出色的理解能力；与此类似，如果一个人他只是普通百姓出身，却随心所欲地想将那些不合法的东西占为己有；又比如说，有的人他生在今世，置身于当今法律之下，却想背道而弛回归古代，顽固地坚守并追随祖先的古法。倘若有人做了这样的事情，我可以肯定：会有不少的灾难降临到他的身上。"

非天子不议礼，不制度，不考文。

§.3. Si non fuerit coeli filius, seu Imperator, qui cum virtute conjunctam habeat auctoritatem, nemo alius (inquit çu-su) instituat ritus & urbanitatis officia; nec inducat novos curiae usus, aut pro libitu suo mutet ea quae ad Regiae domûs supellectilem, ac reliquum aulae apparatum pertinent; nec item ausit suo unius arbitratu mutare quidquam rei litterariae, aut reformare veterum librorum monumenta. Ne scilicet Imperii pax, quae stabilitur & conservatur per uniformem usum rituum, litterarum, & consuetudinum, & ea quae per haec fovetur concordia novitatibus ejusmodi perturbetur; atque ita Imperium periclitetur.

假如不是天子——亦即君王，他拥有与美德紧密关联的权威——任何人都不可以（子思是这样说的）制定仪式及与礼仪相关的义务（urbanitatis officia），不能在朝中创立礼仪的新用法，也不能随心所欲地更换隶属于皇家

---

① 耶稣会士在此使用的"homines privati"一词意指与承担公共管理职务者相区分的"普通公民"。孔夫子在此谈论的"愚而好自用""贱而好自专"两种人，结合上下文判断：前者昏庸愚昧却任意妄为，可能是指有官位而无才德之人，或是自作聪明任意妄为的普通人；后者则是指地位卑贱无官位却又喜欢独断专行的普通人。

的器具,以及其他为朝廷准备的东西。同样也不能仅凭一己之意对著述或者古书中的记录进行修改。帝国和平的奠定及维持是通过统一礼仪、文字及风俗来实现的,由此也促进了和睦,不会因为受到新鲜事物的干扰陷入危险之中。

Est prorsus admiratione dignum quod in hoc Sinarum Imperio, quod unum si non magnitudine suâ certè hominum frequentiâ universam Europam longè superat, tanta sit tamen, et ab omni retrò memoriâ semper fuerit in rebus omnibus uniformitas tam constanter et exactè observata; ut non solum linguae, rituumque civilium, qui ad forum, conjugia, et disciplinas scholasticas spectant; item sacrificiorum, vestiumque una eademque pro cujusque gradu sit ratio; sed Urbium quoque, Palatiorum, et Domorum par omninò forma; sic ut qui unam Urbem viderit, omnes hujus Imperii Urbes vidisse censeri possit: Quin eò tandem processit Priscorum Regum cura et uniformitatis studium, ut per idem ferè anni tempus placuerit toto Imperio nuptias celebrari; per eosdem ferè dies duci funera et justa defunctis fieri; atque in eum finem adeo constans ab omni aevo Kalendarii usus, rerumque per anni dies peragendarum distributio quaedam instituta, et quotannis toto Imperio promulgata: Quamquam hanc temporum ad res ejusmodi peragendas observationem posterioris aetatis superstitio non parùm vitiavit, atque ad fines longè alios, quàm quos Prisci illi legum conditores spectabant perniciosè detorserit. Nimirum postquam idololatria tantam varietatem sectarum, atque opinionum, adeoque et rituum, aliarumque rerum, invexit, decessit in isto quidem genere non parùm de laudabili illa Sinarum inter se mutuò conformitate: Quae quidem dum olim viguit, puto, Chinam hanc, non Imperii, non Provinciae, non Urbis, sed unius Familiae sub suo Patre familias speciem quamdam praebuisse: Etenim et literae, et sigilla, et tituli, pilei quoque, vestes, Aedes ac Palatia et insignia; ritus item dum sacris operabantur, fercula dum conviviis vacabant, chori saltantium, canentiumque pro majori vel minori cujusque gradu ac dignitate, nomen suum, et ordinem, et majestatem sortiebantur. Tanta porrò vigebat olim observantia proportionatae hujus uniformitatis, ut si quem praescriptos rituum morumque limites excessisset, non is arrogantiae solùm, sed ambitûs quoque non raro damnaretur; etsi fortè quae unius propria sunt Regis temerè usurparet, in rebellionis quoque suspicionem et crimen vocaretur. Hinc Prisca lex illa in libro 3. Officiorum fol. 29. sic habet; quisquis fecerit turpes cantiones, aut peregrinas vestes, aut exercuerit inusitatas artes, aut inusitata instrumenta confecerit, ut ita perturbet decipiatque populum, occidatur.

对这些发生在中华帝国的事情表达赞美之情，是全然恰当的。且不说其面积的大小，其人口就已远远超过整个欧洲，而其伟大之处更在于：通过上溯整个历史可以发现中国人能够在所有的事情上如此持久而准确地保持一致。这里并非只是指人们在市集、婚姻及在学校教导中所使用的语言和世俗礼仪方面的统一，还包括根据自己所处的地位遵循相应的规定进行祭祀和着装，在城里、朝中以及家中都有应有的形式。假如有人只看到这个帝国中某座城市的情况，那么他可以认为自己看到的是帝国里所有城市的情况；古代君王的治理及其致力于统一礼仪、文字及风俗的努力得以保留，因而每年几乎都会在特定的时间举办婚礼并为整个帝国带来欢乐，在特定的日子里为逝者举行殡葬。自古人们就坚守历法，它规定了每年在不同的日子需要完成的事宜，而这些每年都会在全国公示颁布。然而后世的迷信对于他们恪守历法规定的在这些时间履行必须完成的事宜产生不小的妨害，与古代礼法的缔造者想要达到的目的也有所不同，后人对此施加了有害的扭曲。毫无疑问，在偶像崇拜出现以后，教派、信仰、礼仪以及其他的很多事情与原先相比都产生了如此之大的差异，这个民族渐行渐远，已不再是原来那个值得赞美的中华民族。我想，那个曾经充满活力的中国，它并不属于帝国、行省或是城镇,而是表现为一个父系家族统治下的家庭。① 事实上著述、印章、头冠、服饰、宗庙、宫殿及徽章,连同祭祀时所采用的仪式,举办宴席时被一扫而空的菜肴,依据自身或高或低的地位和荣耀所选用的歌舞助兴,这些都是与其名号、等级及威望相匹配的。恪守礼法所要求的行为一致性曾经是相当盛行的做法,倘若有人超出既定礼仪和风俗的界限,他会因自己的傲慢无礼乃至觊觎高位而受到指责的情况也并不少见,尽管暴动中萌生的猜疑和罪行,偶尔也会导致那些只属于帝王的东西被粗暴地篡夺。这里提到的古代礼法可以在《礼记》一书第 3 册第 29 叶找到:任何吟唱淫乐、着奇装异服、操练奇技、铸造奇器的人,由于他们扰乱和欺骗民众,都要被处死。②

今天下车同轨,书同文,行同伦。

f.26.p.1.§.1.　Moderni hujus, sub quo degimus, Imperii *Cheu* currus (inquit *çù su*) eosdem describunt sulcos, quos olim describebant, quandoquidem similibus constet rotis: Libri autem eandem servant methodum & ductus literarum qui olim in usu erant: Morum quoque atque officiorum eadem quae olim ratio est. Idem enim mos est majores inter & minores, summos inter & imos, & amicos inter. Quo pacto igitur rudis quispiam & privatus ausit non sequi hodiernos hos majoris momenti ritus & leges hujus Imperii, cùm hîc & nunc vigeant, & à prisca illâ integritate parùm discedant.

---

① 手稿此处原有殷铎泽关于古代中国礼仪的大段介绍,用以说明隶属不同阶层、拥有不同地位、头衔的中国人,他们所采用的礼仪内容及方式也各有不同。 他列举了中国不同社会阶层在其着装样式、颜色等方面都有所不同,天子、亲王、士大夫所使用的印章在字样、质地上各有明确规定等生动细节,以帮助西方读者了解中国礼仪内在的差异性。 但出版前上述文字被删去。(第 184~186 页)

② 据手稿页边注,此处所引文献是《礼记·王制》:"作淫声、异服、奇技、奇器以疑众,杀。" (第 186 页)

(据子思所说)尽管此前不同的朝代对此有不同的规定,现在我们沿用的车辙距离是周朝时制定的,书卷中所保留的书写方式及书写规范与周朝时的相同,风俗习惯及义务职责的准则也源于那时。这里所谓的风俗习惯存在于长幼之间、践行于高位者和低位者以及朋友之间,对于自己应尽的那些职责,就连粗鄙的普通人也不敢不去遵循现存的周朝古法。这些礼法在那时和当下都保持着效力,它们被相当完整地保留下来。①

虽有其位,苟无其德,不敢作礼乐焉。 虽有其德,苟无其位,亦不敢作礼乐焉。

§.2. Tametsi quispiam (inquit *çù-su*) habeat eorum (Priscorum scilicet Regum) dignitatem, si tamen careat eorumdem virtute, ne is tantum sibi tribuat, ut audeat instituere novos ritus, & novam musicam; quia virtus est condendarum piarum legum fundamentum: Tametsi etiam quispiam habeat regias illorum virtutes, si tamen careat regiâ eorum dignitate, item nec is arroganter ausit instituere ritus & musicam: hoc enim spectat dumtaxat ad eum qui unà Sanctus sit & Imperator.

(据子思所说)虽然有人拥有(祖先流传下来的,亦即君王的)地位,倘若他缺乏美德,那么他不配去制礼作乐,因为德性是忠实地保存律法的基础。倘若有人拥有君王的美德,却没有君王的地位,那么他也不可以狂妄地去制

---

① 手稿在此段后有殷铎泽题为《论中国文字》(*De Sinarum literis*,手稿第 186~202 页),论述中国象形文字发展史的小论文,出版前被柏应理删去。 该部分后由丹麦汉学家克努兹·伦贝克(Knud Lundbaek)在法国国家图书馆发现,并整理出版为《汉字的传统历史》(*The Traditional History of the Chinese Script. From a Seventeenth Century Jesuit Manuscript*. Aarhus:Aaehus University Press, 1988)一书,书中克努兹·伦贝克经翻译考对,认为这些手稿乃殷铎泽所作,因礼仪之争的缘故最终没有被允许收录进《中国哲学家孔夫子》一书中。

定礼乐，因为只有既是圣人又是君王的人才可以这样做。

Hîc observa quod Prisci binis literis Lì Yo *concentum quemdam concordiamque rituum et musicae significari voluerunt: nec rituum tantum, sed etiam officiorum quae solent homines inter se mutuo passim exercere. Et verò inest literae* Lì *utraque vis haec et significatio: Etenim cum probè intelligerent ipsi, ritus omnes atque officia si non à verâ animi sententiâ verâque virtute, ceu nativâ radice procederent, inutile quid evanidum et fucatum esse, et haud quaquam posse diu vigere atque persistere; omni studio atque industriâ hoc scilicet agebant, ut illi ritus et officia suo quaeque virtutum succo imbuta magis ac magis in Imperio quotidie florerent: sed cùm hîc rursus animadverterent, abhorrere quodammodo à virtute naturam nostram vitiatam; in vitia verò et illicitas voluptates ultrò ferri; quò illam iupidiùs arriperent homines, praesertim Regiae stirpis juventus, et ii quorum tenerior aetas nullis dum vitiis depravata erat, musicam adhibuerunt, ac pulcherrima quaeque virtutum documenta suavitate musices imbuta candidae juventutis animis instillare sunt aggressi.*

Ad ritus autem quos comitabatur, vel animabat potiùs dicta jam musica, spectabat in primis cultus ille qui caelo deferebatur, supremo inquam caeli terraeque spiritui, utpote qui et procreator sit viventium omnium; et principium: hinc in lib. Ye Kim *diserte dicitur avitos Reges instituisse musicam ut eam solenni ritu offerrent supremo caeli Imperatori. Spectabat item cultus, quo prosequebantur majores jam defunctos tamquam suos progenitores; ad extremum is quem deferebant Regibus, et populi totius Magistris, ut iis quibus à caelo demandata sit cura populi recte instituendi, et à quibus Regnorum felix administratio proximè solet dependere.*

Officia verò potissimùm erant illa, quae humanae societatis maximè sunt propria, et spectant ad quinque ordines qui sunt Regem inter et subditos; Parentes inter et filios; inter fratres majores natu et minores; inter maritum et uxorem, ad extremum familiares inter seu amicos: quibus addi quoque potest discrimen et ordo, qui ob disparem conditionem plebeios inter et nobiles observari solet. Et hi quidem ritus et officia vinculorum planè sunt instar et nexuum, qui alia atque alia corporis ejusdem membra, tum inter se, tum ipso cum capite perquàm aptè vinciunt uniuntque: unde protinus existit mutuus omnium inter se et honor et benevolentia, adeoque totius Imperii perennis quaedam pax atque felicitas, et politici corporis admirabilis omnino firmitas, decor et venustas.

Confucius *itaque ritus istos et officia lumen esse dicebat Imperii, atque ubi illa desiderarentur caeca esse confusaque omnia.*

Quoniam verò quae in hoc genere servari volebant atque exerceri, non fictè, sed ex animo, quemadmodum dicebamus, et ex verâ virtute fieri volebant atque observari, et harmonia quandam politica et morali externis interna respondere; cumque numeris ferè musicis ederetur in vulgus haec ipsa doctrina, hinc Li Yo, *id est sua ritibus sociari musica dicebatur; et esse sua sinceri cordis, à quo ritus et officia procedebant, cum ipsis quae foris se prodebant ritibus officiisque concordia.*

Priscorum igitur musicam instituentium cura omnis et studium, non ad privatam Principum oblectationem referebatur (uti antiquus Author Tai Su Cum *pluribus refert) sed vel maximè ad juventutis ac populi totius rectam institutionem; eratque tum aliarum virtutum, tum in primis concordiae subditorum inter se suoque cum Principe suavis et domestica magistra. Quò illa verò plus authoritatis obtineret ac fidei non ab aliis quàm ab ipsis Imperatoribus institui poterat ac vulgari: sed inter hos quoque non cuicunque Principum fas erat rem tantam suscipere, sed iis dumtaxat qui eximiam planè virtutem cum Imperatoriâ dignitate conjunxissent. Et illa quidem quanto mox in pretio haberetur hinc potest intelligi, quod ad spectatae virtutis Regulos deinde missa magni cujusdam muneris instar obtineret. Is autem, cui componendae musices, et in lucem usumque publicum edendae, necnon statis temporibus coram Principe et Optimatibus Imperii decantandae cura demandabatur* (Ta Su Yo, *sive magnum Magistrum Musices vulgo nominabant*) *haud quaquam humilis aut mediocris etiam conditionis Vir erat ad Mandarinos superioris ordinis, et quidem vitae integrae sapientiaeque non vulgaris viros cura ista pertinebat.*

Usum verò musices, uti perpetuus Chinae fuit, sic et esse antiquissimum vel ex eo potest intelligi, quod Fo Hi, *primus gentis Sinicae conditor, primus quoque fuerit musices Magister, et alter planè Orpheus gentis suae: quippe qui rudes et agrestes homines voce fidibusque pertraxit è sylvis suis ac montibus; et suavitate cantûs illectos paulatim ad humanitatem, ac civilem vitae societatem perduxit et promiscuam vagamque libidinem conjugiorum vinculo constrinxit. Itaque musica ipsius* Fû Laî *est dicta, propterea quod invitatrix fuisset hominum, ut ad eum spontè accederent qui tam praeclarè ipsis opitularetur; sed et ipsa Sinarum lingua 320. circiter vocibus monosyllabis constans, quid aliud videri potest quam perpetua quaedam tot accentuum in singulis vocibus harmonica varietate concinnata musica? Sed et aliis populi Principibus suum singulis musicae studium suus amor fuit: Extant enim propria musicae nomina, quae ab Auctoribus suis Imperatorum celeberrimis unaquaeque sortita fuit; et omnis quidem Sinensium ingeniis accommodata lenis est ac placida, mutuae pacis et concordiae blanda conciliatrix, si penultimam tamen excipias, quae ut Auctorem habuit* Vu-Vâm *tertiae Familiae conditorem et bellicosum, tota sui Auctoris plena est, Martemque et arma spirat; sed hanc quoque ob causam pacifico literarum ordini, ipsique adeo* Confucio *non usquequaque accepta.*

此处考察古人所说的"礼""乐"二字,它们意指礼仪规范及音乐曲调之间的和谐一致,不仅指礼仪,还包括人们彼此之间习惯行使的义务与职责。事实上,"礼"这个字还具有另一层的效力和意思。如果能够正确地理解所有礼仪及义务的含义,就会知道假如它们不是源于内心真诚的想法及真正的美德,不是由其原初的根源发展而来的,那么它毫无助益,只会是转瞬即逝的虚伪事物,既无法维持其效力也难以长期保留。所有践行礼乐的热情及努力,都是为了使那些礼仪、义务,以及其中所浸染的精神能在举国上下不断发扬光大。但反过来说,也需要警惕那种利用人们本性中的美德并以此来操纵人们的做法,尤其是宫中的年轻皇族,他们尚且年幼,没有人能避免犯错。借助音乐的形式①,将记载种种美德的优美文献,配以动听的音乐,这样正确的道德规范便能进入这些年幼的君王候选人的内心。②

"乐"作为那些礼仪的伴奏,确切地说正是它赋予礼仪以活力,最重要的礼仪便是对上天的崇拜,亦即向那上文提到的天地间至高的神灵表示崇敬③,它既是一切生灵的创造者,又是一切的开端。关于这一点,《易经》一书清楚地记载了先王制乐是为了通过庄严神圣的仪式向至高的天帝献祭。许多人借助这一仪式以示追随故去的先人,譬如自己的祖父母④;最终,这样的仪式也适用于君王以及全体民众的老师,他们受命于天,负责正确地教导民众,国家的妥善治理几乎完全仰仗于他们。

---

① 殷铎泽在此处标注其参考文献为"史书"(ex Annalibus),据手稿页边注,参考文献原文为"舜曰:乐,天下之精,得失之节",但在《史记》中查无此文,与之相近的文字可见于《风俗通义·正失》《孔丛子·论书》和《吕氏春秋·慎行论》。(第203页)

② 据手稿页边注,此处参考文献为《礼记·乐记》:"是故先王之制礼乐也,非以极口腹耳目之欲也,将以教民平好恶而反人道之正也。"和《四书征·中庸卷》:"《周礼·春官·大司乐》以乐德教国子。"(第203页)

③ 据手稿页边注文献注音,此处参考文献为《易经》:"(象曰:雷出地奋,)豫。先王以作乐崇德,殷荐之上帝,以配祖考。"以及《礼记·哀公问》:"子曰:非礼无以节事天地之神也。"《孔子家语·问礼》也有相同的记载。(第203页)

④ 据手稿页边注,此处参考文献为《礼记·哀公问》:"非礼无以辨君臣上下长幼之位也。"和《四书征·中庸论语卷》:"太史公曰:'上事天,下事地,尊先祖而隆君师,是礼之三本也。'"原文出自《史记·礼书》。(第203页)

最重要的义务其实存在于人际关系之中,亦即五伦关系①:包括君臣之间、父子之间、兄弟之间、夫妻之间以及家庭成员以外的朋友之间。五伦关系还能进一步细分出不同的等级,并根据具体情况出现在贵族及平民之间。这些礼仪及义务的关系链条都很类似而且具有强制性,不仅使群体(corpus,直译为身体)的成员(membra,直译为肢体)之间,也使他们与领导者(caput,直译为头脑)紧密地相互联系并合为一体。因此人们彼此之间会相互尊敬、友善相待,国家得以长期保持和平安宁,举国上下(politicum corpus)得以维持一种令人仰慕的稳定、得体、祥和的局面。②

---

① 手稿正文此处原有殷氏译文:"(五伦关系)在这些书中不断地被提及,很明显其顺序应当被遵守"(quorum in hisce libris crebra sanè fit mentio; eum videlicet ordinem quem servari par est),以及相关文献引文,据手稿页边注文献注音,此处参考文献为《礼记·哀公问》:"非礼无以别男女父子兄弟之亲也。"出版前皆被删去。(第203页)

② 此段耶稣会士译者在译文中使用了一系列有关"身体"的比喻:国家被视为一个整体并与人的身体相联系,全体民众或是国内的不同政治团体是国家的"肢体",君王则被视为国家的"头部",以此强调他们之间合为一体且民众需服从君王统治的关系。 在西方文化中,借用"身体"及其各个部位来作比的做法早在伊索寓言中以及柏拉图《理想国》一书中已出现。 受古希腊文化的影响,古罗马的西塞罗、塞内卡、利维也曾借用"身体"的比喻来说明民众与元老院之间的关系,例如利维在《罗马史(第二卷)》中就曾借鉴伊索寓言中《肚子和身体其他部位》的故事,将元老院比喻为肚子,把民众比喻为身体,指出肚子从身体获取食物后将其消化,将血液经由血管输送给身体,因此只有通过各部分之间的合作,共和国的"身体"才能获得活力。 此后,有关"身体"的比喻被基督教化,圣保罗使用了大量有关基督和"身体"的比喻,例如他在《歌罗西书》和《以弗所书》中都曾提到"基督是身体(指教会)的头部……我们是他身上的肢体",此后奥古斯丁等神学教父也延续这一用法。 到中世纪,类似的比喻由教会延伸至世俗政治层面。 原本教会宣称自己是一个充满奥秘的身体(corpus mysticum),教皇是这个身体的头部,世俗君王是其肢体。 但随着世俗政权的日益强大,"君权神授"的说法开始挑战教会的绝对领导权。 最终在18世纪,伴随大革命的兴起,中世纪的"基督身体说"被彻底瓦解,而将国家视为"政治实体"(corpus politicum)的比喻仍被广泛借鉴,使用至今。

因此,孔夫子说①:这些礼仪及义务是国家之光,那些未开化以及混乱失序的地方都需要它们②。

所以,整个民族都愿意保持并践行这些礼仪和义务,他们不是虚伪地对付,而是发自内心地——我们姑且这么来形容——真诚地希望能够做到这些,从而每个人都能奉行礼法,通过国内的政治和谐以及外在的道德规范来回应这种礼法的要求。他们通常会把对于百姓的教诲配上音乐旋律来构成"礼乐",这便是所谓的将音乐与礼仪相结合。因为这些礼仪及义务都是源自真诚的内心,正是在这一心灵的门户,礼仪和义务一同缔造了和谐。

古代对制乐的全部关注及热爱,都与取悦某位帝王无关(中国古代作家太史公屡次提到这一点),而是为了正确地教导年轻人和老百姓。③ 此外,制乐也是为了塑造其他的德性,特别是促进臣民之间以及君臣之间那种美好的和睦关系,它的作用犹如一位女主人。因此音乐被赋予更多的权威,而对音乐的信任正是由历代帝王来奠定和推广的。在他们中间没有谁是命中注定的、要去承担如此重要的事情的领袖,但只有那些拥有出众德性的人才能获得帝王之位。能够理解这一点的人很快就会获得回报:他通过考察各个诸侯王的美德继而授予他们与之相配的职务;而他还应该制作音乐并公诸于世,在民间进行推广。现在并非没有足够的时间要求帝国的君主和贵族

---

① 手稿正文此处原有殷铎泽所作注解:"正如《礼记》书中及《家语》一书第 6 卷第 15 叶所提及的"(uti in libris 礼 ḣ 记 kí, et 家 kīa 语 yú par.6.fol.15.refertur)。 据页边注,此处文献出处为《礼记·仲尼燕居》:"无礼,譬如终夜有求于幽室之中,非烛何见?"《孔子家语·论礼》亦有类似记载。(第 204 页)

② 手稿正文此处原有殷铎泽译文:"(在中国)许多书中都有关于礼仪的记载,我们仅引用了《礼记》中的大量记载来表述我们的主张。"(sed extant etiam eiusdem libri quos de officiis conscripsit, et modò citavimus 礼 ḣ 记 kí dicti, ubi huiuscemodi multa in nostram sententiam adfert.) 出版前被删去。(第 204 页)

③ 据手稿页边注,此处译者的参考文献为《史记·乐书第二》:"太史公曰:'夫上古明王举乐者,非以娱心自乐……正教者皆始于音,音正而行正……故圣王使人耳闻雅颂之音,目视威仪之礼,足行恭敬之容,口言仁义之道。'"(第 204 页)

去关注那些吟唱的乐曲(大司乐,即通常所说的大师的音乐),任何一个具备制乐才能的人绝不会是一个卑微而平庸的人,他们都可以晋升为上层士大夫。如此,基于对完美生活和智慧的追求,这些具备音乐才能的人备受青睐。①

对音乐的使用——在中国一直是这样——由来已久,甚至可以追溯到伏羲那里,他是中华民族的第一位创始人,也是最早的乐师,可以说是这个民族的奥菲厄斯。② 他在深山里弹奏竖琴,借由琴声来吸引那些野蛮未开化的人们,用甜美迷人的歌声将他们逐步引向文明开化的群居生活,并通过婚配的纽带对人性中共有的、漂浮不定的欲望加以约束。③ 伏羲谱写的乐曲被称为"扶来"。音乐之所以会吸引人类,是因为它能自然而然地接近人们并给予人们如此之多的安慰。中国语言中所包含的 320 种发音几乎都是单音节的,每种不同的发音又有如此之多的、将其调和在一起的声调,这除了是一首精心制作的乐曲,还能是什么?对于那些民众的君主而言,他们对音乐的热情源于自身的热爱④,事实上所有的乐曲都有自己的名字,由谱写该首

---

① 此处柏应理删去殷铎泽有关中国传统音乐"宫、商、角、徵、羽"及其所对应的"智、义、仁、信、礼"五德的相关介绍,该部分原本与下文同隶属于殷铎泽题为《论中国的音乐》(De sinensium musica)专题小论文。(第 205 页)

② 奥菲厄斯(Orpheus,希腊名'Ορφεύς,亦译为俄耳甫斯),传说中他是太阳与音乐之神阿波罗(Apollo)和史诗女神卡利奥佩(Calliope)之子,是一位音乐天才、著名的诗人与歌手。在其年幼时,阿波罗便将自己的七弦琴赠予他,传说中奥菲厄斯的琴声能使神、人闻而陶醉,亦能驯服凶神恶煞的猛兽。

③ 手稿正文原有殷铎泽译文:"他(指伏羲)通过赐予不同的名字来区分各个家族。直至今日这一法则仍在中国广泛使用:任何人都不能娶与其同一姓氏的人为妻。"(distinxit familias sua singulis indens nomina, lege latâ, quae hodieqe totâ Chinâ viget, ne cuiquam fas esset ex cognatis, sive nominis eiusdem familiis uxorem ducere.)出版前被删去。(第 206 页)

④ 手稿正文此处原有殷氏译文:"我们在上文所读到的相关内容可以在《易经》这部极为古老的著作中得到证实。"(quod, uti suprà vidimus, librorum vetustissimus 易 yě 经 kīm testatur.)出版前被删去。(第 206 页)

乐曲的著名乐师所定。① 所有的音乐都与中国人温和且崇尚和平的本性相符，他们彼此相处融洽、友好和睦。倘若可以排除其中的倒数第二种音乐，其谱写者是第三个朝代的创始人武王，好战的他谱写的乐曲也都带有战神及武器的气息。出于编排崇尚和平的文学作品的考虑，孔夫子没有采纳此类乐曲。②

子曰："吾说夏礼，杞不足征也；吾学殷礼，有宋存焉。 吾学周礼，今用之，吾从周。"

§.3. *Confucius* solebat dicere: Ego quidem semper amo & cum voluptate refero Priscae Familiae Imperialis *Hiá* ritus; attamen exigui Regni *Kí* (hoc spectabat ad Imperium Familiae *Hiá*) posteri quia à Majoribus degenerarunt, non sunt horum sufficiens testimonium, seu non sufficiunt, ut eos, tanquam legitimos testes integritatis dictorum rituum ac legum, sic aliis possim proponere ut fidem obtineant: adeoque quomodo eas ego unus sequi possum? Ego item examinavi &

---

① 殷铎泽在此处手稿页边注依次列举了十一种帝王制乐的名称，分别是：伏羲之乐曰扶来；黄帝之乐曰咸池；少昊之乐曰大渊；颛顼之乐曰承云，亦称六茎；帝喾之乐曰九招，亦称五英；尧帝之乐曰大章；舜帝之乐曰箫韶，舜帝在位时，名为夔的智者以其擅长制乐而著称；禹帝之乐曰大夏；汤帝之乐曰大濩；武王之乐曰大武；成王之乐曰勺（idest: fŏ-hī Conditoris musica dicitur fû-laî; 黄帝 hoâm-tí Imperatoris musica dicitur 咸 hiên 池 chî; 少昊 xào-háo Imperatoris musica dicitur 大 tá 渊 yuên; 颛顼 chuēn-hiŏ Imperatoris musica dicitur 承 chîm 云 yûn, item dicitur 六 lŏ 茎 hêm; 帝喾 tí-cŏ Imperatoris musica dicitur 九 kièu 招 châo, item dicitur 五 ù 英 ym; 尧 yaô Imperatoris musica dicitur 大 tá 章 châm; 舜 xún Imperatoris musica dicitur 萧 siāo 韶 xâo, xún Regis tempore sapiens ille 夔 queî dictus de musicâ praeclarè benemeritus fuit, ut qui eam mirificè perfecit; 禹 yù Imperatoris musica dicitur 大 tá 夏 hiá; 汤 tām Imperatoris musica dicitur 大 tá 濩 hoĕ; 武王 uù-uâm Imperatoris musica dicitur 大 tá 武 uù; 成王 chîm-uâm Imperatoris musica dicitur 勺 chŏ）。译文中提及的"倒数第二种音乐"即是武王所制乐曲"大武"。（第 206 页）

② 手稿此后还有殷铎泽关于"六律六吕"这一中国古代定音方法的介绍，并简述了"五音"和"五行"之间的对应关系，出版前被柏应理删去。（第 207 页）

didici Familiae Imperialis *Yn* seu *Xam* ritus & leges, & quamvis sint etiam nunc in modico Regno *Sum* (hoc spectabat ad Imperium Familiae *Yn*) posteri, apud quos quaedam extant monumenta, quibus istae leges continentur; quia tamen sunt multa quae antiquata jam sunt atque obsoleta, nec desunt moderni Imperii pia statuta, & Priscis aemula; ego cur illa potiùs, quam haec sequar? Ego denique accuratè studui praesentis Familiae Imperatoriae *Cheu* ritibus ac legibus cognoscendis, quae cum sint rationi & tempori accommodatae, iisque nunc passim omnes utantur, tametsi in quibusdam fortè differant à Priscis ritibus Familiarum *Hiá* & *Yn*, ego quidem sequar hos Familiae *Cheu* modò imperantis ritus.

　　孔夫子时常说："我一直很喜爱也很愿意参照夏朝的礼仪，然而那小小的杞国（夏朝后裔的国家）却偏离了祖先的礼仪，堕落了。由于礼仪方面的证据和资料并不充分，或者说这些见证不足以证明上述礼法的合法性，既然我无法借此说服其他人相信这些，我又怎能独自追随这夏朝的礼法呢？我同样检验过并试图了解殷商的礼法，虽然现在生活在宋这个小国（它是殷朝的后代）的子孙们，他们仍保留着记载那些律法的文献，但许多都因其陈旧而早已过时。而当下国家并不缺乏虔诚效法先人的礼法，我又为何非要弃当世之法去跟从旧法呢？因此我忙于钻研当下有关周朝礼法的认识，由于它不仅合理又合乎时宜，现在的人们都普遍奉行它。虽然它可能有别于夏朝和商朝的礼法，我还是决定只追随周礼。"①

29.王天下有三重焉，其寡过矣乎？

　　p.2.§.1.　Si is qui obtinet & administrat Imperium (inquit *çu su*) illa tria

---

　　①　手稿正文此处原有殷氏译文："上文所述夏、商、周三朝，亦被称为三王、三代。"［praedictae tres Familiae 夏 hía 商 xām（vel 殷 yn）et 周 chēu; alio nomine dicuntur, 三 sān 王 uâm, vel 三 sān 代 tái.］出版前被删去。（第 208 页）

magni ducat momenti; illius Imperii homines ac subditi pauca peccabunt seu raro delinquent adeoque facilis & pacifica Imperii gubernatio consequetur. Haec tria, supra f.25.p.2.§.3. commemorata, spectant ad *ritus civiles*, ad *Aulae regimen*, & ad *examen librorum ac rem litterariam*: nam illa morum ac rituum per totum Regnum uniformitas, & par agendi norma in omnibus, plurimùm confert ad mutuam inter se & cum ipso capite concordiam, quae est Imperii stabile fundamentum.

如果那个获得帝国并实施统治的人（子思是这么说的）能完成下列三件大事，那么这个国家的臣民的过失就会很少，或者说他们很少会去逃避自身的职责，这样国家的和平治理也会变得轻而易举。这三件大事，上文第25叶第2面第3段已经提到过，涉及民间的礼仪、朝廷的制度以及书籍文献的审查。① 因为只有在整个国家统一风俗及礼仪，对所有人都采用同样的行为标准，人们彼此之间及与自己的上级之间才能尽量保持和睦，而这将成为帝国稳定的基石。

上焉者，虽善无征，无征不信，不信民弗从。 下焉者，虽善不尊，不尊不信，不信民弗从。

§.2. Superiorum temporum Reges, quamvis probè statuerint leges, hae tamen quia aut diuturnitate temporum, aut librorum corruptelâ, aut sapientum defectu, velut evanuerunt; vel certè si nondum interierint, quia tamen moderni Reges, qui eas proponunt populo servandas, ipsimet carent propriâ Regum virtute, fit ut careant etiam sufficienti testimonio apud populum; cum autem illis desit sufficiens hoc testimonium non datur fides, eos porrò quibus non datur fides, populus non sequitur. Viri autem sancti in inferiori loco seu privato constituti

---

① 亦即前文提及的"非天子，不议礼，不制度，不考文"一席话。

quamvis probè intelligant ac colant urbanitatis officia & sint dignâ Imperio virtute praediti, si eadem Priscorum pia instituta populo servanda proponant, tamen quia carent regiâ dignitate sit ut nec ipsi valeant debitâ authoritate apud populum; cùm igitur desit debita authoritas ac dignitas, his à populo non datur fides; si non datur fides, item populus non approbat nec sequitur eorum nova statuta aut consuetudines: adeoque ejus dumtaxat, qui idem & Sanctus sit & Imperator, ritus & exemplum populus sequetur.

虽然上古的君王恰当地制定了律法，然而随着时间的流逝、书卷的腐坏以及智者的缺失，这些律法仿佛都已消失。倘若它们尚未消亡，当代的君王便能行使这些律法来保护民众，但现在君王自身缺乏美德，民众对古代的礼法也缺乏足够的见证。倘若没有足够的证明，便无法获取信任；若无法获取民众对于礼制的信任，他们便不会遵从。当圣人身居下位或是在一个普通的位置上，虽然他们能够正确理解并尊重礼仪的职责，也能带给国家需要的美德——假如先人所制定的律法确实能用来保护民众——但由于圣人缺乏必要的权威及地位，他无法取信于民。倘若无法获取信任，那么民众便不会同意遵从他们所确立的新礼制。因此，只有当圣人同时也是君王时，民众才会愿意以之为榜样并追随他的礼制。

故君子之道，本诸身，征诸庶民，考诸三王而不缪，建诸天地而不悖，质诸鬼神而无疑，百世以俟圣人而不惑。

§.3. Ideo perfecti Regis recta gubernandi ratio radicitùs fundatur in sua ipsius persona, quâ testatam facit virtutem suam universo populo: explorat exigitque regimen suum ad normam trium Priscorum Regum (scilicet *Yù*, *Tam* & *Vêm Vu*) & non aberrat: confert & combinat res à se gestas cum coeli terraeque lege, & huic illae non adversantur: testatam facit adeo ipsis spiritibus quantumvis reconditis virtutem suam, & nihil haesitat, nullaque in re dubitat. Imo etiamsi post centum saecula expectatus Sanctus advenerit, non ambigit quin eadem virtus eidem testata sit futura. Hic solum significare vult divini Regis ritus ac leges adeò esse rationi consonas ut nulli rationi caelesti vel divinae adversentur ac nulli sint in posterum mutationi obnoxiae. Etenim si Rex examinet reducatque ad praxim omnia trium Regum pia statuta, jam non errabit: Si item erigat instituatque leges juxta illam coeli ac terrae ordinatissimam Regulam, sane jam nihil aget contra dictamen naturae rationalis: Denique si ita omnia agat, ut suae integritatis testimonium vel ab ipsismet coeli Spiritibus eamdem coelo terrâque legem servantibus accipere queat, jam nequaquam dubius aut anxius erit; certum namque est quod quidquid ita egerit vel statuerit rectum erit: Etsi contingat ut per centum & ampliùs saecula expectetur ac desideretur ille Sanctus, tamen, si modo dicto Rex agat, nullatenus dubio pede sed constanter perget in coeptâ viâ; nam quocunque tempore adveniat ille Sanctus, profecto non eum arguet erroris, quippe illam secutus est legem ac normam, quam ipsemet Sanctus haud dubiè approbaturus sit.

因此，君王很好地治理天下的方法，其根本在于他必须从自身做起，并向天下的百姓证明自身的美德，以三王(亦即夏禹、商汤以及周朝的文王、武王)为榜样来考察检验自己的政权，不要出任何差错；将先王顺应天地律法所建立的功业汇总并相互联系起来，不要有所背离；没有丝毫犹豫、怀疑地向幽隐的鬼神证明自身的美德。就算一百个世纪之后众人所期待的圣人降临之时,也不会因自己的美德在那时受到检验而疑虑不安。① 这里只是希望指出君王的神圣礼法都是符合理性的,正如没有人反对上天的或者说神圣的理性,也没有人需要对将来出现的变化负责。事实上,假如君王能以三王所立的标准来检验、引导自己,他便不会犯错;假如君王能参照天地间井然有序的准则来制定律法,自然就没有什么事情会违反自然理性的要求。如果真能如此行事,以此作为他人品正直的见证,他便能从天神那里领受天地间留存的律法,心中不会产生丝毫的怀疑或担忧,因而也能够确信自己将要实现或是建立的事物是正确的。虽然要待百世之后众人期盼的那位圣人才会出现,但假如一位君王能按照上述的方式去行事,他便能毫不迟疑地在已经开始的征途上不断前行。无论圣人在何时降临,他都可以当之无愧地向其表明自己没有任何过失,证明自己始终都在追随就连圣人也会认同的律

---

① 手稿正文此处原有殷氏译文:"要么是像那些人解释的那样:如果君王的所作所为经由考察被认定符合上古三王树立的典范,没有与之偏离;假如他能如此来行事并建立基业,其行径便会与天地间最为正确、神圣的法则相一致,从而不会产生纷争。 其结果便是:因其行径皆顺应事物自身与生俱来的本性,从而得到印证并获鬼神的认可。 进而对于那位上千年来人们一致在期盼的圣人便不存在任何怀疑,也不会有任何犹豫。 要么是像另一些人解释的那样。"(vel, ut alii explicant: si examinentur ea quae Rex agit ad trium priscorum Regum normam, et ab hac non aberraverint; si res suas sic instituat ac gerat, ut hae cum illa caeli ac terrae rectissimâ et inviolabili lege consentiant, adeoque non pugnent; consequens est, et ex ipsa natura rei natum est fieri, ut attestationem etiam accipiant et approbentur ab ipsismet Spiritibus; et ita, ut nullus detur dubitationi locus insuper etiam si dentur centum saecula quibus expectetur Sanctus, tamen nullus erit haesitationi locus. Vel, ut alii exponunt.) 出版前被柏应理删去。(第209页)

法及规范。①

质诸鬼神而无疑，知天也。 百世以俟圣人而不惑，知人也。

f.27.p.1.§.1.　Quod Rex virtutem suam testatam fore spiritibus non dubitet; hoc inde quidem provenit, quia ipse novit coelum. Quod post centum etiam saecula expectato Sancto eamdem testatam fore non ambigat; in causa est, quia ipse novit hominem, seu quod hominis est proprium, adeò videlicet rectè ageret ut integritatis suae testimonium vel ab ipsismet caeli & terrae Spiritibus (aut ab ipsomet caeli terraeque supremo Spiritu) accipere valeret; adeoque sic dirigeret omnes suas actiones juxta spirituum perfectissimè in omnibus operantium regulam, ut ne dubitaret quidem an rectè ageret necne; hoc autem est perspectum habere coelum, seu coeli rationem quam dicti spiritus omnibus numeris explent: Rursus ita rectè in omnibus procederet, ut quamvis contingat per centum &

---

① 手稿正文此处原有殷氏译文："要么就像其他人宣称的那样：这便是完美君王的行事方式，因其肩负皇室的荣耀，拥有与之息息相关的伟大美德，首先要特别关注的是用美德来修养自身。 继而以身作则来产生影响，正如他的所作所为获得天下民众的赞赏。 同样地要检验和规范自身及身边事物以符合上古三王树立的典范，从此就不会与之偏离。 向上他经由完善自身及其身边事物以符合天地的规范，从不与之相悖。 继而他能洞察一切与美德相关的大大小小的事物，并以某种特定的方式参与到那些似乎与鬼神相关的事情中去，在行动时不会有疑虑或担忧。 尽管千年来人们都在期待圣人的降临，但他自己从不会因迟疑而疑虑不安。"（Vel, ut alii declarant: Perfecti Regis, seu eius, qui cum regiâ dignitate coniunctam habet magnam virtutem, agendi modus hic est, ut primum et praecipuum esse ducat virtutibus excolere se ipsum: exemplo deinde suo efficiat, ut quae ipse agit ac statuit approbentur ab universo populo: item se suaque examinet ac moderetur ad trium sanctorum Regum normam; et ab hac non aberret: insuper se suaque perficiat ad caeli terraeque normam; et huic nunquam opponatur: denique ita omnia virtutis magna ac parva penetret, ut quodammodò participare aliquid videatur de naturâ Spirituum; adeoque nunquam dubius et anxius sit in operando; quin etsi dentur centum saecula quibus expectetur Sanctus, ipse tamen nunquam ambigat haesitetue.）出版前被柏应理删去。（第210页）

amplius saecula expectatum advenire Sanctum, tamen sine ulla haesitatione eodem tenore nunc agat, quo Sanctus ipse ageret, hoc sanè est perspectum habere hominem, seu hominis rectam legem, quam Sanctus ille, si existeret, omnibus numeris expleret.

哪怕面对鬼神,君王的美德也无可置疑,之所以能做到这一点是因为他已经通晓上天;哪怕面对百世之后众人所期盼的圣人也不会心有疑虑,原因是君王了解众人,换而言之,他了解人类的特点,因此他自然能够正确行事,正如他能够获得天地的神灵(抑或是在天地间最高的神)对于自身人品正直的见证。自己的一切行动都要尽善尽美地按照鬼神对于各种行为的要求展开,因而自己的行径不会受到正确与否的置疑。众所周知,上天的准则,或者说天理,即天道的运行,是通过所谓的鬼神在所有人身上完成的。① 换个角度来看,倘若所有的事情进展顺利,即使要在百世之后众望所归的圣人才会降临,他仍然能够毫不迟疑地不断前进,换作是圣人自己也会这样做,亦即要洞察人性,或者说明确人世间的正确律法,假如圣人真的存在,他会在方方面面成就人世间的正确律法。②

---

① 此处耶稣会士参考了张居正的注解:"盖天之理,尽于鬼神,君子穷神知化,于天道所以然之理,既明通之而不蔽。"(第127页)

② 译文中有关"假如圣人真的存在,他会在方方面面成就人世间的正确律法"的说法,暗示此处儒家"百世以俟"的圣人,即是基督。 此外,手稿正文此处原有殷铎泽译文:"要么就如其他人宣称的那样:通过洞察一切事物,以某种特定的方式参与到那些与鬼神相关的事情中去,心无疑虑。 这便是知天,或者说了解天的属性特征。 对那位千年来众人期盼的圣人的降临毫不迟疑,这就是知人,或者说了解人的属性特征。"(Vel, ut alii declarant: penetrando omnia participare quodammodò naturam Spirituum, et non dubitare; hoc est nosse caelum, seu quod caeli est: centum saeculis quibus expectaretur Sanctus, tamen non haesitare; hoc est nosse hominem, seu quod hominis est.)出版前被删去。(第211页)

是故君子动而世为天下道，行而世为天下法，言而世为天下则。远之则有望，近之则不厌。

§.2. Hac de causa perfectus Rex dum quidpiam aggreditur ac movet, jam hoc ipso omnibus post saeculis esse potest orbis terrarum norma & exemplar, ex quo posteri dirigantur; Si quid agit, jam hoc ipsum omnibus item saeculis esse potest orbis lex; Si quid loquitur, jam id eo ipso omnibus saeculis esse potest orbis instructio & regula; atque adeo populi, quamvis procul absentes, virtutum ejus famâ excitati, jam ad ipsum anhelant & suspensi expectant expetuntque sibi talem Principem; praesentem vero sic amant, sic eo gaudent ac fruuntur, ut nullum deinde tam chari Principis & tam piae gubernationis vel taedium, vel etiam satietas eos capiat.

基于这个原因，完美的君王会不断进取并产生影响，在数百年后他将成为世间所有人的范本和榜样，并为其后代所效法。他的所作所为会在数百年里成为世间众人所遵循的律法；他的言谈会在数百年里成为世人的教导并成为准则。身在远方的民众也会受到他美德和名声的激励，对他心怀仰慕，满心期待并渴望这样一位君主的出现。在他身边的人们是如此的爱戴他，他们为之欢欣鼓舞，在这位备受爱戴的君主身上，以及他尽职尽责的治理中，没有任何地方会使人心生厌烦，而只是让人心满意足。

《诗》曰："在彼无恶，在此无射。 庶几夙夜，以永终誉。"君子未有不如此而蚤有誉于天下者也。

§.3. Atque hoc est quod in libro Odarum dicitur; Si Rex ejusmodi existat illic, non est qui illum aversetur; si existat hîc, non est cui sit taedio; adeoque ubicumque tandem degat, & quocunque tempore, quasi diu noctuque, & in perpetuum depraedicabitur. Rex adeo perfectus (addit çu-su) nullus dum fuit qui non hoc modo, & quàm citissimè obtinuerit illustre nomen ac famam omnium laudibus celebratam per orbem universum.

《诗经》一书是这样说的：这样的一位有道①君王，无论他在哪里现身，都没有人会对他心怀厌恶；倘若他在这里出现，人们也不会厌烦他。无论何时何地，他昼夜几乎都在勤勉工作，并能永久保持其美誉。因此，完美的君王（子思补充道）没有一个不是这样做的，而且很快他就会在天下的一片赞誉声中获得显赫的名声。

30.仲尼祖述尧舜，宪章文武，上律天时，下袭水土。

p.2. §.1. Çu su hîc in laudem Confucii Avi sui simul & Magistri plus aequo excurrens, & commemorans, qua ratione moderatus sit actiones suas, vitamque instituerit sic ait: Confucius (quem honoris gratiâ Chumnhi nominat) eminus, seu, quod ad Priscorum Regum tempora attinebat, honorificè commemorabat identidem Regum Yao & Xun eximias virtutes rectam gubernandi normam; cominùs autem, seu, quod attinebat ad praesentem temporum suorum statum, sequebatur ac imitabatur ipse Reges Vên Vâm & Vù Vâm fundatores Familiae Cheu, cujus extremis ferè temporibus vivebat: Suprà, id est, si nos jam de coelo agamus imitabatur ipse tanquam normam sibi propositam coeli tempora; hoc est, imitabatur admirabiles illas coeli vicissitudines ac motus, temporumque

---

① 指能够做到上文提及的设礼仪、定制度、考定文字"三重"之道的君王，而要尽"三重"之责，君王必须做到"本诸身，征诸庶民，考诸三王而不缪，建诸天地而不悖，质诸鬼神而无疑，百世以俟圣人而不惑"六事之善，如此才能完全尽道。

concordem discordiam, unde sublunarium rerum tanta vis atque varietas existit, & perpetuâ quadam serie vel nascentium vel intereuntium aequabilis & imperturbatus ordo: huic quippe ordinis in se exprimens imaginem *Confucius*, sui ipse semper similis, nec tamen idem omnibus, non cessabat alia aliis, prout exigebat cujusque conditio, sapienter ac piè impertiri. Infrà, id est, si nunc quoque terram contemplemur, conformabat se aquae & terrae; quippe sicut haec, cum unica sit moles, temperie tamen, & rerum quas gignit varietate multiplex est ac diversa, Boreales aspero gelu ac nive durans, Australes verò miti calore fovens, Orienti pandens maria, Occidentem verò nemorosis ditans montibus & vallibus foecundans; sic etiam Magister noster cùm versaretur in Regnis *Lù*, *Súm*, *çî*, *çù* olim dictis, mores ac ritus cujusque Regni solerter odoratus, omnes studiose observabat, & admirabili quadam dexteritate maximè contraria pugnantiaque hominum ingenia tractare sic noverat, ut tamen semper sui similis idemque, sine intermissione bene quidem de omnibus, sed de Rep. optimè mereretur.

　　子思进而赞颂他的祖父也是他自己的老师——孔夫子，追忆他是如何凭借理性来保持克制，以此规范自己的行为及生活的。子思说道："孔夫子（出于敬意，他称之为仲尼）追述古代君王所处的那个遥远时代，充满敬意地怀念君王尧和舜的卓越美德，以及他们正确的统治方式。继而又转到自己所处时代的当下境况，追述并效法周朝的奠基人文王和武王，而孔夫子本人恰是生活在周朝晚期。向上，倘若我们能够顺天行事，遵循上天时令（coeli tempora）运转的法则，换言之即效法上天奇妙的变更、运作以及不同季节之间的和谐交替，那么世上万物都会具备强大的生命力和差异性[①]，在诞生抑或消亡的永恒序列中一直遵循着稳定且不受干扰的次序。孔夫子在此描述

---

　　① 此处原文为"sublunarium rerum tanta vis atque varietas"，直译应是"月下万物的力量及差异"。

了自身对于这一次序的印象,尽管它并不适用于所有的事物,但在某些事物身上,正如其自身条件使然,它们明智、忠实地分享着这一次序。向下,倘若我们仔细观察大地是如何去适应水土的,虽然它看似是一大块土地,实际上却孕育了事物的多样性并使它们相互调和。北方人能经受住严苛的霜雪,南方人则习惯于温热,东方人开辟大洋,西方人坐拥山谷中盛产的木材。正如我们的老师曾在鲁国、宋国、齐国、楚国定居过,对于每个国家的风俗和礼仪他都能随遇而安。他认真观察所有的人并能凭借那种令人羡慕的机敏,知道应该如何应对那些截然对立的冲突以及人的本性①,而事实上类似的做法能够源源不断地使所有人受益,更不用说对于国家②也是极好的③。"

---

① 此处耶稣会士译者关于孔夫子游历诸国,皆能随遇而安的介绍,源于张居正的注解:"仲尼俯察于天地,便因其一定之理,如居鲁、居宋、之齐、之楚,都随寓而安,无所不宜。"(第130页)

② 原文此处为 de Rep.,即为 de Republica 的缩写,直译为"对于共和国"或"对于公共事务"。

③ 手稿正文此处原有殷铎泽撰写的大段译文,谈及像孔夫子这样的伟人,其美德能够经受住生活中各种行为规范的考验,被认为可与天地树立的典范相媲美,亦即实现所谓天、地、人三极和谐共存的美妙秩序,而古代中国之所以能够长久得享和平安宁,便是因为那时的中国人都努力凭借造物主赋予的正确理性去塑造自身;同时殷铎泽援引《礼记·坊记》中"子曰:'天无二日,土无二王,家无二主,尊无二上'";《孟子·万章上》中"子曰:'天无二日,民无二王'";《礼记·月令》中"五者备当,上帝其飨""天子乃以元日祈谷于上帝";《礼记·表记》中"昔三代明王不敢以其私,褻事上帝""天子亲耕,粢盛秬鬯以事上帝";《孟子·离娄下》中"虽有恶人,齐戒沐浴,则可以祀上帝";《孟子·滕文公下》中"礼曰:'诸侯耕助,以供粢盛;夫人蚕缫,以为衣服。牺牲不成,粢盛不洁;衣服不备,不敢以祭'";《诗经·大明》中"(文王)小心翼翼,昭事上帝"等,证明中国人其实了解不朽神灵的存在,认为万物皆由神灵所造且由一位最高统治者(omnes ceu à Rectore gubernarentur)来统辖,中国人虔诚且正直地用最高级别的礼仪来祭祀这位被称为"上天"或"上帝"的最高神,尽管后来偶像崇拜的迷信传入中国等内容,出版前被柏应理删去。(第212~215页)

辟如天地之无不持载，无不覆帱。辟如四时之错行，如日月之代明。

§.2. Hic *çu-su* prosequitur laudes *Confucii* non sine hyperbole fuit (inquit) similis caelo &, terrae & haec quidem prout nihil non continet ac sustentat; illud verò prout nihil non complexu suo tegit & ambit; similis fuit item quatuor temporibus successivè & ordine aequato procedentibus, similis fuit Soli & Lunae alternis vicibus successivè illuminantibus omnia: Ita etenin① & vir Sanctus nihil non complectitur ac fovet largo sinu suae pietatis, & cives & alienigenas constringit amplae charitatis suae brachiis; nihil non fortitudine suâ prudentiâque sustentat; & denique splendore sapientiae suae ad omnes atque omnia nullo non loco & tempore pertingit.

子思不无夸张地继续赞颂孔夫子②，说他与天地相似，仿佛天地那样能够延续和承载一切事物，指引和包容身边的一切事物，就像四季有序地交替运作、日月轮换着照耀万物。因此，圣人能够无所不包，凭借自己虔诚而宽广的胸怀化育万物；凭借伟大的仁爱，用自己的双臂将百姓及外族人凝聚在一起；凭借自己的勇气和睿智去承载一切，继而以出色的智慧，无时无刻不

---

① 原文拼写有误，应为 etenim。

② 手稿正文此处原有殷氏译文："但请读者谅解孔夫子的学生及后人，确切地说是那些中国的阐释者，事实上我并不想否定这些对于儒家及其老师的学说看似极端的点评者，与其他的言说者相比，特别是他们在此处的点评，有很多地方是可以再次被谅解的。"（sed ignoscat lector et discipulo et nepoti, vel certè sinicis Interpretibus, quos equidem negare nolim quandoque immodicos aestimatores videri cuius et magistri sui: quamquam comparativè loquentibis, ut hîc in primis loquuntur, multa rursùs condonari possunt.）出版前被删去。（第215页）

在关怀着所有的人和所有的事物。①

万物并育而不相害，道并行而不相悖。小德川流，大德敦化，此天地之所以为大也。

　　§.3.　Quae à caelo foventur ac teguntur, & à terrâ sustentantur universae res, unà omnes procreantur, & tamen non sibi mutuò nocent aut impedimento sunt: Successivi Astrorum motus, quibus constituuntur ac dividuntur anni tempestates, Sol inquam & Luna Principes Astrorum & Magistri temporum aequabiliter, ut videmus, in orbes suos successivè procedunt ac circumaguntur assiduè, & diei noctisque discrimen efficiunt, & tamen non sunt sibi mutuò contraria. Causa igitur, ob quam in tanta tot rerum vicissitudine ac varietate, nulla sit tamen perturbatio & pugna, haec est, quod in rem quamlibet à caelo veluti derivata sit tenuis quaedam ac limitata virtus pro suà cujusque rei exigentià; quae vis ac virtus, fluenti instar assiduè emanantis perenni alveo rigat universa. Quod autem in hoc universo res tam diversae simul procreentur, & tam uniformiter agant, nec sese mutuo impediant, hoc demùm tribui debet magnae & illimitatae cuidam virtuti, quae velut omnium fons & radix pro cujuslibet rei facultate & exigentiâ tam longè latèque omnibus se indesinenter communicat; & ita efficit ac corroborat rerum procreationes, ut nihil unquam desideretur. Patet igitur coelum & terram ideo esse tantae magnitudinis.

　　那些得到上天的培育和保护、获得大地承载的世间万物，它们同时被创造出来，彼此间也不会相互妨害。星球的不断运转产生并区分出一年的各

---

①　最后一句有关圣人德行及其伟大功业的译文，不见于《中庸》原文，应是参照张居正："圣人之道德，直与天地参，而日月四时同如此。"（第130页）

个季节,日月作为众星之首统一掌管着四季的交替,正如我们所见:它们不断造化世间万物并使之循环往复,产生昼夜之别,而且彼此并不相悖。基于这个缘故,尽管万物都在不断更替变迁,彼此之间也存在差异,它们却不会相互侵害。而因应事物自身的需求,它会从上天那里分享到微小、有限的德性,这种力量和美德,犹如川流一般在河道里流淌不息。世间的事物差异万千,却能一同运行且互不妨碍,这最终还是要归功于那伟大而卓越的美德,它犹如万物的源泉和根基,依据事物自身的能力及需求,长久广博、没有穷尽地与事物分享自身的美德,影响并促进事物的繁衍,永不消退。这就是天地之所以如此伟大的缘故。

Interpres noster hic vim textus inferre videtur, dum visibili huic coelo virtutem tribuit illimitatam. Attamen Interpres alius Cham Tùm ço *dictus, hunc eumdem locum explanans, et nullam vim textui inferens sic ait*: Illae caelum terram*que* inter, *seu* volatilia, *seu* natatilia, *seu* quadrupedia, *seu* germinantia, omnia magno numero procreantur; & ubi procreata jam fuerint, *alia* evadunt magna, *alia* evadunt parva, quaelibet *juxta* veram naturam *suam*, nec se mutuo impediunt. Sic quatuor *anni* tempestatum, Solis *item ac* Lunae periodi singulae *stato* gyro *perpetuò* circumaguntur; & frigus *ac* aestas, dies *item ac* nox *tam ordinatè procedunt, ut* abeunte uno alterum *identidem* succedat, nec *sibi* mutuo adversentur. Jam verò quandoquidem *ita* singula conservantur, *ut se mutuo* non destruant singula; *ita* operantur moventurque *ut sibi invicem* non adversentur; *haec utique* omnia inferioris *cujusdam* virtutis participata *quaedam sunt* ratio, *et velut* inferioris ac subordinati *cujusdam* dominii portio. Igitur omnes res perenni quodam fluxu *et serie se* manifestant: quatuor anni tempora perenni cursu incedunt non secus ac *minora* fluenta *è majori alveo* emanant *et pluribus* ceu brachiis derivata rivisque divisa *perpetuo fluunt*, & nunquam exhausta deficiunt. Sed utique inter haec sit *alicujus* Domini *ac* Gubernatoris maxima *et suprema quaedam* virtus *necesse est*;

中国学问第二部:《中庸》   309

quae gubernet in illo priori, *quo* nulla dum res, nulla dum *rerum* ratio *extitit*; ut *scilicet* regat ordinetque rerum omnium origines, moderetur ac velut manu teneat motuum *cursuumque omnium* axem seu cardinem; componat *item* discordiarum *in tanta rerum diversitate* principia; *et denique* dissolvat seu resecet corruptionum *quarumcunque* enascentia germina. Atque ita consummatâ completâque hac conversionum origine *in suprema illa virtute*, *seu causâ primâ*, tum deinde minor *illa seu subordinata causarum secundarum* virtus nunquam exhaurietur. Atque hoc *scilicet* est propter quod caelum *ac* terra *adeo* evadant magna, omninò *inquam est*, propter hanc *quam* suprema virtus exercet gubernationem ac imperium, &c. Ita Cham tûm ço *modò citatus*, *fol.46.pag.2.in primis suis editionibus*.

我们的阐释者张居正在此推断原文将无限的美德归功于有形的上天①，而另一位名为张侗初的阐释者，他在解释同一处文本时并非如此来推断语义，他这样说道②：在天地之间，无论是会飞的、会游的，还是四足的、能结出

---

① 即为上一段译文的内容，明显基于张居正的评注："天覆地载，万物并生于其间，却似有相害者。 然大以成大，小以成小，各得其所，而不相侵害焉。 四时日月并行于天地之内，却似有相悖者，然一寒一暑，一昼一夜，各循其度，而不相违悖焉……盖天地有分散的小德，无物不有，无时不然，就如川水之流，千支万派，脉络分明，而不见其止息，此其所以不害不悖也。 异者难乎其同，而乃并育并行者为何？ 该天地有总会的大德，为万物之根底，为万化之本源，但见其敦厚盛大，自然生化出来，无有穷尽，此其所以并育并行也……天地之所以为大者，正在于此。"（第 131 页）

② 在手稿页边注，殷铎泽标注了译文中参考的张侗初原文注音："pì tiēn tí chī kiēn fī çiēn túm chĕ chī uĕ kiāi kiūn sēm y ûlh chīm tá chīm siào cŏ chīm sím mím pú siām fām yĕ. sú xī gĕ yuĕ chī táo cŏ yún hīm y ûlh hân chù cheú yè uàm yĕ laī chuù cheú yè yĕ uàm yaī pú siām gueî yĕ. gên kí pím yŏ pú hái, pím hīm pú pói, kiāi siào tĕ chī sān kién chù siào chù fuēn çĕ uán uĕ lieū hīm, sú xī lieū hoá, gĕ yuĕ lieū hīm, jū chuēn chī lieū chŏ chī fuēn pái chĕ ûlh pú kiūm yĕ. gên chūm yeù chù çaì chī tá tĕ yên tùm yū uû uĕ, uû táo chī siēn y chù uĕ chī yuēn uŏ hīm chī kī yûm pói chī tuōn siāo hái chī mêm tūn heú kî hoá yuēn ûlh heú siào ché pú kiūm yĕ. çù tiēn tí chī sò y guêī tá chîm y çù tá tĕ gueî chī tùm yĕ.etc."（第 216 页）日本国立公文书馆所藏《新刻张侗初先生永思斋四书演》明刻本中，未能找到与此处张氏原文一致的文字，但有部分近似的言论："万物并育二句，不专指覆载与行明，说天地间凡可见者皆物，必有不可见者，道也。 以物论，则四时日月天地尽物也，以道论则不特大地四时日月是道，即飞潜动植莫不有道存焉。"

果实的,万物都在大量地繁衍。它们有些会变得出类拔萃,有些则始终无足轻重,但无论如何上天赋予它们的都会符合它们的真实本性,彼此之间互不妨害。正如一年四季连同日月也是依据特定周期的运行轨道交替出现。冷热、昼夜也都在有序地运转,一物接替另一物不断出现,从不相悖。实际上天地正是如此来养护各种事物,为使它们不会相互伤害。因而它们的运作及其所受的影响,都是为了使它们不相违背。世间万物都分享了天地德性之道,正如俗世及其附属的事物也都构成统治中的一部分。一切事物呈现为永不停息的川流和序列。一年四季持续顺畅地更迭,细小的溪流源于浩瀚的大川,总是不停流转,从未枯竭耗尽。它们之间的关系,正如天主(*Dominus*)及统治者必须拥有至大至全的美德并以此来进行治理,而在此之前,事物及其身上的道理尚无法显现出来。它凭借着指导并安排万物的诞生,犹如用手握住所有运转轨道的轴线那般掌控一切;调和纷繁的事物身上那些不相契合的各色原理,调节抑或修正它们业已出现的腐朽苗头。由此,在至高的德性或者说第一原理的作用下,事物从源头上发生转变,趋于完整完善;继而那些次等或者说是附属的、第二因的美德才能永不枯竭。这其实是因为天地的伟大,或者说是那至高的美德在指引国家的治理以及其他方面。上述的这些,主要引自张侗初所编文集第46叶第2面。

31.唯天下至圣,为能聪明睿知,足以有临也。 宽裕温柔,足以有容也。 发强刚毅,足以有执也。 齐庄中正,足以有敬也。 文理密察,足以有别也。

f.28.p.1.§.1. Hic, & seq. *çu-su* iterum iterumque commemorat, & commendat summè Sancti virtutes. Solùm (inquit) in orbe universo summè Sanctus & perfectus est qui queat omnia percipere & clarè intelligere, penetrare ac comprehendere; adeoque sufficiens est, ut ex culmine suae virtutis descendat ad gubernandum haec inferiora omnia. Si virtutes contemplemur, ejus animi magnitudo & amplissima liberalitas, affabilitas, benignitas ac mansuetudo sufficiunt ad habendam capacitatem quae admittat & paterno sinu foveat ac complectatur universos: ejus activitas, celsitudo, robur, & invicta constantia in tuendâ justitiâ sufficiunt ut omnia manu teneat conservetque: ejus item pura illa simplicitas, seriusque animi candor, prudens item moderatio & mentis aequabilitas; ejus denique rectitudo & integritas à quavis vel minimâ pravitate aliena, sufficiunt ut apud omnes obtineat honorem & venerationem. Ingentia illa decora & ornamenta, atque horum mirabilis quaedam temperies & concordia quae res moderatur in pondere & mensurâ; ad haec minimarum etiam rerum exacta investigatio & dilucida discussio ad subtilissima quaeque & recondita sese extendens, sufficiunt, ut rectè distinguens inter bonum & malum, habeat quod sine periculo erroris omnia discernat atque dijudicet.

子思在此处及下文一再提及并极力推崇圣人的美德。（他说道）"世上只有圣人是如此的完美，他能够感知并清楚地理解万物，看透进而包容它们，这足以使其由美德的顶峰降临并治理下界的众生。如果一个人他能完善自身的美德，那么内心的宽宏大量、和蔼仁慈以及温和柔顺，足以使他承欢于双亲膝下，乃至获取天下；这样的行径、高度、力量以及那种绝不屈服的坚定足以坚守公正，使一切事物尽在掌控之中并获守护；那种纯粹的质朴，内心的严肃、真诚、审慎的节制以及精神上的平等，乃至那种极少沾染外界污秽的正直诚实，足以使其赢得众人的尊敬；借助那些人为的礼仪和头衔之间奇妙的配合以及和谐，便能在分量及尺度上把控好事物；对极其微小的事物进行省察，对极其精微隐蔽的事物进行清楚的检验，为的是能够正确地区分善恶，准确无误地辨别和判断一切。"

溥博渊泉，而时出之。

§.2. Tanto igitur virtutum comitatu, tantisque ornamentis ac praesidiis instructus, amplus admodùm est atque diffusus, placidus & profundus, atque rerum omnium fons & origo quaedam: adeoque suis temporibus, cùm scilicet ratio & bonum universi id postulat, sese prodit exeritque; alioqui suâ se involvens virtute, seque uno contentus sibique sufficiens, placidissimae quietis otio perfruitur.

因此，拥有如此美德，获得如此多的润饰及护佑，圣人是如此的广博、温和而深沉，成为一切事物的源头。因而在他所处的时代，一旦对所有人提出理性和向善的要求，指圣人的美德便会出现并传播开来。而当人们沉浸在这种美德之中时，他们会感到心满意足，极为平静地享受安宁带来的愉悦。

溥博如天，渊泉如渊。见而民莫不敬，言而民莫不信，行而民莫不说。

p.2.§.1. Amplus, inquam, est atque diffusus veluti coelum ipsum; & idem placidus ac profundus est, tamque secretus ab oculis nostris veluti aquarum abyssus: Quod si tantâ sanctitate praeditus ob commune emolumentum quandoque foras se prodat, jam ex universo populo nullus erit qui non eum veneretur; si quid profatur, jam è populo nullus erit qui verbis ejus, ut ab oraculo profectis, non det fidem; si quid agat ac moliatur, jam è populo nullus erit qui non faveat illius conatibus, qui acta non probet, iisque laetus ac gratulabundus non applaudat.

圣人之德广阔博大，犹如上天一般；平静深沉、隐蔽不为人所见，犹如深渊一般。倘若是这样一个被赋予伟大圣洁的人，当他为了公众的利益而现身时，天下的百姓无不敬重；他说话时，百姓无不信服，犹如他的言语是神谕启示;他行事有所作为时,百姓都爱戴拥护,认同他的举措并为之欢欣鼓舞、鼓掌喝彩。

是以声名洋溢乎中国,施及蛮貊,舟车所至,人力所通,天之所覆,地之所载,日月所照,霜露所队,凡有血气者,莫不尊亲,故曰配天。

§.2. Atque hac de causa summè Sancti fama & nomen Oceani prorsùs instar exundabit ac diffundetur per medium Sinarum Regnum, & hinc multò longiùs dimanans pertinget ad barbaros Australes & Boreales: naves & currus quocunque terrarum pertingunt; humana industria ac vires quocumque penetrant; caelum quidquid tegit; tellus quidquid sustinet; Sol & Luna quidquid suis radiis collustrant; pruina & ros quocunque locorum decidunt; ad extremum quicunque habent in venis sanguinem, vitamque hanc, & communem aerem respirant, non possunt non venerari ut Regem & amare ut Patrem communem hujusmodi Sanctum. Atque ideò suprà dicebam, eum aequiparari coelo. Vel arctissimam quamdam societatem habere cum ipso coelo.

基于这个缘故,圣人的名声浩瀚盛大如海洋,广布整个中华帝国,甚至由此远播南部及北部的蛮夷之邦。但凡水陆车船所能抵达之处,但凡人力所能通达之处,但凡上天所覆盖的、大地所承载的、日月之光所照耀的、霜露所坠落之处,但凡血管中的血液能流淌到的身体末端,但凡是有生命、有呼吸的人,面对这样的圣人,都像对待君王一般尊敬他,像对待父亲一般爱戴他。正因为如此,我才会在上文将圣人比作上天,或者说,他与上天有着极其紧密的联系。

32.唯天下至诚，为能经纶天下之大经，立天下之大本，知天地之化育，夫焉有所倚？

f. 29. p. 1. §. 1. Solus ille qui in hoc universo summè perfectus & Sanctus est, ejusmodi est, ut queat ordiri, & contexere terrarum orbis magnum ordinem & rationem; qui item possit erigere universi hujus magnum fundamentum; qui denique possit perspectas habere quae sunt à caelo & terra procreationes & conservationes rerum. Hujusmodi igitur summè Sanctus, cum talis ac tantus sit, quo tandem modo fieri potest, ut sit res ulla in toto universo cui innitatur aut inhaereat aut à qua dependere, & juvari priùs debeat, ut deinde operetur.

只有世上那个最完美的圣人，才能开启和制定天下的伟大准则，才能够奠定伟大的基业，洞悉天地对于万物的造化养育。因而只有这样的圣人，因为他的出众和伟大，最终才能使世上万物获得支撑，有所依靠。事物总是先要获得支持，才能继续运作下去。①

肫肫其仁，渊渊其渊，浩浩其天。

§. 2. Summè benevolus & beneficus est ejusmodi Sancti amor ac pietas quae se se extendit ad Mundi hujus magnum ordinem; placida item ac profunda perfectionum ejus abyssus quae valet erigere universi hujus magnum illud fundamentum; quàm latissimè patet & extenditur ejus coelum, ex quo tot in orbe

---

① 耶稣会士的该段译文节译自张居正的注解："独有天下至诚的圣人，德极其实……夫经纶大经，立大本，知化育，这都是至诚自然之能事，不思而自得，不勉而自中者也，何尝倚着于物而后能哉？"（第134~135页）

conversiones rerum perpetuâ quadam & uniformi serie promanant.

这样的圣人，他的仁爱忠诚是多么的仁慈恳切。他将自己的仁爱忠诚演变为世间的伟大秩序，他的德性完善如深渊一般沉稳深厚，足以奠定世间的伟大根基。上天是如此的广阔浩瀚，事物之间的如此纷繁且从不间断的循环变迁正是上天统一有序地注入人世间的。

苟不固聪明圣知达天德者，其孰能知之？

p.2.§.1. *Çu-su*, postquam quae potuit attulit in laudem summè Sancti, ut significet imparem se esse tantae perfectioni declarandae, concludit, solum Sanctum de Sancto pro dignitate loqui posse, quippe qui solus intelligat quid quantumque sit esse Sanctum. Sanè (inquit) nisi quispiam sit reverà magno & perspicaci ingenio, sit Sanctus, inquam, & eâ coelitùs sapientiâ ac prudentiâ praeditus, ut altè penetret omnem coeli virtutem, hunc modò dictum Sanctum ecquis tandem alius poterit cognoscere, aut verbis exprimere? Solus igitur summè Sanctus exhaurire potest summè Sancti virtutem, tam ipse intelligendo, quàm aliis deinde enunciando. Verbo: nemo Sanctum probè novit nisi Sanctus.

子思在对圣人极尽溢美之词大加赞颂后，为了指出普通人达不到这里所宣扬的完善，又总结道：唯有圣人因其出众的德性才能谈得上神圣，自然也只有圣人才能理解何为圣人。（子思说道）"除非有人具备这种伟大而敏锐的天赋——那他就是圣人了——拥有上天赋予的睿智，才能彻底地通达上天的美德，不是这样他又怎能了解所谓的圣人或是用言语对此加以描述呢？"唯有圣人才能够彻底实现圣人的美德，他既了解自身，也知道如何去描述他人。一语概之：除非是圣人，没有其他人能够更好地理解圣人。①

---

① 该句译自张居正的注解："此处可见惟圣人然后能知圣人也。"（第136页）

33.《诗》曰："衣锦尚絅。"恶其文之著也。 故君子之道，暗然而日章；小人之道，的然而日亡。君子之道，淡而不厌，简而文，温而理，知远之近，知风之自，知微之显，可与入德矣。

§.2. Hactenùs egit *çu-su* de summè Sancti perfectione: jam redit ad explicandum viri perfecti & verè solidi virtutem, de qua in initio libri hujus: Quae utique debet excludere omnem simulationem, hypocrysim, & cupiditatem gloriae exterioris; ut ita paulatim gradum faciat ad viri Sancti virtutem. In eam rem carmen citat de matrona pulcherrimâ cui magnam addebat gratiam pretiosissimas vestes quasi aliâ superinductâ, velle contegere Oda sic ait: si quis induatur veste divite ac variegata cui superinduat vulgarem penulam, hoc ipso declarat quòd oderit haud dubiè ejusmodi ornatûs ostentationem ac splendorem exteriorem. Ideò (inquit *çu-su*) perfectùs vir occulit contegitque suam quidem virtutem sed ea in dies magis lucis instar crescentis augescit, & vel invita se prodit ac manifestatur: E contrario simulatoris & ficti improbique hominis fucata virtus, speciem nescio quam virtutis ostentat illa quidem, sed reverà nonnisi speciem: Et verò propria haec est inanium ejusmodi hominum industria, ut se suaque ostentent offerantque omnium oculis spectanda; sed quia non virtus illa, sed umbra virtutis est, planè fit, ut in dies magis ac magis extenuetur, & tandem ceu fumus evanescat. Perfecti viri virtus, si primum illius saporem consulas, videbitur insipidum quid & insulsum; & tamen, ubi maturâ consideratione, multòque magis ipso exercitio & imitatione eam iterum iterumque degustaris, talem esse comperies, ut, quamvis eâ pascaris assiduè, non tamen pareat nauseam & fastidium. Rursus, videtur illa remissum quid esse & exile & propè contemptibile, & tamen, si mentis oculis quae interiora sunt contempleris, quantum ibi decoris & gratiae, quantum venustatis invenies! Humilem rudem, ac informem primo aspectu diceres; & tamen, in cordis medio perpolita est rectèque composita & juxta rectam rationem mirabiliter ordinata. Quid multa? Vestis attalica est, gemmis & auro collucens; verumtamen sub vili penulâ latet secura: Quò occultior hoc pretiosior. Et haec quidem de interna privatâque sui perfectione intellige: cujus cum tanta sit lux, tanta vis ardoris, ut cohiberi nequeat quin ultrò prorumpat, impendatque sese communi Reip. bono procurando; ideò (addit *çu-su*) si vir ejusmodi perfectus noverit eorum quae longè absunt proximum principium, seu si noverit dirigere alios ex sui ipsius normâ; item noverit morum motuumque originem, seu noverit commovere aliorum animos ex suo ipsius animi motu; noverit denique subtilium & arcanorum manifestationem, seu noverit, quod ea quae intùs latent haud dubiè tandem aliquando foras se prodent; tum sanè poterit hoc modo cum tam praeclarâ rerum notitiâ paulatim gradum facere, ac tandem ad eminentem Sancti virtutem pertingere. Vel, ut alii exponunt: si noverit quarumcunque actionum principium esse cor; bonas ex corde bono malas ex corde malo procedere: si item noverit morum & rituum originem fundatam in illa Sanctorum Regum symmetriâ rectè commensuratâ cum caeli ratione, qua res omnes diriguntur: si denique noverit subtilium & reconditarum rerum manifestationem, si possit scilicet ex iis quae foris apparent cognoscere ea quae intùs latent; tùm poterit is etiam hoc modo paulatim pertingere ad virtutem Sanctorum.

此处,子思就圣人的完善继续引申道:现在重新回到完美而坚定之人的美德上来。① 关于这些,《诗经》这本书的开篇是这样说的:他的美德没有丝毫虚伪、假仁假义抑或爱慕虚荣,由此他逐步接近圣人的德行。关于这一

---

① 该句不见于张居正注解,应是译自朱熹对本章的总结性评论:"子思因前章极致之言,反求其本,复自下学为己谨独之事,推而言之,以驯致乎笃恭而天下平之盛。"(第40页)

点,此处所引的诗文谈及衣着华丽、赏心悦目的美丽女子,却还要在外面罩上其他衣服,《诗经》里是这样说的:身穿锦绣绮丽的服饰,外面却罩上粗布单衣,这么做是为了表示自己对于炫耀外在华丽服饰的厌恶。因此(子思说),尽管完美的人隐藏、遮蔽自身的美德,它却日益发出万千光芒,无法隐藏,终获彰显。与之相反,虚伪且道德败坏的人,他经由效仿试图粉饰自身的德性,对于美德的体现一无所知。事实上,他徒有虚表,内里全无个人的努力修为,只是为了表现自己并吸引众人的关注。这不是真正的美德,而是美德的阴影(umbra virtutis),它将会日益晦暗,最终如烟消退。完美的人的德性,如果谈论他的品味,看似清淡乏味,实则思虑纯熟,不管是践行还是对其加以模仿都值得人们长久悠远地一再回味。其中可借鉴之处颇多,就像人一直在进食,却不觉恶心厌恶。反过来说,完美之人的德性看似迟缓、细微甚至鄙陋,但要是能以慧眼(mentis oculi)①看到它的内在,你会发现它是如此绚丽夺目、光彩照人!你会说乍一看只是个卑微、粗鲁而且丑陋的人,但实际上他心中却井然有序,依据正确的理性,他的德性获得恰当的指引。那里都有些什么东西呢?华丽的服饰、珠宝、金子皆闪烁夺目,一切都安然隐藏在廉价的大衣里,而愈加隐匿的,也会愈加珍贵。去了解他个人内在的完善吧,其光亮是如此闪耀,炙热的能量是如此强烈,以致无法阻挡乃至喷涌而出,并积极投身于为国家谋取公共福祉中。因此(子思补充说)如果这样完美的人能够明白,发生在远处的事情是由近处发端,或者说,他能明白要治理他人需以身作则,那么同样地,他便能了解习惯和行为的根源所在,换言之,他能明白只有发自内心的行动才能触动他人的内心。继而他能

---

① 此处 mentis oculi(慧眼)的说法可追溯到西塞罗《论演说家》一书中有关"慧眼更容易被导向那些我们所见到的事物,而不是那些只是我们道听途说的东西。"(Facilius enim ad ea, quae visa, quam ad illa, quae audita sunt, mentis oculi feruntur. De oratore, Liber Ⅲ: XLI),此后亦为乔叟(Geoffrey Chaucer, 1343—1400)、斯宾诺莎(Baruch de Spinoza, 1632—1677)等人所借用,用于描述那种仅凭肉眼无法获悉和分辨,而需借助心灵的观照(conspectus animi)才能从日常景象中获得透彻领悟的能力。

理解那些细微而隐蔽的事物的表现,亦即他能明白那些隐藏起来的东西在某个时候必然要显露于外。① 此时,他自然能够凭借对事物的清晰认识不断取得进步,最终获得圣人出众的德性。正如其他人所释:如果能明白任何行动都是发自内心,善行源自一颗善良的心,而一颗邪恶的心则会滋生恶行;同样地,如果能明白习惯和礼仪的根源在于神圣的君王们与上天的理性那种对等、恰当的匹配,而正是依靠这一理性,万物才能各得其位。继而如果他能明白那些细微隐蔽的事物的表现,如果他能从那些外在的表现认识到它们隐藏在内里的根源,那么他便能逐步获得圣人的德性。

《诗》云:"潜虽伏矣,亦孔之昭!"故君子内省不疚,无恶于志。 君子之所不可及者,其唯人之所不见乎。

f.30.p.1. Alia Oda sic ait: Penitus abdita sit licet, altisque depressa latebris delitescat virtus(uti & vitium) tamen vel sic mediis ex tenebris omninò in lucem prodibit. Quapropter (exponit *çu-su*) vir perfectus cordis intima discutiens, ubi

---

① 手稿正文此处原有殷铎泽译文,用以解释"知微之显":"或者就像其他人解释的那样:假如能知道或预见那些将来会发生的事情的开端和直接原因,或者由此我们能推测其开端,例如起点及发展,而不是将国家的覆灭主要归咎于正确的或歪曲的教育、生活以及帝王个人的性情,人们也就能够理解为何要鼓励[民众]追求美德,以此来稳定民众,借助准则、技艺和榜样的作用来促成这一点并在当下实现。 人们能够明白他们细微而隐蔽的美德终会得到彰显,能明白我所谓的借助美德的彰显,不是在其他的什么时间,而是在国家或个人有需要的时候,不是以空洞的荣誉之名,而是为了国家的福祉和荣耀。"(vel, ut alii explicant: si noscat ac praevideat futurarum eventuum principia et causas proximas, seu id unde initium sumunt; ex.gr. ortus et incrementa, nec non occasus imperiorum dependere magnam partem à rectâ vel pravâ institutione, vitâ, et moribus ipsiusmet Imperatoris: Sciat item excitandis ad virtutis studium et in eo confirmandis hominibus, quibus tandem principiis et artibus et exemplis id fieri hîc et nunc conveniat: ad extremum sciat moderari subtilis et reconditae virtutis suae manifestationem, sciat inquam illâ manifestatione virtutis prudenter uti, non alieno scilicet tempore, sed quando publica vel privata necessitas id exigit, non ad inanem gloriam nominis sui, sed ad emolumentum et decus Reip.)出版前被删去。(第 220 页)

penitissimos animi sinus inspexit, si nihil prorsus deprehendat morbidi seu vitiosi, tum scilicet acquiescit; & cùm non sit quidpiam cujus eum pudeat, fit etiam, ut nec displiceat sibi in corde suo, à quo jam non reprehenditur. Nimirùm viri perfecti interior virtus sive id ad quod non possunt passim homines nisi difficillimè pervenire, nonne hoc ipsum solùm est quod alii non vident? Hoc quippe interiorum cordis examen, cùm res sit ejusmodi, ut vir perfectus ad eam exhauriendam non possit nisi difficillimè pervenire; nonne haec ipsa dumtaxat est, caeteri hominum quam nunquam observant? Nam caeteri hominum ea solùm magni faciunt quae sensibus percipiuntur, de interiori mentis ornatu & cordis puritate parùm solliciti.

　　《诗经》中有一处这样说道:"虽然隐匿于内,德性(恶行也是如此)潜藏在那幽微处,然而身处黑暗之中仍会发光。"正因为如此(子思解释说)完美的人反省自己的内心,审视内心精神的最深处,如果没有发现任何弊病或邪恶才能心安;而只有做事无愧于心,才能心安理得。很明显,完美之人的内在德性一个人不是轻而易举就能做到的,内在德性难道不是除了他自己,没有其他人能够看到的吗？因此,省察自己的内心并做到问心无愧,就算是完美的人也要费尽千辛万苦才能做到这一点,而这不就是除了自己其他人都注意不到的吗？其他人只注重通过感官能够感知的事情,却很少关注内心深处的尊严和纯粹。①

《诗》云："相在尔室，尚不愧于屋漏。"故君子不动而敬，不言而信。

p.2.§.1.　Alia Oda sic ait: Vide ac circumspice quomodo te geras cùm solus degis in tua domo: Insuper ne quid agas de quo possis erubescere quamvis verseris in abditissimo tuae domus recessu. Ideò (addit çu-su) vir perfectus non aggreditur negotium & tunc primum attendere sibi incipit; non profert sermonem, & tunc primum de verborum veracitate cogitat: sed semper & in omnibus est vigilans. Etenim vir perfectus, priùs etiam quàm animi motus quispiam exurgat, jam attentè sollicitèque se observat sibique ipse invigilat; priusquam proferat sermonem, jam planè sibi persuadet & sine ulla dubitatione credit verum esse quod dicere meditatur; atque hoc intelligit esse pretium operae suae, hunc vigilantiae & examinis sui fructum, ut in iis quoque rebus ac studiis quae neque oculis percipiuntur neque auribus, circumspectè timidèque se gerat.

---

①　手稿正文此处原有殷铎泽译文："或者就像其他人指出的：尽管某个人是圣人，不论是在美德的完善上，还是就有瑕疵的过失及其本质来说，他总是有无法认识到的地方。 你是否就会想：其他人是不是不会注意到这一点？ 你当然想错了，因为那个完美的人可能没有注意到极小的瑕疵，却被其他人注意到。"(Vel, ut alii exponunt: quamvis Sanctus sit quispiam, tamen, sive de virtutis perfectione, sive de imperfectionibus et naturae vitiis agatur, semper est ei aliquid ad cuius notitiam non potest pervenire; an autem putas, quòd alios quoque possit hoc fugere? erras enimuerò : nam minima illa imperfectio, quae fortè latet virum perfectum, alios nequaquam latere potest.) 出版前被删去。(第 221 页) 另外，本段译文中"反省自己的内心，审视内在精神的最深处，如果没有发现任何弊病和邪恶才能心安""省察自己的内心并做到问心无愧，就算是完美的人也要费尽千辛万苦才能做到这一点""其他人他们只注重通过感官能够感知的事情，却很少关注内心深处的尊严和纯粹"等语句，都与基督宗教灵修的目标和要求（譬如耶稣会《神操》中的相关内容）十分近似。

《诗经》中的另一处这样说道:"看看你在自己家中独处时的举动,即使在家中隐秘之处休息时,也不应做一些有愧于心的事情。"因此(子思补充道)完美的人尚未有所行动,便开始关注自身;尚未说话,便已开始思考言辞的诚信,对一切事物都保持警醒。完美的人在自己内心产生某种冲动之前,就已经开始仔细、谨慎地省察自身并做反省;在开始说话之前,就已经能够充分说服自己,对自己言辞的真实性没有丝毫怀疑,而且他明白这就是自己辛劳的回报,对其成果保持警醒并进行省察,正因为这些事情和努力不会被看到或听到的,人们做事才应小心审慎。①

《诗》曰:"奏假无言,时靡有争。"是故君子不赏而民劝,不怒而民威于鈇钺。

§.2. Rursus Oda sic ait: Mystes ingrediens Templum, ut sacrificando coram omni populo permoveat & invitet spiritus, inusitato cum silentio & singulari animi corporisque compositione accedit; & quamvis populo non indicat silentium; tamen sacrificii tempore vox nulla confabulantium auditur ne dum murmur aliquod existit aut contentio circumstantis populi. Nimirùm perspecta singulis virtus ac probitas ejus qui sacra peragit, itemque gravitas illa & modestia, quae in ore habituque totius corporis relucet, index interioris reverentiae & compositionis, tanta est, ut quamvis neminem hortetur ipse, nemini poenas intentet, in officio tamen contineat omnes ac perficiat, ut cum altissimo quodam silentio venerabundi sacris assistant. Eodem modo (inquit *çu-su*) Rex perfectus, quamvis non largiatur

---

① 手稿正文此处原有殷铎泽译文:"或者就像其他人指出的那样:完美的人,尽管他什么都没有做,所有人都会尊敬他;尽管他什么都没说,所有人也都相信他,或者说认为他值得信赖。"(Vel, ut alii exponunt: vir perfectus, tametsi haud quidquam agat, iam omnes eum reverentur; tametsi non loquatur, iam omnes ei dant fidem, seu dignum aestimant cui credatur.)出版前被删去。(第 221 页)

munera tamen populus nullâ spe praemii, sed uno sui Regis exemplo ad eum imitandum permouetur necnon ad omnem virtutem, & ad obsequendum in omnibus quae sui muneris sunt mirificè invitatur: Rursus quamvis non irascatur, aut poenas intentando & supplicia à malo non deterreat, facit tamen, ut populus à Regiâ personâ pertimescat multò magis quàm si falcibus & securibus armatus subditorum suorum cervicibus immineret.

《诗经》里又说道："主祭者进入庙堂（Templum）①代表全体民众献祭,在非同寻常的静寂中,每个人的精神及内心凝聚在一起,感动并邀请神明的降临。虽然他并未示意大家要保持安静,但在献祭的时候（sacrificii tempore）,聚集的人群中无人交头接耳,亦无人窃窃私语。很明显,主持宗教仪式的主祭者的祷词、全身的衣着、他身上的美德和正直,以及那种庄重和克制都散发出光芒,如此强烈地流露出发自内心的尊重和守序,以致无人敢生发事端。所有人都恪守并履行自己的职责,在极度的静寂中充满敬畏地协助祭祀。"借助这种方式（子思说道）："虽然完美的君王并未给予赏赐,百姓也没有要求奖赏,君王便能以身作则地激励人们仿效自己以及各种美德,促使人们欣然履行自己的职责。反过来说,君王无须通过发怒或用刑使百姓对自

---

① 殷铎泽在原始手稿中将"宗庙"统一译作"祖先的庙宇/神殿"（maiorum templa）,并在页边注对为何选用 templum（指神殿）一词对译"宗庙"作出解释（第90页）。 柏应理在出版前统一将殷氏的译词修订为"父辈祖先的宗祠"（maiorum aulae pareutales）。 与此一致的译法亦出现在《中国哲学家孔夫子·论语》,在翻译"子贡问曰：'赐世何如？'子曰：'汝器也。'曰：'何器也？'曰：'瑚琏也。'"时,谈及"瑚琏"是君王们在自己祖先宗庙里用于祭礼的珍贵容器,亦是用"在他们祖先的宗祠里"（in majorum suorum aluâ）来翻译"宗庙"。《中庸》此节的《诗经》引文出自《商颂·列祖》,是一首祭祀商代先祖成汤并祈求"绥我眉寿""降福无疆"的诗。 既为祭祖,其发生的场所应为"宗庙"。一如张居正所说："凡在庙之人,亦皆化之。"（第139页）柏应理在此罕见地未对"宗庙"和下文涉及的祭祖礼仪等敏感字词进行修改。

己保持敬畏,这比起让背着镰刀、斧头的士兵去震慑自己的臣民更加有效①。"

《诗》曰:"不显惟德,百辟其刑之!"是故君子笃恭而天下平。

§.3. Altiùs iterùm provehitur çu-su in suâ Regum institutione columnas hic tandem figens, eamque ponens virtuti, quam Regibus vult inesse, metam, ut plus ultra non videatur Regum virtus atque felicitas progredi posse. Authoritatem igitur à Priscis petens Odam citat, quae sic ait: si tam subtilis sit & à vulgi captu sensibusque tam remota adeoque tam profunda & non apparens, ac veluti solitaria seu unica perfecti Regis virtus, ut illius ne vestigium quidem mortalium oculis offerri videatur, quaeque delitescens in intimo cordis recessu nonnisi per heroicas actiones, & publicam mortalium utilitatem absque ostentatione se prodat; tum sanè centum, hoc est, omnes omninò Sinensis mundi Dynastae & Reguli suspicientes illam regiae virtutis majestatem tanquam coeleste quid & humano majus, pro suo quisque captu & viribus studiosè eam aemulari contendent. Et haec quoque causa est (inquit idem çù-su) cur Rex perfectus, utpote conscius hujus veritatis, tam solide colat, id est, tam vigilanter, reverenter, ac sollicitè quovis loco & tempore tueatur ac conservet internam virtutem: cujus quidem tam vigilantis reverentiae, & tam sapientis vigilantiae; curaeque hic fructus existet, ut tandem etiam orbis universus, quamvis haud quaquam capiat tantam & tam arcanam virtutem, tamen à tali Rege administratus, perpetuâ pace perfruatur.

---

① 本句原文直译应是:"这要比让士兵用镰头斧头威胁他臣民的脖颈更有效。"(multò magìs quàm si falcibus & securibus armatus subditorum suorum cervicibus immineret.)

此处,子思进一步将君王的修养视作治国的支柱,他希望君王能拥有德性的力量支撑,使得君王能够不断接近美德及幸福。他引用古人撰写的《诗经》,借其权威性这样说道:"假如对于普通人的理解和感知来说,完美的君王他那独特的美德是如此精微而遥远,如此的深沉以致未能显现,犹如隐居者一般,为了使自己的行径不为人所知①,将美德隐匿在内心深处,只通过义举以及为了公共的福祉时才会恰如其分地展现出来。'百'是指中国各个朝代所有的诸侯王都会爱慕君王的美德,赋予他如此神圣而伟大的权威,鉴于君王身上的能力及权力,诸侯们都勤勉努力地效仿他的美德。"这也是原因所在(子思是这么说的),完美的君王,因其所具备的真诚备受尊敬,因此他才会随时随地、如此小心谨慎地关注并保护内在的美德,拥有如此警醒的敬畏以及如此睿智的谨慎。这样的关注产生的结果是:除非能有这样一位君王进行治理——没有其他人能够拥有他那样隐秘的美德——天下才能保持长治久安。

《诗》云:"予怀明德,不大声以色。"子曰:"声色之于以化民,末也。"《诗》曰:"德辅如毛。"毛犹有伦。"上天之载,无声无臭。"至矣。

f.31.p.1. Concludit *çu-su*, confirmatque dicta libri Odarum authoritate; ubi (juxtà Interpretes) introducitur ipse *Xam Ti* supremus caeli Imperator loquens.

子思借助权威的《诗经》一书中的语句,总结并强调说:此处(依据阐释

---

① 手稿正文此处原有殷铎泽译文:"这么说像是在夸大此事,为了指出美德必须远离各种伪装和炫耀,不然的话,臣民不会想去关注君王作出的出色榜样,这本书中时常就这一点对中国人进行劝诫,为了使人们能够做到这一点。"(sic loqui et exaggerare rem videtur, ut ostendat, ab omni fuco et ostentatione quam remotissimam esse debere virtutem; non autem, ut latere velit subditos praeclara sui Regis exempla, quando toties hoc ipso in libro hortatus est Orbem sinicum ut ad ea se componeret.) 出版前被删去。(第 222 页)

者们的看法)提及天上最高帝王,亦即"上帝"的言辞。①

Sic igitur Oda ait: Ego (inquit supremus caeli Imperator) complector & amo *Vên-vâm* Regis clarissimam & purissimam virtutem: Et ideo quidem amo, quia illa non magnoperè personabat, ut forinsecùs perciperetur & appareret. (Vel ut alii explicant quia illa non petivit suam magnitudinem à verborum sonitu & exteriori quadam specie ac splendore, sed è soliditate & cultu interiori) Nimirum, *Confucius* inquit, exteriora ista uti sunt sonitus verborum & splendor seu figura exterior, opes inquam, & arma, eloquentiae vis, & Imperatoriae majestatis splendor, in ordine ad hoc ut moveatur & convertatur populus, sunt reverà quid posterius & ramorum instar; ac verò solida illa cordis veracitas quae verbis factisque se prodat, & aliarum quoque virtutum praesidiis instructus animus, radix ipsa & fundamentum sunt; adeoque id quod prius ac praecipuum hîc censeri debet. Alia Oda sic ait: Ejusmodi virtus est subtile quiddam & leve instar pili. Attamen (subjicit *çu su*) pilus quamvis reverà tenue quid ac subtile sit, adhuc tamen datur quidpiam sensibile quod cum eo ordinem habeat, eique comparetur & correspondeat: quapropter ad rem illustrandam magis appositum est carmen aliud quo dicitur: supremi caeli res longè fugit sensus humanos, adeoque nec habet vocis sonum quo audiri, nec odoris speciem qua percipi queat. Ex quo (inquit *çu sù*) confici videtur, ejusmodi rem summum quid esse humanis oculis invisibile, & indivisibile adeoque omnia sensibilia transcendens: & hoc ultimum dictum rem maximè declarat.

---

① 朱熹在其注解中,并未指明此处《诗经》引文中"予"的身份,而张居正在其评注中则明确指出此处的"予"即是"上帝":"子思说:'君子不显笃恭,而天下自平,则其德之微妙,岂易言哉?《大雅·皇矣》之诗说,上帝自言我眷念文王之明德,深微邃密,不大著于声音颜色之间,这诗似可以形容不显之德矣……'"(第140页)这一例子亦可解释为何明清来华耶稣会士后来如此青睐张居正的注解,并将其作为理解儒家"四书"的重要参照。

《诗经》里是这样说的:"我(天上最高的帝王①)眷顾并爱护文王那澄明纯粹的美德。我喜欢他从不用疾言厉色彰显教化(或者像其他人所解释的那样:他不愿通过疾言厉色或是外表的显赫光鲜来显示自身的重要性,而是借助内在的坚定和教养)。"孔夫子说:"毫无疑问,借助大声的言辞、外貌的光鲜,以及财富、武器、巧言善辩、帝王的庄重权威、地位等级等外在的东西来感召百姓,实际上是细枝末节般的次等办法;言行举止都源自内心坚定的真诚,借助其他美德的护佑来引领精神,这才是根本,因而也是首先需要考虑的。"《诗经》中的另一处还说道:"这样的美德如同毛发一般微妙轻盈。"然而(子思指出),毛发虽然轻盈细微,仍然能够找到感觉上与它类似的事物,与它进行匹配或相互比较。② 为了更恰当地阐明这件事情,另一首诗里说:"上天的事物远离人类的感官,因而它们既没有声音,无法被听到,也没有气味,无法被感知。"到此(子思说)似乎可以如此总结:这种至高至上的事物(res summum)因其超越所有的感知,人类的肉眼无法看到也无法对它进行划分。最后所说的已将此揭示到了极致。

In hoc postremo paragrapho duo sunt quae subobscura videri possint, atque explicatu difficilia. Primum quid verba illa Mîm te *hîc significent. Alterum quid significent illa* Xám Tien Chi çai: *quippe, tam horum, quam illorum, expositiones variae afferuntur. Nos autem duas potissimum sectabimur.*

下面的这段话里有两处较为晦涩难解:一是"明德"(Mîm te)一词的含义,另一处则是关于"上天之载"(Xám Tien Chi çai)的含义。关于这两处的解释,阐释者们众说纷纭,我们在下文将着重介绍两者的含义。

Et quoad primum quidem, sequemur hîc illos qui volunt, per binas voces Mîm

---

① 手稿原文在此标注有"上 xám 帝 tí"二字。(第223页)
② 此处子思所言,引自张居正的评注:"子思说……然毛虽细微,也还有一物比方得他。"(第140~141页)

te *vel excellentem quamdam virtutem, et hanc moralem, significari; vel rationalem, quae in homine est, portionem ac potentiam: congruit enim expositio haec sanè feliciter cum iis quae dicuntur in libro* Tá Hio §.1. *ubi* Mîm te *vocatur portio illa rationalis à caelo homini indita; uti hoc ipso libro* Chum yûm *f*.1. *et alibi*, Tien mím, *et f*.25.§.3. Te sím.

关于第一处，我们认同那些将"明德"解释为出众的美德及品行，或者解释为人类身上的理性、能力、力量这样的看法。这样的解释恰好可与《大学》开篇的第一段话相联系，那里指出"明德"是上天赋予人类的理性能力，亦即《中庸》首章以及其他各处提到的"天命"（Tiem mím），还有第25章第3段提到的"德性"（Te sím）。①

Quod verò ad secundum attinet: duabus vocibus Xam tien, *alii supremi Numinis Providentiam; alii supremum coelum sive quod nos Empyreum, sedem videlicet ac domicilium beatarum mentium significari docent.*

至于第二处，有些人认为这里的"上天"二字是指最高神的旨意，有些人则视之为高天或是我们头顶的苍穹，并教导说这就是那些被赐福的精神的

---

① 此处耶稣会士译者所谓与"明德""天命"相关的语句具体是指：《大学》开篇的"大学之道，在明明德"，《中庸》开篇"天命之谓性，率性之谓道，修道之谓教"以及《中庸章句》"仲尼曰：'君子中庸，小人反中庸。 中庸者，不偏不倚、无过不及，而平常之理，乃天命所当然，精微之极致也。'" "故君子尊德性而道问学，致广大而尽精微，极高明而道中庸。 温故而知新，敦厚以崇礼。"（第 18 ~ 19、35 页）

归属。①

Caeterum qualescunque demum sint expositiones istae: certa est res una, quod ex hac Libri Chum yûm *postremâ sententiâ ternae videntur elici posse veritates, ac Sinensibus, quamvis Ethnicis, probari; scilicet* unius & supremi Numinis existentiam & immortales esse mortalium animos; sua denique praemia cujusque meritis post hanc vitam respondere. *Etenim cùm introducatur ipse supremus coeli Imperator verba proferens ac deinde cum alibi dicatur* Ven-vam *pii Regis animam assistere ad supremi numinis laevam et dexteram patet et Deum ab ipsis creditum et animam haud quaquam interire cum corpore; Rursùs cùm dicatur, quod idem Numen ampectitur et amat virtutem dicti Regis, sua respondere virtuti praemia, non dubiè significatur.* Quod verò de animarum immortalitate censuerunt prisci Sinae hîc superest breviter examinandum; nam quid de supremi Numinis existentiâ & Providentiâ tum variis hujus operis locis quadantenus exposuimus & in singularem & copiosiorem tractatum reservamus.

其余部分解释如下:《中庸》末章三句话中的最后一句似乎可以得出这样的一个真理:中国人——尽管他们是异教徒——都认同唯一最高神的存

---

① 此处耶稣会士译者用 domicilium beatarum mentium（那些被赐福的精神的归属/住处）来解释《中庸》原文的"上天"。 该拉丁文短语原指 caelum empyreum，即西方古代宇宙论中所谓五重天中的最高天，被认为是火与光的世界，后来被认为是神与天使的住处。 原始手稿正文此处原有殷铎泽译文:"当他们这样来解释'载'这个字时，这里并没有过多的背离，其他人则将之理解为源于上帝的、无法企及的事物和至高美德。 另外一些人则理解为高天、家园、支柱那样的事物。"(Neque hîc hinc longè discedunt, dum vocem quoque 载 çái explicant: quam alii quidem pro re-et-virtute-quadam-summâ sed imperceptibili, quae à supremâ Providentiâ promanet, accipiunt; Alii pro rebus-illis-quarum superius caelum, domus ac firmamentum sit.) 出版前被删去。（第 224 页）

在和人类精神或灵魂(*animus*)的不朽,以及人死后也会得到应有的回报。① 既然说最高的天帝发话了,继而在文中其他地方又提到文王这位虔诚君王的灵魂位于至高神的左右,那么[这说明]他们所信奉的上帝(*Deus*)以及灵魂都不会与肉身一起腐朽。反过来说,因为至高神的眷顾②,他喜爱文王的美德,毫无疑问,这意味着他会因文王的美德而给予对等的褒奖。实际上古代的中国人都相信灵魂不朽,关于这点在此需要简要地予以查证③:我们列出多部著作里提及至高神的存在及其旨意的语句,并保留与之相关的丰富解释。

Non inficior priscos Sinas communi & haereditario vitio generis humani de praesenti vitâ potissimùm laborasse; ut benè scilicet ac beatè hic viverent, tranquillum florens invictumque servarent Imperium: quae autem sors eos & vita maneret olim, caelesti Providentiae Numinique permisisse (in quorum tamen numero nequaquam sunt ii, quos eximia planè virtus, resque gestae, & sua ipsorum scripta contemptores fuisse docent vitae mortalis rerumque humanarum, & immortalis vitae studiosos.) Non caruerunt tamen etiam vulgares homines isti,

---

① 在这段译文里,耶稣会士译者基于《中庸》末章所引的《诗经》文句,大胆提出他们有关古代中国人信仰的三大判断:1.中国人已认识到并相信上帝(*Deus*)的存在;2.中国人也相信人的灵魂不朽;3.中国人认为人死后会获得应有的回报。

② 此处拉丁文的 ampectitur 为 amplectitur 的笔误。

③ 手稿正文此处原有殷铎泽的两段译文,除介绍并表示接纳张侗初对"明德"和"德性"与上文所述有所不同的解释外,还说明了耶稣会士译者在此引用大量中国典籍来说明中国古人重视祭祀,这一做法是以利玛窦——他可被称为中国最初的传道使徒和老师(qui sine cuiusquam iniuria Sinarum Apostolus et Magister vocari potest)——为榜样,他从古代中华民族的文献、古老的文库以及众多优秀作家的著述中找到证据,证明追随本性之光的指引从而认识真理的古代中国人,他们的观点与我们基督教徒的观点是非常契合的 [sententias sinicae antiquitatis (quod quidem attinet ad eas veritates quas assequimur lumine naturali) admodum consentientes esse cum sententiis nostris]。 上述译文后紧接着是殷铎泽专题论文的标题:中国古人是如何看待灵魂不朽的(Quid senserint prisci Sinae de Animorum immortalitate),该标题连同上述两段译文出版前被删去,但论文内容获保留,即为下文的内容。(第 224~225 页)。

appetitu diuturnae sempiternaeque vitae, quem sentimus mortales omnes inditum nobis esse ab Auctore naturae, utique non otiosè neque frustra inditum. Qui appetitus quàm vehemens in quibusdam illorum fuerit, argumentum possunt esse pretiosae potiones illae seu Ambrosiae vitae immortalis quas Imperatores quoque fabulis impostorum, aliquot post Christum saeculis, delusi spe, immortalitatis hauriendae, sumebant.

我并不否认古代中国人身上背负着人类与生俱来的共同的罪过，以致此生需要辛苦劳作。他们能够如此幸福美好地生活并确保国家的安宁强大，这些都是因应上天神灵的旨意，允诺他们这样的命运和生活①（这里并非是指他们的人数众多，而是指他们用出众的美德、功绩和著述来教导同时代的人们，在人生中要积极入世并追求不朽）。在普通人中不乏渴求永生的欲求，尽管我们认为一切有限的事物都是自然的缔造者为我们设定的，而这一设定并非随心所欲的徒劳之举。这些强烈的欲求成为人们饮用那些琼脂甘露并使人过上神仙般不死生活的理由②，帝王们也选择这么做——在基督之后的数百年里——怀着骗人的故事里的那种虚幻愿望去追求长生不老。③

Rei ergò, quae usque adeò connaturalis est homini, non possunt non extare quaedam vestigia in priscis eorum libris ac monumentis: quae si extant, ut revera extant, & tanquam dubiae tenuesque scintillulae hinc inde promicant; cur has

---

① 据手稿页边注，此处译者的参考文献为《孟子·尽心上》："夭寿不二，修身以俟之。"（第 225 页）

② 此处手稿原文有"常生药，意即我们所谓'神的食物（ambrosias）'"的字样，出版前被删。此处"常"乃"长"的笔误，在西方 ambrosia 指希腊神话中众神的神馔，传说人食用后可长生不老。（第 225 页）

③ 《中国哲学家孔夫子·前言》第一部分第三章详细介绍道教及其创始人李老君时，提及炼丹术以及中国君王对于长生不老的执着追求。该部分内容原为殷铎泽在其《中庸》译稿中插入的专题小论文，出版前被柏应理从《中庸》译稿中删除并移至殷铎泽负责撰写的前言部分使用，为其原有关于道教的简要描述提供更为全面、翔实的论述。（第 163~165 页）

obsecro non malimus interpretatione benigniore, seu leni flatu paulatim suscitare atque accendere; illa diuturnae vitae, seu potiùs productioris mortalitatis desideria ad spem verae immortalitatis vitaeque traducendo, quàm severioris ac sinistrae interpretationis silentio suffocare atque extinguere? Nam ecquis tandem fructus existet ab hujusmodi silentio & severitate? non alius profectò, quàm ut videamur tacitè fateri, contrariam esse doctrinae nostrae priscam gentis aetatem omnem; utque ita vehementissimè corroboretur Atheorum & Impiorum hominum perniciosus error: ubi cessare nos videbunt, mox ultrò nos aggredientur ac lacessent eâ parte, qua, si animus nobis fuisset, feliciter oppugnari à nobis ipsimet poterant; atque ita tandem dicent, malle se perseverare in ea sententiâ in qua nos ipsi fateamur, majores suos fuisse per quatuor annorum millia; malle se tot viros sapientiâ, virtute, imperio clarissimos sequi, quam paucis aliquot alienigenis contraria docentibus fidem dare.

　　古人在他们的著述中留下了一些与人的天性相关的记载。这些仍然留存的文献，事实上正是因为它们被保存了下来，如此之多的细微的疑虑火花才会据此产生。试问，我们为何不能通过善意的解释，慢慢地生火照亮那种对于不朽生命的渴求，确切地说就是那种将有限的生命延长乃至长生不老的希望，而是借由相当严苛的曲解来压制这样的欲求，并将之扼杀于沉默之中?① 什么样的成果才能在如此的沉默及严苛中保存下来？自然是那些获得我们默许、与我们先人的人生教导不相违背，也不会让无神论者和品行不端的人犯下危险错误的成果。可一旦我们稍有懈怠，他们②就会马上对我们单方面做出挑衅；倘若我们想要的话，也会适当地对他们予以回击。最后他

---

　　① 耶稣会士译者在此指出：对于同一中国古代文献的理解，可以有不同的解读方式，或是在理解其诉求前提下的善意解释（"同情之理解"），或是为了压抑和扼杀其诉求而缔造的严苛曲解。但随后，耶稣会士译者亦明确强调他们对中国文化的包容，并不包括那些与基督教义相悖的无神论思想。

　　② 在这里，耶稣会士指的是那些对其怀有敌意乃至犯下危险错误的中国异教徒。

们是这么说的：他们更愿意坚持自己的看法，对此我们也予以承认。4000 年来，他们的祖先始终追随着那些在智慧、美德、决断方面表现最为出色的人，不会去相信某些传授相反理念的外国人。

　　Absit igitur ab Evangelii Praeconibus haec opinio, ut nihil adjumenti vel lucis ab authoritate Priscorum Sinarum potendum sibi putent Christianae veritati declarandae. Quae quidem opinio (si fas est dicere) vel ab inani quodam metu ac religione, vel certè ab insigni quadam socordiâ aut ignorantiâ videtur proficisci. Quod si essent è priscis illis (nam de modernis hîc non ago) qui aperte nobis adversarentur, existimantes, nullam rectè factis mercedem, neque poenas noxis rependi, cum vita hominis finiri omnia. (In qua quidem sententiâ fuerunt ex Europaeis Philosophis aliqui; quos tamen sapiens ille Cato apud Ciceronem *minutos* vocat: apud eundem verò Lelius: Non assentior iis, inquit, qui haec nuper disserere coeperunt, cum corporibus simul animos interire, atque omnia morte deleri, plus apud me antiquorum auctoritas valet vel nostrorum Majorum, &c.) Si inquam essent è Priscis qui apertè nobis adversarentur, quamvis & essent alii qui favere nobis viderentur; tutiùs tamen fortasse tunc foret non attingere suspectas auctoritates: Nunc verò cum neminem patiamur adversarium; nusquam vel umbra istius impietatis appareat; sed è contrario plurima afferri possint, quae, tametsi non convincant, admodùm tamen verisimile faciant, Priscos benè sapienterque sensisse de Providentiâ Numinis & immortalitate Animorum; quis tandem sanae mentis malit adversarios sibi esse, quàm amicos, & socios, & patronos, non modò Priscos, sed hujus quoque aetatis Sinas, Majorum suorum (uti suprà docuimus) adeò studiosos & observantes? Quis paucos posterioris aetatis Atheos atque Idololatras sequi malit, ac virus ex antiquis illis floribus sugere, quàm dulce mel ac salutiferum? Quod iis non modicum contineri cum alii Scriptores, tùm verò maximè Societ. Jesu Sacerdotes Riccius, Pantoja, Vagnonus, Aleni, Monteirus,

Buglius, Martines, aliique Litteris Europaeis & Sinicis clarissimi, docuerunt: Hac in re Lactantium scilicet, aliosque Patrum imitati, Tertullianum inquam, Cyprianum, Minutium Felicem, Origenem, Arnobium: qui Ethnicos suis ipsorum armis, uti & Hieronymus Augustinus, aliique Doctores Ecclesiae, haereticos identidem oppugnabant. Itaque Lactantius de falsa Religione contra gentes cap.5. Omittamus sanè (inquit) testimonia Prophetarum, ne minùs idonea probatio videatur esse ab his, quibus ominò non creditur: veniamus ad Auctores, & eos ipsos ad probationem veri testes citemus, quibus contrà nos uti solent, Poetas dico ac Philosophos. Quamquam & in hoc rursùs istos Patres imitantur homines nostri, quòd quotiescunque de Animorum immortalitate, similibusque argumentis disputant, longè praecipuum robur ex nostrâ scilicet Christianorum Philosophiâ petant, & melli isti Sinico, quod dixi, tantam inspergant coelestis ambrosiae copiam, ut quamvis eam Sinae veluti suam cupidiùs appetant, reverà tamen Europaeorum tota sit, & Christi potiùs.

因此,这样的观念使中国人远离传播福音的使者,他们认为任何源于中国古代正统的支持与光亮,都不可能像基督教信仰宣称的那样,是会堕落腐化的。这样的观念(如果可以这样说的话)要么源于那些虚无的敬畏及崇拜,要么源于惊人的愚昧及无知。如果他们只是基于祖先的观点(我不是指现在的情况)才公然反对我们,认为我们的所作所为全然无用,那在生命终结时他们不会因犯下罪过而受到审判及惩罚[某些欧洲哲学家也持有类似的观点:在西塞罗的著作中,那个睿智的加图(Cato)总是这样号召平凡的人们①,他书中的莱利乌斯(Lelius)也是如此。我并不认为这些是新近才出现的争论,说什么精神会随着身体死亡一起消亡。我更倾向于认为这是古代

---

① 此处手稿页边注上标示参考文献出处为西塞罗《论老年》一书文末(Cic. de Senect. prorsùs in fine)。(第 226 页)

作者或者说我们祖先们的看法①]。假如说,古人的看法与我们明显相悖——其实他们之中也有一部分人与我们的看法类似——比较保险的做法是不要受到那些可疑的看法的影响。我们不是要反对所有的人,他们也并没有做出什么无法无天的行径,事实上可以举出很多与之相反的事情。虽然这样的说法不能使人完全信服,但确实中国的古人已经睿智地意识到神谕及不朽精神的存在。有哪个精神健全的人宁愿树敌也不想要朋友、同伴和保护人——不仅指古人,也包括致力于效法先人的(如我们上文所说)当代人?谁会宁可追随气数将尽的无神论者及偶像崇拜者,饮下古代[虚无愚昧]之花制成的毒药,也不愿意选择那些甜美有益的事物?他们希望能够长久留存的那些事物,不仅其他的作家在其著述中提到过,利玛窦、庞迪我、高一志、艾儒略、孟儒望(Monteirus)、利类思、卫匡国等耶稣会神父,以及欧洲和中国文学中那些最著名的作家也都曾教授过。当然,他们在这件事上仿效了拉克坦奇乌斯(Lactantius)、德尔图良(Tertullianus)、居普良(Cyprianus)、米努修(Minutius Felix)、俄利根(Origenes)及亚挪比乌(Arnobius)等其他教父的做法,他们用自己的武器不断地去攻击坚持错误教义的异教徒,一如哲罗姆、奥古斯丁及其他基督教父(Doctores Ecclesiae,直译为"教会中的博士")所为。就像拉克坦奇乌斯在其反对异教徒错误宗教信仰的书中第五章所讨论的:我们当然应该忽略先知们的证词(他说),他们看似提供了适当的证明,实则全然不可信。让我们求助于那些作家们吧,去引用他们写下的那些对于事实的论证,他们习惯于面对那些反对我们看法

---

① 此处手稿页边注上标示参考文献出处为西塞罗《论友谊》一书开篇(Cic.de Amic. sub initium)。
(第226页)

的人们——这些人是指诗人和哲学家们。① 虽然人们重新回到教父们的著作中,追随他们的看法,然而每当讨论精神不死或是类似的问题时,人们还是会争论不休,因此他们一直求助于基督教哲学以获取特殊的力量。而中国人的力量源泉(mel istud sinicum,直译为"中国蜂蜜"),我此前已提过,他们宣扬上天的神圣力量。正如他们是如此地渴望这一力量,事实上欧洲人也是如此,基督徒更是这样。

Ad extremum quò studiosiùs hanc veritatem ex priscis gentis monumentis eruamus, illa quoque ratio nos movet, quòd siquidem probetur, eam Majoribus fuisse perspicuam, concedent illico nepotes perspicuam fuisse & alteram (quam suprà tot argumentis) de supremo quodam Numine quod omnia procrearit ac moderetur: neque enim gens fuit tam agrestis ac barbara quae non agnoverit immortalem Deum, & agnoverit tamen animi sui immortalitatem.

Nunc ad rem veniamus. Argumenti, quod negativum dicitur, non solet esse vis magna; habet hoc tamen, apud Sinas inprimis, vim suam. Hoc igitur usuri, quaerimus in primis, ecquis Auctorum veterum & classicorum usquam dicat interire mortalium Animos, nullo providentiae consilio, sed casu, fortuitòque res geri? Profecto fateri debent, haud ullum esse qui apertè sic vel insanus sit, vel impius.

最后,在此我们非常愿意从异教徒的古老文献中找出与这一真理相关

---

① 出自早期基督宗教作家拉克坦奇乌斯(Lucius Caelius Firmianus Lactantius,又译拉克唐修,240—320)《神圣原理》(*De falsa religione seu Divinarum institutionum adversus gentes*)一书第1卷第5章开篇,原文为: Sed omittamus sane testimonia Prophetarum, ne minus idonea probatio videatur esse, quibus de his omnino non creditur. [...] Veniamus ad auctores, & eos ipsos ad veri probationem testes citemus, quibus contrà nos uti solent: poetas dico, ac philosophos.《中国哲学家孔夫子·前言》第二部分第一章《古代和当代中国人关于事物的物质因和动力因》,在论及如何理性地论证以批判宋明理学的有害观点时,同样征引了拉克坦奇乌斯《神圣原理》书中的论述。

的内容,其中所蕴含的道理触动了我们并能够证实这一点:古人对此已有清晰的认识,(通过上述如此之多的论据)他们让自己的子孙对于创造和治理万物的最高神灵有了清楚且更为深入的了解。事实上异教徒并非粗鄙野蛮到无法认识不朽的天主或是自身精神不死的地步。

现在让我们来谈谈这件事。否定这一看法的论据不太有力,尤其在中国,该看法有其说服力。首先我们应当调查:古代经典作家中有谁曾经谈到过人类灵魂的毁灭,认为一件事的发生并非源于富有远见的谋划,而只是出于偶然?当然人们也必须承认,并非所有持上述观点的人都是疯狂或邪恶的。

Hinc igitur ad positivas auctoritates & argumenta gradum facimus. Ac primùm quidem quid ipse *Confucius* de immortalitate senserit ob oculos eis ponimus. Et multa quidem nobis suggerunt libri Classici, quorum alios ipse conscripsit, alios collegit ac digessit in ordinem. Classicos dixi, qui soli apud Sinenses, & nos quoque suum pondus obtinent. Nam quae in libris *Kia Yu*, sive domesticorum *Confucii* sermonum extant, cum hos septingentis ferè post annis quàm Philosophus vixit lucem vidisse scribant eam ferè obtinent fidem, quàm quisque dare voluerit: praesertim cum sit credibile, non pauca, vel ab improbis inserta, vel ab ineptè studiosis ipsius Philosophi, conficta iis contineri. Hoc certum, dictos libros in Classicis, & qui litteratis hominibus praescribantur, haudquaquam numerari. Verumtamen ne cuipiam videat hîc celasse quidpiam, vel subterfugisse, locum proferam, qui unus videri possit minùs favere sententiae nostrae, introducitur enim *Confucii* discipulus, *çù cúm* vulgò dictus, ex Magistro suo quaerens, an mortui rerum notitiam conservent. Cui Philosophus, attemperare solitus responsa sua ingenio cujusque & captui, tempori quoque, & loco, sic respondet, ut tamen sciscitantis dubitationem non tollat: Si mortuis (inquit) perseverare notitiam rerum dixero, timeo ne filii quorum pietas erga parentes major fuerit, eosdem sociare velint, adeoque se ipsos interimant: Si contrà, nullam esse asseruero, vereor ne languescat illa filialis pietas, & sint qui inhumatos etiam parentes abjiciant: desine ergo fili mi curiosiùs exquiere quae sit vitâ functorum conditio: alia sunt magis necessaria quae scire te velim: ista verò tu deinde congnosces. Sic Philosophus, ubi nota hoc loco non dubitari de existentia Animarum, sed quaeri à discipulo, an Animae defunctorum (quas supponit existere) conservent praeteritorum notitiam.

His igitur praetermissis, quorum minùs certa auctoritas est, ea dumtaxat afferamus, quorum indubitata apud ipsos sit authoritas, quaeque ad probandam Sinis immortalitatem magis apposita videbuntur. Cujusmodi sanè multa libri quinque & hi quos hic exponimus, non modò Classici, sed primae quoque classis, nobis suppeditabunt.

我们在此开始转向支持上述看法的作者及其论据。首先，我们将呈现孔夫子本人是如何看待"不朽"的。中国的经典著作里提供给我们有关这个方面的很多内容，其中有一些是孔夫子自己撰写的，有一些则是由他收集、整理的。这里所说的"经典著作"只是对中国人而言，当然我们也认同这些著作的重要性。比如《家语》这本书里记载了孔夫子有关家庭的言论，哲学家逝世 700 年后，这些流传下来的言论才被公布，书中凝聚了他希望传递给人们的信仰。同时人们也相信书中夹杂了不少的内容，有些是由道德卑劣者掺入的，有些则是哲学家的门生的拙劣杜撰。但可以确定的是：所谓的"经典著作"以及受到这些著作影响的文人是不计其数的，对于这些我不想有任何隐瞒或回避。在我即将提及的文段里，有一个人似乎非常认同我们的观点，文中介绍说他是孔夫子的学生，人称子贡，他询问自己的老师：逝者是否有知觉。① 为免于平添学生的困惑，孔夫子习惯于依据自己学生的天赋和能力，根据他们所处的时间、地点来回答他们的问题（他是这么说的）："如果我说逝者仍有知觉的话，我担心那些对父母极其孝顺的子女，会希望能与他们保持紧密的联系，甚至不惜为此去送死；如果我说逝者没有知觉的话，我又担心人们有失孝敬之心，甚至于遗弃父母不予下葬。因此我的孩子啊，你就不要好奇并纠结于这个问题了，那些你更需要了解的事情我都会让你知道，至于这件事以后你自然会理解。"孔夫子就是这样来回答的，而在他的答复里，灵魂的存在并没有受到质疑，尽管学生询问的是逝者的灵魂（假设它是存在的）能否记住生前发生过的事情。

这席话的作者究竟是谁尚不清楚，此处暂且略过不谈。对此我们能够确定的是：这段话在很大程度上表明中国人相信灵魂不朽。而表述类似观点的许多文段散见于"五经"之中，在此我们也会一并予以介绍。它们不仅是中国的经典，也是在我们有需要时最为倚重的著作。

Ut autem res ordinatius procedat, à definitione mortis, ut hanc in libris suis tradunt, ordiamur: Hoc modo namque faciliùs erit de reliquis quae sequentur judicium ferre, & quid aetas Priscorum senserit intelligere: Nam quid aetate nostrâ Sinensium plerique, ex imperitâ saltem multitudine, de morte sentiant, nulli dubium vel controversum esse potest, cum satis constet, Pythagoricis de metempsychosi fabulis plerosque fidem dare: qui adeo quamvis animos interire negent, quoniam tamen principiis nituntur vanissimis falsissimisque, absurdum

---

① 原始手稿页边注仅标示此处的参考文献是《家语》第 2 部第 10 页（Lib.Kiā-yú par.2.f.10），并有译者所作注解：注，此处关于神灵的存在并未受到质疑，但学生询问是否逝者的灵魂（它被预设为存在）仍保存着这些人原有的意识（第 228 页）。 此处耶稣会士译者所指的参考文献，详见《孔子家语·致思》："子贡问于孔子曰：'死者有知乎？ 将无知乎？' 子曰：'吾欲言死之有知，将恐孝子顺孙妨生以送死；吾欲言死之无知，将恐不孝之子弃其亲而不葬。 赐不欲知死者有知与无知，非今之急，后自知之。'"

planè fuerit iis quidquam tribuere, & mendaciis firmare veritatem.

　　为了能够更加有序地进行说明,我们将开始梳理这些著作中与"死亡"这一概念相关的内容。这有助于欧洲读者了解中国人对于遗骸的看法,以及他们对于先人寿命的理解。因为大部分的中国人都是无知的老百姓,对于寿命及死亡的问题,他们无法提出任何的怀疑和异议,只要大多数人都是这么觉得,他们甚至会去相信毕达哥拉斯学派关于灵魂转移的鬼话。虽然有些人也会否认精神的毁灭,但他们的依据却是如此的虚无且具有欺骗性,借助这样的依据和谎言来确认真理,明显是一种荒诞的做法。

　　Olim igitur, ut docerent, humanam naturam duabus constare partibus, quarum una mortalis sit, immortalis altera, *çu lo* duabus quoque vocibus utebantur, quarum alterâ descensus & casus, ascensus alterâ significatur. Sic mortem *Yao* Imperatoris in *Xu kim* librorum fere vetustissimo declarant. Nec diversum efficiunt sensum, quamvis diversae sint voces, quibus *Xún*, & *Ven-Vam* Regum, aliorumque Principum descensus atque ascensus; obitus inquam, seu Animae corporisque separatio significatur. Interpretes certò, & quidem Ethnici, quos inter Colaus noster suffragantur hic nobis, ac mirabili sententiarum consensu, sic voces illas exponunt, ut dicant, *id quod in altum subeat esse spiritum*, *quod deorsum feratur atque concidat corpus esse*. Procul dubio nec istis, neque tot verbis usuri, si meram corporis resolutionem vitaeque finem significare voluissent. Hinc nimirùm illa nunquam satis depraedicata vox & oratio *Yù* Regis (de quo suprà mentionem fecimus) qua ipse consolaturus suos in praesenti subitoque vitae discrimine: *sĕm kí yè* (inquit) *sù quĕi yè*, *vita* haec nostra, Proceres, *depositi est instar*: *mors* ergo *depositi restitutio erit*. Imò quoniam *kí* & *quĕi* binae voces, haec *reditum* quoque significat, illa *diversorium*, videtur eodem Laconismo suo vir sapiens complecti etiam voluisse Tullianum istud, quo dicitur natura commorandi nobis diversorium dedisse, non habitandi locum. Quocirca paratos esse debere secum ex vita ista discedere, tanquam hospitio, non tanquam ex domo. Quod si vetustas aliquid hîc ponderis atque authoritatis afferre potest, uti sanè potest, sententiam tam christianam ante ipsius Abrahami tempora, ne dicam Ciceronis vel Urbis conditae, Rex Sinicus pronuntiavit. Abiit igitur in vulgarem usum pulcherrimus loquendi modus, & cum memoria tanti Principis viget hodieque sic, ut nihil Sinis familiarius sit, quàm, ubi quis excessit è vivis dicere *kiú xí discessisse* jam illum *à saeculo*, *çû xí*, *vale dixisse saeculo*, *sié xí*, *egisse saeculo gratias*, &c. prorsus ea ratione, qua narratur quis hospiti, apud quem divertit, gratias egisse, & vale eidem dicto, in patriam remigrasse. Sinas autem, cùm sic loquuntur, ex animi sui sententia vulgò loqui, olim certè quidem locutos, mos ille priscorum, cujus in Officiorum libris non semel sit mentio, argumento potest esse. Solebant hi quotiescunque eorum aliquis obierat, in superiora domûs conscendere, atque hîc conjectis in coelum oculis multo cum gemitu defunctum inclamare, vocem *fo* lachrymabiliter ingeminantes. Porrò vox illa, sicuti Interpretes hîc affirmant, *reditum ad corpus*, seu reviviscere significat. Ad quem ritum alluserit fortasse Memcius, cum eadem usus voce dixit: Sanctos Reges, si quidem reviviscerent, non alia quàm, quae doceret ipse, docturos. Certè in obitu quoque Regum, is quem dixi, ritus adhibebatur; tametsi verò nunc antiquatus videatur, non obscurè tamen declarat quid aetas illa de immortalitate senserit, atque tanto praeclariùs quàm praesens haec posterorum aetas, quantò longiùs huic illa praecellebat, si quidem de vitae morumque innocentia, nec-non candore quodam & simplicitate agatur. A Priscis etiam, ut opinor, manaverit mos iste qui hîc variis in Provinciis in usu est, ut filii in parentum suorum obitu, lugubri habitu, nec sine lachrymis atque ejulatu viciniora loca concursent, non secùs ac si quaererent fugientem animam, & ad pristinam sedem corpusque exanime revocarent.

在以前中国是这样来教导人们的：他们认为人在本质上是由两部分组

成的,一部分会腐朽,另一部分则是不朽,一如"徂/殂(çu)""落(lo)"这两个字,一个意为上升,另一个则是下落,极为古老的《尚书》一书便是这样来解释尧帝的死亡。① 虽然是两个不同的字,它们产生的作用却是相同的,无论是对舜②、文王③或是其他的诸侯王④而言,他们死后都是一部分下落,另一部分上升,这也意味着死亡,或者说灵魂与身体的分离。阐释者们,尤其是我们的阁老——他们当然都是异教徒——帮助我们就这个问题很好地达成了共识。他们是这样来解释这些字的含义,说升到天上的便成为神灵,而降入地下且腐朽了的则是身体。毫无疑问,对此无须做过多的解释,他们的意思就是指身体纯粹的解脱即到达生命的终点。很明显,禹帝的这番言辞无论如何大肆宣扬都不过分(我们在上文已有所提及),通过这样一席话,他安抚了那些在当下生活中遭遇突如其来危机的人们(他说):"生寄也,死归也(sěm kí yè sù quěi yè)⑤,我们的生命,君王们啊,就像是寄托之物,而死亡便是要归还这寄托之物。"鉴于"寄"(kí)和"归"(quěi)这两个字是指那些寄托之物被归还的意思,在此智者似乎想用简洁的措词来概括西塞罗的想法。西塞罗曾说过:自然赋予我们的是寄居之处,而非久居之地。⑥ 因此人们都应该准备好早晚会离开自己的生命,就像是作客后离去,而不是离家远行;

---

① 据手稿页边注注音,耶稣会士译者此处参考的文献为《孟子·万章上》"放勋乃殂落";《尚书·舜典》"帝乃殂落",以及张居正对该句的注解"徂是升,落是降。 人死,则魂升于天,魄降于地"。(《张居正讲评〈尚书〉皇家读本》,第229页)

② 据手稿页边注,耶稣会士译者此处参考文献为《尚书·尧典》:"舜陟方乃死。"(第229页)

③ 据手稿页边注,耶稣会士译者此处参考文献为《诗经·大雅·文王》:"文王陟降。"(第229页)

④ 据手稿页边注,耶稣会士译者此处参考文献的出处为《尚书·君奭》"伊尹格于皇天""格于上帝",以及《庄子·天地》"至于帝乡",耶稣会士译者将后者的出处误为《诗经》。(第229页)

⑤ 语出《淮南子·精神训》:"禹乃熙笑而称曰:'我受命于天,竭力而劳万民,生寄也,死归也,何足以滑和?'"

⑥ 指西塞罗在其《论老年》(De Senectute)中所说:"自然给予我们一个临时逗留的庇护地而非永久的居住地。"(Commorandi enim natura nobis diversorium, non habitandi dedit.)

假如说年龄的增长能给人带来一些阅历及影响力,人们又能对此加以利用,一如亚伯拉罕之前的时代所流行的基督教观点——我不是指西塞罗时期或是罗马城建立之时——中国的君王也是如此宣称的。在日常生活中,中国人用极为优雅的表达方式来表示"死亡",以及他们对于伟大君王的怀念,没有什么会比下列表达方式更为中国人所熟悉了:当一个人死了他们称之为"去世"(kiú xí),就是说这个人离开了世界;"辞世"(çu xí)则是告别这个世界;"谢世"(sié xí)就是感谢这个世界;等等。这些都在讲述同一个道理:去别处做客的人,临别时要向主人表示谢意及告别,然后返回自己的家中。中国人是这样说的,我认为这是普通老百姓心里的想法,他们所说的话可以为《礼记》一书中从未提到过的那些古代风俗提供佐证。当家里有人去世时,中国人习惯于这样做:他们会认为他去了天上的家,抬头凝视天际,满怀哀痛地为逝者大声恸哭,边哭边喊着"复"(fo)这个字,正如阐释者所证实的,它的意思是回归身体或者复活。① 孟子曾就这个字的用法,不无嘲讽地针对这一礼仪说道:假如神圣的君王们能够复活,他们也会传授他自己曾经教导过的那些事情。② 当然,我上文提到过的君王去世时,也使用了这样的礼仪。虽然现在看来这像是在古代才会有的事情,但我们据此可以毫不遮掩地声明那个时代已然明白何为不朽,甚至比之后的时代更清楚地了解这一点,若论及生活和风俗中的正直、热忱及纯粹的话,他们在这些方面远远胜过自己的后人。我猜测,在不同的省份仍有人沿袭古代流传下来的习俗,子女在双亲去世时仍要披麻戴孝,充满哀伤、痛哭流涕地在父母去世的地方附近奔走,找寻那游走的灵魂并召唤它们回到逝者身体里。

Quod si existimabant prisci (ut de hac nostra aetate non agamus) hominum

---

① 据手稿页边注,此处参考文献为《礼记·礼运》:"及其死也,升屋而号,告曰:'皋!某复。'"(第229页)

② 据手稿页边注,此处参考文献为《孟子·公孙丑章句上》:"'何谓知言?'曰:……'圣人复起,必从吾言矣。'"(第230页)

animos interire, quàm supervacanea stultaque erant haec omnia! An enim quod interiit movere se potest, ne dicam ascendere? An depositum quod periisse constat, idem ipsum restitui? De hospite verò, si quidem is in diversorio suo jam extinctus sit, nonne vel ignarus admodùm, vel nugator sit, qui discessisse dicat, qui patriam, qui domum repetivisse? Et illa, quae narravimus, quisquamne sanae mentis faciat, si post mortem nihil quod vivat, quod intelligat, existere arbitretur?

假如说古人认为（我们先不谈现在所处的时代）精神是会腐朽的，那么这一切①是如此多余和愚蠢！是否那些死去的事物其实能够转移自身，而不是上升了？是否已经逝去的事物仍会维持寄居的状态，恢复到原来的样子？关于作客的问题，如果有人真的死在旅馆、客栈中，人们会说这个人已动身离开，返回故土家园，难道是因为他们非常无知，抑或是胡说八道？对于任何一个精神健全的人，假如说死后没有什么东西能继续存活，他又该如何理解我们所讲述的这些事情存在？

Non me fugit tamen quid ab atheis hujus temporis, qui cum à Priscis maximè dissentiant, videri tamen volunt maximè cum Priscis sentire, hîc responderi queat: ornatûs gratiâ scilicet ac figuratè multa dici; memoratum verò ritum evanidum atque inutilem esse; neque enim Priscis aliud hîc fuisse propositum, quàm ut dolorem suum, & desiderium illius qui interierat, testarentur: quod autem suspicerent in coelum, atque illinc dilectos Manes quodammodo revocarent, mirandum non videri; quandoquidem sic existimarent, quin adeò & hîc & alibi disertè doceant, aerium quid, imo nihil esse praeter merum aerem spiritum illum qui hîc dicatur ascendere; nihil autem vel absurdi vel alieni dicere, qui aerem dicat in sublime ferri: sed neque ipsum Confucium ab hac sententia videri alienum, qui rogatus, ut *quèi xîn* duarum vocum significata definiret, aerium quid

---

① 指在此谈论有关灵魂不朽的礼仪。

esse responderit, ut in Officiorum libris refertur, iisdem scilicet imbutus erroribus, quibus prisci Poetae nostri tenebantur, cum animam nostram particulam aurae esse canerent: quibus item Varro tenebatur, cùm diceret animam esse aerem conceptum ore, defervefactum in pulmone, tepefactum in corde, diffusum in corpus. Itaque modum loquendi Sinis admodùm familiarem esse hoc tempore, cùm de moriente sermo est, ut *çive kí*, vel *abscissum* esse, vel *tuón kí interceptum* esse hominis *spiritum*, seu veriùs respirationem vulgo dicant.

然而我不会放过那些从历代的无神论者那里遗留下来的问题，这些人严重背离中国古人的意旨，他们想让自己看起来似乎充分理解了古人，在此需要对他们给予回应。他们文过饰非，说了许多冠冕堂皇的话，使人以为礼仪已经失传，早已中断。在此我们可以证明：除了他们对于逝者的那些哀痛及祈求，他们与古人已经没有什么关联。他们凝望天际，召唤他们挚爱亲人的亡魂，但奇迹并没有发生。他们持有这样的观点，在这里以及书中其他的地方他们都已明确指出：那是一些气息般的存在，确切地说，人死后升天成为鬼神，它不是什么别的东西，只是纯粹的气息；他们说气息会升至上天，这并非危言耸听或胡言乱语。就连孔夫子似乎也对这样的观点毫不陌生，当他被问到"鬼神"这两个字的意思时，他回答说是"气"，《礼记》一书对此有记载。① 当然，我们欧洲古代的诗人们也犯过这样的错误，他们也歌颂过我们独特的灵魂本质上是气息。瓦罗（Varro）就持有类似的看法，他说灵魂就是口中吸入的气息，在肺部被加热，在心中不断沸腾并流散至全身。② 这样

---

① 据手稿页边注注音回译，耶稣会士译者此处参考文献：《礼记·祭义》"宰我曰：'吾闻鬼神之名，而不知其所谓。'子曰：'气也者，神之盛也；魄也者，鬼之盛也'"；《礼记·礼运》"体魄则降，知气在上"；《礼记·郊特性》"魄归地，曰鬼。魂归天，曰神"和《孔子家语·哀公问政》"众生必死，死必归土，此谓鬼；魂气归天，此谓神"。（第230页）

② 瓦罗的原话："灵魂是口中吸入的气，在肺部变暖，在心中加热继而分布于全身。"（Anima est aër conceptus ore, defervefactus in pulmone, temperatus in corde, diffusus in corpus.）

的说法在当下的中国也相当盛行,当他们谈论死亡时,他们会说"绝气"(çive kí),亦即已经没有了;或者说"断气"(tuón kí),即人的气息,通俗地说就是呼吸被中断了。

Sic fortassis isti, quos quidem refellere haudquaquam sanè difficile fuerit. Nam quod ritum Priscorum suprà memoratum sic interpretentur, ut inanem faciant; nullius id auctoritate vel exemplo faciunt, cùm nullus Interpretum, quos ego quidem adhuc consulere potui, inanem fuisse doceat. Rursus quod hominis animum per aerem, quem respiramus, definiri dicant, seu describi veriùs; nihil contra Priscos, aut Confucium efficiunt: quaero enim, quâ voce, quave metaphora uti poterat homo cultioris nostrae logices & metaphysices ignarus ad explicandam rem, quam docebat, esse maximè subtilem, & quae fugeret sensus ipsos? An aliâ quàm quae à re sublunarium rerum subtilissimâ mutuaretur? Imo nos ipsi, nos (inquam) Europaei, cùm rationalem animam voce quàm possumus propriissimâ significare volumus, quâ voce tandem utimur? Nonne *Spiritus*? At hujus ethymologia vocis unde petitur? à *spirando*. Sed enim & bruta spirant animantia, & venti spirant, suus & his, & illis est spiritus: vitalium quoque spirituum apud nostrates Medicos (quin & Sinicos) creberrima mentio. Est, inquies: verùm, ubi de homine agitur, metaphoricus est vocis usus: atque metaphoricus & *aeris* hîc erit. Vis intrem penitiùs? Ipsammet vocem *animus*, constat à Graeca voce ἄνεμος originem ducere: haec ergo si Graecis *flatum* ventumve significat, an rectè mox conficies, animam rationalem ex sententia Latinorum ventosum quid esse, vel flatulentum? Neutiquam verò, inquies: declarant enim Latini quid hîc sentiant, cùm rationalem esse animum dicant. Benè habet. At Sinae quid ipsi quoque sentiant nusquam declarant? Quid crebrius, non Interpretes modo, sed ipsum quoque vulgus, in ore habent, quàm haec: *sapiens, excelsus, prudens, intelligens spiritus* sive animus, &c. quae profecto nemo qui rationis compos sit, nisi de animo ratione praedito dixerit. Iam vero ipse *Confucius* cùm spiritum istum aerium, ut dicis, & quidem ut à corpore separatus est, *animatum*, *intelligentem* ac *spiritualem* vocat, nihil dicit? quando subtilissimum quid esse docet maximeque *purum*, quando *sapientem* vocat, quid sentiat non declarat. Narrat, spiritum postquàm excessit à corpore manifestare sese, diffundere odorem sui, tristitiâ quadam affici & sui ipsius commiseratione, quod consortio corporis diuturnâque consuetudine privatus sit; haec aliaque cùm dicit, nihil dicit? Nondum quid sentiat declarat? Illud autem *Memcii* pronunciatum quàm praeclarum quámque appositum ad rem nostram! Nimirùm subtilissimum quid esse quo à brutis animantibus differat homo. Subtilissimum vocat, quod expers esse materiae proculdubio intelligeret.

或许对这些加以反驳是轻而易举的事情，因为如此来解释上述的中国古代礼仪不免流于空泛。无神论者使这些礼仪不再具有影响力，也无法成为人们行为的范例，与此同时也没有任何一位阐释者——我可以就这一点向其求助——会传授如此空泛的道理。但反过来说，他们将人类的精神定义为我们所呼吸的气息，或者说他们想要更真实地来描述它，这样做并未违背古人或是孔夫子的旨意。事实上，我想要探究的是：一个受过教育却又对我们西方的逻辑学及形而上学一无所知的人，除了教导说精神是一种极其精微的事物，人们无法感觉到它的存在，他又能用什么样的字眼、什么样的比喻来解释这件事情呢？是否还有其他的东西源于这一世间万物之中至为精微的事物？我们则与之相反，我们（我说的是）欧洲人总想着自己能够用尽量贴切的字眼来指明理性灵魂的含义，最后我们又用了哪个词呢？难道不是用了 Spiritus（本义为气息）吗？而这个词的词源又是什么？它也源自呼吸（à spirando）。牲畜只要有生命，就会呼吸，风也会呼吸，它们以及其他事物所呼吸的都是气息，我们国内的医生们（事实上在中国也是这样）总会频繁地提及生命和气息。你会说：确实，但凡涉及人的地方，都会用这个词来打比方，而且这个比方本质上都指向此处提到的"气"。"精神"（animus）这个词源于希腊语单词 ἄνεμος,在希腊人那里它意指气息或者风。你是不是很快就会联想到:在罗马人的观念里,理性灵魂是某种像风或是气息那样的东西?实际上完全不是,只可以说:罗马人明确地表明他们的理解,宣称灵魂是理性的,情况就是这样。那是否中国人就绝不会表明他们自己的所想呢?不只是在阐释者那里,在老百姓口中时常谈论的事物也不外乎以下这些:关于智慧的、高明的、审慎的、理智的气息或心灵等话题①,除非一个人不具备理性,他才会不去探讨与生俱来的理性精神。事实上,孔夫子自己不也是这么说的:这犹如气息一般的精神是与身体相分离的,它具有生命力,是理智、属灵的?② 倘若说他对这一极为精微、纯粹事物进行特别的教导并称之为睿智的精神时,他并没有表露自己所想,他是这么说的:当精神从身体脱离出来后会显露自身,散布它的踪迹,通过悲伤及怜悯之情使人受其影响,它与身体之间长期以来的紧密牵绊已被解除。③ 除此之外,他还有什么可说的?他还没有将他的所想表明吗?想想著名的孟子(Memcii)对我们在此讨论的事情所下的著名定论!④ 毋庸置疑,它⑤是如此精微,从而使人类与非理性的动物有所不同。孔夫子称之为极为精微,毫无疑问他认为它是非物质的。

---

① 手稿页边注在此标注"知气(智慧、明智的气息)、高气(崇高、出色、高贵的气息)、灵气(理智的气息)、豪气(英勇的气息)、英气(毫无羁绊、做事得心应手的气息)、魂气(有活力的气息)",以对应此处各种气息的名称。(第231页)

② 手稿页边注在此标注"精气(精微、完善的气息)"和"神气(属灵的、隐蔽的气息)",并指出上述二者在中医那里都意指"具有生命力的气息"。(第231页)

③ 据手稿页边注,此处参考文献为《礼记·祭义》:"其气发扬于上,为昭明,焄蒿,凄怆,此百物之精也,神之著也。"(第232页)

④ 据手稿页边注,此处参考文献为《孟子·离娄章句下》:"孟子曰:'人之所以异于禽兽者几希,庶民去之,君子存之。'"孟子指出人与禽兽之间的区别不大,而君子通过反观内省能保持自己的仁义之心。(第232页)

⑤ 指 spiritus,"犹如气息一般的精神"。

Sed age sane. Faciamus, eos crassiuscule speculatos esse, & spiritalem substantiam (sicut olim tot in Europa Philosophi, Angelicam) materialiter concepisse: An idcirco mox dicemus aberravisse toto coelo, & formam quoque animae substantialem, quae ipsis animantibus tribuitur, hominibus negavisse? Quod si veniam damus & Pictoribus & Poetis dum mentes illas caelestes nobis depingunt, quamvis alienissima quaeque iisdem appingant; Sinenses illico damnabimus, si forte, praeter conceptus alienos (quos ipsi quoque vel inviti formamus assidue) verbis quandoque & sententiis utantur alienis.

但做事要合理，让我们设想一下有人曾很粗略地进行构思，要从物质层面来思考精神性的本质(一如许多欧洲的哲学家都曾谈论过天使的本质)。是否我们马上就可以说他们背离了上天，并且他们否认在人的身上也拥有上天赋予各种生物的形体及灵魂的本质？倘若我们可以允许画家及诗人们为我们描绘那些上天的神灵(mentes illae caelestes)，尽管他们所描绘的这些东西对于我们而言也极其陌生，而我们却在这一点上对中国人予以谴责。或许有时人们就是得用陌生的字眼及想法来表达陌生的观念(尽管违背自己的意愿，我们却一直在这么做)。

Verumtamen quia nobis inter Ethnicos versantibus summopere cavendum est, ne videamur his qui rudiores sunt, vel etiam perversi jam perditique, iisdem quibus ipsi teneri erroribus, prudenter admodum Societatis Jesu Patres, quotiescunque de anima rationali disputandum fuit, voce *Ki* abstinuerunt; tum quod non aliâ fere communem quem respiramus aerem Sinenses explicent, tum vero maxime quod ex priscis eorum monumentis, adeoque libris ipsius *Confucii* vocabula non pauca suppetant, eaque perapposita, quibus nobilior hominis portio, seu immortalis animus significatur. Et hominem quidem ipsum inter omnia viventia nobilissimum quid esse diserte affirmant. Animum deinde *Tá ti*, seu *majorem ac nobiliorem substantiam*, ut à *Siaò-ti* quod *minorem substantiam* sonat, distinguant: vocant item *clarum caeli mandatum*, & *claram*, seu intelligentem virtutem: ad haec, virtutem naturalem; potentiam intellectivam, quae eadem subtilis sit, quae à coelo infusa, quae lumine rationis collustrata. Quid? Quod easdem quandoque voces Animae rationali tribuant quibus spiritus suos, sive *Xin*, significare solent: Quos etiam alibi errantes Animas vocat liber *Ye-kim*. Quoniam tamen adscribunt spiritibus eximiam quamdam virtutem (uti suprà narravimus) & multa quae vires humanas excedunt, placuit sociis voce *Xin* sic uti, ut fere non aliis quam naturae Angelicae suppositis tribueretur: ad animum vero hominis significandum plerumque binas voces *Lîm sim*, vel *Lim hoen* adhibuerunt. Apte quidem; vox namque *Hoen* cum Animam significet, addito *Lim*, mox ad rationalem contrahitur: per *Lim* quippe vim intellectivam, adeoque spiritalem, significant: metaphorice vero, rei quoque inanimatae (ut suprà dicebamus) praecipua quaedam venustas vel efficacitas eodem *Lim* vocabulo (vel etiam *Xin*) declaratur. Quod si dictae voci *Hoen* alteram *Kio*, quae sensitivum sonat, adjunxeris, sive praeposueris, ampliorem ejusdem significationem effeceris; amplissimam vero, si cum voce *Sem*, seu vegetativa, copulaveris. Vocis item *sim*, quae naturam sonat, par item ratio est, quae vocis *Hoen*.

正因为我们生活在异教徒之中，有些事情要格外注意避免。那些在我们看来比较野蛮或是堕落、邪恶的人，耶稣会的神父对他们持有的错误观点格外审慎。每当大家必须就理性灵魂的问题进行争论时，他们会避免使用"气"（Ki）这个字眼。首先，中国人所说的气不是什么别的东西，就是我们通常所呼吸的那种东西；其次，从他们古代的文献中也发现大量的恰当用语，包括孔夫子自己的书中也有很多这样的词语，用来表示人们身上那个更为重要部分，或者说不死的精神。在所有的生物当中，中国人明确认定人是最为重要的。① 他们区分出精神（animus）这一"大体"（Tá ti）——或者说那种更伟大、更重要的存在，正如"小体"（Siaò-ti）指的是较为低等的存在②——他们称精神（animus）为上天高明的命令③或者说那种高明的智性美德④。这一与生俱来的美德⑤、理智的能力⑥，是如此的精微，它由上天所赋予并散发出理性的光芒。它到底是什么样的呢？中国人习惯于用什么样的表示理性灵魂的字眼来指称这些神灵或者说神呢？在《易经》这本书里他们称之为四处游走的灵魂。⑦ 鉴于他们赋予这些神灵某种突出的美德（我们在上文已经谈到过），以及很多超出人力所能企及范围的东西，我们的耶稣会同伴喜欢使用"神"这个词来指称这些神灵，因为这些不是什么别的东西的特质，正是天使应当具备的属性。大多数人则是用两个字来指示人的精神：灵性（Lim sim）或灵魂（Lim hoen），这样的说法更加贴切。因为"魂"这个字意指Anima，加上"灵"，马上就被赋予了理性的意思。"灵""魂"这两个字在一起明显是指理智的力量，亦即属灵的。实际上这是一种隐喻，借助"灵"（或者"神"）这个字来表示那些没有生命的事物（如上所述）身上的特别之处或者

---

① 据手稿页边注，耶稣会士译者此处参考文献为《尚书·秦誓》"惟人为万物之灵"和《孝经·圣治》"惟人万物之灵"。（第232页）

② 据手稿页边注，此处参考文献为《孟子·告子上》："体有贵贱，有小大。 无以小害大，无以贱害贵。 养其小者为小人，养其大者为大人。"（第232页）

③ 据手稿页边注，此处参考文献为《尚书·太甲》："天之明命。"（第233页）

④ 此处手稿页边注有译者的注解："明德，意为理智的美德，或者说理性的灵魂。 可参见《尚书》《大学》及其他著述。"（第233页）

⑤ 据手稿页边注，此处参考文献为《中庸》"天命之谓性"和《尚书·汤诰》"惟皇上帝，降衷于下民"。（第233页）

⑥ 据手稿页边注，此处参考文献为《尚书》"惟天生聪明"以及朱熹《大学章句》"明德者，人之所得乎天，而虚灵不昧，以具众理而应万事者也"。（第233页）

⑦ 此处手稿页边注有译者的注解："游魂"，即没有确定归属的灵魂到处游荡。 可参见《易经·系辞》："精气为物，游魂为变，是故知鬼神之情状。"另张赓在其《易经》注解中，此处亦注有："鬼神灵魂常在。"（第233页）

说效力。如果将"魂"字与另一个"觉"字——指感觉、感知——联用，或者在"觉"字前置"魂"字，便会产生更宽泛的意义。如果将"生"(Sem)字——或者说具有生长力的——与"魂"字联用，则会产生最为广泛的意思。① 而"性"这个字，意指本性，它等同于 ratio②，亦即"魂"字的意思。

  Cum doceant igitur (ut ad priorem ratiocinationem nostram revertamur) rationalem hominis naturam, sive Animam, à coelo nobis esse infusam: sive, ut Tullianis verbis hîc utar, quod coelestis animus ex altissimo domicilio sit depressus & quasi demersus in terram, locum divinae naturae aeternitatique contrarium. Rursus cum sic à coelo venisse Animum doceant, ut donis suis ornatus, & prudentiae, pietatis, aliarumque virtutum praesidio munitus, tantoque comitatu veluti circumseptus venerit: cùmque adeò, quemadmodum praeclare probat ac docet *Memcius*, passimque pueri cum suis literarum elementis addiscunt, cum nativâ quadam propensione ad id quod rectum est atque ex virtute, procreatus fuerit: Imo quicunque Sancti sunt (vetus haec Sinicae gentis opinio est) proprio quodam praecipuoque coeli beneficio Sancti nascantur omnes. Cum sic (inquam) non modo senserint Prisci, verum etiam docuerint, non est profecto quod miremur si putaverint, Animos è coelo profectos in coelum reverti; quando antiquissimus ille Trismegistus dicebat: piorum Animos à morte in naturam Deorum transire à quo nec ii forte dissenserint Philosophi, quos, Cicero scribit, nunquam dubitasse quin ex universa mente divinâ delibatos Animos

---

 ① 此段耶稣会士关于"灵魂""觉魂"和"生魂"的介绍，源于亚里士多德"人性论"中的三魂说。其中，"生魂"存在于植物以及所有具有生命的东西身上；动物除了"生魂"还拥有"觉魂"，从而具有感觉；人的身上，除了"生魂"和"觉魂"，还拥有更高级的"灵魂"，使人不仅能生存、感知，还具备思考能力。

 ② 此处的 ratio 意即理性，耶稣会士译者一再将儒家的"性"定义为理性，使其译文明显流露出阿奎那哲学影响下的理性主义倾向。

haberemus. Multis certe quidem post saeculis sequutus hos Africanus, cum narrasset (apud eundem Ciceronem) Animum nobis datum, ex sempiternis coelorum ignibus, quae sydera & stellas vocamus; quos etiam dicit, divinis esse mentibus animatos; mox addit, eos qui justitiam colant & pietatem in coelum pergere, & in coetum eorum qui jam vixerunt, quique corpore laxati locum incolant splendidissimo candore conspicuum.

因为他们教导说(在此回到我们先前的论证)人的理性本性,即灵魂,是上天赋予我们的,换言之——在此我使用西塞罗(Tullius)的话——神灵的精神由其原本所在的至高处下落并降临大地,来到这个与神灵的本性永远相反的地方。① 反过来说,因为他们教导道:精神来自上天并被赋予各种馈赠,人们由此获得睿智、仁爱,以及其他美德的守护,就像被众多侍卫所环绕。正如孟子明确证实过并教导的②:各地具备基本识字能力的男孩都应加强学习,使其本性中倾向于正直、源于美德的事物受到激发③,甚至所有的圣人(这是中华民族古老的观点)他们的诞生都是因上天特别的恩赐。因此(我说)古人不仅能够感知而且还明确指出了这些,假如他们只是认为源于上天的精神又返回了上天,这当然不能使我们心生钦佩。因为那位极其古老的赫尔墨斯曾说过:虔诚者的精神跨越死亡进入上帝的本质,或许连那些哲学家也都会同意这一点,西塞罗就曾写道:他们从不怀疑我们所拥有的精神撷取自神的智慧(ex universa mente divina)。④ 在多个世纪之后,当"非洲的征

---

① 出自西塞罗《论老年》(*De Senectute*)一书。
② 据手稿页边注,此处参考文献为《孟子·告子上》:"人性之善也,犹水之就下也。 人无有不善,水无有不下。"(第233页)
③ 据手稿页边注,此处参考文献为《三字经》:"人之初,性本善。"(第233页)
④ 手稿页边注标示此处的文献出处为西塞罗《论老年》(*De Senectute*).(第234页)

服者西庇阿"(Scipio Africanus)①谈论(还是源于西塞罗笔下)我们被赋予的精神时,他说它是源于永恒的天堂之火,我们称之为天体和星辰;他还说是神的智慧赋予它们生命;继而他又补充道:那些崇尚公正在天堂践行仁爱的精神,它们曾经在世上生活过,在离开了躯体后,它们又聚集在一起,所在之处散发着无边无际、极其耀眼的光亮。②

In hanc ergo sententiam exponi potest locus illustris libri *Ye Kim*: postquam enim ostensum fuit, quomodo res omnes in locum finemque naturae suae consentaneum sponte sua nec sine impetu quodam rapiantur; additur quoque illud: portionem hominis eam, quae nobilior sit, coelum semper intueri, & in hoc ferri tanquam centrum suum: eam vero, quae ignobilior sit, consortem sibi terram pronis oculis spectare. Diceres Poetam, cùm simillimam multis post saeculis canebat, ab Sinis didicisse; & horum libros pervoluisse Romanum Oratorem cum dixit: Optimis curis ac studiis agitatum & exercitatum Animum velocius in beatorum Sedem & domum suam pervolvere: idque ocyus facturum, si jam tum, cum erit inclusus in corpore, eminebit foras, & ea quae extra sunt contemplans, quam maxime se à corpore abstrahet.

　　这一观点亦可见于著名的《易经》:在其显现出来之后,万物依据自己的

―――――

① 手稿页边注此处标示有"som. scip."的字样。 这里译文中的 Africanus 应指大西庇阿(Publius Cornelius Scipio Africanus,公元前236—前184/183年),又译为斯奇皮欧,古罗马统帅和政治家。 公元前202年,他在扎马战役中打败汉尼拔,使罗马人以绝对有利的战果结束了第二次布匿战争,因此得名"征服非洲的西庇阿"。

② 参见西塞罗《论共和国》(*De Republica*, Liber VI)中的原文:"iisque animus datus est ex illis sempiternis ignibus, quae sidera et stellas vocatis …divinis animataue mentibus…Sed sic, Scipio, ut avus hic tuus, ut ego, qui te genui, iustitiam cole et pietatem, quae cum magna in parentibus et propinquis tum in patria maxima est; ea vita via est in caelum et in hunc coetum eorum, qui iam vixerunt et corpore laxati illum incolunt locum, quem vides. 'Erat autem is splendidissimo candore inter flammas circus elucens.'"

本性，在其推动下自然而然地获得适合自己的位置及终点。① 需要补充的是：人身上所分享的那个更为重要的部分——精神，俯视着那万物共有的大地的上天时刻关注着它并将中道融入其内。或许可以这么说：中国的诗人，因其在数百年后仍旧在吟唱那些与先前中国人所知非常相似的东西；而罗马的演说家会说他是如此殷切地盼望着诗人的著作，他会抱着极大的关注及热情，在其被赐福的所在地及其家园聚精会神地快速翻阅诗人的著作。倘若能做到这一点的话，精神就会被吸收到自己的体内，进而彰显于外，而这一切都将是由内而发，可以从外部观察到。

Sed quoniam solet rebus ipsis, factisque multo plus inesse ponderis, quam verbis atque sententiis missa faciamus haec argumenta quae ab ethymologiis vocum, & variis loquendi modis peti queunt; pergamus ad solidiora, quaeque ex rebus ipsis suum robur atque auctoritatem accipiunt.

但通常这样的论据都存在于那些会产生重大影响的事物及行为之中，而不是在我们通过语源学以及其他不同的表达方式所能提出的言辞及观点里，因此，我们应该通过事物本身来获取论据的坚实效力及威信。

Auctor est ipsemet *Confucius* in libro 1. classis *Chun-çieu* dicto Animam cujusdam *Chim pe* qui vivens praefectum egerat post obitum visam esse. Hîc ergo jam habemus testimonium apud Sinas quidem gravissimum, quod Animus cum ipso corpore non intereat: quis enim dicat, virum tam spectatae fidei, & prudentiae tam singularis aut finxisse quod intelligeret esse falsum, aut temere credidisse quod esset fabulosum? Europaei quidem de illo sentient prout cuique cordi erit; at nulli Sinarum prorsus persuaderi id poterit. Sed nolim tamen in hoc unius hominis testimonio praecipuam quamdam vim facere. Locupletissima ex libro *Xu*

---

① 据手稿页边注，此处参考文献为《易经·乾》："本乎天者亲上，本乎地者亲下，则各从其类也。"（第234页）

Kim maxime classico testimonia me vocant.

孔夫子在其所作的最为经典的《春秋》一书中讲道：在世时担任郑国大夫的郑伯(Chim pe)，死后人们看到了他的灵魂。① 因此我们有重要的证据来证明：在中国，人们认为精神不会跟随着身体一同消亡。肯定有人会说，任何一个注重信仰和个体智慧的人，听到郑伯死后化为厉鬼的故事，要么会认定对此的理解有误，要么是不敢相信这些传说中的事物。欧洲人对此的感受就跟这些人心中所想的一样，没有中国人能够完全被这种说法说服。我也不想在某个人的例证上花费太多的力气，不过在那部经典著作《书经》中，我确实找到了大量的例证。②

Puon-kem ex Familia *Xam*, inter eas, quae rerum potitae sunt, secundâ, ipse

---

① 原始手稿此段的页边注上标注有：chím pě yeù guêi lí. Idest: Viri-chím-pě iam demortui apparuit feralis umbra. Confucius in suo chūn-çieū libro prima classis.（"郑伯有为厉"，意即郑伯死后，其鬼魂出现。孔夫子在其最重要的著作《春秋》一书中提及）。《春秋·襄公》一书提及"三十年春王正月……郑良霄出奔许，自许入于郑，郑人杀良霄"。 此处提及的良霄，即春秋时期的郑大夫，字伯有。 因其为人傲慢，引起郑臣子皙的不满，后讨伐之并将其烧死在羊肆之中，死后相传其化为厉鬼，参见《春秋左氏正义》卷四十四："郑人相惊以伯有，曰'伯有至矣'，则皆走，不知所往"。耶稣会士利玛窦在其《天主实义》中"辩释鬼神及人魂异论，而解天下万物不可谓之一体"一篇亦提及此例，用以证明包括孔子在内的中国古人皆相信灵魂不灭："中士曰：《春秋》传载：郑伯有为厉，必以形见之也……西士曰：《春秋》传既言伯有死后为厉，则古春秋世亦已信人魂之不散灭矣。 而俗儒以非鬼神为务，岂非《春秋》罪人乎？"参见[意]利玛窦著，[法]梅谦立注：《天主实义今注》，第123页。

② 柏应理在手稿此处标注有：参见《尚书》第237~241叶有关盘庚的内容（第234页）。 手稿正文此后原有殷铎泽关于"以前中国人献给已逝者的礼仪及敬意"（Quos ritus atque honores Defunctis olim detulerint Sinae）的专题论述，文中援引蔡沈在《书集传》中对《尚书》中"正月上日，受终于文祖"一句的注解，西塞罗《论友谊》(*Laelius de Amicitia*)、《尚书·虞夏书·舜典》中"归，格于艺祖，用特"，以及张居正对此句"人君之于祖宗，事死如事生。 凡出时必告行，返时必告归"的评点，《礼记·乡饮酒义》"祭荐，祭酒，敬礼也"，《礼记·王制》"宾客之牛，角尺"等文献记载，用以说明中国人的祭祖礼仪是为了向先祖表示敬意，这纯粹是世俗性和政治性的，正如他们的先祖在世时所获得的尊敬那样，所以说"祭死如祭生"。 另外，中国古人已认识到灵魂不朽，《尚书》等文献的记载亦明确证实了这一点。 出版前上述内容皆被删去。（第235~236页）

decimus septimus Imperator, qui annis 1401. ante Christum imperare coepit, cum ob eluviones maximas cogeretur Aulam suam transferre alio, eamque reducere in primum locum, quem olim sibi in Provincia *Honan*, Fundator ipsius Familiae *Chim-tam* dictus, elegerat: (*Po* loci nomen tunc erat) cumque videret abhorrere populum à mutandis iterum sedibus (hac enim familiâ imperante quartum jam alio migratum fuerat) adeoque palam obstrepere mandatis suis ac repugnare; scripto publico rationem dedit consilii sui, utilitate simul ac necessitate rei quae agebatur ob oculos omnium positâ: inter alia vero quae affert, unum est in quo praecipuam quamdam vim facit: quae quidem nulla fuisset si quidem communis Magnatum & populi sensus & fides pro animorum immortalitate non fuisset. *Ego si diutius* (inquit) *hîc commoratus me pariter et vos perdidero, quo tandem pacto justissimas iras et comminationes effugiam* Tam *Atavi mei cujus anima in coelo nunc degit, et proculdubio me unum calamitatum omnium quae nobis obvenient reum aget, exprobans mihi inclementiam meam, qui cum servare vos possem, perire tam crudeliter siverim?* Nec multo post addit, *Avum suum, Patremque dicto* Tam *auctores fuisse ut vindictam sumeret de Optimatibus illis qui opulentiorum Civium facultatibus avari insidiabantur, etc.* Quem in locum scribens Interpres Vam xi dictus ait: *Jam inde à* Chim-tam *et* Cheu *Familiis Imperialibus ascendendo ad superiora tempora seu ab omni aevo Sinenses nunquam non servierunt defunctis uti serviebant viventibus.*

商朝的盘庚(*Puon-kem*)——商朝是中国历史上第二个王朝——掌权后他成为第 17 任帝王,从耶稣诞生前 1401 年开始进行统治。由于大洪水,他的朝廷被迫改迁,搬回了原先的河南省,亦即商朝的奠基人成汤所选择的地方(那时这个地方的名字叫"亳")。当他看到民众们因厌烦不断搬家(这个朝代曾下令四度迁都),公然阻挠并反抗他的命令后,便撰文公布自己决策的理由,陈述迁都后摆在众人眼前的好处,以及执行此事的必要性。其中提到的一件事产生了特别的影响,而倘若士大夫及民众的普遍想法和信仰都不认同精神不死,这本来应该不起任何作用。(他说)假如我在如此漫长的时间里一直都在损害寄居于此地的自己和你们的利益,并试图逃脱由此产生的、情理之中的暴怒和威胁,我的祖先汤——他的灵魂生活在上天——定会指责我的严酷,我们所遭受全部损失的过错毫无疑问是在我的身上,当我能够保护你们时,怎能允许自己如此残忍地错过这一时机?① 此后不久盘庚又补充道:他的祖先以及名为"汤"的父亲都是帝国的奠基人,他们曾对贵族们进行报复,因为这些贪婪的人用计暗算富人们的财富等等。② 阐释者范氏(Vam xi)在此处写道:从成汤和周朝的帝王上溯到上古时期,或者说在中国的各个历史时期,他们服侍逝者都如同侍奉在世的人。③

Quaero nunc ab Atheis, & iis, qui Priscos Sinas atheos fuisse contendunt; si quidem noster Animus aerium quid est, & quod resolutum à corpore mox dissipatur vacuasque in auras abit; ubi, & quo tandem modo perstitit Animus Regis *Tam*, tamdiu, tamque integer, & inviolatus annis omnino trecentis eoque

---

① 耶稣会士译者该段例证节译自《尚书·商书·盘庚》:"然失于政,陈于兹,高后丕乃崇降罪疾。曰:'曷虐朕民!'"耶稣会士译者随后亦特别标注出张居正对该句的评点为"成汤在天之灵"(手稿第237页),其原文为:"我若不为民图迁,是失安民之政,而久居于此也。 我高祖成汤在天之灵,必大降罪疾于我,说道:汝为民主,何为虐害我民,坐视其沉溺而不救乎! 是我不能图迁,则难逃先王之责如此。"参见陈生玺等译解:《张居正讲评〈尚书〉皇家读本》,第155页。

② 此段译文同样出自《尚书·商书卷五·盘庚》:"兹予有乱政同位,具乃贝玉。 乃祖乃父丕乃告我高后曰:'作丕刑于朕孙!'迪高后丕乃崇降弗祥。"张居正在其注解中评述盘庚利用商人对鬼神的敬畏之心来推行自己的政令:"商俗尚鬼,故盘庚以鬼神之说惧之,盖因俗利导而使之易从也。"陈生玺等译解:《张居正讲评尚书(上)》,第156页。 利玛窦在《天主实义》中"辨释鬼神及人魂异论,而解天下万物不可谓之一体"一篇亦引用这一例子,参见[意]利玛窦著,[法]梅谦立注:《天主实义今注》,第120页。

③ 手稿正文注明此处参考文献为阐释者"王氏"所言,但据手稿页边注,应是"范氏曰,自成周以上,莫不事死如事生,事亡如事存"。 此处耶稣会士译者的参考文献为清朝范翔的《书经体注》,手稿原文汉字标注有误。(第237页)

amplius? Tot namque inter huius obitum & abnepotis Imperium intercessere.

试问无神论者以及那些认定中国古人都是无神论者的人们，假如说我们的精神是空气一般的物体，它一旦与身体分离便会马上消散，消失在空空如也的风中，那么帝王汤的精神又是在哪里？以何种方式持久、完整、不被亵渎地保留了整整三百年，甚至多次降临人世干预子孙们的治理？

Nec minus illustre est alterum ab eadem Familiâ testimonium immortalitatis. Imperabat *Cheu* Tyrannus, inclemens idem in suos & in coelum impius. Gemebant probi omnes quod viderent magis ac magis labefactari Rempublicam; ipsumque jam Imperium non dubium ruinam minari. Non tulit animo diutius qui inter Optimates dignitate par multis, omnes fide, prudentiâ, studioque boni publici vincebat (*çu-y* nomen fuit) adit Regem intrepidus, quamvis haud ignarus quanto cum periculo capitis sui: sciebat autem niti illum stultâ quàdam fiduciâ de favore Proavorum suorum, ipsuisque (si placet) coeli. Itaque, coelum (inquit) ô Imperator, plane jam videtur ab hac Familia nostra abstulisse Imperium: sic enim viri censent virtute sapientiâque primi; & fortes ipsae, quas admotâ testudine consuluimus, cum tristes & infaustae sint omnes, haud obscure praenunciant: non est tamen quod existimes, conditores ac Principes Familiae hujus Proavos tuos sensu carere nec tangi malis filiorum ac nepotum suorum, & occasu nobilissimae domus tuae, imo & suae: sed enim, quiâ tu vita & moribus adeo dissimilem illis te praebes, jocis ac libidini indulgens, à coelo te praescidisti scilicet, atque effecisti, ut Animi Majorum tuorum qui in beatis illis sedibus commorantur, quamvis maxime velint, non possint tamen opitulari tibi nisi aliam vitae rationem interis, atque hoc pacto coeli sententiam contra te jam latam mutaris. Haec ille. Qui profecto sermonem hujusmodi tali praesertim loco & tempore non instituisset, si de immortalitate Animorum vel dubitasset ipse, vel Tyrannum, quamvis impium, dubitare putavisset. Multoque minus dici potest, ultimum vitae suae discrimen adire voluisse, ut, quod non sentiret ipse, specie tenus & cum politicâ simulatione alteri suaderet. Certe quidem vecors ille Tyrannus, ac veritatis impatiens, clientem longe fidelissimum tunc maxime utilia suadentem, confestim rapi jussit ad capitale supplicium, & praemium tam rarae fidei mors fuit.

还有另外一个关于商朝不朽的著名证据。暴君纣统治之时,对待他的人民及上天都很苛刻。正直的人们满怀悲痛,眼见国家日渐分崩离析,便想警示帝国不可避免地要走向衰败。在众多贵族中有一个在忠诚、睿智、热忱、公益等多方面胜人一筹的人(他的名字叫祖伊),他无法继续忍受下去,便英勇无畏地去晋见君王,虽然他并不是不知道这会有杀头的危险,但他仍想凭借那种有些愚蠢的信任,希望已逝的祖先和上天(如果他们愿意的话)会护佑自己。因此(他说),上天啊,君王,我们的王朝看起来已经得到了天下。领袖们凭借美德及智慧作出判断,而我们仍需借助龟甲占卜来获取关于命运的启示,在所有悲伤、不幸的事情将要发生时,清楚地预示这一切。而情况也不是你所想的那样,这个王朝的奠基人和君主及你的祖先们无法感知,也不会被他们子孙后代中的恶人所触动,你的家族,其实也是他们的家族,原本无比高贵,现在却衰败了。事实上,因为你在生活和行为举止上展现了一个与他们所期待的完全不同的自己,纵情于嬉笑和欲望之中,上天自然要将你撕碎,因为是你造成了现在的一切,而你那原本得享福祉的先祖之灵,尽管他们非常希望,却无法帮助你明白应该过上另一种生活的道理,除非你因应上天反对你的强大旨意作出相应的改变。① 他就是这样说的。除非一个人他自己对于灵魂的不朽心存怀疑,要么是他认为那个极其邪恶

---

① 耶稣会士译者该段例证节译自《尚书·商书·西伯戡黎》:"西伯既戡黎,祖伊恐,奔告于王。曰:'天子,天既讫我殷命。格人元龟,罔敢知吉。 非先王不相我后人,惟王淫戏用自绝。'" 耶稣会士亦引用张居正对此的评注:"虽先王在天之灵,亦不得而庇佑之耳,王可不亟思改过以回天意乎?"详见《张居正讲评〈尚书〉皇家读本》,第182页。 该例亦可见于利玛窦《天主实义》"辨释鬼神及人魂异论"一篇,参见[意]利玛窦著,[法]梅谦立注:《天主实义今注》,第120页。

的暴君对此有所怀疑，否则没有人会在这样特别的时间地点以这样的方式进行对话。能说的其实很少，最终他还是宁愿拿生命来冒险，这时他自己其实并未意识到，仍旧假借政治之名去游说他人。而疯狂的暴君不被美德所触动，尽管这位长期以来极为忠诚的随从此时提出了众多有益的建议，他仍下令立即将其拉出去砍头，对于如此宝贵的忠诚的奖赏竟是死亡。

Caeterum (quod hic diligenter observare Lectorem velim) plane videntur Prisci credidisse piorum virorum mentes è coelo sic opitulari suis, vel poenas etiam peccantibus infligere, ut id non tam per se, quam ab ipso coelo, seu Domino coelorum ac supremo Judice posteris suis modò praemia, modò etiam poenas efflagitando perficerent, adeoque patronorum vices agere solitos quotiescunque proprius quidam favor à coelesti Aula speraretur: quae quidem res admirabiliter etiam confirmat quod asserebamus suprà, notum cultumque Priscis fuisse supremum Numen, cui tanquam Domino, Regi, & Judici Majorum suorum mentes coelo jam receptas assistere existimabant. Quod ut Lectori sit exploratius, juvat equidem referre quod ibidem narratur in exordiis Familiae *Cheu* contigisse.

事到如今（我想让读者对此多加关注），先人们似乎相信了那个忠诚之人的精神并从上天施以援手，对罪人予以严惩。但这不能仅凭一己之力，而要通过上天或者说天上的主和最高的裁决者，他们有时会嘉奖自己的后代，有时则相应地施以惩罚，履行庇护者通常具备的职能并时常期待获得天庭的赞同。这件事很好地证实了我们在上文努力想要证明的中国古人对于那个最高的神灵所具备的认识及崇敬，他们认为：自己祖先的精神被上天接纳，他们都站在这位上主、帝王和裁判者的身边。① 在此若是讲述周朝在其

---

① 来华耶稣会士在讨论中国人的"鬼神"及"魂魄"问题时，常常提到文王死后，其灵入天庭并位于上帝身旁的例子，出自《诗经·大雅》的首篇："文王在上，於昭于天……文王陟降，在帝左右。"该例亦可见于利玛窦《天主实义》"辨释鬼神及人魂异论，而解天下万物不可谓之一体"一篇，参见［意］利玛窦著，［法］梅谦立注：《天主实义今注》，第120页。

创建之初所发生的事情肯定会对读者的理解有所帮助。

  Graviter aegrotabat *Vu-vam* secundo Imperii sui anno, & octavo supra octogesimum aetatis suae. Fuit is autem Fundator tertiae Familiae Imperialis *Cheu* dictae, & anno ante Christum 1122. regnare coepit. Frater ipsius idemque primus administer Imperii, *Cheu-cum* vulgo nominatus, cum vehementius hic angeretur ac timeret ne corrueret modo partum Imperium, si frater, eo vix inito, nedum firmato, è vivis eriperetur; oblato suppliciter libello vitam suam Patris Avi Atavique Manibus, qui supremo coelorum Imperatori assistebant lubens devovit, ut aegrotanti fratri aliqua relaxatio, vitaque paulo productior tribueretur. Votorum compos facta est, & sine ullo quidem impendio, tam rara fratris gratia. Quinquennium deinde vixit, ac stabilivit augustae Domus fundamenta; tandemque moriens parvum filium tanti haeredem Imperii, tredecim annos tunc natum, fratri commendavit. Agebat hic summa cum fide tutorem nepotis sui, atque optimis eum disciplinis instituens ad virtutes sane Regias informabat: Summa quoque rerum & Imperium, quoad parvulus adolesceret, penes unum fere patruum erat: Sed hinc, uti solet, orta paulatim invidia est: Nec latuit ea Principem, qui veritus ne inflammaretur acrius, & sui causâ detrimenti quidpiam Respublica pateretur, tempori invidiaeque ultro cedens vicario sese imperio ac tutelâ abdicavit. Erant ipsi à consiliis Viri duo virtute sapientiaque praestantes: His ergo pupillum commendans, & facti sui rationem quodammodo reddens, migrandum est (inquit) quippe si à me, vel ab ipsa potius Republicâ non avertero tempestatem, ecquid olim post fata respondebo Majoribus meis, rationem utique exacturis à me, ne dicam meritas poenas; quod privatis potius commodis, quam publicae quieti consulens, in discrimen adduxerim Imperium universum. Haec fatus in Regnum *Xan tum* profectus est spontaneus exul, atque ibidem privatus vixit. Sed enim diu latere non potest quisquis amat latere. Exactis enim duobus annis, quasi coelum ipsum causam tantae virtutis contra aemulos invidosque tuendam susciperet, horrenda saevire tempestas coepit, mugire coelo tonitrua, furentium vi ventorum annosae arbores radicitus evelli; nec dubia jam strages ac vastitas agris atque urbibus inferri. Deprehensus in hoc rerum articulo juvenis Imperator, Archivium *Kin tem* dictum, recludi jubet, libros de more consulturus: Hos dum revolvit per se ipse, in libellum supra memoratum forte incidit: Legit, obstupescit, ac solutus in lachrymas gemitusque, ingratum se clamat, ingratam patriam, & tantas ab irato coelo poenas utique promerentem. Nec mora. Verbis humanissimis revocari Patruum jubet. Redeunti procedit obviam; honores pristini restituuntur; & ne fortuito contigisse haec putarentur, unà cum ipso *Cheu-cum*, sua mox serenitas coelo; & tranquillitas terris restituta fuit.

在建国的第二年,此时已经 88 岁的武王病重。他是第三个王朝周朝的建立者,在基督诞生之前 1122 年开始统治。他的弟弟,俗称周公,则是这个帝国的首辅,为此甚为苦恼并担心国家会随之分崩离析,这对于他来说是难以承受更是无法接受的事情。他祈求列于上帝身边的父亲、祖父以及曾祖父施以援手,情愿将自己的寿命加给哥哥,通过延长哥哥的寿命使其病情好转,而他的誓言最终成真且无须付出任何代价,这位弟弟的仁慈是何其罕见。[1] 武王因此又活了 5 年并稳固了家族的神圣基业。最终当武王去世时,他年幼的儿子成为这个庞大帝国的继承人,当时只有 13 岁,武王将其托付给周公。周公尽心竭力地辅佐哥哥的后代,通过很好的教育来培养国君的美德。整件事就是这样,而直至男孩长大,这个国家都由其叔父领导。但也因此——通常都是这样——慢慢出现了猜忌。皇子不再掩饰自己的疑忌,虽

---

[1] 据手稿页边注,此处参考文献为《尚书·周书·金縢》:"惟尔元孙某,遘厉虐疾。 若尔三王是有丕子之责于天,以旦代某之身。"耶稣会士译者随后亦引用张居正对此处的评点:"若尔三王之灵,当任保护元子的责任,于上帝之前,不当卒令其死。 如谓其疾果不可救,则愿以旦代替元孙之身。" "迫切求祷于三王,自信其必能感通。"《张居正讲评〈尚书〉皇家读本》,第 239 页。

然怀着敬畏之心,他并未激烈地表现出来,这也是不希望对国家造成损害,但他还是在合适的时间、出于猜忌让叔父自己交出国家的代理权并剥夺其监护权。这些都出自两个在德性及智慧上表现出色的人之间的决议,叔父之所以肯将这些交付给侄子的原因(他说)是:"离开在我看来,更确切地说是不想使国家不安宁,将来死后我才能够回应我们的祖先我这么做的理由,而不是去谈论那些应受的惩罚;过于注重一己私利而不顾国家的安宁,会导致整个帝国陷入危机。"①说完这些,他自愿流亡动身前往山东并在那里独自生活。然而事实上在相当长的时间里,这个想要隐居的人并不能做到这一点。在他被逐两年后,上天似乎看到了他出众的德性并着手反对那些妒忌和充满恶意的人,可怕的灾祸开始爆发。上天用雷声大声呵斥,暴风硬是把生长多年的老树连根拔起。毫无疑问,这导致了众多死伤,以及田地、城镇的荒废。在这场危机中,年轻的帝王备受打击,依据《金縢》(*Kin tem*)一书的记载,他下令查询各种关于习俗的书籍。当他自己翻阅这些书,并在书中看到上述事件的记载后,非常震惊,泪流满面,充满悲哀地声称自己和这个国家都不知感恩,理应受到愤怒的上天所施加的诸多惩罚。他马上下令召回自己极其仁慈的叔父,周公应旨动身返回相见,昔日的荣誉重新恢复。大家都认为这些事情的发生并非偶然,它们都跟周公有关,他很快就使上天放晴并使大地恢复了宁静。②

Multa possent hîc attexi generis ejusdem ex Annalibus aliisque libris deprompta: sed enim vereor ne prolixitas, quae semper injucunda est, in hoc argumento nostro & disputatione gravis quoque sit atque odiosa. Sit igitur nobis

---

① 据手稿页边注,此处参考文献为《尚书·周书·金縢》:"我之弗辟,我无以告我先王。"耶稣会士亦引张居正对此的注解:"他日死后,也无词以告我先王于地下矣。"参见《张居正讲评〈尚书〉皇家读本》,第242页。

② 上述内容耶稣会士节译自《尚书·周书·金縢》一篇的内容,参见《张居正讲评〈尚书〉皇家读本》,第243~245页。

pro clausulâ monitum sane pulcherrimum, quod *Chao-cum* suae ad *Chim-vam* Imperatorem paraenesi quondam inseruit: nempe, si salvum se vellet, si perenne, si florens Imperium, insistere Majorum vestigiis oportere, & heroicas eorumdem virtutes constanter imitari: Nam quid existimas, ô magne Princeps (inquit) Sapientes illos Reipublicae administros ac Reges extinctae nuper Familiae, oblitos rerum humanarum in coelo degere, neque hoc egisse, ut stirps illa domusque Regia conservaretur? Fuit hoc illis, mihi crede, in votis, curae fuit & cordi: Sed enim postremi Regis impietas exitium ac ruinam maturavit: Pervasit in ipsum coelum populi totius clamor sub acerba gementis tyrannide, & à ferenda posteris ope Majores prohibuit; qui adeo cum implacabiles coeli iras esse jam intelligerent, aequissimae ejusdem voluntati morem utique gesserunt. Sed ipsum potius textum & Colai interpretaionem audiamus.

在史书以及其他书中还有很多与这一王朝相关的记载，但我担心过于冗长的文字会导致不悦，我们在此的严肃论证及讨论也会因此被人厌烦。因此在下结论之前，我们只插叙召公（Chao-cum）向成王（Chim-vam）进谏的一个美好建议："如果一个人想要确保自己的安全，想要保证国家能够长治久安，就必须坚定地跟随祖先的步伐，坚持不懈地学习他们英雄般的美德。你要重视这一点啊，伟大的君王（他说）。先前灭亡的那个王朝里那些睿智的士大夫及君王，生活在上天忘却人间世事，碌碌无为，一如他们家族的血脉所为。这样王朝还能被保留下来吗？对他们而言，我相信，原本是发誓要用心给予照管的，但王朝后期的君王疏于职守，加速了国家的衰败及毁灭。在帝国上空弥漫着全国民众身处暴政之中而发出的凄惨哀号，这也阻碍了先人给予后代帮助，因为他们意识到上天无情的愤怒，他们听从上天极为公正的意愿。"那么让我们一起来聆听原文以及张阁老的解释。

Isti Aviti sapientes ac probi Reges sunt in coelo, neque omnino interierunt. Isti igitur quomodo non possunt enixe implorare opem à coelo ut juvet et protegat suae

Familiae filios ac nepotes, *etc. Sed quia* (*prosequitur* Cham *colaus*) *impius* Cheu, *qui acceperat à coelo clarissimum Imperium* (*vel*, *clarissimum mandatum*) *non valuit colere virtutem*; *quia repulit et abiecit à sui tutelâ seniores populi*, *efficiens*, *ut probi et sapientes viri aut fugerent*, *aut se occultarent*; *quia item plurimam fidem dabat impuris hominibus atque adulteris*, *effecit insuper ut hoc morbo infecti obtinerent munera publica et dignitates*; *cumque adeo similibus criminibus depravati societatem firmarent inter se*, *et Regem*, *seque mutuo ita adjuvarent*; *tendebat in haud dubiam perniciem populi tam dirum virus. Factum est igitur ut populus oppressus afflictusque crudeli adeo tyrannide*, *neque habens jam quo fugeret aut apud quos ageret causam suam*, *hoc solum remedii inveniret*, *ut Patres-familias complexi parvulos filios suos*, *et trahentes uxores suas*, *hoc modo lacrymabiliter clamarent ad coelum miserabili voce flagitantes*, *ut tandem sibi liceret effugere ultimum vitae reliquae discrimen*, *quandoquidem tot undique calamitatibus constricti tenerentur*, *nec locus usquam foret quo se reciperent. Populi sane sors luctuosa et prorsus miseranda*! *At vero hoc coelum tacite apud se decernit res mortalium. Cum ergo contemplaretur hosce quatuor Imperii partium populos*, *et absque culpa illorum tot damnis et calamitatibus intelligens opprimi*; *poterat ne fieri*, *ut non tenerrimo commiserationis affectu moveretur et cogitaret quantocyus illis succurrere et opitulari? Ideo quamvis Familiae hujus* Yn *Avitorum Regum resideant in coelo Animae*, *tamen etiam modo nequeunt cohibere et revocare coeli ipsius voluntatem seu decretum*, *etc*. Hactenus Cham *colaus*.

先人中的智者和明君都生活在天上，从未消逝。他们在上天却对帮助及保护自己家族的子孙后代无能为力，那都是因为（张阁老详细描述道）邪恶的纣，他从上天获得极其清明的帝国（换言之，获得非常清楚的授命）却不注重美德；他拒斥年长者的进谏并疏于对国家的监管，这导致正直和睿智的人们或者逃亡，或者隐匿起来；他还偏信奸邪不忠之人，仿佛感染恶疾似的让这些人获得公职及荣耀；这些臭味相投的人聚集在一起，力量不断加强，他们反过来也不断教唆怂恿君王，毫无疑问这就像可怕的毒液，对民众造成了极大的打击。后来便发生了：备受压制和折磨的民众面对残酷的暴君，认为自己已经无法逃脱他，而他还在不断纵容那些奸人。这样就只剩下唯一的一个解决办法：一家之主抱着年幼的子女们，拉着自己的妻子，用悲怆的声音向上天哭诉，请求上天让他们从余下的残生中解脱出来，鉴于他们遭受了如此之多的苦难且无处可以容身。百姓的命运是如此的悲惨可怜！事实上，上天一直在静默地对人间世事进行着裁决。当它看到这个国家各地的民众，意识到他们并非因为自己的过错却遭受了如此多的摧残和损害，又怎会允许这样的事情发生，又怎能不对之产生怜悯并考虑如何向他们施以援手给予安慰呢？因此，虽然殷朝先王们的灵魂都位于天上，却无法阻止也无法让上天收回它的意愿和旨意，上述这些都引自张阁老。①

Quis autem credat; in re tanti ponderis ac momenti virum tantum tali ratiocinatione fuisse usurum, si quidem ipsi dubia fuisset Providentia Numinis & Animorum immortalitas, vel certe Principi suo dubiam esse autumasset? Haud quaquam tamen cuivis Majorum suorum tribuere solebant hanc in coelesti aulâ, ut ita loquar authoritatem, & gratiam studiumque posteris suis patrocinandi; sed iis dumtaxat qui vitae morumque eximiam quamdam probitatem (sanctitatem vocabant ipsi) cum Regia dignitate conjunxissent; quique adeo sese coeli filios virtutibus &

---

① 据页边注，此处耶稣会士译者参考文献出处为《尚书·周书·召诰》："天既遐终大邦殷之命，兹殷多先哲王在天，越厥后王后民。"并引张居正注解："如成汤以下诸哲王其精爽在天，未尝亡也，彼岂不能哀祈于天，以保佑其子孙乎！但以其后王后人纣之为君，受天明命，不能敬德，播弃黎老，使贤者智者退藏。崇信奸回，使病民者在位，同恶同济，毒害其民，民苦虐政，无所控诉，但知保抱其子，携持其妻，以哀号于天，及往而逃亡，求以自免。又被有司拘执，无地自容，民之可哀甚矣！彼天阴鸷下民，见那四方之民，尤幸受害如此，能不哀怜而思以拯救之乎？故虽殷先王在天之灵，亦不能挽回天意。"参见《张居正讲评〈尚书〉皇家读本》，第286~287页。

recte factorum gloriâ, non autem specioso dumtaxat nomine comprobassent.

谁会相信：在这一关系重大的事情上，一个人能运用如此出色的推理能力，他会对神灵的预知以及精神不朽的问题持有怀疑的态度，又或者确切地说他承认自己对君主心存疑虑。中国人并不习惯将此归因于自己的祖先位于天庭上，就像可以说这是祖先们庇护自己子孙的责任、仁慈及努力；对于他们而言，只有那些在生活及举止上诚恳出众的人（他们称之为圣人）才能与王位的荣誉相匹配。因此，他们是从美德及功业的荣耀，而不只是从这个体面的称谓来认同自己的天子。

Sufficiant haec igitur, ut intelligamus, quid illa prisci candoris Philosophia de immortalitate senserit. Portò quaecunque nos hîc attulimus, ex libro *Xu-kim* sunt deprompta. Classicus est, primaeque authoritatis, & qui Sinensium ingenia per quadraginta jam saecula exercet; hinc eruditiones suas petunt, hinc argumenta lucubrationum, hinc denique gradus, honores, dignitates.

这些足以说明———一如我们所了解的———中国古人的纯粹哲学已对不朽有所认识，对此我们可以引用《尚书》一书。作为一部经典著作，它极具权威，书中保留了四千年来有关中国人本性的记载：他们好学，秉烛夜谈，追求地位、荣耀及尊重。①

Postulat hic vero quasi pro jure suo Colaus noster Cham, *ut quando cum illo lucubrationem hanc auspicati sumus, et iter illo in primis diue ingressi, totum eodem comite quasi decurrimus; nunc in termino constituti, cum illo quoque quasi fessi de tam longinqua viâ consideamus, totam quasi uno oculorum conjectu simul*

---

① 手稿中此处删去了大量的殷铎泽撰写的专题小论文，包括：1.关于"中国人祭祖是不是纯粹世俗性的民间礼仪"（An Sinarum ritus erga Defunctos fuerint merè civiles）（第241～249页），文中还翻译收录杨庭筠"辨不奉祖先说"一文；2.关于"中国文人祭孔的礼仪及崇敬，是否纯世俗性"（An ritus et honores, quos Sinenses literati deferunt Magistro suo Confucio, sint merè civiles）（第250～254页）；3."中文典籍中所提及的赏罚是否与善人或恶人此生终结后应得的对应"。（第254～260页）

relegentes.

张阁老对此拥有发言权,正如我们在深夜里借助他的帮助,一如既往地步入旅程并相伴走完全程。走过如此漫长的路程来到会谈的终点,疲惫的我们与他坐在一起,同时对全程进行回顾。

Liber (inquit ipse) *chum yûm* de medio sempiterno, cum initium facit à naturâ, quam coelum homini indidit, docet nos, quod illud recte agendi principium sit à coelo: Cum vero agit in fine de supremi coeli virtute incorporeâ, indicat quomodo contendere debeat vir perfectus, ut ad eam, quam à coelo accepit puritatem & innocentiam, pertingat. Quod ut consequatur, primum quidem necessarium est, ut attendat ipse sibi, sollicite & circumspecte se gerat, etiam in his, quae sub aliorum sensus non cadunt: sic enim medium tenebit beatus. Ubi vero per hoc in seipsum invigilandi exercitium primaevam puritatem & innocentiam consecutus fuerit, tum demum paulatim poterit supremam illam ac reconditam subtilissimae & unicae virtutis excellentiam obtinere.

《中庸》这本书是关于永恒的居中状态的(他自己是这么说的),它始于人的本性,是上天赋予人的,而这也教导我们:正确行事的源头在于上天。因而人们做事要以至高的无形美德作为目标,这里指出完美的人应该以什么样的方式去努力,从而真正地实现自己从上天获得的纯洁和纯真。为了做到这一点,首先必须专注于小心谨慎地行事,即使不为人所知也不松懈。如此,有福的人便能持中。当一个人能够真正做到时刻注重自身的纯洁和纯真,那么他终将获得那种崇高而独特、至高而深奥的出色德性。①

Haec Colaus. Cui viro tametsi plurimum tribuant et laudis et authoritatis

---

① 此处耶稣会士译者译自张居正的注解:"大抵《中庸》一书,首言天命之性,是说道之大原,皆出于天。终言上天之载,是说君子之学,当达诸天,然必由戒慎恐惧之功,而后可以驯致于中和位育之极,尽为己慎独之事,而后可以渐进于不显笃恭之妙。"(第141页)

Scholae Sinenses; sic tamen existimo, quod multo plus lucis, et apud ipsos quoque Sinas multo plus et applausus et authoritatis ab Interprete Europaeo, vel Sinensi Christiano accepturus fuisset Confucius, *suâ brevitate plusquam Laconicâ obscurus, quam acceperit ab homine Ethnico, et altiorum veritatum ignaro: qui ut erat Principis, seu futuri mox Imperatoris Magister, unum sibi scopum praefixit, Principis sui ad recte feliciterque gubernandum institutionem politicam: adeoque non raro vim facit ipsi textui, et ea quae nubes ac sydera transcendunt intra limites terreni Imperii, arctosque Regii Palatii cancellos concludit. Atque hic est demum praegrandis ille mons sapientiae et sanctitatis, quem olim in hoc Sinarum Orbe tanto studio et labore Magister extremi Orientis* Confucius *in altum educere nequidquam molitus fuit; erat enim sublimior humanis viribus substructio, et naturae nostrae, divinae gratiae auxilio destitutae, nequaquam superabilis: adeoque sub extremum vitae spiritum cygnaea voce non immerito querebatur, montem suum (vel montis ideam potius) corruere; et conatus suos ac spes rerum tantarum cum ipso Imperio, quod eodem quoque tempore ruinam minabatur, collabi.*

张阁老就是这么说的，中国的学府赋予他诸多溢美之词及权威性。在我看来其中更具启发性的是：备受中国人推崇、深受我们欧洲译者及中国奉教文人赞赏和认可的孔夫子是可以被接受的。他的简明扼要并非晦涩难懂的简短，哪怕是对更为崇高的真理一无所知的异教徒也能接受。正如他曾是君主的老师，或许将来仍会是帝王师，他的首要目标是确立君主正确、顺利的政治统治，因此他着力于奠定帝国统治的结构。云朵和恒星都能穿越帝国的领土边界，而他却要严格确立王宫的边界。那座智慧及神圣的伟大山峰，远东的老师孔夫子曾在中国付出大量努力和辛劳，以引领中国人登上高处。这比人为的努力更加崇高的根基，却因我们的本性，缺少神恩的协助,未能打下。因此在接近生命的终点时,他发出的哀鸣、抱怨并非没有道理①,他的高山(确切地说是像山一般的理想)崩塌了。他的努力以及对于众多事情的希望都跟他的帝国一起——在那个时候已有毁灭的迹象——坍塌瓦解了。

Finis explanationis Libri *Chum Yûm*.
对于《中庸》一书的解释到此结束。

---

① 该句直译应是:他用天鹅的声音进行抱怨。耶稣会士在此或是借用"鸟之将死,其鸣也哀"的比喻。依据《史记·孔子世家》的记载,孔子死前子贡前来探望:"孔子因叹,歌曰:'太山坏乎! 梁柱摧乎! 哲人萎乎!'因以涕下。谓子贡曰:'天下无道久矣,莫能宗予。夏人殡于东阶,周人于西阶,殷人两柱间。昨暮予梦坐奠两柱之间,予始,殷人也。'后七日卒。"参见《史记》,北京:中华书局,2010年,第3836页。